인문의 길
인간의 길

인문의 길
인간의 길

함께
이롭게
더불어
행복하게

2016 서울인문포럼 엮음

한길사

The Way of Humanity
by 2016 SEOUL HUMANITIES FORUM

Published by Hangilsa Publishing Co. Ltd., 2016

"인공지능과 제4차 산업혁명의 파고가 밀어닥치고 있다.

시대의 변화 앞에서 우리는

어떻게 살아가야 할지, 사람다운 삶이 무엇인지 다시 고민해봐야 한다.

우리에게 인문학이 필요한 이유다."

• 2016 서울인문포럼

인간다운 삶을 위한
사유의 마당

서울인문포럼은 2015년에 시작하여 학술대회의 표본을 보여주는 품위 있고도 유익한 행사입니다. 앞으로도 계속 발전하여 세계적으로 명망 있는 지성의 축제장으로서 자리 잡을 것을 기대합니다. 서울인문포럼은 인문학적 성찰을 통해 좀더 훌륭하고 좀더 행복한 삶을 꿈꾸는 모임입니다. 우리나라 대중은 다년간 그러한 삶에 굶주려왔지 않나 생각합니다. 이번 행사는 대중의 그런 욕구를 충족시켜주는 동시에 인본주의에 대한 열정을 더욱 북돋는 계기가 될 것입니다.

영광스럽게도 저는 2016년 포럼에서 기조강연을 맡았습니다. 그것은 제가 특별히 훌륭해서가 아니라, 서울인문포럼을 주관하시는 배양숙 이사장님의 각별한 뜻 때문입니다. 현대사회를 살아가는 인간의 삶을 논하면서 과학기술의 의미와 중요성을 생각하지 않을 수 없으며 따라서 현대인을 위한 인문학은 과학에 대한 적절한 관점을 꼭 갖춰야 한다는 것입니다.

과학은 인류문화의 소중한 일부입니다. 만약 철학이 문과나 이과 어느 한쪽에서만 서성거릴 뿐 과학에 무지하다면 인간의 삶에 대한 총체적 통찰력을 갖출 수 없습니다. 과학도 인간이 하는 것입니다. 우리가 그것을 망각한다면 과학지식의 본질을 이해할 수 없습니다.

위와 같은 인본주의적 과학관을 정립하기 위해서는 과학에 대한 통념 세 가지를 극복해야 합니다. 첫째, 과학의 주목적은 기술적 응용을 통해 경제발전에 기여하는 것이라는 통념입니다. 둘째, 과학연구는 인간의 본성과 관계없이 객관적이라는 통념입니다. 셋째, 과학지식은 신의 섭리와 같은 절대적 진리를 표현한다는 통념입니다. 다 일리 있는 생각이지만, 우리가 이러한 통념들을 넘어서야만 과학의 진정한 문화적 의미를 이해할 수 있습니다.

과학은 인간이 하는 활동입니다. 잘 들여다보면 과학하는 사람의 모든 행위는 철저하게 인간적이지요. 자연을 관찰할 때는 인간의 감각기관이나 인간이 만든 기구에 의존합니다. 과학적 추론은 인간이 만든 수학을 이용하며, 과학적 설명은 인간의 직관을 만족시켜야만 받아들여집니다. 과학의 목적은 인간의 욕망과 분리될 수 없고, 과학적 이론은 인간의 가치관에 따라 개발되고 선별되며, 과학의 성취는 인간의 능력 안에서 이루어집니다. 과학은 인간을 초월하는 진리를 추구하는 것이 아니라, 인간들이 인간적으로 자연을 깨쳐나가는 문화적 과정입니다. 이렇게 볼 때 과학자는 자연 앞에서 겸허해지고, 과학은 인간들이 하는 사회생활의 일부로 인식됩니다.

2016년 9월에 열리는 이번 행사에는 여러 분야의 국내외 석학 스물여덟 분께서 참여해주셨습니다. 제 강연처럼 인본주의적 과학관을 논한 과학철학 외에도 서양철학과 동양철학 그리고 역사와 교육 등의 분야에서 '사람답게 사는 길'을 논했습니다. 발표 내용을 정리한 이 책을 통하여, 직접 참석하시지 못하였던 많은 독자도 그 자리에 함께 있었던 듯한 생생한 감명을 받으실 수 있으리라 생각합니다.

인간이 인간답게 살고자 하는 사유의 마당으로 독자 여러분을 초대합니다.

2016년 9월
케임브리지대학교 석좌교수
장하석

1

서양·과학철학

인간다운 삶을 생각하다

"정치에 도덕적 방법 자체를 도입할 수는 없다.
그러나 정치를 통해서
도덕이 이루려는 공동의 삶의 모습을 이루어낼 수는 있다.
이를 위해 현실을 극복하는 정치학이 필요하다.
우리의 참여와 실천이 정치를 도덕적으로 만들 실마리다."

행복과 선善을 추구하는
이성과 상상력

뮌헨대학교 철학과 교수

윤리학과 인식론은 항상 가까이 붙어 있다

소설가로 더 잘 알려진 영국의 철학자 머독(Iris Murdoch)은 다음과 같이 말했다.

> "윤리학과 인식론[1]은 항상 가까이 붙어 있으므로 윤리학을 이해하고 싶으면 인식론을 잘 들여다보아야 한다."

이 말은 다소 전문적인 것처럼 들리지만, 사실 머독이 전하려는 것은 우리가 모두 경험으로 알고 있는 상당히 현실적인 것이다. 즉 인생에서 (인생을 진짜 인간다운 것으로 만드는 인생의 일면인) 선(善)을 추구한다는 것이 어떤 의미인지 이해하고 싶다면 인간이 자기 삶에 좋은 것이 무엇인지를 어떻게 이해하고 있는지 들여다봐야 한다는 말이다.

이 글의 제목도 이러한 점을 함축하는데 다음 두 쌍의 개념에 대해 말하고 있다. 바로 '이성과 상상력'과 '행복과 선'이다. 왜 하필 이 두 개념인가? 우선 첫째 쌍인 이성과 상상력은 인간의 두 가지 주요 인지능력을 나타낸다. 이성과 상상력은 우리가 행복과 선을 추구할 때 사용하는 인지적 측면에 해당한다. 다음으로 둘째 쌍인 행복과 선은 인간의 실천적 삶의 두 가지 주요 목표다. 이것들은 우리가 인간으로서 실천적 삶을 살며 끊임없이 추구하는 최종 목표다.

그렇다면 좀더 본질적인 질문을 던져보자. 이 글은 어째서 행위자인 우리의 실천적 삶과 관련 있는 두 쌍의 인지능력과 목표를 다루는가? 이는 우리가 추구하는 행복과 선의 추구가 본질적으로 양면적이기 때문이다. 우리는 궁극적으로 삶이 합일되기를 원하고 또 이를 위해 노력한다. 하지만 실천적 삶은 이성과 상상력이라는 본질적인 양면성을 지닌다. 동시에 우리는 꼭 양립하지 않는, 행복과 선이라는 두 가지 목표를 좇는다. 실상 이것들은 대개 모순된다! 어떻게든 행복해진 사람이 꼭 선하지만은 않고, 어떻게든 선해진 사람이 반드시 행복하지만은 않다. 행복과 선은 상호 배타적인 것은 아니며, 우리는 모두 내심 그 둘이 일치하기를 바란다! 그러나 이들의 이질성 때문에, 둘의 일치가 전혀 자연스러운 것은 아니다.

어째서인가? 칸트에 따르면 실천적 삶에 행복과 도덕성이라는 두 가지 실천적 필연이 관련돼 있기 때문이다. 이는 인간의 이중적 속성을 반영하는 인간 경험의 본질적 이중성에 기인한다. 인간은 물리적이면서 이성적인 존재이고, 감각적이면서 도덕적인 존재이다. 인간의 경험에 기인하는 이중성을 간략히 말하면 다음과 같다.

우선 천성적인 감각적 성향 때문에 인간은 필연적으로 행복을 위해 노력한다. 이는 다음과 같은 조건적 요청(가언명령)으로 표현할 수 있다. '행복해지고 싶다면, x를 해야 한다.' 다음으로 인간은 이성적 성향 때문에 불가피하게 양심의 소리에 귀를 기울이게 되며, 이는 다음과 같은 무조건적 요청(정언명령)으로 표현할 수 있다. 'x를 하는 것은 불가능하며(허용되지 않으며), y를 할 필요가 있다(할 것이 요구된다).'

우리는 이 두 가지 형태의 인지적 활동을 통해 행복과 선의 추구에 무엇이 도움되는지 알 수 있다. 다음은 칸트가 남긴 유명한 말로, 인간의 이론적 인지의 양면성을 탁월하게 묘사한다.

"직관 없는 사고는 공허하고 개념 없는 직관은 맹목적이다."
•『순수이성비판』, B75

이를 실천적·도덕적 인지에 적용하면 아마 다음과 같이 말할 수 있을 것이다. '실천적-도덕적 인식 없는 실천적-도덕적 원칙은 공허하지만, 실천적-도덕적 원칙 없는 실천적-도덕적 인식은 맹목적이다.' 요약하자면 이 글의 제목에 담긴 개념들은 존재의 근원에서 비롯한 이중적 속성을 지니는, 즉 인간의 실천적 삶으로 특징지어지는 요청이라 할 수 있다.

결론적으로 나는 이 글에서 행복과 선의 추구가 지닌 두 가지 인지적 측면을 다루고자 하며, 그 두 가지가 어떻게 인간성 그리고 인간성의 두 가지 다른 측면에 근거하는지 보고자 한다. 이때 이 두 가지 측면을 다음과 같이 간단하게 정리할 수 있다.

1. 상상력은 우리 각 개인의 현상에 대한 지각에 그 뿌리를 두고 있다.
2. 이성은 우리의 보편의지에 근거하고 있다.

나는 이러한 인간 본성에 대한 연원성(淵源性)이 (삶에 의미와 가치를 주는) 행복의 추구와 선의 추구라는 두 가지 본질적인 인간의 지향점에 대해 무엇을 알려주느냐는 질문을 숙고해보고자 한다.

이를 위해 두 측면을 차례로 논할 텐데, 우선 우리가 이 모색에서 인지적으로 가장 편하게 느끼는 상상력을 논의하고, 다음으로 이성 및 합리적 원칙에 대한 필요와 그 이유에 대한 문제로 넘어갈 것이다. 따라서 먼저 행복과 선의 추구에서 상상력이 하는 역할에 대해 말할 것이다. 그리고 나서 동일한 추구 행위에서의—이제부터 논할—보완적 역할 또는 이성에 대해 논할 것이다. 두 경우 모두 문제는 상상력과 이성이 행복과 선의 추구에서 어떤 식으로 구성되느냐 하는 것이다. 다만 인간성에 대한 칸트의 다음 명제는 정말로 행복과 덕(德)을 결합하고 있다.

> "인간성이란 인간관계의 미덕(美德)과 행복한 삶의 합일을 위한 사유의 방식이다."
> • 전집 7: 277. 18f

상상력의 대상으로써의 행복과 선

행복과 상상력

칸트는 또 이렇게도 말했다.

> "……행복의 개념이 이렇게나 쉽게 규정할 수 없는 개념이라는 것은 불행한 일이다. 모든 인간이 행복을 얻기를 염원하는데도, 인간은 자신이 진정으로 무엇을 바라고 원하는지 명확하고 일관되게 말하지 못한다. 그 이유는 행복이라는 개념을 이루는 모든 요소가 예외 없이 경험적이고, 즉 경험에서 차용해야 하고, 그런데도 행복이라는 개념에는 나의 현재 상황 그리고 모든 미래 상황에서의 절대적이며 전체적인, 최대의 안녕(安寧, well-being)이 요구되기 때문이다."
> • GMS 4: 418

"……행복은 이성이 아니라 상상력의 이상이다. 이러한 상상력은 그저 사실상 무한한 일련의 결과들의 전체성이 달성되는 행동을 결정할 것이라 기대할 수 없는, 경험적 근거들에 기대고 있다."

• GMS 418f.

이런 맥락을 따라가면 이론적 측면에서 행복을 말하는 것이 약간 회의적으로 느껴질 수 있다.

도덕성과 상상력

덕과 현실의 인식-겸-상상력 간에는 밀접한 관계가 있다. 따라서 선 추구의 중심에는 품성의 기질 및 그것이 가능케 하는 지각 가능성 간의 연관성이 있다. 그러나 상상력에는 강력하게 이를 흔들어놓는 효과도 있다! 상상력은 도덕적 가능성 및 그 안에서 작동하는 모든 우연적 요인을 개인에게 종속되도록 한다.

내가 꽤 설득력 있게 생각하는, 도덕적인 사람을 상상하는 방법 중 하나는, 덕이 현실에 대한 지각과 경험을 형성하고, 그럼으로써 행동의 동기를 부여하는 어떤 신념을 기반으로 둔 사람을 생각하는 것이다. 이러한 덕-윤리적 접근의 주요 윤리적 명령은, '더 잘 보는 법을 배우라'는 것이다. 사실 이것은 오해 때문에 자신의 딸 코델리아를 비극적으로 버린 리어 왕이 들었던 말이다. 리어 왕은 친구인 켄트 백작에게 이런 말을 듣는다. "더 잘 보십시오, 리어 왕. 더 잘 보는 법을 배우세요, 리어 왕!" 이때 도덕적 품성의 기질이, 그것이 아니었으면 우리가 보지 못했을 사물을 우리가 인지할 수 있게 해준다고 여기는 한, 이는 덕-윤리적 접근이다.

물론 윤리적 맥락에서의 지각(知覺)은 문자 그대로의 지각이 아니라, 우리의 언어 능력 및 판단 능력과 긴밀히 연결된 도덕적 지각의 특정 형태를 말한다. 즉 여기서 말하는 지각은 감각 데이터를 수용하기 위한 수동적 능력이 아니다. 도덕적 관념에서 지각은 우리의 언어적 능력과 밀접하게 엮인 상상력의 능동적이고 창조적인 가능성과 관련이 있다. 순수하게 수동적인 지각은 수동적 인상에 대해 책임질 것이 없으므로 도덕적 특질을 가질 수 없다. 그러나 지각은 상상력의 능동적이고 창조적인 가능성과 연관됨으로써 도덕적 능력으로 바뀌게 된다.

머독은 이러한 지각과 상상력의 융합에 대해, 특히 윤리학 분야에서 중요성과 관련하여 많은 글을 남긴 철학자 중 하나다. 그 핵심에는 두 가지 정신 기능의 융합이 있다. 질서를 부여하면서 무엇을 현실로 상상하고 인식하는 것이 그것이다. 『도덕에 대한 안내자로서의 형이상학』에서 발췌한 다음 단락은 그 연관성에 대해 자세히 설명하고 있다.

"예술에서 상상력이 하는 일은 다른 데서는 그것이 작동한 상징으로 보일 것이다. 이는 정신의 움직임을 뭔가 상당히 다른 것을 상상하는 능력, 특히나 당연히 자신이라는 존재와 타인이라는 존재를 상상하고 인식하고 인식시키는 능력과 질서부여 활동의 융합이 이루어지는 다른 영역들, 과학과 철학, 도덕과 정치 등으로 분류하고 구분 짓고 연결하는 예술적 기교라는 말로 표현할 수도 있을 것이다. 정치에서의 상상력이란 정책의 결과를 상상하는 것, (실업, 박해, 극빈 등) 특정 상황에 처한 사람들에게 그것이 어떻게 보일 것인지를 상상하는 것, (예를 들어 정의에 대한) 공리적·도덕적 사상을 실용적이고 실질적인 사고와 결부시키는 것이다. 상상력의 개념은, 생각해보면, 본질적인 것이고 아마도 최소한의 것이 아니다. 왜냐면 상상력은 '우리가 모두 예술가'라는 느낌을 강화하거나 명확하게 할 수 있기 때문이다."

말하자면 실재성(實在性)은 관심의 수동적이고 소박한 발현과 상상력의 건설적인 작업을 통해 수동적으로 만들어진 것이라 할 수 있다. 도덕의 발달은 언어적 잠재력을 관념의 복원과 재정립에 이용하고 또한 창조적 상상력을 응용하면서 시작된다. 환상과 달리 상상력은 세상을 벗어나는 데 사용되는 것이 아니라 통합하고 하나로 만들어 그 안에서 가치를 발견하는 데 사용되는 것이다.

지각은 상상력과 결합되어 있으므로 도덕적 지각과 도덕적 어휘는 서로 밀접하게 묶여 있다. 한 대담에서 퍼트넘(Hilary Putnam)은 우리의 도덕적 지각을 형성하는 어휘에 대해 다음과 같이 말했다.

> "우리의 도덕적 어휘가 더 섬세하고 더 예리할수록, 우리는 더 잘 심사숙고해서 결정을 내릴 수 있다.……도덕성에서 원칙이 부적절하다고 말하지는 않겠지만, 이 영역의 중요한 문제는 원칙의 적용이다."

칸트에서 맥도웰(John McDowell)에 이르기까지 철학자들은 경험은 관념화되고, 관념은 인도하기도 하고 오도하기도 하며, 드러내기도 하고 감추기도 한다고 했다. 이는 윤리 분야에서 특히 분명해진다. 예를 들어 덕 개념 같은 도덕적 원칙을 적용할 때는 우리가 생각하는 것이 실제라는 지각과 이러한 목적을 위해 우리가 사용하는 도덕적 어휘가 선행한다. 정확히 이 이유로 머독은 다음과 같이 요청했다. "우리는 우리가 볼 수 있는 세계 속에서만 제대로 움직일 수 있고, 추구해야 할 것은 비전이다." 도덕적 행위자로서 우리는 우리가 지각할 수 있는 세계 속에서만 행동할 수 있다. 따라서 도덕적 원칙에 대해 생각을 시작하기도 전에 가장 먼저 필요한 것은 비전이다!

우리는 당장 행동해야 한다고 느끼는 특정 상황에 대해 이성적인 것으로 만족해야 한다고 생각할 때가 있다. 그러나 이렇게 한다면 우리는 이미 사려 깊게 또는 사려 깊지 못하게 특정한 방식으로 이를 상상한 것이다. 우리는 도덕적 행위자로서 세계를 이해해야 하고 그렇게 함으로써 이 세계를 구성한다. 따라서 우리의 지각은 이미 평가 그 자체인 우리의 상상력과 끊임없이 융합한다.

> "'도덕적 판단'이 일어나는 세계를 구성하는 가장 깊은 우리 내면의 상상의 산물은 평가 그 자체다. 지각이란 것은 그 자체로 평가의 한 형태다. 도덕성에 대한 그 어떤 설명이든 여기에서 최소한 문제를 제기해야 한다. ……우리는 '얘기'를 해야 하며 우리의 얘기는 대체로 '상상력이 풍부'하다(우리 모두 예술가다). 우리는 어떻게 우리의 상황이 그 자체로, 이미 도덕적 행동인지를 알고 언어적 프로세스로 '만들어진' 것 중 무엇이 더 좋거나 더 나쁜지를 알까? ……요점은, 생생히 묘사하자면, '선험적 장벽'은 대개 개인(물론 우리는 문화적으로 '우리 시대의 아이' 등으로 표시되었는데도)의 창조적 행동으로 관통되는 크고 넓고 다양한 영역이며(스펀지처럼 되는 폐와 같은 변환자와 닮았다), 이러한 창조성이라는 것은 상상력의 관념이 위치하고 또 정의되는 곳이다."

내가 말하려는 덕의 이론은 그 규범성과 관련하여 옳은 결정이라는 개념에 의존한다. 그러나 또한 우리가 알게 된 바와 같이, 규범적 질서가 아니라 인식론적 질서와 관련된, 다른 의미에서의 의존성도 있다. 우리의 의사결정 프로세스를 형성하는 도덕적 원칙은 우리가 무엇을 '도덕적 풍경'으로 인식할 수 있는지에 달려 있다. 이는, 곧 우리가 즉각적으로 결정을 내리는 구체적이고 특정한 도덕적 환경을 말한다. 구체적인 환경과 관련된 도덕적 원칙의 명확한 의미는 오직 특정한 지각 속에서 지속적으로 진리를 찾는 인간의 의식 활동으로 확립된 내적인 '도덕적 풍경'의 맥락에서만 파악할 수 있다. 도덕적 품성이 결여된 사람은 특정한 구체적 환경의 유의미한 특성을 보는 데 필요한 통찰력이라는 자원을 가지고 있지 않기 때문에 원칙을 적절히 적용할 수 없는 것이다.

도덕적인 사람을 특징짓는 것은 다른 무엇보다도 자신에 대한 특별한 이해다. 맥도웰은 이러한 통찰의 과정에서 벌어지는 도덕적 품성과 지각 간의 상호작용을 적절히 묘사했다.

> "상황에 따라 누군가 해야 할 일을 알고 그것을 행한다면, 그것은 보편적 원칙의 적용 때문이 아니라, 그가 어떤 독특한 방식으로 상황을 보는 그런 종류의 사람이기 때문이다."

도덕적 품성의 성향을 품도록 하는 도덕적 훈육을 통해 얻게 되는 것은 법규정이 아니라 지각 능력이다.

> "도덕적 훈육에서 배우는 것은 행동규범을 따르는 행동이 아니라 행동의 이유를 구성하는, 상황을 바라보는 특별한 관점이다. 이러한 지각 능력은 한 번 얻으면 복잡하고 새로운 상황 속에서 발휘될 수 있으며, 꼭 예측할 수 있는 것도 아니고 미덕으로 요구되는 행동을 법률가가 법으로 정해놓은 것도 아니지만, 현명하고 사려 깊은 사람이 될 것이다."

유명한 '며느리의 사례'를 통해 머독은 도덕적 인간의 지각적·관념적 자원 및 실제 지각 그 자체 사이에서 벌어지는 상호작용에 대해 설명한다. 이것은 자신의 며느리에 대해 완전히 다른 도덕적 지각에 이르게 되는 시어머니의 이야기다. 그녀는 자신을 꽤 친절한 여자로 생각하지만, 확실히 세련되지 못하고 품위와 교양이 부족하다. 그래서 자신의 며느리가 당돌하고 부적절하며 형식적이고 무뚝뚝하고 때때로 분명히 무례하며 귀찮게 하고 유치한 경향이 있다고 생각한다. 하지만 결국 그녀는 며느리를 사랑스럽게 바라보게 된다. 그리하여 자신의 이해하기 어려운 질투를 극복함으로써, 자신의 며느리가 천박한 게 아니라 상쾌하고 단순하며, 품위가 없는 게 아니라 즉흥적이고, 시끄러운 게 아니라 명랑하며, 귀찮고 유치한 게 아니라 밝고 어리다는 것 등을 인지하게 된다. 이러한 변화는 시어머니의 내적 세계에서 일어난다. 며느리의 외면적 행동은 전혀 바뀌지 않았다.

이 사례는 도덕적 지각을 잘 설명한다. 왜냐면 첫째, 우리의 도덕적 지각이 우리의 언어적 자원에 얼마나 의존적인지와 둘째, 윤리학의 이러한 분야에 관련된 '두터운 윤리적 개념'[2]을 잘 보여주기 때문이다. 윤리학에 대한 다양한 접근법 간의 근본적 차이점은 일부는 ─ 윌리엄스(Bernard Williams)가 철학의 한계와 윤리학에서 말한 ─ '두터운 윤리적 개념'(용기, 불공평, 공정, 부정직, 순수함, 불충실, 잔혹, 무례, 친절 등의 개념)을 활용하고 다른 일부는 추상적이고 형식적인 '얇은 개념'(옳고 그름, 좋고 나쁨, 선함과 사악함 등의 개념)을 활용한다는 데서 발생한다.

이때 두터운 윤리적 개념은 설명적 측면과 평가적 측면을 모두 지니고 있어서 사실과 가치의 강한 부문을 약화시킨다는 특징이 있다. 이 개념은 덕-윤리학에서 중요한 역할을 한다. 그리고 앤스콤(Elizabeth Anscombe)이 「현대도덕철학」이라는 글을 써 현대적인 도덕적 사고에서 덕-윤리학을 재출발시킨 이래, 두터운 윤리적 개념이 얇은 개념보다 선호된다는 신념은 영향력 있는 가설이었다.

이제 우리는 중요한 지점에 다다랐다. 이른바 두터운 윤리적 개념이 얇은 개념보다 좀더 명확하고 콘텐츠가 더 풍부하다고 보는 것은 윤리적 사고에서 두터운 개념에 큰 의미를 부여한다는 것이다. 그러나 그 이면을 보면 이러한 개념은 개인의 정신생활(머독의 사례에서 시어머니의 생각) 또는 정치적 관점에서 볼 때, 특정 커뮤니티의 경험적인 사회적 관행에 깊게 연원한다. 따라서 윤리적 개념이 더 명확할

수록, 개인의 품성 및 그들의 상이한 '생활세계'가 다른 만큼 그러한 개념도 달라지는 특정 커뮤니티의 경험적인 사회적 관행에 더 깊게 연원한다고 할 수 있다.

선과 '원칙의 기능'으로서 이성의 필요

앞서 언급한 덕-윤리 개념의 특정 개인 또는 커뮤니티(개인 또는 집단 행위자)에 대한 연원성은 그 특정한 윤리적 지각과 함께 우려나 경고의 원인으로 볼 수 있을까? 언어와 민족성, 문화적 가치와 종교 체계 등을 공유하는 풍습에 대해 각 개인이 뚜렷한 역할을 하는 전통 사회가 아닌 한 그렇지 않다. 오늘날 많은 사람은 인간이 '공존할 수 없는 종교적·철학적·도덕적 가르침의 다양성으로 분리된' 사회 속에 살고 있다. 내 생각에 롤스(John Rawls)는 무엇이 선인지에 대한 서로 다른 신념 때문에 분리된 인간들이 어떻게 함께 살 수 있는지가 정치적 자유주의의 주요 관심사라고 올바르게 주장했다. 이문화(異文化) 분야에 대한 윤리적 숙고에서 최선의 출발점은, 현대 민주사회의 가장 큰 특성, 즉 인간을 번영케 한 다원주의(pluralism)에 대한 인식이 다양한 종교적·도덕적 가치로 이루어져 있다는 사실이다.

이러한 다원주의는 당연한 것으로 간주된다. 이는 또한 '자유주의 제도라는 틀 내부에서 자유로운 실천이성의 역할'의 범위 내에서 뭔가 이성적인 것으로 마음속에 간직되어 있다. 다양한 문화는 인류를 번영케 한 다양한 사상의 표현이다. 즉 서로 다른 가치 체계를 지닌 상이한 문화가 있는 것이다. 자유주의 사회에서 사람들이 항상 정당한 이유로 자기 삶의 계획, 종교, 도덕적·철학적 신념 등을 바꿀 수 있다는 것을 유념해야 한다. 이러한 변화는 분명히 각 개인의 개인적 정체성 변화로 이어질 수는 있으나, 이것이 그들의 집단적 정체성의 상실로 이어져서는 안 된다.

나의 견해로는, 덕과 인식-겸-상상력 간의 긴밀한 연결은 선의 추구에서 본질적이며, 그 자체를 뛰어넘어 합리성의 다른 형태까지 가리키고 있다. 이러한 합리성의 한가운데에는 우리의 행동과 그러한 합리성에 영향받는 사람들을 정당화하기 위한 보편적 요구가 있다. 이러한 합리성은 행복을 얻기 위한 개인이나 집단의 노력을 넘어 전 인류가 공통적으로 지닌 자유 속의 자율의지와 합리적 이해에 단단히 뿌리박고 있다. 자율의지는 우리가 기본 인권을 존중하고 일정한 의무[3]를 다하도록 함으로써 개인과 집단이 인간의 번영을 추구하는 데 어느 정도 제한을 두도록 촉구하는 자유의 법칙인 무조건적이고 의무론적인 요구의 원천이다.

칸트는 '품성을 갖추는 것'에 대해 이렇게 말했다.

> "……단순히 품성을 갖춘다는 것은, 자신의 이성으로 그 자신에게 돌이킬 수 없다고 규정한 확고한 실제적 원칙에 주체가 스스로를 구속하는 의지의 속성을 의미한다. 이러한 원칙은 때때로 실은 잘못되거나 틀렸을 수도 있지만, (각다귀 무리처럼 여기저기로 흩어져 버리는 것이 아니라) 확고한 원칙에 따라 행동하는 의지의 형태적 요소는 그런데도 보편적으로 뭔가 귀하고 훌륭한 것을 가지고 있으며, 이는 또한 상당히 희귀한 것이다. 이는 자연이 만드는 인간이 아니라 인간이 만드는 그 자신에 의한 것이며, 전자는 (주체가 대부분 수동적인) 기질에 속하고, 후자만이 품성을 가지고 있다고 인정할 수 있다."
>
> • *Anth* 7: 292

결론적으로 내가 목표로 삼은 그림은 다음과 같다. 우선 인간의 의지는 그 출발부터 도덕적 색채를 띠고 있는 개별 인간의 현상적 의식의 흐름에 깊이 새겨진 능력이다. 따라서 이러한 의식은 좋든 나쁘든

강력한 영향력이 있다. 실천이성이 심사숙고하기 시작하면 아무것
도 시작되지 않는다. 반면 개별 인간의 현상적 의식은 보편의지 깊은
곳의 감정적이고 본능적인 층위에 관여하고 인식-겸-상상력을 가
진 개인은 이를 볼 수 있다. 보편의지의 요청은 이로 인해 의무를 지
니는 것과 무관하게 정당화될 수 있다.

참고문헌

Elizabeth Anscombe, "Modern Moral Philosophy," *Philosophy*, vol.33, no.124(January 1958).

Immanuel Kant, *Grundlegung zur Metaphysik der Sitten.*

Immanuel Kant, *Kritik der reinen Vernunft.*

Iris Murdoch, *Metaphysics as a Guide to Morals*, Penguin Books, 1994.

인공지능
그리고 인간의 마음

김기현

서울대학교 철학과 교수

인공지능과 제4차 산업혁명

1960~70년대부터 인간의 지능을 대체한다는 목적으로 인간 스스로 인공지능을 개발하고 있다. 그 배경에 컴퓨터 과학의 발전이 가로놓여 있다. 문제를 푸는 능력인 지능을 컴퓨터가 대신하면서 나타난 것이 이른바 인공지능이다. 인공지능은 생산공정의 자동화 등을 통해 인간의 노동을 기계가 대신하게 했고, 인간의 자연적 지능으로 측정할 수 없는 것을 측정할 수 있게 해주었다. 다양한 산업적 효용성에 힘입어 인공지능에 많은 인적·물적 자원이 투여되었고, 1980년대 정체기가 있었지만 전체적으로 꾸준한 발전을 이루었다.

인공지능의 발전에 따른 제4차 산업혁명의 도래에 어떻게 대비해야 하는지에 대한 논의가 분분하다. 알파고가 이세돌에 압승하자 이 논의는 더욱 탄력을 받았다. 사실 알파고의 승리는 시간문제였을 뿐이지 그 결과 자체는 놀랄 일이 아니었다. 전문가들의 예상보다 빨랐다는 것 이외에는 말이다. 오히려 이는 반가워할 일이다. 우선은 인간을 유익하게 하는 지식과 기술의 발전이 빨리 진행되고 있음이 기뻐할 일이고, 둘째는 예견되었지만 피부로 느끼지 못하던 미래사회의 도래를 극적으로 드러내주어 우리에게 대비할 기회를 준 것도 반가워할 일이다.

　세상의 일 대부분이 그렇듯이 큰 변화에는 빛과 그림자가 있기 마련이다. 인공지능의 발전이 우리네 삶을 여러 측면에서 편하게 해주기는 했지만, 그에 대응하는 걱정거리도 하나둘씩 나타나고 있다. 인간의 지능으로 다루어지던 많은 일을 이제 인공지능이 맡게 되면서 대체되면서 직업의 구조가 크게 개편될 모양이다. 내연기관과 전기 발전으로 촉발된 제1·2차 산업혁명 때도 비슷한 일이 있었는데 이후 인류는 새로운 안정을 찾으면서 이전보다 더 풍요로운 삶을 누릴 수 있었다. 이번에도 인류가 변화를 잘 겪어내고 결국 더 풍요로운 미래로 가리라고 믿는다. 그러나 변화의 시대에 어떻게 대처하는지에 따라 그 과정이 더 고통스러울 수도 덜 고통스러울 수도 있다. 지식 정보시대로 이행하면서 지식을 갖춘 계층과 지식을 갖추지 못한 계층 사이의 갈등도 앞으로 잘 다루어야 할 숙제다.

　인공지능의 발전과 그에 따른 제4차 산업혁명이 어떤 변화를 초래할 것이고, 그 변화에 어떻게 대비할 것인지에 대한 지금까지의 논의는 주로 사회경제적 측면에 집중되어 있다. 여기서는 눈을 좀더 높이 들어 새로운 시대가 인간이란 무엇인지에 대한 생각을 어떻게 변화시키고 있는지 그리고 이런 변화가 갖는 의미는 무엇이고, 이에 대하여 우리는 어떻게 대비해야 하는지에 대하여 생각해보고자 한다.

마음의 신비와 인공지능

　아주 오래전 철학자들은 마음이 가슴에, 심장에 있다고 생각했지만, 과학 발전의 결과 이제 우리는 마음이 머무는 곳은 가슴이 아니라 두뇌라고 생각한다. 이처럼 마음이 있는 곳에 대해 더 많은 것을 알게 되었고, 가슴이든 두뇌든 마음이 있는 곳의 기계적 작동에 대해 더 많은 것을 알게 되었는데도, 마음은 여전히 신비로운 것으로 여겨진다. 과학적 발전에 따라 이전에 알려지지 않았던 것을 더 많이 깨닫게 되었지만 우리는 마음의 본성을 여전히 신비로운 것으로 여기고 있다. 도대체 무엇이 마음을 신비로운 것으로 생각하게 하며, 이 중 어떤 것이 신비의 베일을 벗었던 것일까? 이 과정에서 인공지능은 어떻게 이바지했을까?

마음의 신비는 마음에 물질에서는 찾아볼 수 없는 특성들이 있다는 것에서부터 출발한다. 마음에 나타나는 현상들은 흔히 느낌을 동반한다. 자연 속 휴양림에서 쾌적하게 잠을 자고 향긋한 커피 향을 맡으며 깨어나는 상상을 해보자. 이러한 경험의 핵심은 그에 동반하는 고유한 느낌에 있다. 고통, 기쁨 등의 심리현상은 일정한 느낌을 동반하며, 이러한 느낌이 이들 심리상태의 본성을 이룬다.[1] 이러한 느낌은 우리의 의식에 떠올라 존재한다. 믿음, 욕구와 같은 심리상태도 고통, 기쁨과 같은 느낌을 동반하지는 않을지언정 우리의 의식에 떠오르곤 한다. 이때 의식에 떠오르는 것은 느낌이라기보다는 그 믿음 또는 욕구의 내용이다. 이러한 '의식'(consciousness)이 심리현상의 첫째 특성으로 꼽힌다. 물리현상들에서는 의식현상이 나타나지 않는다.

의식현상과 다르면서도 마음을 신비롭게 만드는 또 하나의 특성이 있다. 한국의 초대 대통령은 이승만이라는 내 믿음을 보자. 이 믿음은 '한국의 초대 대통령은 이승만이다'라는 내용과 내가 '믿음'이라는 관계를 맺음으로써 성립한다. 또 비가 오기를 바라는 내 욕구는 '비가 온다'는 내용과 내가 '바람'이라는 관계를 맺음으로써 만들어진다. 이렇듯 믿음, 욕구 등의 마음상태는 세상을 특정한 방식으로 그려내어 마음에 떠올리는 역할을 한다. 물리적인 자연현상에서는 이러한 특성을 찾을 수 없다. 물론 우리는 나무의 나이테 개수를 보고, 그 나무가 몇 년을 살아왔는지를 읽어내는 것처럼 하나의 자연현상을 보고 자연계의 상태를 읽어낼 수 있다. 그러나 나이테 자체가 자신이 살아온 햇수를 스스로 떠올리게 하고 있다고 할 수는 없다. 믿음과 욕구가 일정한 내용을 떠올리는 특성을 철학자들은 지향성(intentionality) 또는 표상성(representationality)이라고 부른다. 이러한 지향성도 물리현상에서는 발견되지 않는 듯하다.

위의 두 특성은 개별적인 마음상태의 성질이다. 세 번째 특성은 개별적인 마음상태에서가 아니라, 마음의 작용에서 찾을 수 있다. 우리의 마음은 외부의 자극에 대해 기쁨과 고통 등의 반응을 일으키거나 외부의 상황을 일정한 형태로 묘사하는 것에 그치지 않고, 주어진 조건에서 현명한 판단을 내리기도 한다. 138 더하기 111은 무엇이냐는 질문에 대해 249라는 답을 용케 내놓는다. 어제 본 어머니의 모습과 오늘 본 어머니의 모습이 동일할 수가 없는데도, 우리는 쉽게 그 두 존재의 동일성을 알아맞힌다. 한 대상이 부분적으로 가려져서 그 전체의 모습을 선명히 볼 수 없을 때도, 그것이 무엇인지를 잘 알아맞힌다. 이것을 우리는 마음의 똑똑함 또는 '지능'(intelligence)이라고 부른다. 물질의 세계에는 이러한 지능이 없고, 모든 현상은 주어진 조건에 기계적으로 반응하여 발생할 뿐이다.

위에서 제시한 것들 이외에도 마음에 고유한 성질이 더 있을지 모르지만, 위의 세 가지로 우리의 이야기를 이끌어나가자. 위와 같은 마음의 성질들을 액면 그대로 받아들이면서 그것들이 어떠한 물질적인 성질이나 과정으로 설명할 수 없다고 생각하는 사람은 이원론자다. 데카르트(René Descartes)가 이렇게 생각한 대표적인 사람이다. 그는 세상에는 근본적으로 다른 두 가지 종류의 것, 즉 정신적인 것과 물리적인 것이 있다고 주장했다. 데카르트 이후 급속도로 발전한 자연과학은 이러한 이원론적인 사고에 압박을 가하게 된다. 자연계에 대한 이해가 진전되면서, 모든 것을 자연과학 특히 물리학으로 설명할 수 있으리라는 기대가 점점 커졌다.[2] 이전에는 단순한 물체의 운동으로 설명할 수 없을 것 같았던 여러 현상을 역학적으로 설명하기에 이르렀다. 열 현상을 분자의 평균 운동에너지로 설명하고, 번개를 전기의 방전으로 설명하며, 색은 파장으로 설명하게 되었다. 마음에서 발생하는 현상들도 이와 유사하게 물리적으로 설명할 수 있으리라고 기대해볼 만하다.

물리적 설명의 힘이 점차 그 영역을 확장하여 위력을 발휘해가기는 했지만, 사람의 마음은 여전히 그 영역 밖에 머물러 있었다. 그런데 컴퓨터 공학의 발전으로 물리적 설명은 마음의 영역으로까지 확장되었다. 우선 마음의 신비를 이루는 한 특성인 지능이 공격 대상으로 포착되었다. 컴퓨터 공학의 발달과 더불어 사람의 마음이 하는 지능적인 작업을 컴퓨터가 대신할 수 있는 단계에 이른 것이다. 인공지능이란 바로 이러한 시도를 하는 것, 즉 문자 그대로 인공적인 시스템(컴퓨터)을 통하여 마음이 하는 여러 가지 지능적인 일을 하게끔 하려는 것이다.

약한 인공지능에서 강한 인공지능으로

인공지능의 발전으로 오늘날 컴퓨터는 사람이 하는 여러 가지 지능적인 작업을 대신 수행하게 되었다. 컴퓨터는 프로그램으로 움직인다. 프로그램으로 운영되는 컴퓨터와 프로그램이 수행하는 지능적인 작업을 여러 가지 다른 관점에서 바라볼 수 있다. 먼저 이런 인공지능을 단순히 산업적인 관점에서 볼 수 있다. 인공지능의 작업과 이를 수행하는 컴퓨터를 사람의 실제적인 심리적 과정과는 전혀 무관한, 단지 사람의 작업을 돕기 위한 보조적인 장치로 보는 것이다.

그러나 많은 인공지능 종사자는 인공지능에 단순한 실용적 유용성 이상의 가치가 있다고 생각한다. 인공지능이 사람의 마음에 대한 이해와 직간접으로 연관될 수 있다고 생각하는 것이다.

인공지능이 마음의 이해와 관련된다는 후자의 관점은 그 구체적인 내용에서 또다시 두 가지 관점으로 나뉜다. 이 두 관점은 약한 인공지능(weak intelligence)과 강한 인공지능(strong intelligence)으로 불린다.[3] 약한 인공지능의 관점에서 컴퓨터는 사람의 마음에 대한 (심리학) 이론을 검증하는 도구로 사용된다. 사람의 인지 작용에 대한 가설이 제시되었을 때, 우리는 이를 컴퓨터 프로그램으로 입력하여 실행해볼 수 있다. 실행한 결과가 사람의 인지 행위와 유사한 수준으로 나타나면, 즉 사람과 유사하게 성공적이면서 사람이 범하는 것과 유사한 실수를 범한다면, 이는 그 가설이 사람의 인지작용에 대한 올바른 이론임을 지지하게 된다. 반면 결과가 사람의 인지 행위와 전혀 다르게 나타난다면 이는 그 가설이 틀린 것임을 뒷받침한다. 이러한 약한 인공지능의 관점은 컴퓨터를 사람의 마음을 이해하는 일에 적용한다는 점에서 산업적인 관점을 넘어서지만, 이때도 컴퓨터는 여전히 도구적인 용도에만 머문다.

인간의 지능을 이해하기 위한 수단으로 컴퓨터를 이용하던 것이 이제는 점차로 발전하여 컴퓨터가 인간의 지능을 구현한다고 생각하기 시작했다. 즉 인간의 지능이란 컴퓨터와 마찬가지로 여러 프로그램이 결합된 것이라는 대담한 생각이 제시되기에 이르렀고, 따라서 지능적으로 작동하는 컴퓨터는 마음을 이해하는 도구일 뿐 아니라 그 자체에도 마음이 있다는 생각이 고개를 들기 시작한 것이다. 이것이 바로 강한 인공지능의 주장이며, 이 무렵 사이보그를 주제로 한 영화들이 도처에서 만들어지기 시작했다.

약한 인공지능의 관점이든 강한 인공지능의 관점이든, 중요한 사실은 이제 인공지능은 단순히 산업적인 활용을 넘어서서 사람의 지능에 대한 모델을 제시하기에 이르렀다는 것이다. 인공지능을 통해 사람의 인지에 접근하는 이러한 방법론이 일반화되면서 오늘날 컴퓨터 과학과 인지심리학은 밀접한 연관을 맺고 있다. 사람의 마음이 컴퓨터의 프로그램과 같은 방식으로 이뤄졌다는 생각이 받아들여지게 됨으로써, 사람의 인지과정을 연구하는 인지심리학은 인지에 관한 이론의 발전 및 검증을 위하여 컴퓨터 과학에 의존하게 된 것이다. 현대의 인지심리학자 대부분이 인공지능학자이기도 하다는 사실은 이러한 경향을 잘 보여준다.

마음에 대한 새로운 관점

신비의 영역에 머물던 인간의 마음은 인공지능의 발전으로 새로운 전기를 맞이하게 되었다. 강한 인공지능의 주장에서, 인간의 마음은 프로그램들이 복합적으로 얽혀 있는 것에 불과하다는 생각과 컴퓨터 시스템에도 마음이 있을 수 있다는 생각은 동전의 양면과도 같다. 마음에 대한 새로운 관점의 의미는 다음 두 가지로 요약할 수 있다.

마음은 문제를 해결하는 시스템이다

시각을 예로 들어보자. 외부의 사물이 우리의 망막을 자극하여 일정한 상을 맺는다. 이 영상은 우리의 시각 체계에 하나의 단서로 작용한다. 우리의 시각 장치는 이 단서에서 출발하여 단서를 제공한 외적인 대상이 무엇인지를 알아내는 역할을 한다. 이 과정은 열두 고개 수수께끼와 구조가 유사하다. 이 놀이에서 문제를 내는 사람은 일정한 대상을 염두에 두고서 문제를 푸는 사람에게 단서들을 제공한다. 문제를 푸는 사람은 주어진 단서들을 사용하여 문제를 내는 사람이 염두에 두고 있는 대상이 무엇인지를 알아맞히는 작업을 시작한다. 이러한 놀이 과정이 문제해결 능력을 사용한 놀이이듯이, 시각도 일종의 문제해결 능력으로 볼 수 있다. 인공지능은 시각을 비롯해 이러한 모든 인지 과정을 문제해결 과정으로 이해한다.

마음은 본성적으로 비생물학적이다

인공지능에 따르면, 인지작용은 규칙에 따라 프로그램을 수행함으로써 이루어진다. 이러한 견해와 마음을 인지 수행 체계라고 생각하는 견해가 결합하면, 인지에 해당하는 프로그램을 수행하는 체계에 마음이 있다고 결론 내리게 된다. 이미 컴퓨터 과학에서는 인지에 해당하는 프로그램을 컴퓨터로 실현하고 있으며, 사람의 프로그램이 아무리 복잡하다 하더라도 이 프로그램을 컴퓨터로 실현하지 못한다고 믿을 아무런 이유가 없다. 더 나아가 동일한 프로그램을 기성 컴퓨터와 전혀 다른 소재를 지닌 체계를 통해 실현할 수 있으리라는 예측도 충분히 할 수 있다. 다시 말하면 컴퓨터 프로그램은 실리콘이나 유압 펌프, 또는 목재로도 구성될 수 있다. 그렇다면 마음 또는 인지는 더 이상 사람이나 그와 비슷한 소재로 이루어진 유기체의 전유물일 수 없다.[4] 고전적 인공지능의 이러한 성격은 마음의 존재가 소재의 특성과 독립해 있다는 의미에서 마음의 복수 실현가능성(multiple realizability)이라고 부를 수 있다.[5] 이는 마음에 대한 인공지능의 개념이 본질적으로 비생물학적임을 보여준다.

철학적 의미 또는 질문

지금까지 우리는 인공지능의 발전이 마음을 컴퓨터의 관점에서 이해하게 하는 새로운 시각을 제공했음을 보았다. 이러한 변화는 인터넷의 발전과 결합하면서 마음과 관련된 더욱 새로운 생각의 지평을 연다. 이러한 변화가 초래하는 교훈이 무엇인지를 살펴보기로 하자.

마음의 확장과 정체성의 중첩

각종 산업 제품은 우리의 삶을 편리하게 할 뿐만 아니라 생각에도 영향을 미친다. 교통수단의 발전은 이동을 편리하게 할 뿐 아니라, 내가 갈 수 있는 것에 대한 생각, 내가 이룰 수 있는 것에 대한 생각을 변화시킨다. 미디어의 발전은 이전에 알지 못하던 곳에 대한 정보를 나에게 전달하여 내 세계의 범위를 확장시키고 내 가치관에까지 영향을 미친다. 이전에는 알지 못하던 것을 알게 하고, 또 이전에 생각할 수 없었던 것을 생각할 수 있게 함으로써 우리의 생각과 세계관을 변화시켰다.

인공지능이라는 새로운 산업의 발전도 우리의 생각을 변화시킨다. 그러나 인공지능의 발전이 생각을 변화시키는 방식은 지금까지의 산업과는 성격이 다르다. 단지 환경을 변화시키고, 새로운 정보를 제공함으로써 우리가 세상을 새롭게 생각할 소재를 제공하는 것이 아니라, 우리가 생각하는 방식 자체에 영향을 미친다. 기억하고 있는 전화번호의 수를 30년 전과 비교해보자. 아마도 그 수는 거의 10분의 1로 줄었을 것이다. 단지 개수만 준 것이 아니라 숫자들을 기억하는 능력까지도 현저히 감퇴한다. 삶의 공간과 관련한 지형적 지식도 현저히 달라졌다. 어느 동네 옆에 어느 동네가 있으며, 그 동네로 가기 위해서는 어떤 동네를 거쳐 어느 방향으로 가야 하는지 등 이전에는 잘 알고 있던 지식들이 지금은 사라졌다. 내 삶에 매우 중요한 이 정보들은 이제는 내 두뇌가 아니라 내 스마트폰 또는 자동차에 장착된 내비게이션에 저장된다.

정보를 저장하는 매체는 인공지능과 인터넷이 결합되면서 더욱 확장된다. 나에게 필요한 정보는 내가 휴대하는 단말기의 한계를 넘어서 인터넷으로 연결된 클라우드에 필요할 때 언제든지 인출하여 쓸 수 있는 형태로 저장된다. 클라우딩 컴퓨터는 나의 성향을 반영하여 각종 음악을 내가 운전할 때 듣고 싶은 음악, 여가를 즐길 때 듣고 싶은 음악, 데이트할 때 듣고 싶은 음악 등으로 나눠 각기 다른 폴더에 저장한다. 이전에 내가 판단해서 하던 일들을 내 개인 단말기 그리고 단말기와 연결된 인터넷이 수행하기에 이른 것이다.

이러한 변화는 마음의 위상과 개인의 정체성에 중요한 함의를 던진다. 기본적으로 사람의 마음이란 주어진 환경에 특정한 방식으로 반응하여 행동을 산출하는 매체라고 할 수 있다. 한 사람의 기억과 특성이 마음에 저장되어 특정한 행동 양식을 만들어내게 되는데, 지금까지 마음은 두 귀 사이에 존재하는 두뇌에 머물면서 이러한 역할을 담당하는 것으로 간주했다. 그러나 환경에 대응하여 행동을 유발하는 기억과 특성은 이제 스마트 단말기와 클라우드로 분산되었다. 그렇다면 마음도 단지 두뇌에 제한되어 있는 것이 아니라, 단말기와 클라우드에 확산되어 존재한다고 정리할 수 있다.

마음이 두뇌에 제한되는 것이 아니라 단말기와 인터넷 매체로까지 확장된다는 개념은 마음에 대한 전통적인 생각을 변화시킬 뿐 아니라, '나는 누구냐'는 개인의 정체성에 대한 생각에도 중대한 변화를 초래한다. 한 사람을 바로 그 사람이게 하는 정체성이 마음에 있는지, 육체에 있는지를 물으면 보통 마음이라 답한다. 거지와 왕자의 우화를 떠올려보자. 이 경우 육체와 정신 중에 어떤 것이 그 사람의 정체성을 규정하는지를 물으면, 즉 거지의 육체를 가진 왕자가 왕자인지 아니면 왕자의 마음을 가진 거지가 왕자인지를 물으면, 우리는 마음을 기준으로 판단하게 되고, 따라서 거지의 육체를 가진 왕자라고 대답한다. 이렇게 한 사람의 정체성을 마음을 기준으로 결정한다면, 마음이 확장·분산되어 존재하는 인터넷 세계에서 한 인간의 정체성은 어떻게 설명해야 하는가?

나의 마음 한 부분이 당신의 마음 한 부분과 인터넷상에서 겹친다면, 그래서 내 정체성 일부가 당신의 정체성 일부와 겹친다면, 당신과 나의 관계는 이전에는 생각하지 못했던 새로운 차원에서 고민해야 한다. 이것은 두 사람이 같은 내용의 정보를 각기 다른 두뇌에 저장하여 소유하는 것과는 달리, 두뇌의 일부 또는 마음 영역의 일부 자체가 겹치는 새로운 차원의 문제로 보인다. 이러한 현상이 정확히 인간의 정체성과 관련하여 어떤 문제를 야기하는지 그리고 이것에 어떤 윤리적·사회적 의미가 있는지는 앞으로 해결해야 할 숙제다.

과장의 경계

인공지능의 발전이 마음을 이해하기 위한 새로운 관점을 제공하고, 이를 통해 마음의 신비를 어느 정도 해소한 것은 사실이다. 그러나 현재의 인공지능 발전 단계에서 마치 인간의 마음을 온전히 기계로 구현할 수 있는 것처럼 호들갑을 떠는 것은 경계할 일이다. 이 글의 도입부에서 이야기하였듯이 인간의 마음에는 의식, 지향성, 지능 등의 다양한 측면이 있다. 인공지능이 파고드는 마음의 측면은 이 중에서도 지능의 영역에만 국한되어 있으며, 인공지능을 통한 접근이 마음의 다른 측면까지 모두 해명할 수 있는지는 아직까지 불확실하다. 철학자 사이에서도 많은 논쟁이 벌어지고 있다.

앞서, 느낌을 동반하는 현상이 발생하여 마음에 색를 입히는 영역을 의식이라고 불렀는데, 이 영역에 존재하는 것 중에 감성은 마음의 내용을 풍성하게 해준다. 감성은 상상, 상징, 의미, 해석, 초월 등이 살아날 양분을 제공한다. 감성이 있는 인공지능 시스템, 로봇을 만들 수 있을까? 감성이 있는 것처럼 흉내 내는 로봇을 만들 수 있을지 모르지만, 감성이 있는 로봇은 만들어지지 않을 것이다. 음악을 예로 들어보자면, 인간의 마음을 울린 명곡들의 빅데이터를 분석, 조합하여 또 하나의 멋진 곡을 인공지능으로 만들어낼 수 있을지는 몰라도, 감동의 새 영역을 개척하는 곡을 만들어내지는 못할 것 같다. 인공지능이 기존 연주들의 빅데이터를 분석하여 어떤 성부에서 건반을 어떤 강도로 눌러야 사람들이 감동하는지 분석하여 흉내 낼 수 있을지는 몰라도, 한 인격의 통일성을 보여주는 새로운 감동의 양식을 구성해내지는 못할 것이다.

창의성의 영역도 유사하다. 제4차 산업혁명은 정보를 저장하고 그 정보로 문제를 푸는 작업이 더 이상 인간의 몫이 아님을 상징적으로 보여준다. 이제 이런 일들은 인공지능이 담당할 것이며, 인간에게는 새로운 문제를 던지는 능력이 요구된다. 이전에 생각해보지 못한 문제를 던지고 그 해결을 위한 틀을 구상하는 능력은 한동안 인간의 몫으로 남을 것이다. 창의성을 정확히 정의하기는 어렵다. 다만 기존의 틀을 벗어나 새로운 문제를 던지고, 이전에 없던 생각의 틀을 구성하는 것이 창의성이 아니면 무엇이겠는가? 기존의 문제에 대해 인간이 지금까지 생각해보지 못한 새로운 방식으로 문제를 해결하는 능력을 인공지능 시스템이 보여줄 수 있을지는 모른다. 그러나 주어진 문제를 해결하는 과제 너머, 즉 새로운 목적을 구성하고 새로운 문제 영역을 개척해나가는 창의성을 인공적인 시스템이 구현할 수 있다는 생각은 현재로서는 과장된 생각으로 보인다.

참고문헌

Fred Dretske, *Naturalizing the Mind*, Cambridge: MIT Press, 1995.
John Searle, "Minds, Brains, and Programs," in John Haugeland ed., *Mind Design*, Cambridge, MA: MIT Press, 1981.
Michael Tye, *Ten Problems of Consciousness*, Cambridge: MIT Press, 1995.

정치가
어떻게 도덕적으로 되는가

김선욱

숭실대학교 철학과 교수

정치와 도덕의 관계를 묻다

한국에서 정치인의 신뢰도는 어느 정도일까? 2014년 11월 이루어진 한 여론조사에 따르면 대학생들은 안면이 없는 사람보다도 정치인을 신뢰하지 않는 것으로 조사됐다. 정치인과 국회에 대한 신뢰도 비율은 각각 2.6퍼센트와 4.8퍼센트로 조사대상 가운데 가장 낮았다. 이는 설문조사 선택항목 중 '매우 신뢰한다' '대체로 신뢰한다' '신뢰하는 편이다' 등 적극적인 신뢰의사를 선택한 응답을 백분율로 환산한 결과이며, 외국인(8.3퍼센트)이나 처음 만난 사람(8.4퍼센트)보다도 낮은 수준이다.[1]

현실정치에 실망하는 이유는 많다. 선거 관련 부정행위, 정치권력의 비리, 정경유착, 검찰과 정권의 결탁, 전관예우, 모함적 기소, 계파 간 갈등, 지역감정을 이용한 정치적 이익 추구, 해결책이 뻔히 보이는 문제를 해결하지 못하는 정치권의 무능 그리고 무능의 원인으로 의심 가는 부정부패나 권력형 비리, 날로 심해지는 빈부격차와 청년실업 문제에 제대로 대응하지 못하는 무능함 등. 이런 일을 대할 때 우리는 만일 정치가 도덕적이라면 그리고 정치가들이 도덕적인 사람이라면 뭔가 달라지지 않겠냐고 생각하게 된다. 정치행태가 도덕적이라면 삶이 다소 어렵더라도 사회는 도덕성을 잃지 않고 운영될 테지만, 오늘날 사회의 도덕성은 철저히 바닥을 치고 있고 그 원인에 정치가 절대적으로 한몫하고 있다는 생각도 하게 된다. 이렇게 볼 때 우리는 "정치가 도덕적이어야 한다"는 말을 "정치를 잘해야 한다"의 다른 표현으로 여기는 것 아닐까. 그렇다면 여기서 도덕은 정치가 마땅히 따라야 할 길을 표현하는 것으로 이해할 수 있다.

한편 우리는 정치와 도덕은 별개의 영역이며, 도덕으로 정치를 제어하지 못한다는 생각도 여전히 하고 있다. 마키아벨리는 군사적 도덕을 충실히 따르는 것은 정치가가 따를 수 없는 사치라고 지적하며 정치가는 무자비하게 행동할 수 있어야 한다고 충고했다. 정치행위는 종교나 윤리와는 다른 원칙으로 규율되며 정치영역은 도덕의 하위영역이 아니라 그와는 별개의 독자성과 자율성이 있음을 천명한 것이다. 그런데도 우리는 정치가 어떤 방식으로는 우리가 '도덕적'이라고 생각하는 것과 연관될 수밖에 없다고 느낀다. 그것은 정치가 더불어 사는 삶의 원리와 관련되어 있고, 도덕도 마찬가지로 더불어 사는 삶의 문제를 다루는 것이기 때문이다. 이제 우리는 정치의 내면에 우리의 도덕적 의식이 만족할 만한 공동의 삶을 이끌어낼 장치가 있는지 탐색하는 데 관심을 두어야 한다.

『빌리 버드』 이야기

먼저 우리는 정치와 도덕의 영역 차이를 먼저 이해해야 한다. 멜빌

(Herman Melville)의 『빌리 버드』(*Billy Budd*)[2]는 바로 이 차이를 보여주는 흥미로운 소설이다. 이 중편 소설은 멜빌의 마지막 소설로 그가 죽은 지 30년이 넘어서야 출간되었다. 여기서 멜빌은 선과 악의 문제 그리고 도덕과 정치영역의 문제를 다룬다.

이 소설의 배경은 18세기 말경 대서양에서 작전을 수행한 포문 네 개가 달린 벨리포텐트라는 이름의 전함이다. 빌리 버드는 원래 상선에서 일했으나 강제 징집을 당해 벨리포텐트에 오른다. 징집관인 갑판장교 랫클리프 대위가 그를 보고는 한눈에 징집을 결정했기 때문이다. 빌리가 있던 상선의 선장은 그에 대해 "모든 선원이 빌리를 사랑해요. 빨래를 해주고 해진 바지를 꿰매어주는 친구도 있고, 목수는 틈틈이 짬을 내어 작고 예쁜장한 궤짝을 짜주고 있다오. 누구든 빌리 버드를 위해서라면 어떤 일이든 몸을 사리지 않지요"라고 징집관에게 아쉬운 듯 말했다. 빌리는 출생이 불분명했는데, 그래도 "그에게는 종마처럼 고귀한 혈통의 징후가 뚜렷이 나타나 있었다." 빌리는 "수상쩍은 지식의 사과에 물들지 않은 순수한 인간으로 틀에 박히지 않은 정직의 미덕을 갖추고" 있었으며, "소박한 그는 흔히 품위라고 말하는 인위적인 성품과 때로는 공존하는 도덕적인 불의에 물들지" 않았고, "어쩌면 본래의 아담, 즉 간교한 뱀의 유혹을 받아 타락하기 이전의 아담과 다를 바 없었다." 그야말로 자연적인 선한 모습 그 자체로 문명적 교양의 인위적인 손길에서도 벗어난 맑은 모습의 젊은 청년이었다.

벨리포텐트는 해군대령 비어 함장이 이끌고 있었다. 그는 마흔 살 남짓의 독신남으로 당시 많은 실력자 중에서도 명성이 높은 인물이었다. 그는 지체 높은 귀족가문과 연줄이 닿아 있었으나 오직 실력만으로 그 자리까지 올랐다. 그는 실전경험이 풍부했고, 어떤 보직을 맡더라도 언제나 부하들의 복지를 배려하는 장교로 처신했지만 규율위반에 대해서는 단호했고, 업무지식에 통달했으며, 결코 무분별하지 않지만 때로는 과도할 정도로 용감무쌍했다. 그는 귀족적인 덕을 갖춘 사람이었고, 철학, 역사, 전기, 수상록 등을 읽으며 지성을 키우는 사람이었다.

이 소설에서 악의 표상은 선임 위병 하사관 클래가트다. 그는 백병전 교관이었으나 총포의 발달로 백병전이 쓸모없어지자 번잡한 하층 교열갑판에서 질서유지 임무를 맡고 있었다. 멜빌은 본디 악인의 본성이 있는 사람에 대해 다음과 같이 묘사한다. "그 사람의 침착한 기질과 신중한 태도는 이성이 지배하는 정신을 암시하는 듯하지만 내심으로는 이성의 법칙에서 완전히 벗어나 폭력을 저지르는 듯하고, 이성을 비이성적인 효과를 얻기 위한 표리부동한 도구로 사용하는 듯하다. 말하자면 극악무도한 방자함 속에 정신 나간 자의 기미를 지닌 듯한 목적을 달성하기 위해 그는 건전하고 현명한 판단을 내린다." 이런 사람은 광기가 넘치는 사람이라고 할 수 있겠지만, 이런 악한 정신작용은 드러나지 않고 은밀히 진행되며 합리적 사고와 더불어 진행된다. 따라서 가장 위험한 부류의 사람이다. 클래가트가 바로 이런 종류의 인간이라고 멜빌은 말한다. "그에게는 사악한 교육이나 부도덕한 책자 또는 방탕한 생활에서 비롯된 것이 아니라 몸속에 타고난 사악한 광증, 요컨대 '본성적 광증'"이 있다고 말이다.

사건은 클래가트가 빌리의 "빼어난 인간적 아름다움에 대한 질투의 감정"을 느끼게 된 데서 발생한다. 그의 질투는 빌리의 타고난 선한 본성과 연관되어 있는 것이었고, "빌리에 내재한 정신, 말로는 표현할 수 없는 그 무엇, 바로 그런 것이 빌리의 붉게 물든 뺨에 보조개를 패게 만들고, 행동을 유연하게 하며, 황금색 곱슬머리를 휘날리게 하면서, 그를 더할 나위 없는 멋쟁이 선원으로 만드는 자산"에서 기인한 것이었다. 적이 적을 알아보듯, 클래가트는 이런 빌리의 모습을 정확하게 파악했다. 그러나 "무엇이 선인지를 알고 있었지만 스스로 선해질 능력은 없었"던 클래가트는 그를 해치기로 마음먹고 주시하다가, 결국 음모의 올가미를 씌우려 한다.

클래가트는 함장을 찾아가 선상에서 반란의 조짐이 있다고 말하며 그 주동자가 빌리라고 거짓으로 고발한다. 직관적으로 이를 믿을 수 없었던 비어 함장은 빌리를 불러 그 앞에서 클래가트에게 같은 말을 하게 하고 두 사람의 눈빛을 통해 진실을 알아보고자 한다. 클래가트는 빌리 앞에서도 같은 말을 하지만 눈빛은 "평소에 보랏빛이었던 것이 칙칙한 자줏빛으로 혼탁해졌다." 그의 말이 끝난 뒤 함장은 빌리에게도 말을 시키는데, 원래 말을 더듬던 빌리는 평소 자신을 좋아한다고 믿었던 클래가트의 엄청난 모함을 듣고는 제대로 말을 하지 못하고 더듬거리다가 그의 이마를 주먹으로 친다. 클래가트는 그 한 방에 쓰러져 그만 죽어버리고 말았다.

선장은 이 급작스러운 사태를 해결하고자 먼저 군의관을 불러 사망을 확인한 뒤, 함 내의 고위 장교들을 불러 모아 재판을 연다. 군의관이 검시할 때 선장은 이것이 "하느님의 심판이야! 보라고!" "하느님의 천사에게 맞아죽은 거야!"라고 말했지만 그와 동시에 "그 천사는 목이 매달려야 해!"라고도 말했다. 임시군사재판을 위해 모인 장교들은 이 사건에 대해 듣고 혼란에 빠졌다. 빌리는 자신이 클래가트에 대해 악의를 품은 적이 없었고 죽일 생각은 더더욱 없었지만, 말이 제대로 나오지 않은 상태에서 주먹이 먼저 나왔다고 했다. 함장 앞에서 악랄한 거짓말을 지껄이는 것에 견딜 수가 없었다는 것이다. 악에 대해 말이 아니라 즉각적으로 응징해버린 행위는 한편으로는 당연한 것처럼 보였지만, 다른 한편으로는 군법상 가장 죄질이 나쁜 행위였다. 비록 죽은 사람이 무고한 자를 모함하여 죽이려 했던 자이지만, 상관을 죽인 행위는 교수형에 해당하는 행위였다. 가뜩이나 이 시기는 수병들이 노어라는 지역에서 폭동을 일으킨 지 얼마 되지 않아, 극히 민감하던 때였다. 따라서 빌리의 행위가 매우 복합적인데도 이 사건은 신속히 처리해야 했다.

빌리는 결국 교수형에 처해져 죽는다. 이 사건의 한 축인 빌리의 순결성과 행위의 '의도'는 실효가 없다고 비어 함장은 재판에서 주장한다. 억울하게 모함받은 점, 천성이 선한 자라는 점, 죽일 의도가 없었던 점, 말에 의지하지 않고 행동으로 반응하여 악을 제거했다는 점보다는 실제행위와 그 결과에 주목해야 한다는 것이다. "선임 위병 하사관이 어떤 납득할 만한 동기로 그랬는지 그리고 무엇이 빌리에게 그를 가격하게 도발했는지도 상관없이, 이 사건에서 오로지 군법회의는 그가 가격의 결과 사망했고, 가격한 사람의 행위 이외에는 책임을 물을 수 있는 다른 상황이 전혀 존재하지 않는다는 사실에만 주목해야 하네"라고 말하며 현상 또는 "외형"에만 주목할 것을 요구한다. 그 이유는 재판이 근거한 법은 군법이고 또 반란과 관련된 법인데, 이는 그 모체인 전쟁과 연관되어 있고, "전쟁은 정면만을, 다시 말하자면 외형만을 주목"하므로 여기서도 "버드에게 범죄의사가 있었느냐 없었느냐는" 것은 문제가 아니라는 것이다. 하지만 사형 선고 이후 현명한 함장이 빌리와 단둘이 대화를 나눴다는 점(그 내용은 기록되지 않았다), 빌리의 교수형 순간을 마치 예수의 십자가 처형과 흡사하게 묘사했다는 점, 나아가 빌리의 죽음을 비범한 모습으로 그려냈다는 점(사후의 경련이 일어나지 않았다는 점)을 보면, 멜빌이 빌리를 선의 표상으로 끝까지 일관했음을 알 수 있다. 물론 그는 선인을 사형에 처한 판결은 그 자체로 정당하다는 관점도 유지하였다.

아렌트는 『빌리 버드』를 본성적 선과 본성적 악이 맞부딪히는 차원과 정치적 현실의 차원에 어떤 차이점이 있는지 보여주는 소설로 해석한다.[3] 클래가트와 빌리는 각각 본성적 악과 본성적 선을 상징한다. 본성적 악을 제거하는 유일하고 적절한 행위는 그를 때려죽이는 행위뿐이었을 것이다. 이것이 본성적 악을 제거할 수 있는 유일한 길인 셈이다. 그러나 문제는 그 선한 이가 현실 세계에서는 악행자가 된다는 것이다. 물론 빌리는 여전히 선한 이로 남아 있지만 아렌트(Hannah Arendt)에 따르면 인간사에서 우선되어야 할 것은 '덕'(virtue)이다. 덕은 악행만이 아니라, 절대적인 순결을 통해 이루어지는 폭력 또한 처벌해야 한다. 아렌트가 말하는 '덕'이란 현실에서 반복적으로 이루어지는 행위들, 실행들을 통해 나타나는 특정 유형의 행위라고 할 수 있다. 이는 또한 사회에서 그렇게 나타나기를 바라는 특정 유형의 행위를 말하기도 한다. 절대선으로 인간사의 덕이 무너져서는 안 된다는 것이 비어 함장 생각의 핵심이라는 말이다.

『빌리 버드』가 우리에게 주는 메시지는 법이 천사(선)를 위해서가 아니라 인간(구체적인 삶)을 위해 만들어진 것이라는 점, 법은 절대적 순결이 가하는 충격으로도 무너질 수 있다는 점, 법은 범죄와 덕 사이에 존재하는 것으로 범죄와 덕 밖의 것들에 대해서는 인지하지 않는다는 점, 절대악에 부과하는 처벌 수단이 없다는 점, 절대선이라도 덕을 파괴하면 처벌받아야 한다는 점 등이라고 아렌트는 지적한다. 선악의 문제가 인간사에서 가장 근원적이고 기초적인 것처럼 보이지만, 실은 법의 세계, 인간사의 영역, 곧 정치의 세계가 인위적 영역으로서 우리의 실제 삶을 지배하고 있다는 것이다. 도덕의 세계와 정치의 세계는 이처럼 서로 다른 차원에 속한다.

인간에 대한 도덕적 접근

우선 정치영역은 잠시 보류하고 도덕과 윤리의 문제에 대해 살펴보자. 선악의 문제 또는 도덕의 문제를 다룸으로써 우리는 더불어 사는 삶의 원리에 대해 우리가 만족할 만한 답을 기대할 수 있을까?

우리가 현실의 삶에서 『빌리 버드』에서 보는 것과 같은 절대선과 절대악과의 만남을 직접 목격할 경우는 거의 없다. 그리고 우리는 시공간을 초월하여 적용할 수 있는 절대적·도덕적 원리나 덕목을 손에 쥘 수 없다는 것도 잘 안다. 이처럼 우리는 이른바 절대적인 도덕이 존재할 수 있는지에 대해서는 회의를 품는다. 반면에 시공의 제약을 받는 유한한 존재인 우리의 삶에 적용하고 의존할 수 있을 만큼의 도덕은 상당한 수준으로, 즉 안정적으로 따를 수 있을 정도로 존재한다. 그런 점에서 학문으로서의 윤리학은 어느 정도 성공적이라고 나는 생각한다.

우리가 살아가면서 의존하는 도덕원리는 절대적인 것과 상대적인 것 사이의 어느 지점에 있는 것이다. 절대적 도덕규칙이 우리 앞에 놓여 있다고 해도 인간이 절대적 존재가 아닌 다음에야 그 절대성을 감당할 방법이 없다. 절대성을 논할 수 있는 윤리설로는 신의 명령 윤리설(God's command theory of ethics)이 있다. 어떤 사람들은 윤리적 삶을 살기 위한 기준으로 신의 명령을 받아들이고 있다. 신의 명령을 받아들이는 것에 대해 소크라테스는『에우티프론』에서 우리가 그것이 옳다고 판단하기 때문에 받아들이는 것인지, 아니면 일단 그대로 받아들여 우리가 그것을 옳고 그름의 기준으로 삼고 있는 것인지를 묻는다. 소크라테스의 대답이나 우리의 일상적 판단은 전자에 해당한다. 키르케고르의『공포와 전율』의 주제인, 윤리적 판단의 목적론적 중지 테제를 어떻게 이해해야 할 것인지는 더 어려운 문제다. 이는 오늘날 ISIS가 자신들의 테러 공격을 이른바 '알라의 명령'으로 정당화하는 것을 설명할 수 있는 논리적 근거가 된다. 윤리적 판단의 목적론적 중지 테제가 과연 키르케고르의 주장인지 아니면 그것을 비판하는 것이 키르케고르의 관점이었는지는 여전히 논란거리다. 그러나 분명한 점은 종교적 광신자들이나 신봉할 내용인 신의 명령에 직접적으로 복종하는 일은 철학적으로 또 이론적으로 문제점을 여럿 안고 있다는 것이다. 현실적으로 그런 삶은 종교적 광신에 빠진 삶과 일상적 삶의 이분법적 괴리를 전제로 하며, 이론적으로 보면 신의 명령이 직접적으로 주어질 수 있는지에 대한 해석학적 문제를 필연적으로 함축하기 때문이다.

절대주의의 반대편에 놓인 회의주의도 우리의 현실적 삶을 안정적으로 놓을 지반은 되지 못한다. 현실주의에 삶을 놓아서는 삶 자체가 불가능하게 된다. 상대주의적 태도 또한 어느 정도는 안정된 지반 위에서라야 가능하다.

시공의 제약을 받는 인간을 위한 윤리는 절대적인 도덕 명령에 대해서는 회의를 던지고, 전적인 회의주의 또는 상대주의적 주장에 대해서는 땅에 발을 딛고 살아갈 정도의 안정성을 요구한다. 이 정도의 도덕적 가이드는 우리에게 충분히 주어져 있다고 본다. 이런 도덕적 명령에는 인간의 삶을 직접적으로 규제 또는 처방할 수 있어야 한다는 특성(prescriptivity), 규정을 보편화할 수 있다는 가능성(universalizability), 다른 무엇보다 우선한다는 특성(overridingness), 사적이지 않고 공적이라는 특성(publicity), 실천할 수 있다는 특성(practicability) 등이 있다고 포이만(Louis Pojman)은 정리한다.[4]

이러한 도덕이 전제하는 인간관은 보편적 존재로서의 인간이다. 소크라테스는 자기 자신과 모순을 일으키지 않는 인간의 모습을, 공리주의는 이익을 추구하는 인간의 모습을, 칸트의 도덕철학은 원칙을 추구하는 인간의 모습을 그리고 있지만, 이는 모두 종(種)적인 인류의 모습을 그려내고 있다. 즉 이들은 모든 인간에게 적용할 수 있는 방식으로의 인간을 생각하고 있는 것이다. 도덕적 접근은 결국 개인에 대해 보편적 관점에서 직접적으로 접근하여 교정을 시도하는 방법이라고 할 수 있다.

정치공간과 도덕 지향성

정치가 작용하는 방식은 도덕의 경우와는 다르다. 물론 정치가 인간적인 현상인 것은 도덕과 마찬가지다. 또한 정치도 도덕과 마찬가지로 인간의 공동생활에서 필요한 것이다. 동물들은 갈등을 물리적 폭력으로 해결하지만, 인간은 도덕 명령의 적용이나 정치적 방식으로 해결한다. 신의 세계를 생각해본다면, 우리는 유일신의 경우와 그리스 신화와 같은 다신교의 경우를 구분해서 보아야 한다. 유일신을 믿는 세계에서는 기독교처럼 삼위일체를 믿든, 이슬람처럼 삼위일체를 부정하든 간에 도덕을 중심으로 신의 행위를 서술하는 데 문제가 없다. 그러나 그리스 신화의 세계에서는 정치가 존재하고, 오히려 인간의 도덕적 이성이 그들의 행위를 판단하고 평가하는 준거로 작용할 수 있다. 이것이 소크라테스의 『에우티프론』에 나오는 갈등의 핵심이다.

이처럼 정치는 갈등을 전제로 하는데, 정치가 접근하는 해결방법은 도덕의 방법처럼 그것의 옳고 그름을 가려 선악을 구분하는 방식이 아니라, 각자의 처지와 가치관을 존중하면서 말을 통해 이루어가는 조정행위다. 갈등의 원인은 다양한데, 이 다양한 조정대상을 도덕적 기준의 대상으로 환원해 처결(處決)하지 않는다. 그 까닭은 도덕은 보편적 인간상을 전제로 하는 데 반해, 정치는 인간의 복수성(the human plurality)을 전제로 하기 때문이다.[5] 인간 개성의 다양성은 인간의 복수성에서 비롯한다. 인간은 개성을 지닌 존재이고, 개성을 표출하려는 존재이며, 개성의 억압을 견디지 못하는 존재로서, 자신의 개성을 인정받길 원한다.

이런 인간을 다루는 데는 도덕 중심이나 진리 중심이 아닌, 의견 중심의 접근이 필요하다. 의견의 다양성은 인간의 복수성, 즉 인간은 모두 다르다는 사실에 근거한다. 흥미롭게도 정치영역에서는 도덕적 주장 또한 의견의 형태로 제안될 수 있다. 마치 빌리의 재판에서 악에 대한 징벌이라는 사항이 여러 고려사항 가운데 하나로만 작용했던 것처럼 말이다. 의견들이 주장되고 서로 경쟁하거나 대립할 때는 토론과 설득이 역할을 하게 된다. 그리고 설득의 과정을 통해 검증되고 다수가 인정하고 수용한 의견은 정치적으로 힘을 발휘하게 된다.

그래서 정치는 복수의 개인을 전제로 하며 다양성을 인정하는 가운데 정치공간에 제안된 여러 의견에 대해 같이 논의하고 토론하며 함께 약속한 방식으로 문제에 접근한다. 이런 약속된 방법이 적용되는 한 정치는 공동의 문제를 좋은 방식으로 해결해갈 수 있다. 공동의 문제를 다루는 특정한 방식을 취함으로써 정치는 도덕이 추구한 결과를 얻어낼 수 있다. 이런 점에서 정치에 도덕 지향성이 내재되어 있다고 말할 수 있다. 이 점을 아리스토텔레스는『정치학』에서 명확히 서술하고 있다.

아리스토텔레스는 인간이 자신의 생존을 도모하기 위해 동물적 삶을 추구할 수밖에 없다는 점을 여실히 인정한다. 그러나 인간에게는 동물적 욕구만큼이나 자연적 기능을 하는 로고스(logos)가 있다는 점도 지적한다. 동식물처럼 타고난 욕구를 기반으로 인간은 오이코스(oikos), 즉 가정을 형성한다. 오이코스는 날마다 되풀이되는 생물학적 욕구를 충족하기 위해 자연적으로 형성된 공동체다. 이런 욕구는 생명유지를 위해 반드시 충족되어야 하는데, 이 필요를 개인의 힘만으로는 해결할 수 없기 때문에 오이코스와 마을을 형성한다. 가정의 일을 관리하는 것을 오이코노미아(oikonomia)라고 하는데, 여기에서 경제를 의미하는 이코노미(economy)가 나왔다. 인간은 여기서 한 걸음 더 나아가 여러 마을을 묶어 폴리스(polis)를 구성하는데, 폴리스는 마을을 단순히 확대한 것이 아니라 그 자체로 새로운 특성이 있는 완전한 공동체. 폴리스도 오이코스와 마찬가지로 인간의 본성에 근거하고 있으므로 아리스토텔레스는 "인간은 본성적으로 폴리스를 구성하는 동물(zōion politikon)"[6]이라고 했다. 폴리스 안에서 살아가는 삶이 인간의 본성을 실현하는 길이라고 본 것이다. 우리는 이 폴리스를 주로 '도시국가'라고 번역하고 이를 직접민주주의가 가능한 작은 규모의 국가 정도로 이해한다. 정치를 의미하는 폴리틱스(politics)는 여기에서 나온 말이다.

오이코스를 통해 실현하는 인간 본연의 모습은 육체의 성장과 생명유지라는 결과로 나타난다. 그리고 풍요로운 물질적 삶의 향유 또한 그 결과의 하나다. 완전한 공동체인 폴리스를 통해 본성이 실현되었을 때 나타나는 모습을 아리스토텔레스는 인간의 단순한 생존(zēn)을 넘어선 "훌륭한 삶(eu zēn)"이라고 했다. 훌륭한 삶은 인간만의 차별화된 본성인 로고스가 잘 기능할 때 가능하다. 그래서 아리스토텔레스는 "인간은 로고스 능력이 있는 유일한 동물(zōion logon ekhon)이다"라는 규정을 인간은 정치적 동물이라는 규정 뒤에 곧바로 덧붙였다. 로고스 능력이 있다는 말은 곧 언어를 사용하는 능력이 있다는 말이다. 단순한 목소리(phōnē)는 다른 동물에게도 있으며, 이는 고통과 쾌감을 표현하는 데 사용된다. 하지만 인간은 언어(logos)를 무엇이 유익하고 무엇이 해로운지, 무엇이 옳고 무엇이 그른지 밝히는 데 사용할 수 있다고 아리스토텔레스는 말했다. 폴리스 속에서 살아가면서 언어를 활용하는 가운데 사람들은 다른 사람들과 더불어 선과 악, 옳고 그름 등을 인식하고 그것을 자신의 삶 속에서 구현할 수 있다는 뜻이다. 정치를 통한 도덕적 목적의 구현은 이렇게 설명된다.

아리스토텔레스는 인간이 폴리스의 법(nomos)과 정의(dike)에서 이탈했을 때는 동물과 다를 바가 없다고 말했다. 나아가 폴리스에서 발현되지 않은 로고스가 달리 활용될 경우 이 동물은 가장 사악한 동물이 될 수 있다고도 했다. 인간은 지혜와 탁월함을 위해 쓰도록 무기인 로고스를 갖고 태어났는데, 이 무기는 나쁜 목적을 위해서도 너무도 쉽게 쓸 수 있기 때문이다. 무장한 불의(不義)는 가장 다루기 어려운 것이다. 법과 정의는 폴리스의 질서를 유지해주고, 정의감은 무엇이 옳은지 판별해주는데, 폴리스를 통해 로고스의 탁월함을 이루지 못한 "인간은 가장 불경하고 가장 야만적이며, 색욕과 식욕을 가장 밝히게" 된다고 아리스토텔레스는 말했다. 이처럼 정치공간은 인간 본성의 발현이며, 이를 통해 더불어 사는 삶에 필요한 정의와 윤리를 구현해, 좋은 삶, 즉 인간적 삶을 살 수 있는 공간이다. 정치공간을 갖지 못하거나 정치공간을 상실하는 것은 곧 인간적 삶에서 멀어짐을 의미한다.

그러면 정치공간의 어떠한 특성이 이러한 도덕 지향성을 가능하게 하는 것인가. 첫째, 정치공간은 말이 가진 힘으로 대화와 설득이 가능한 공간이다. 정치공간에서는 말로 서로의 행위를 조정하는 삶의 방식을 형성할 수 있다. 정치공간은 물리적 폭력이 아니라 말이 지배하는 공간이다. 아리스토텔레스가 '정치적 동물'이라는 말을 '언어를 사용하는 동물'로 풀어낸 것은 이런 정치의 모습을 말한 것이다.

둘째, 정치공간에는 평등하게 참여하고 말할 수 있는 권리가 있다. 이는 정치공간을 함께 형성한 사람들이 만든 법을 통해 보장된 평등권이다. 평등하다는 말의 의미는 '동료와 더불어 살고 있다' '동료와만 함께 한다'는 뜻이다. 이때 평등은 분배적 정의를 의미하는 평등이 아니라 정치적 평등을 의미한다. 그리스어 이소노미아(ἰσονομία)가 의미하는 것처럼, "법의 영역 내에서의 평등", 즉 "동료 집단(a body of peers)을 형성한 이들의 평등"을 의미한다. 이는 "모두가 평등하게 태어났기 때문에" 보장되어야 한다는 근대적 의미의 평등이 아니다. 오히려 그와는 반대로 "인간은 자연적으로 불평등하게 태어났기 때문에" 생활하는 공동체 안에 인위적으로 법을 세우고 그 법이 적용되는 한(즉 법의 영역 안에서) 의도적으로 이루어내려는 평등을 의미한다.[7] 이러한 평등을 위해서는 인위적으로 만든 법으로 형성된 영역이 필요한데, 이것이 정치공간이다. 정치공간에는 정치행위를 통해 자신을 드러내고 자신의 의견을 다른 사람들이 청취하고 평가할 수 있도록 평등성이 확보되어 있다. 자유롭다는 말은 타인의 명령에 복종하지 않으며 또한 타인에게 명령하는 자리에 앉지 않는다는 것을 의미한다. '통치하거나 통치받지 않고, 지배하거나 지배받지 않는다'는 것이다. 자유는 정치공간이 만들어내는 평등한 시민들 사이에서 작동한다. 만일 정치공동체에 군주나 폭군, 즉 통치자(ruler)가 등장하면 시민들의 평등한 관계는 존재할 수 없게 되고, 오직 통치자와 피치자의 관계 또는 통치를 받는 피치자 간의 관계만이 존재하게 된다. 정치적 자유는 "인간의 모든 활동에서 나타나는 것이 아니라 인간의 특정한 활동", 즉 정치공간에서 이루어지는 정치행위에서 나타나는 것이다. 따라서 정치공간이 존재한다는 말은 이러한 자유와 평등의 관계가 이루어지는 공간이 존재한다는 말이다. 정치의 궁극적인 목적은 바로 이러한 공간을 창출, 유지하는 것이다. 정치공간의 부재는 자유롭고 평등한 삶의 부재를 의미한다.

셋째, 정치공간은 경제력으로 위계가 정해지지 않는다. 정치공간의 존속을 위해 경제력이 필요하다고 해도, 정치공간이 경제의 힘에 종속되어서는 안 된다. 경제는 본래 인간의 생명유지와 관련된 일이기 때문에 인간이 경제에 대해 느끼는 매력은 강력하다. 이 때문에 경제가 공적 관심을 획득하게 되면 그 강력한 힘으로 공적 관심을 모두 휩쓸어가게 된다. 이는 오늘날 정치적 사안에도 기울여야 할 공적 관심을 모두 경제에 쏟음으로써 공적 공간에서 정치공간의 자리가 점차 왜소해지게 된 이유이기도 하다. 이로써 국가는 하나의 거대한 가정과 같이 변한다. 이런 국가에서는 하나의 공통 관심사가 지배하고, 하나의 공통 의견만이 존재할 수 있으며, 국민은 하나의 거대한 가족이 된다. 하나의 공통 관심사인 경제가 지배력을 행사하고, 이 힘에 의지한 권력자가 국가를 통치하고, 그 앞에서 국가의 모든 구성원은 하나의 숫자로 환원된다. 경제가 일인 군주처럼 체화하여 지배하는 상황이 전개되는 것이다. 이는 사회적으로 균일화를 낳게 되며,

현대에서 이런 균일화는 평등을 의미하게 된다. 자유는 획득한 경제력을 향유할 수 있는 능력으로 이해되고, 단일 가치관이 문화를 지배함으로써 다양성이 소멸되고 문화적 한 줄 세우기가 이루어진다. 마치 지니고 있는 명품의 가격으로 개인의 품격을 결정하는 일이 보편화되어 버리는 것처럼 말이다. 이러한 사회가 바로 다양한 성격의 사회집단들이 단 하나의 사회로 흡수되어 버리는 사회, 즉 대중사회다.[8] 이런 사회에서 차이는 소중하게 여겨지지 않고 단지 개인의 취향 문제로만 간주될 뿐이다. 즉 차이를 사소하고 사적인 것으로 치부하는데, 공적 영역에서 중요하게 간주했던 차이를 나타내는 행위가 사회적 영역에서는 불필요하고 자의적일 뿐인 독특한 행위 정도로만 여겨지게 된다.

넷째, 정치공간에서는 다양한 의견이 경합을 벌이되 모두 또는 다수가 소통하고 합의할 수 있는 의견을 형성한다. 의견의 합의를 이끌기 위해 대화에 참여하는 사람들은 편파적이지 않을 것, 즉 공정한 자세로 임할 것을 요구받는다. 이는 자신과 관련된 이익에 초연할 때 가능하다. 즉 정치공간은 참여자에게 사적 이해관심에서 벗어날 것을 요구한다. 어떤 의견과 주장이 사적 이익과 연관되어 있다면 모두에게 받아들여질 수 없으며, 반대로 공정한 의견도 사적 이익에 얽매어 불편부당성을 상실한 사람에게 받아들여질 수 없다. 인간에게 주어진 상상력을 통해 불편부당성, 즉 공공성을 갖추는 것과 사적 이해관계에서 벗어나는 것은 인식론적으로 가능하다. 이처럼 보편적인 소통 가능성은 말을 통한 합의를 가능하게 한다.

다섯째, 정치공간은 소통하고 참여하는 시민을 형성함으로써 시민사회 안에서 살아가는 사람들에게 도덕적으로 살아갈 동기를 부여한다. 물론 고대 아테네의 폴리스와 우리가 살고 있는 현대사회는 많이 다르기 때문에, 시민들이 직접적인 방식으로 국정에 참여하지는 않는다. 하지만 바로 그런 이유에서 오늘날 시민은 마치 연극의 관객처럼, 연기자인 정치가에게 영향을 미칠 수 있다. 연극의 배우(actor, 행위자)는 연극을 구성하는 인물이고 연기에 몸을 담고 있기 때문에 극 전체를 볼 수 있다. 따라서 극의 진행에 대한 평가는 관객(spectator)의 반응에 의존할 수밖에 없다. 이처럼 좋은 평가에 관심을 쏟는 행위자는 관찰자의 의견(opinion)과 판단에 집중한다. 따라서 관찰자는 행위자의 마음속에 자리 잡게 된다. 이때 행위자는 관찰자에게 의존하려 하지만, 관찰자는 자율적이다. 정치가와 시민은 이렇게 관계를 맺는다. 이들 시민은 관찰하며 서로 대화하고 소통한다.[9] 사실 복수로 존재하는 시민 자신이 동료 시민과 대화행위를 하고 있기 때문에, 판단을 내리는 시민은 관찰자이면서 이미 행위자인 셈이다. 이처럼 정치가와 시민은 적극적인 상호관계 가운데 있고 또 그래야 한다. 이처럼 정치공간은 소통하고 참여하는 시민을 형성하는데, 이런 정치공간이 활발하게 기능할 때, 시민은 자신의 공동체를 위해 스스로 도덕적인 삶을 살려 하고, 다른 사람들을 위해 희생할 자세 또한 갖추게 되는 것이다.

끝으로, 이런 방식으로 정치공간의 참여자들은 단순한 공동선(共同善)과 구별되는 공공선(公共善)을 추구하게 된다. 공동선이란 공동체 구성원 모두에게 유익이 되는 것을 말한다. 공공성은 공동체 구성원을 넘어 모두가 동의할 수 있는 보편성을 기반으로 한다. 이는 이익이 아니라 가치의 문제. 공공성은 '다수에게 유익한 것'이라는 기준을 넘어선다. 예컨대, 공동체 구성원 다수에게 이익이 된다고 해서 소수의 희생을 강요할 수는 없다고 주장할 때나 대의를 위해 공동체가 불이익을 떠안기로 선택했을 때는 공동선이 아니라 공공선이 작용한 것이다. 현대에서 경제와 정치는 혼돈될 수 없지만, 또한 완전히 분리되지도 않는다. 경제는 이미 정치의 문제가 되었고, 정치공간에서 다루어야 할 경제적 문제들이 있기 때문이다. 기업과 정부는 그 역할이 다르지만, 경제 구조의 문제, 법인세처럼 기업이 사회에 대해 져야 할 부담의 문제 등에 대해서는 해당 공동체가 존중하는 가치에 따라 다른 결정이 이루어질 수 있다. 이때 원칙이 될 가치는 공공선에 기반을 두어야 하며, 이를 공동선의 기준으로 활용해야 한다. 모든 일을 기업의 관점에서만 결정하면 보편적인 소통가능성을 확보할 수 없게 될 것이다. 하지만 관련 당사자의 이익을 모두 고려하되 궁극적으로는 가치에 따라 판단을 내린다면 공공성을 매개로 한 합의가 가능해질 것이다.

정치적 현실주의와 이상주의

정치공간이 도덕적 지향성을 갖는다면, 왜 현실정치는 그런 결과를 낳지 않을까? 우리의 논의가 너무 이상적인 반면 현실정치는 그런 이상성과 거리가 멀기 때문인가? 현실주의적으로 정치를 다룰 때와 이상적인 관점에서 정치를 다룰 때의 차이는 무엇인가? 그리고 현실주의는 진정으로 현실적이고 이상적 관점은 비현실적이기만 한 것인가?

현실정치의 실례에 집중하는 정치적 현실주의는 힘의 대립논리에 주안점을 둔다. 정치적 현실주의는 물리적 힘에만 주목하며 이성적 소통의 힘 같은 다른 힘의 작용에는 주의를 기울이지 않는다. 특히 정치적 현실주의는 국제관계를 정글의 법칙이 지배하는 현장으로 이해하는데, 이 또한 세계가 새로운 질서를 부여하기 위해 국제사법재판소 등을 만드는 노력을 간과하거나 무시한 태도다. 정치적 현실주의의 주장이 실제 현실과 다를 수 있다는 비판을 우리는 플라톤의 『국가』에서 찾을 수 있다.

『국가』에서 트라시마코스와 소크라테스는 정의에 대해 논쟁을 벌인다. 이 논쟁에서 우리는 현실주의에 대한 통렬한 논박을 발견할 수 있다. 트라시마코스는, 권력자는 자신의 이익을 위해 법을 제정하기 마련이며, 일단 법을 제정하면 그것이 정의라고 선포하므로, 정의란 권력자, 즉 강자의 이익이라고 주장한다. 여기에 대해 소크라테스는, 통치자도 실수하는 것이 현실이며, 그가 실수로 만든 법이 심지어 본인에게 해가 되더라도 정의로 선포된다는 점을 지적한다. 즉 정의로 불린 법이 강자에게 해가 될 수도 있다는 것이다. 이는 트라시마코스의 주장이 현실에 근거한 것처럼 보이지만, 현실이 반드시 그렇지 않을 수도 있다는 것을 설명한 것이다. 현실은 여러 면모를 가지고 있고, 서로 반대되는 경우도 있다. 현실의 사례로 현실주의를 주장하면, 반대의 사례로 현실주의를 비판할 수도 있다는 것이다.

이어서 트라시마코스는, 강자는 정의의 이름으로 강자 본인의 유익을 구하지만, 피치자의 복종은 피치자 본인에게 해가 된다고 주장한다. 현실적으로 볼 때 가장 완벽한 불의를 저지르면 행복해지지만, 불의를 당하는 자 또는 불의를 행하지 않는 자는 비참하게 된다는 것과 의로운 사람은 불의한 사람보다 덜 가지게 된다는 것을 지적한 것이다. 이에 대해 소크라테스는 국가나 군대, 강도나 도둑의 무리 등이 집단으로 불의를 저지를 때 서로에게도 불의한 일을 행하면서 불의를 행할 수 있는지를 묻는다. 이는 사실상 불가능하다. 악인들도 최소한 자신들 사이에는 의리를 지켜야 불의한 일을 도모할 수 있기 때문이다. 전적으로 불의한 사람들의 집단에서는 아무런 불의도 이룰 수 없다. 결국 소크라테스는 악은 그 자체만으로는 아무것도 못 한다는 점을 지적하면서, 악이 작동하려면 선에 기생해야 한다고 말한다. 이는 정치 현실주의가 옹호하려는 악보다도 선이 더욱 근원적이며 더욱 강력한 것임을 보여주는 논법이다. 이 내용은 하버마스(Jürgen Habermas)가 의사소통행위이론에서 강조한 소통적 행위의 우선성 논리와 일치한다.

현실주의 정치이론은 진화생물학적 근거가 있기도 하다. 동물의 공격성에 대한 연구를 통해 인간의 폭력을 이해하려고 했던 로렌츠(Konrad Lorenz)의 연구가 그 예다. 이 관점에서는 폭력성을 치유할 수 있는 질병처럼 여기기 때문에 도덕교육을 통해 해결할 수 있다는 이론을 수용하지 않는다. 대신 폭력성의 작동을 인간 본질의 한 측면으로 받아들이면서 동시에 그와 동일한 인간 본성인 사회성으로 그 폭력성을 제어하는 이론이 현실적이라고 본다.[10] 이런 관점을 취하는 정치이론은 홉스(Thomas Hobbes)에게서 찾을 수 있다.

'자연상태'(the state of nature)의 인간을 폭력을 행사할 권리가 있는 주체라고 보았던 홉스의 생각은 폭력성이 인간 본성에 해당한다고 보았던 관점과 유사하다. 물론 홉스의 폭력성 개념이 생물학적인 것은 아니지만, 그런데도 변수가 아니라 상수로 설정되었다는 점에서 로렌츠의 공격성과 유사한 이론적 기능을 하고 있다. 홉스에 따르면 자연상태의 인간에게는 자기보존이라는 자연적 권리가 있다. 인간에게는 생명 보존을 위해 다른 인간을 해칠 권리도 있고, 남의 것을 폭력적으로 탈취할 권리도 있다. 이런 권리주장은 결국 '만인의 만인에 대한 투쟁' 상태를 불러온다. 그런데 이성적 사유를 통해 남도 자신의 것과 동일한 권리주장을 할 수 있다는 것을 깨닫게 되고, 파멸을 피하기 위해 상호협력을 모색하게 된다. 절대적 힘이 있는 국가는 이렇게 만들어진다.[11] 정치를 이렇게 이해한다면 이는 인간의 근원적 폭력성에 바탕을 둔 것이다. 국가권력은 근원적으로 폭력과 다르지 않다. 폭력을 의미하는 독일어 게발트(Gewalt)는 국가가 행사하는 권력을 의미하기도 한다. 국가가 행사하는 힘은 그것이 정당한 권력이면서 동시에 폭력일 수 있다는 것이 게발트의 함의이며, 이는 홉스에서 베버(Max Weber)에 이르기까지의 유럽 전통에서 형성된 정치철학의 일반적 이해라고 할 수 있다. 이러한 이해기반에서 베버는, 국가란 정당한 물리적 강제력을 독점한 유일한 인간공동체이자 강제력을 사용할 수 있는 유일한 원천이라고 정의하고, 정치란 폭력성을 내포한 권력을 수단으로 지닌 행위라고 정의했다. 연장선에서 정치가에 대해 "너는 악에 대해 폭력으로 저항해야만 한다. 만약 그렇게 하지 않으면 네가 악의 만연에 책임이 있다"[12]라고 했다. 이런 폭력과 권력 개념은 현실주의 정치철학의 기본 이해다.

그런데 국가권력을 반드시 이렇게 이해할 필요는 없다. 국가의 게발트는 폭력 그 자체일 수도 있지만 정당한 억제력일 수도 있다. 전자는 '국가폭력', 즉 국가가 자행한 범죄적 폭력이지만, 후자는 올바로 행사한 공권력이다. '게발트' 개념만으로는 이 둘을 명확히 구별하지 못한다.

역사적으로 많은 국가적 폭압사건이 존재했기 때문에, 우리는 국가의 권력행사가 단지 폭력에 불과한 경우도 많다는 것을 안다. 그러면서도 우리는 오늘날 과거보다 많이 발전한 민주주의 체제를 경험하면서, 국가의 권력이 한갓 폭력에만 머물러 있지 않다는 것 또한 알고 있다. 따라서 만일 우리가 국가의 힘이 실제로 폭력으로 작용하는 경우와 타당한 억제력으로만 작용하는 경우를 원리적으로 구분할 수 있다면, 그 원리에 따라 권력과 폭력을 선명하게 구별할 수 있을 것이다. 앞 장에서 논의한 개념을 활용하여 말하자면, 국가권력의 억제력을 더 이상 폭력의 이름으로 상상하지 않아도 되는 국가란 자연법적 목적이 현실의 실정법 가운데 발현된 국가일 것이다. 이런 국가가 완전한 형태로 현존한다거나 존재할 수 있다고 주장할 넋 나간 학자는 없겠지만, 정치가 그 방향으로 진보하고 있는지에 대해서는 논의할 수 있다. 이런 방향의 논의를 우리는 아렌트에게서 찾아볼 수 있다.

시민이 국가의 법을 준수하고 심지어 자신의 자의적 행동에 대한 법적 제약을 감내하는 것은, 국가의 힘이 자신의 힘보다 강하기 때문에 어쩔 수 없이 하는 노예적 복종행위일 수도 있고, 그 법이 자신들의 동의에 근거한다는 인식 때문에 하는 적극적이고 자발적인 행위일 수도 있다. 즉 국가권력은 법으로 구체화된 시민의 합의이고, 정치기구들은 시민의 권력으로 구성된 것이며, 시민은 정치적 장치를 통해 자신들을 규제하는 자들을 규제할 가능성이 있다고 생각하는 것이다. 또한 권위란 법적 기반에 근거한 제도에서 나오는 힘이므로, 국가권위의 강제력은 그것이 정치영역에서 작동하는 것인 한 궁극적으로는 시민의 소통과 합의에 기초하기 때문에 다른 정당화 장치를 요구하지 않는 시민권력의 발현으로 이해할 수도 있다.[13]

이렇게 보면 권력과 폭력은 동질적이지 않을 뿐만 아니라 심지어 배타적이기까지 하다. 이때 아렌트가 사용하는 '폭력'은 영어로 '바이올런스'(violence)이고 권력은 '파워'(power)다. 아렌트에 따르면, 권력이 극대화된 경우 바이올런스는 최소화되며, 반대로 바이올런스가 극대화된 경우 권력은 최소화된다. 시민이 시민의 자발적 동의에 기반을 두고 성립된 정부의 요구가 그 동의에 부합한다고 판단하고 자발적으로 따른다면, 정부는 바이올런스가 필요하지 않게 된다. 이때 국가권력은 최대화된다. 시민이 어떤 부당한 범죄를 저질렀을 경우 국가는 법의 강제력을 발휘하여 그 범죄자가 원하지 않는 처벌을 강압적으로 부과할 수 있기 때문이다. 이때 범죄자가 자신이 당한 것을 폭력으로 여길 수는 있으나 이를 바이올런스라고 할 수는 없다.

그런데 시민이 법의 부당성 때문에 법을 어겼다면 국가는 아무리 그 부당한 법이 포함된 법체계를 통해 처벌을 강제한다고 해도 정당성을 지닐 수 없다. 이때 국가의 처벌은 바이올런스가 된다. 시민이 국가의 바이올런스에 대항하여 법의 부당성을 지적하고 수정을 요구하는 경우가 발생할 수 있는데, 부당한 법이 법체계 내에서 차지하는 비중이 작으면 시민의 저항행위는 시민불복종에 머무르지만, 그 비중이 커서 법체계 전체의 교정을 추구할 경우 그 행위는 혁명이 된다. 국가권력의 크기는 국가가 행사하는 바이올런스의 크기에 반비례한다. 벤야민이 보았던 것처럼 원초적인 바이올런스가 횡행한 상황에서는 그 바이올런스가 법정립적 기능으로서 정당화된다. 그리고 아렌트가 보았던 것처럼 법이 시민의 합의에 기초한 상황에서는 법의 기능은 바이올런스와 멀어지고, 법은 확립된 시민의 권력으로 존재하게 된다. 권력의 시작은 함께함에 있고, 함께한 사람들이 약속을 통해 법을 만들면 사람들은 그 법에 따라 시민이 되고 권력은 법과 더불어 존재하게 된다. 정부조직은 법에 따라 구성되며 정치는 권력을 활용한다. 권력은 법 자체와 함께 존재한다.

베버가 『직업으로서의 정치』의 내용을 학생들에게 연설할 때는 나치의 광풍을 예감한 때였고, 벤야민이 자살했던 때는 나치가 득세한 때였다. 아렌트가 「폭력론」을 썼을 때는 민권운동과 학생운동이 상당히 확산된 1960년대였으니 정치체제의 발전을 경험한 뒤다. 폭력을 정치적 폭력으로 제어하던 시대에서 폭력을 최소화하고 진정한 권력을 구축하는 방향으로 정치공동체가 발전한 것이다. 이를 두고 우리는 폭력을 제어하는 인류의 능력이 발전해가고 있다고 말할 수 있을 것이다. 아렌트의 이상적 정치론은 홉스의 정치론 못지않게 현실적이다. 그리고 도덕이 이루려는 결과를 홉스가 할 수 없었던 방식으로 현실에서 정치적으로 이루고자 한다.

정치에 도덕적 방법 자체를 도입할 수는 없다. 정치의 차원과 도덕의 차원은 다르기 때문이다. 그러나 도덕이 현실에서 이루려는 공동의 삶의 모습은 정치를 통해서 이루어낼 수 있다. 정치영역에서 약속의 방식으로 접근하여 바람직한 정치공간을 이루어낼 때 우리는 정치가 도덕적이 되는 결과를 얻을 수 있다. 이를 위해 현실을 극복하는 정치학으로 정치행위를 실천해야 한다. 달리 말하면 우리가 어떤 자세로 어떤 참여를 통해 어떤 실천을 하는지에 정치를 도덕적으로 만들 수 있는지의 여부가 달려 있다는 것이다.

"정치가 도덕적이어야 한다"는 말은 일상적으로 흔히 쓰는 말이지만, 정치와 도덕이 별개의 영역에 속한다고 이해한다면, "정치를 통

해 도덕이 이루려는 공동의 삶의 모습을 이루어야 한다"라고 말하게
될 것이다. 정치와 도덕은 결국 더불어 사는 방식의 문제이기 때문이
다. 그리고 그 답은 정치가 작동하는 여러 방식을 이해하고, 적절한
정치적 행위를 기울이는 실천을 통해서 찾을 수 있다.

참고문헌

루이스 포이만 등, 박찬구 외 옮김, 『윤리학: 옳고 그름의 발견』, 울력, 2010.

막스 베버, 전성우 옮김, 『직업으로서의 정치』, 나남, 2007.

아리스토텔레스, 『정치학』, 천병희 옮김, 『정치학』, 도서출판 숲, 2009.

콘라드 로렌츠, 송준만 옮김, 『공격성에 관하여』, 이화여자대학교 출판부, 1986.

토머스 홉스, 진석용 옮김, 『리바이어던』 제1권, 나남, 2013.

한나 아렌트, 김선욱 옮김, 『공화국의 위기』, 한길사, 2011.

한나 아렌트, 김선욱 옮김, 『칸트 정치철학 강의』, 푸른숲, 2002.

한나 아렌트, 이진우 외 옮김, 『전체주의의 기원 I』, 한길사, 2006.

한나 아렌트, 홍원표 옮김, 『혁명론』, 한길사, 2004.

허먼 벨빌, 안경환 옮김, 『바틀비/베니토 세레노/수병, 빌리 버드』, 홍익출판사, 2015.

Hannah Arendt, *The Human Condition*, Chicago: The University of Chicago Press, 1958.

로봇도
윤리적일 수 있는가

김형철

연세대학교 철학과 교수

알파고가 인간에게 던진 교훈

알파고의 승리는 우리에게 충격을 주었다. 경기가 시작되기 전에는 많은 사람이 이세돌의 우세를 점쳤다. 그런데 막상 이세돌이 지니깐 갑자기 여기저기서 "자신은 알파고의 승리를 예상했다"는 사람이 늘어났다. 인간의 패배에 서글퍼진다는 사람도 나타났다. 개인적으로는 이기고 지고를 떠나서 왜 졌는지 그리고 어쩌다 한 판은 이기게 되었는지가 궁금하다. 이번 일에서 우리가 얻어야 할 교훈은 무엇일까?

첫째, 바둑이 무한에 가까운 경우의 수가 있다지만 표현이 그럴 뿐 당연히 실제 경우의 수는 유한하다는 것이다. 시작과 끝이 있다. 그리고 바둑에도 규칙이 있다. 이런 경우 결국 중요한 것은 누가 더 빨리 더 정확하게 계산하는지다. 컴퓨터 1,202대와 개인의 브레인 싸움에서 결국 인공지능이 이긴 것이다. 컴퓨터보다 계산을 더 잘하기는 힘들다.

둘째, 협업할 줄 아는 알파고의 능력이 대단하다는 것이다. 컴퓨터 1,202대가 서로 다투지 않고 협력했다는 사실을 기억해야 한다. 어떤 이는 훈수꾼 1,202명과 한 명이 싸우는 것은 불공정한 게임이라고 한다. 이런 비판은 본질을 놓치고 있다. 예를 들어 인간이 훈수꾼 1,202명을 데리고 슈퍼컴퓨터 한 대와 싸우면 이길 것 같은가? 아마 훈수꾼끼리 서로 욕하고 싸우느라 볼 일 다 볼 것이다. 큰소리 안 나는 의견수렴은 인간에게 불가능하다.

셋째, 알파고의 학습능력이 대단하다는 것이다. 알파고는 불과 몇 개월 전만 하더라도 이세돌에게 도전하기도 힘든 상태였지만 하루 몇만 번의 학습을 통해 일취월장했다. "인간은 배우기를 원한다." 그리스 철학자 아리스토텔레스가 쓴 『형이상학』 제1권 1장 1절의 첫 문장이다. 인간은 인간보다 더 잘 배우는 인공지능 앞에서 무릎을 꿇고 만 것이다. 배우려고 마음먹은 존재를 이길 길은 그 어디에도 없다.

이제 우리는 알파고에게 승리의 비결을 배워야 한다. 빠르고 정확하게 계산하는 법, 협업할 줄 아는 능력, 배우려는 자세 말이다. 동시에 이런 질문도 던져볼 수 있다. 이제 알파고가 인간을 완전히 대체할 것인가? 알파고가 할 수 없는 것은 없는가? 시간이 지나도, 즉 앞으로도 영원히 알파고가 할 수 없는 것은 무엇일까? 인간만이 할 수 있는 것은 무엇일까? 이 질문들에 답하기 위해 생각해볼 점이 몇 가지 있다.

첫째, 알파고는 활동에 필요한 에너지를 전기에서 얻는다. 반면 인간은 바이오에너지를 사용한다. 이 차이가 의미하는 바는 알파고는 쾌락과 고통을 느낄 줄 모른다는 것이다. 여러 가지 빅데이터를 넣어 두고 센서를 달아두면 인간이 느끼는 고통과 쾌락을 흉내 낼 수는 있을 것이다. 사실 그런 흉내를 잘 내는 로봇들이 이미 인간의 반려자 역할을 하고 있다. 그러나 그것은 어디까지나 흉내일 뿐 진정성이 없는 것이다. 고통과 쾌락을 스스로 느낄 줄 모른다면 감정도 가짜다. 진정한 감정을 느낄 줄 모르는 존재는 인간이 아니다. "인간 중에도 그런 존재가 있다면, 그것은 인간이 아니다"라고 중국의 철학자 맹자(孟子)가 이야기한 바 있다. 인간에게 보편적으로 있는 네 가지 감정, 즉 "측은지심, 수오지심, 사양지심, 시비지심"이 바로 그것이다.

둘째, 생식세포를 통해서 인간은 자신의 존재를 증식해나간다. 자신의 DNA와 다른 존재의 DNA를 각각 반씩 나누고 합쳐 자손을 만드는 것이다. 이는 완벽한 복제도 아니고 완전한 변이도 아니다. 같으면서 다르고 다르면서 같은 존재자를 창출해내는 것이다. 이것이 바로 다양성이다. 인간에게는 돌연변이가 나타난다. 인간은 실수도 한다. 실수할 수 있는 능력이 있는 존재는 발전할 여지가 있다. 자신의 실수를 먼저 알아차리고, 스스로 고치고, 다시는 그 실수를 반복하지 않으려고 노력하는 존재가 바로 군자라고 공자는 갈파한다. 다양성과 실수가능성이 인간의 미래를 밝게 해준다.

셋째, 인간은 자아의식이 있다. 인간은 자신이 현재 무슨 일을 하고 있는지 그리고 그것을 왜 하고 있는지 알 수 있다. 무엇보다도 자신이 누구인지 아는 존재다. "너 자신을 알라"는 소크라테스의 경고야말로 인간을 인간답게 만드는 지혜다. "나는 누군가?" "나는 이 일을 왜 하는가?" "우리 회사는 무엇을 하는 조직인가?" 등 이런 질문을 끊임없이 던지는 사람만이 자의식이 깨어 있는 존재다.

그렇다면 알파고와 인간의 차이가 에너지원, 생식세포 그리고 자아의식에만 달려 있는가? 알파고로 대표되는 인공지능 로봇이 인간보다 뛰어난 지능을 갖추게 된다면, 인간의 미래는 어떻게 될 것인가? 이 글의 목표는 로봇이 윤리적 판단을 내릴 수 있는지를 조명하는 것이다. 인공지능이 윤리적 판단을 내릴 수 있다면, 로봇에게도 인간과 동등한 권리와 의무가 있다는 것이기 때문이다. 심지어 인간의 상관으로서 명령을 내릴 수도 있게 된다.

인간이 풀어야 하는 윤리적 문제

미래의 로봇이 인간을 넘어설 것인지는 오늘날 우리 인간이 당면한 윤리적 딜레마를 풀어보면 알 수 있다. 오늘날 우리가 고민하는 윤리적 딜레마를 과연 미래의 로봇은 풀 수 있을 것인가? 우리가 안고 있는 윤리적 딜레마에는 무엇인가? 그리고 우리는 그 문제를 어떤 방식으로 풀고 있는가? 아니, 딜레마에 대한 해법은 도대체 존재하긴 하는가? 로봇도 윤리의식이 있다고 말하기 위해서는 다음 딜레마에 대한 해법을 제시할 수 있어야 할 것이다. 적어도 해결법을 제시하는 추론과정을 합리적으로 보여줄 수 있어야 할 것이다.

줄을 자를 것인가? 말 것인가?

아버지, 아들, 딸 이렇게 세 명이 전문가 두 명과 함께 암벽등산을 한다. 로프에 몸을 맡긴 채 깎아지른 절벽을 올라가고 있다. 그런데 갑자기 선두를 맡은 전문가 두 명이 떨어진다. 순식간에 다섯 명 모두 암벽에서 떨어져 줄 하나에 대롱대롱 매달리게 된다. 전문가 두 명은 결국 절벽 아래 낭떠러지로 떨어져 죽는다. 이제 세 명만이 줄 하나에 매달려 있다. 제일 위에는 딸, 가운데는 아들, 제일 밑에는 아버지가 있다. 아버지가 딸에게 물어본다. "캠(cam: 바위틈에 꽂는 고리)을 설치할 수 있겠니?" 딸은 아버지의 말을 듣고 혼신의 힘을 다해 캠을 끼우려 몸부림친다. 실패다. 연거푸 시도하지만 결국 다 실패다.

외줄 하나에 세 명이 의지할 수 없다고 판단한 아버지가 가운데 있는 오빠에게 말한다. "나를 잘라라! 그렇지 않으면 셋 다 죽을 것이다." 아들은 일단 그렇게 할 수 없다고 말한다. 제일 위에 있던 여동생은 오빠에게 로프를 절대 잘라서는 안 된다고 말한다. 그리고 아버지에게도 왜 오빠한테 그런 일을 하라고 하냐고 울먹이면서 항의한다. 자기에게 시간을 조금만 더 주면 캠을 꽂을 수 있다고 말한다. 그러나 셋 중 암벽등반 기술과 경험이 가장 뛰어난 아버지가 계속 아들을 다그친다. "나를 잘라라. 너는 네 여동생까지도 죽게 하려고 그러느냐"고 말이다. 참으로 안타까운 장면이다. 그런데도 아들이 결심하지 못하자, 아버지가 마지막으로 말한다. "나를 자른다고 해서 너를 욕할 사람은 아무도 없다. 다 죽기 전에 빨리 잘라라!" 결국 가운데 있던 아들은 아버지를 자르고, 아버지는 떨어져 즉사한다.

자, 여러분이 아들이라면 아버지의 명령대로 로프를 자를 것인가? 아니면 여동생의 말대로 자르지 않을 것인가? 여러분이라면 어떤 결정을 내릴 것인가? 내가 학생들에게 이 이야기를 하면 시나리오를 바꾸는 사람이 꼭 나온다. 어떤 학생은 자기 자신이 뛰어내리겠다고 한다. 이 문제를 해결하는 데 한 사람의 희생이 불가피하다면 자신이 그 희생을 감내하겠다는 뜻이다. 또 어떤 학생은 차라리 줄을 자기 위에서 자르겠다고 한다. 아버지를 죽이고 자기가 살겠다는 것이 아무래도 마음에 걸리니까 같이 죽겠다는 뜻이리라!

이런 시나리오 변경을 막기 위해서 보통 세 가지 사항을 전제한다. 첫째, 칼은 가운데 있는 아들만 가지고 있다. 둘째, 아버지를 자르면 아들과 딸은 반드시 산다. 셋째, 줄을 안 자르면 셋 다 확실하게 죽는다. 이렇게 신신당부를 하는데도 또 시나리오를 바꾸는 사람이 나온다. "칼을 밑으로 준다." 안 된다. 반드시 가운데 있는 아들이 자를 것인지 말 것인지 직접 결정해야 한다. 이렇게까지 정리하면 대개 아버지를 자를 것이라고 응답한다. 왜 그렇게 결정했는지 물어보면, 이런 답이 나온다. 아버지가 자르라고 막 호통을 치기 때문에 그 말에 순종한다는 것이다. 가장 연장자고 사실 만큼 사신 것 같다는 연령차별주의적 답을 하는 학생도 있다.

이쯤 되면 시나리오를 살짝 바꿔본다. 이제 제일 밑에 딸이 있고, 가운데 아버지가 있고, 제일 위에 아들이 있다. 줄에 매달린 순서만 바뀌었지 다른 조건은 동일하다. 자, 당신이 칼을 쥔 아버지라면 어떻게 하겠는가? 그러면 이런 질문이 나온다. "원래 시나리오에서는 제일 밑에 있는 아버지가 줄을 자르라고 막 호통치는 데, 바뀐 시나리오에서 제일 밑에 있는 딸은 뭐라고 하나요?" 그걸 왜 물어보냐고 하면, 마음을 결정하는 데 중요한 변수라고 한다. 이번 상황에서 딸은 새파랗게 질려 아무 말도 못 하고 있다고 답해주면 또 다른 학생이 물어본다. "엄마는 도대체 어디에 있나요?"라고. 엄마는 집에 있는데, 휴대전화 연락이 안 돼서 아무 도움을 줄 수 없다고 말해준다. 자, 이 상황에서 여러분이 가운데 있는 아버지라면, 밑에 있는 딸을 자를 것인가? 아니면 셋 다 죽을 것인가? 이번 시나리오에서는 셋 다 죽겠다고 답하는 학생의 숫자가 확연하게 많아진다. 왜 그럴까? 왜 아버지를 자르겠다는 사람이 딸을 자르겠다는 사람보다 많을까?

이런 변화를 이해하기 위해선, 이 딜레마에서 어떤 요소가 윤리적 결정을 내리는지 파악해봐야 한다. 첫째, 'KILLING'과 'LETTING DIE'의 차이를 알아야 한다. 밑에 있는 사람을 자르겠다는 결정은 그 사람을 죽이겠다는 것이다. 안 잘라서 다 죽는다면, 모두 죽도록 내 버려지는 것이지 누가 누구를 죽이는 것이 아니다. 의무론자들은 죽이는 것과 죽게 되는 것은 그 윤리적 성격이 다르다고 생각한다. 반면에 결과주의자들은 결국 죽음에 이른다는 점에서 양자가 동일하다고 생각한다.

둘째, 학생들은 여기 등장하는 사람이 모두 한 가족이라는 점에 주목한다. 서로서로 아끼고 한 몸같이 생각하는 한 가족이라는 점에서 누구에게도 다른 누구를 희생시킬 권리는 없다고 주장한다. 밑에 있는 사람이 자기 상사라고 하면 응답자 대부분이 자른다고 답한다. 그만큼 가족 간의 애정은 독특한 것이다. 많은 학생이 자식을 자기 손으로 죽이면 그 트라우마 때문에 제대로 된 인생을 사는 것은 불가능할 것이라고 답한다.

셋째, 밑에 있는 사람을 죽여야 자기가 살게 되는 상황설정 자체에 몸부림치는 학생도 많다. 그래서 자기가 차라리 대신 뛰어내리겠다고 말하는 것이다. 이것이 완전히 이타적인 목적으로만 행하는 행위라면 차라리 낫겠는데, 학생들이 저렇게 답하는 것은 자기의 행위결과로 자기만 산다는 것이 께름칙하다는 이유에서다. 그래서 자기가 희생하겠다고 말하는 것이다.

"줄을 자를 것인가? 말 것인가?" 이 질문을 암벽등반 전문가에게 던지면 이런 답변이 나온다. 암벽등반을 하는 사람 사이에서는 암묵적인 약속이 하나 있다. 누구든 이렇게 해도 저렇게 해도 죽을 수밖에 없다면 그를 잘라야 한다. 그래서 한 사람이라도 더 사는 쪽으로 결정해야 한다. 이것이 산악인 사이의 공통된 약속이라는 것이다.

그런데 이런 시나리오도 있다. 대학교 산악동아리 출신 두 명이 히말라야 등반에 나선다. 선배가 가는 등반에 후배가 간청해서 따라나선다. 등반 중, 두 사람 모두 크레바스(눈 절벽)에 떨어져 줄 하나에만 대롱대롱 매달린다. 둘 다 전문 산악인이다. 둘 다 살아남는 것은 불가능하다. 위에 있는 선배가 줄을 자르려는 순간, 밑에 있는 후배가 이렇게 외친다. "형, 나 아직 죽고 싶지 않아! 살려줘! 제발 줄 자르지 마!" 이 말을 듣고도 과감하게 줄을 자를 수 있는 선배가 있을까? 결국 그 선배는 자르지 못한다. 이번 시나리오에서는 다행스럽게도 둘 다 구조된다. 하지만 선배는 계속 한 손으로 줄을 꽉 쥐고 있었던 탓에 그 손을 못 쓰게 된다.

여러분은 어떤 교훈을 얻었는가? 어느 학생은 "다시는 가족과 암벽등반을 가지 않아야 한다"는 사실을 배웠다고 답했다. 달걀을 바구니 하나에 담지 말아야 한다는 것이다. 리스크는 분산해야 한다. 그렇다면 가족끼리는 비행기도 같이 타지 말아야 할 것이다. 또 다른 학생은 "리더는 자기희생을 각오해야 한다"는 점을 배웠다고 했다. "나를 잘라라! 너희 둘이 살아라!"는 아버지의 말씀이 귀에 오랫동안 맴돈다고 했다.

어떤 교훈을 얻었든지 간에, 중요한 것은 '어떤 결정을 내렸는지' 가 아니라, '왜 그 결정을 내렸는지'다. 우리가 로봇에게 묻는 말도 마찬가지다. 우리는 "로봇도 이런 윤리적 결정을 내릴 수 있는가?" "로봇도 자신이 내린 결정을 윤리적 관점에서 판단하고 옹호할 수 있는가?"를 물어야 한다.

총을 쏠 것인가? 말 것인가?

한 특수부대에서 있었던 일이다. 중요한 임무를 수행하기 위한 훈련 중에 훈련대장이 이렇게 말한다. "이 훈련은 대단히 중요하다. 실전보다 더 강한 훈련을 시키겠다." 최고의 훈련은 무엇인가? 당연히 실전 같은 훈련이다. 이 훈련대장은 바로 그런 지옥훈련을 시키겠다고 한 것이다. 훈련병들은 숨을 죽인 채 앞으로 떨어질 명령만을 기다리고 있다. 사실 이 훈련병들은 지옥훈련이 아니라 아예 지옥에서 훈련받고 있는 중이다. 우선 수심 10여 미터 바다에 들어간다. 해저에 열 명이 무릎을 꿇고 앉아 있다. 물론 잠수복과 산소탱크는 없다. 수영팬티 하나 달랑 입고 있다. 숨을 참을 만큼 참다가 더 이상 참을 수 없게 되자 수면을 향해 헤엄친다. 이때를 기다렸다는 듯이 배에서 훈련병들을 향해 기관단총을 쏘아댄다. 실탄을 쏘니 잘못 맞으면 인생 종 치는 거다. 진짜 지옥이 따로 없다.

이번에는 외줄다리를 건너가는 훈련이다. 먼저 훈련대장이 조교들의 시범을 보여준다. 그리고 모든 훈련병 앞에서 "65초에 끊어!"라고 말한다. 이 말은 그 시간을 넘긴 훈련병에겐 총알이 퍼부어질 거라는 경고이기도 하다. 1조 조원 열 명이 줄을 지어서 건너간다. 중간쯤에 다다르자 한 명이 울렁증이 일었는지, 앞으로 잘 나가지 못하고 우물쭈물한다. 제일 뒤에서 건너던 1조 조장이 그 조원에게 심한 욕과 비판을 한다. "도대체 왜 바보같이 앞으로 못 나가느냐?"는 것이다. 그랬더니 그 조원이 그만 다리 아래로 떨어지고 만다. 심하게 다친다.

그리고 65초가 지나자 밑에서 조교들이 총을 빗발치듯 쏜다.

2조가 앞으로 나간다. 어찌 된 판인지 2조 조원 중에서도 한 명이 울렁증 때문인지 고소공포증 때문인지 앞으로 나아가지 못한다. 그러자 제일 뒤에 있던 조장이 이렇게 말한다. "아래로 매달려!" 이 말에 그 조원은 아래로 매달리고 다른 조원들은 그 위를 넘어 줄을 건넌다. 모두 다 65초 이내에 통과한다. 그런데 줄에 매달린 훈련병은 65초를 넘긴다. 이제 조교들이 그에게 총을 발사하려고 한다. 자, 여러분이 훈련대장이라면 규칙대로 총을 쏘게 할 것인가? 아니면 발사 중지를 명령할 것인가?

이 사례에서도 학생들은 크게 두 가지 답변을 내놓는다. 첫째, 총을 쏴야 한다는 것이다. 한 번 공개적으로 밝힌 규칙은 반드시 지켜야 한다는 것인데, 만약에 쏜다고 해놓고 안 쏘면 그다음부터는 훈련이 제대로 되지 않을 것이라는 결과주의적 논거를 든다. 또 65초를 넘긴 1조의 일부 훈련병에게도 총을 쏘았기 때문에 일관성을 유지하기 위해서라도 일단 쏴야 한다고 말한다. 더군다나 실전을 방불케 하는 훈련임을 감안하면, 매달려 있는 조원은 이미 죽은 상태라고까지 주장한다. 적들이 발견했을 때 그냥 놔두지 않을 것이기 때문이다.

둘째, 총을 쏘지 말아야 한다는 것이다. 이렇게 답한 학생들은 지금 외줄다리에 매달려 있는 저 조원은 다른 조원들이 무사히 통과하도록 자신을 희생한 것이라고 지적한다. 특히 동지애와 팀워크를 중시하는 리더라면 절대 총을 발사해서는 안 된다고 말한다. 만약 총으로 쏴 죽인다면, 그다음부터는 누가 자신을 희생해가면서까지 팀을 구하러 나서겠느냐고 반문하기도 한다. 심지어 과도하게 엄격한 규율 때문에 반란이 일어날 수도 있다고까지 주장한다. 그러면 훈련은 더 엉망진창이 될 것이다. 그리고 아무리 살벌한 훈련이라 하더라도 어쨌거나 훈련일 뿐인데 훈련병을 아깝게 소모해서는 안 된다. 오히려 그런 훈련병을 끌어안고 가야 앞으로 더욱 사기가 올라갈 것이다.

자, 여러분이 훈련대장이라면 어떤 결정을 내릴 것인가?

답하기에 앞서 이런 것도 생각해보자. 이 세상에는 딱 두 가지 종류의 사람이 있다. 하나는 곰이다. 곰은 규칙을 끝까지 지킨다. 한 번 한 말에 대해서는 책임을 진다. 또 하나는 뭘까? 곰과 여우를 생각해 보면 된다. 여우는 융통성을 발휘해서 실리를 챙길 줄 안다. 리더는 곰일까? 여우일까? 이 질문을 던져보면 꼭 의견이 갈린다. 한쪽에서 여우라고 하면 또 다른 한쪽에서는 곰이라고 한다.

이를 우리가 잘 아는 고사와 연결해보자. '지피지기면 백전백승'이라고 했던가? 이 말은 오류다. 원전을 찾아보면 '지피지기면 백전불태'라고 나온다. 적을 알고 나를 알면 절대 위태롭지 않다는 뜻이다. 왜? 알고 하는 게임이니까! 자, 그렇다면 상대방이 곰인지 여우인지 정도는 알고 게임을 시작해야 한다. 좋은 방법 하나가 있다. 물어보는 것이다. "너 곰이지?"라고 물어보면, 곰은 가슴을 쫙 펴고 당당하게 말한다. "난 곰이다!" 문제는 여우다. "너 여우지?"라고 물어보면 여우는 뭐라고 할까? 자기가 여우라고 하는 여우를 보았는가? "아니!" 이렇기 때문에 물어보는 것은 실패할 확률이 높다.

더 좋은 방법이 있다. 이 둘을 툭툭 건드려 불편하게 하면 된다. 그러면 곰은 한두 번 참다가 으르렁하고 화를 낸다. 문제는 역시 여우다. 여우를 툭툭 건드리면 화를 낼까? 안 낼까? 여우는 절대로 화내지 않는다. 그 대신 속으로 싹 삐친다. 지금 여러분의 머릿속에 떠오르는 얼굴이 있는가? 그 사람이 바로 여우다. 암만 불편하게 해도 겉으로는 생글생글 웃으면서 절대 화내지 않는 그 사람이 바로 여우다.

자, 이제 힌트 하나를 주겠다. 곰 같은 곰을 '곰탱이'라고 한다. 여우 같은 여우는 '여시'라고 한다. 사실 이 둘은 예선탈락이다. 결승전은 곰 같은 여우와 여우 같은 곰의 싸움이다. 리더는 융통성을 발휘해서 실리를 챙길 줄 알아야 한다. 왜? 조직을 먹여 살려야 하니까! 그런데 융통성을 발휘할 유일한 길은 바로 규칙을 지키는 것이다. 규칙이 무너지면 융통성을 발휘할 수 있는 기회도 동시에 실종되기 때문이다. 그래서 리더는 평소 규칙을 지키기 위해서 그렇게도 애를 쓰는 것이다. 문제가 발생하기만 하면 융통성을 발휘하라고 아우성치는 인간, 그 사람이 바로 여시다.

리더는 부하들에게 규칙을 지키라고 엄중히 말하면서도, 속으로는 '어느 결정적인 순간에 융통성을 발휘해서 조직에 실리를 가져다줄 것인지' 고민하는 사람이다. 지금 그 순간이 왔나? 안 왔나? 리더는 바로 이것을 끊임없이 고민하는 것이다. 곰 같은 여우든지, 여우 같은 곰이든지 상관없다. 양자는 단지 스타일의 차이일 뿐이다. 리더에게 중요한 것은 원칙과 융통성의 조화를 잘 이루는 것이다.

"규칙은 지키라고 있나요? 깨지라고 있나요?" 이 질문을 학생들에게 던져보면, 대개 "지키라고 있는 거예요!"라고 답한다. 이건 상투적인 답이다. 잘 생각해보면 규칙은 깨지라고 있는 것이다. 즉 규칙은 깨져야 할 순간이 오기 전까지만 지키면 된다. 어느 순간 규칙이 깨져야 한다고 여겨지면 과감하게 깨야 한다. 그래서 규칙은 깨지라고 있는 거다. 물론 조건이 하나 있다. 규칙은 아무나 깰 수 있는 것이 아니다. 힘없는 약자가 규칙을 깰 수 있을까? 천만의 말씀이다. 그렇다고 힘 있는 사람이 마구 규칙을 깨는 것도 온당치 못하다. 이것이 바로 플라톤의 『국가』에서 트라시마코스와 소크라테스가 논쟁을 벌인 포인트다.

규칙을 만든 사람은 규칙을 깨도 좋은가? 이것이 바로 한비자(韓非子)로 대표되는 법가(法家) 사이에서의 논쟁 포인트였다. 법가에 따르면 왕은 법을 만들어서 신민을 통치해야 한다. 그래야 명령이 서고 국기가 문란해지지 않기 때문이다. 그렇다면 왕은 자기가 만든 법에 지배를 받는가? 법가에게는 난제 중의 난제다. 윗물이 맑아야 아랫물이 맑은 것은 사실이지만, 왕도 자기가 만든 법에 똑같이 지배받는다면 비상시국에 대처하기가 힘들지 않겠는가?

결국 규칙을 깰 수 있는 최적임자는 그 규칙을 지키려고 무던히도 애쓴 사람이다. 그 규칙에 대해서 누구보다 잘 알고 있는 사람만이 규칙을 깰 수 있다. 그래야만 진정으로 융통성을 발휘할 수 있다. 특정한 상황에서 규칙을 지킬 것인지, 말 것인지는 그 규칙을 지켰을 때의 결과와 의미에 대해서 가장 잘 알고 있는 사람만이 결정할 수 있다.

로봇은 과연 규칙을 깰 때 가져올 후폭풍에 대해 충분히 사고할 수 있는 능력이 있는 것일까? 이미 갖추었는가? 아니면 미래에 갖출 수 있을 것인가? 아니면 영영 갖추지 못할 것인가?

진실을 말할 것인가? 말하지 않을 것인가?

미국의 한 명문 사립고등학교에서 있었던 일이다. 교장선생님의 차에 악동들이 페인트를 부어놓았다. 교장선생님은 당연히 분노한다. 주동자와 가담자를 모두 잡아들이기로 작심하고는 용케 한 학생을 붙잡았다. 그리고는 심문하기 시작한다. "자, 이제 나쁜 짓을 한 아이들이 누구인지 불어라!" 그런데 놀랍게도 취조대상이 된 학생은 전교에서 가장 모범적이고 공부도 잘하는 학생이다. 더군다나 자신은 악동들의 소행에 가담하지도 않았다. 그러나 누가 그런 짓을 했는지는 다 알고 있다. 그런데도 선뜻 말하지 않는다. 교장선생님에게 협조할 생각이 없음이 분명하다.

그러자 교장선생님이 드디어 칼을 빼 든다. 그것도 아주 큰 칼을 말이다. "자, 계속 답변을 거부한다면 너를 퇴학시키겠다." 사실 악동들을 감싸고돈 것치고는 도를 넘는 처벌이다. 그러면서 동시에 당근도 제안한다. "만약 그 범행을 저지른 아이들이 누군지 말하면 하버드대학교에 전액장학금을 받고 진학할 수 있도록 추천하겠다." 자기가 추천하면 무조건 받아들여지니 걱정하지 말라는 투다. 자 여러분이 그 학생이라면 교장선생님에게 알고 있는 모든 것을 말할 것인가? 아닌가?

　이 상황을 학생들에게 제시하면 이번에도 답변은 둘로 나뉜다. 한 그룹은 말하지 않겠다고 한다. 친구에게 결정적으로 불리한 증언을 하는 것은 의리를 저버리는 일이기 때문이라는 것이다. 친구끼리 서로서로 도우며 살아야지 자기의 불이익을 피하기 위해 친구를 나락으로 떨어뜨려서는 안 된다. 친구를 못살게 해놓고 제대로 잘 사는 사람 없다. 그런 식으로 해서 하버드대학교 가봐야 이미 소문이 다 나서 결국은 나쁜 놈이라고 낙인찍힐 수밖에 없다. 차라리 고등학교 중퇴를 하는 한이 있더라도 말해서는 안 된다. 또 누가 아느냐? 검정고시를 봐서 좋은 대학에 가게 될지! 설령 하버드대학교만큼 좋은 곳은 가지 못하더라도 공부를 잘한다고 하니깐 웬만한 곳은 가지 않겠는가? 그만하면 친구를 팔아먹고 혼자 잘 사는 것보다 훨씬 마음도 편하고 좋지 않겠는가?

　또 다른 그룹은 말하겠다고 한다. 왜 악행에 가담하지도 않았는데 혼자 처벌을 다 떠안겠다는 건지 이해 가지 않는다는 것이다. 그리고 교장선생님의 물음에 있는 그대로 말하는 것은 학생이 지켜야 할 의무이기도 하다. 그 정보를 어떻게 활용할 것인지는 교장선생님이 결정할 문제이지 학생이 대신 걱정해서 처리할 문제는 아니다. 학생은 학생의 본분을, 교장선생님은 교장선생님의 본분을 지키는 것이 정상사회다.—이 대목은 공자의 정명(正名)사상을 떠올리게 한다.—그리고 교장선생님의 차를 페인트로 훼손한 행동은 그 이유 여하를 막론하고 학생으로서 해선 안 되는 나쁜 소행이다. 그렇다면 아무 상관도 없는 학생 혼자 이 모든 멍에를 지기 전에, 그 주범들이 떳떳하게 본인들의 소신과 행동을 밝히는 게 옳다. 주범들은 가만히 있는데 대신 멍에를 지는 것은 바보짓이다. 왜 대신 매를 맞으려고 하는가?

　여러분은 이 두 그룹 가운데 어느 쪽이 다수를 차지한다고 생각하는가? 이제껏 여러 번 이 질문을 던져봤는데, 말하지 말라는 쪽이 8

대 2 정도로 많았다. 그런데 시나리오를 약간 비틀면 결과가 더 재미있어진다. 그 학생이 엄마에게 "엄마 나 이럴 때 어떻게 해야 되는 거야?"라고 물어본다면 어떻게 대답해줄 것인가? 학부모의 처지에서 판단하라고 하면 교장선생님에게 솔직히 털어놓으라고 권유하는 비율이 급상승한다. 그래서 비율이 6대 4 정도가 된다. 그냥 자신이 당하는 것이라면 불이익을 기꺼이 감수하겠는데, 남에게, 특히 자기 자식에게 그런 멍에를 지라고 말하는 게 대단히 부담스러운 것이다.

그런데 이 윤리판단 테스트에서 이구동성으로 비판하는 부분이 하나 있다. 바로 교장선생님의 태도다. 이 교장선생님이 비교육적 방법을 사용하고 있다는 것이다. 사실 비교육적인 정도가 아니라 비인간적이고 비윤리적이며 반인륜적인 방법을 사용하고 있다는 비난을 피할 수 없다. 왜 엉뚱한 아이에게 처벌하겠다고 협박하는가? 자수기간을 주어서 범행을 저지른 아이를 찾아내는 것이 더 낫다. 장학금이라는 당근을 사용해서 고자질하도록 유도하는 것에 격분하는 학부모도 있었다. 이게 도대체 교장선생님이 학생들에게 할 일이냐고 말이다. 왜 돈으로 사람을 사려고 하는가? 어린 학생을 그런 식으로 대하는 교장선생님을 문제 삼아야 한다는 주장이다.

많은 사람이 이런 식으로 말한다. 가장 좋은 해결책은 왜 학생들이 자신에게 그런 짓을 했는지 교장선생님이 곰곰이 반성하는 것이라고 말이다. "내가 무엇을 잘못했는가? 무엇을 잘못했기에 아이들이 나한테 이런 짓을 했을까?"라는 질문을 자기 자신에게 던져야 한다. 그렇게 스스로 반성하고 난 다음에는, "이번 일을 자기가 했다고 고백하는 학생에게는 더 이상 이번 일을 문제 삼지 않겠다"라고 조건부사면을 약속하든지 "이번 일을 문제 삼지 않겠다"라고 전면사면을 전격적으로 약속해야 한다. 이런 관용정책을 펴면 학생들에게 통 큰 교장으로 알려져 인기도 올라가고 면학분위기도 좋아질 것으로 말하는 사람이 많았다. 물론 그 반대도 만만치 않다. 어쨌거나 학생 신분으로서 해선 안 될 일을 한 아이들을 무조건 사면하는 것은 윤리적으로나 교육적으로나 온당치 못하다는 것이다.

여기에 반드시 짚고 넘어가야 할 대목이 하나 있다. 인간은 돈과 같은 외적 인센티브에 민감하게 반응한다. "세상에 돈 싫어하는 사람 있어?" "애야 다음 구정 때는 현찰로 줘라!" "나 이번에 회사에서 보너스 듬뿍 받았다!" "나이 들어봐, 돈이 최고야 돈이!" 사람들 대화를 들어봐도 다 돈이 좋다는 얘기밖에 없다. 오죽하면 양잿물도 공짜면 먹겠다고 하겠는가? 양잿물 먹으면 죽는 줄 뻔히 알면서도 말이다. 그런데 문제는 이 돈이라는 외적 인센티브의 효과가 일시적이고, 심지어 부작용도 만만치 않다는 것이다. 교장선생님은 학생에게 돈이라는 당근을 적절하게 사용하지 못한 것 같다. 차라리 정의에 협조하라고 설득하는 편이 훨씬 더 나았을 것이다.

만약 그 학생이 로봇이라면 말했을까? 안 했을까? 사실 더 궁금한 것은 로봇이 어떤 근거로 진실을 말할지 말지 결정하느냐다. 만약 로봇의 인공지능을 코딩할 때 '모든 진실은 다 밝혀야 한다'라고 프로그래머가 쓴다면, 이 세상은 더 좋아지고 더 정의로워질까? 우리는 모든 진실을 항상 다 말해야만 하고 다 알아야만 하는가?

돈을 받을 것인가? 말 것인가?

미국의 한 슈퍼마켓에서 일어난 일이다. 어느 날 갑자기 정전이 됐는데 지하에 있는 슈퍼마켓이라 순식간에 칠흑같이 깜깜해졌다. 마켓 내에는 제법 많은 고객이 장을 보고 있었다. 계산대에 있던 아르바이트생이 전력회사에 연락한다. "여기 정전됐는데요, 언제쯤 불이 들어오나요?" 돌아오는 답변은 안타깝게도 현재로서는 정확하게 알 수 없다는 거다. 5분 뒤 다시 연락해본다. 돌아오는 답변이 조금 더 분명해졌다. 적어도 30분 내에는 전력복구가 불가능하다고 말이다. 자, 여러분이 그 아르바이트생이라면 어떤 조치를 취할 것인가?

우선 고객들에게 이 사실을 알린다. 그러고 나서 첫째, 정전으로 계산기를 사용할 수 없다고 설명하며 고객들에게 쇼핑한 물건들을 조용히 바닥에 내려놓고 나가라고 말한다. 물론 지상입구에 서서 몰래 물건을 가지고 나오는 고객이 없는지 확실하게 지켜본다. 이 방법은 정전이 일어난 상태에서 손실을 최소화하고, 내부적으로도 지적을 가장 적게 받을 방법이다.

둘째, 고객에게 쇼핑한 물건을 그냥 들고 집에 가라고 말한다. 현재 계산할 방법이 없으니 일단 집에 들고 간 다음, 편한 시간에 돌아와서 그 대금을 지불하라고 말이다. 고객이 모두 양심적으로 행동한다는 보장은 없지만, 그래도 주어진 상황 속에서 취할 수 있는 최선의 방법인 것 같기도 하다. 고객의 처지에서 보면 필요한 물건을 구입하러 왔는데, 그냥 돌아가는 것은 여간 귀찮은 일이 아닐 것이다. 그리고 나중에 와서 최대한 양심적으로 대금을 지불하면 그만이다.

셋째, 역시 쇼핑한 물건을 일단 가져가라고 하면서, 단 이번에는 대금을 지불하지 않아도 좋다고 말한다. 이렇게 하면 고객들이 꼭 필요하지 않은 상품도 마구 집어갈 수도 있다. '도덕적 해이'(moral hazard)가 일어나는 것이다. 상관에게 도대체 무슨 생각으로 그렇게 막 퍼주었냐고 문책당할 수도 있다.

여러분이 아르바이트생이라면 어떻게 할 것인가? 놀랍게도 이 아르바이트생은 위에 있는 세 가지 선택지 중 어느 것도 택하지 않았다. 그는 이렇게 말했다. "손님 여러분, 지금 쇼핑하신 물건들을 가지고 댁으로 돌아가세요. 현재 계산이 불가능합니다. 그리고 대금은 여러분이 원하는 자선단체에 기부해주시기 바랍니다." 자, 이제 다시 묻겠다. 여러분이 이 회사 CEO라면 이 아르바이트생에게 어떤 조치를 내릴까? 내부감사팀이 조사해보니 그날 없어진 물건값이 약 4,000달러라고 했다.

본격적인 감동스토리는 지금부터 시작이다. 이 사실이 지역언론에 보도되자 사람들이 감동하기 시작한다. "와! 저 슈퍼마켓 대단한데! 글쎄 정전이라고 물건을 그냥 가져가라고 했대. 그리고 대금은 원하는 자선단체에 기부하라고 했대! 아니, 그 직원 대단하네! 그 회사도 대단하고! 어떻게 직원을 교육했기에 그런 일을 한 대! 딴 데 같았으면 혼나고 쫓겨났을 텐데!" 이런 입소문이 나기 시작하자 이제는 전국의 방송이 관심을 보이기 시작한다. 방송국 차들이 몰려들어 인터뷰한다. 나중에 홍보전문가가 분석해보니 전국적으로 미디어의 관심을 끌게 되면서 얻은 광고효과만 약 40만 달러에 달한다고 한다. 4,000달러 들여서 40만 달러 벌어들였다면 100배 장사다. 꽤나 쏠쏠한 투자다. 그런데 이것을 투자개념으로 생각하는 것은 착각이다. 아르바이트생이 그런 결정을 내렸을 때, 그 머릿속에 이런 투자개념이 있었을까? 그랬다면 절대로 이런 결정을 내리지 못했을 거다. 그리고 만약 CEO가 만에 하나 그 아르바이트생을 징계했다면 이런 결과가 나왔을까? 오히려 역풍을 맞지 않았을까? 착한 직원을 못살게 군 악덕 기업주라는 악평만 인터넷에 퍼져나가지 않았을까?

만약 그 아르바이트생이 로봇이었더라도, 이런 결정을 내릴 수 있었을까? 만약 로봇이 그 CEO라면 어떤 결정을 내렸을까? 매뉴얼에 나와 있지 않은 직원의 행동은 모두 월권행위인가?

올려줄 것인가? 말 것인가?

미국의 한 아이스크림 회사에서 있었던 일이다. 이 회사에 분유를 납품하는 낙농업체 27곳의 대표들이 한자리에 모였다. 그리고는 회의를 열고 결의문 하나를 채택한다. "한 달 사이 분유가격이 3분의 1로 폭락했습니다. 대단히 어려운 상황입니다. 원컨대 폭락 이전 가격으로 계속 구매해주시기를 바랍니다." 이 편지를 접한 구매담당 부사장이 즉각 사장에게 보고한다. 이어서 중역회의가 열린다. 회의는 비교적 짧은 시간에 끝났고, 사장은 결정사항을 발표한다. 자, 이 사장은 어떤 내용을 발표할까? 아마도 셋 중 하나가 아닐까? 첫째, 폭락 이전 시세로 분유를 구입하라! 둘째, 현재 시세대로 구입하라! 셋째, 폭락 이전과 현재 시세 사이의 적정한 가격으로 구입하라! 여러분이 사장이라면 어떤 선택을 하고 싶은가? 놀랍게도 사장의 결정은 이 셋 중 어느 것도 아니었다. 발표된 결정사항은 "폭락 이전 가격으로 구입하라. 그리고 특별 경영지원금 5퍼센트를 추가로 지급하라!" 이 예상을 뛰어넘는 놀라운 결정에 아마도 눈물을 흘린 낙농업체 대표도 있을 것이다.

그로부터 2년의 세월이 지났다. 이번에는 아이스크림 회사 대표가 편지를 한 통 보낸다. "여러분, 우리 회사는 이제껏 GMO(유전자조작식품)를 사용한 적이 없습니다. 앞으로도 사용할 생각이 없습니다. 협조 부탁드립니다." 이 편지를 보내게 된 배경은 이렇다. 당시 소비자단체들이 GMO를 만든 회사를 대대적으로 고발하고 있었다. 전국 슈퍼마켓에서 아이스크림을 조사하고 있었다. 그러자 판매되고 있던 모든 아이스크림에서 GMO가 검출되었다. 소비자단체들은 이 사실을 곧바로 전 국민에게 알리기 시작했다. 그리고는 불매운동에 돌입한다. 그런데 유일한 예외가 바로 이 회사의 아이스크림이다. 다른 모든 아이스크림에서는 GMO가 검출되었지만 이 회사 아이스크림에서는 GMO가 나오지 않았다.

사실 당시에는 GMO 섞은 사료가 모든 낙농업체를 엄청나게 유혹하고 있었다. 사료원가가 워낙 절감되기 때문이다. 그런데 아이스크림 회사 대표의 편지를 받은 낙농업체들은 그 유혹을 완전히 뿌리쳤다. 결과적으로 이 회사 매출은 급상승했다. 경쟁회사 제품은 불매운동에 시달리고 있는데 자사 제품은 신뢰성 높은 소비자단체의 추천목록에, 그것도 유일하게 올랐다는 것은 상상만 해도 즐거운 일 아닌가? 당연히 분유회사들의 이익도 동반상승한다. 바로 이것이 윈-윈(win-win) 아니고 무엇이겠는가?

자, 그러면 시계를 다시 2년 전으로 돌려보자. 폭락 이전 가격으로 분유를 구입하고 5퍼센트 특별 경영지원금까지 지원하라고 한 그 대표의 머릿속에는 무슨 생각이 들어 있었을까? 2년 뒤에 이런 사태가 발생할 것을 미리 알고 대비한 것일까? 나는 그 대표가 신이 아니라고 생각한다. 이런 사태를 미리미리 예측하는 것은 신이나 할 수 있는 일이다. 이 대표는 아마 이런 생각을 하지 않았을까? "친구가 어렵다니까 지원해야지!" 사막과 밀림이라는 극한의 환경 속에서 살아가는 한 아프리카 부족의 속담이 떠오른다. "빨리 가려면 혼자 가라! 멀리 가려면 같이 가라!"

로봇도 인간과 같아질 수 있는가

로봇도 윤리적 판단을 내리고 그것을 실천할 수 있을까? 컴퓨터 프로그래밍에 버그가 생기지 않는 이상 실천은 문제 되지 않는다. 하지만 인간은 다르다. 도덕적 판단은 내릴 수 있지만 실천은 제대로 하지 못한다. 물론 소크라테스는 지행합일(知行合一)을 말하면서 행하지 않으면 모르는 것이라고 했지만 말이다. 알고도 행하지 않는 것을 철학자들은 '의지박약'(akrasia)이라고 부른다. 그런데 인공지능에는 의지박약이 있을 수 없다. 코딩된 대로 행동할 테니까! 그래서 던지는 질문은 "과연 로봇도 윤리적 판단을 내릴 수 있을까?"이다. 나는 윤리학자이지 로봇 공학자, 인공지능 과학자가 아니기 때문에 이 문제에 대해 직접적으로 답할 수 없다. 다만 어떤 조건을 충족시켜야 로봇도 윤리적 판단을 내린다고 할 수 있는지는 말할 수 있다.

도덕적 판단을 자율적으로 내릴 수 있는 주체가 반드시 갖추어야 할 조건은 이렇다. 첫째, 근본적인 질문을 던져라! 그런 사람만이 자기가 살고 행동하고 있는 상황에 대한 큰 그림을 그릴 줄 안다. 동시에 이 그림의 의미를 이해할 수 있어야 한다. "나는 누구인가?" "나는 왜 이 일을 하고 있는가?" "우리 조직은 무엇을 하는 곳인가?" "나는 무엇을 목적으로 인생을 살아가고 있는가?" "내가 모르고 있는 것은 무엇인가?" 이러한 질문은 삶의 의미에 대한 근본적인 물음이다. 그래서 어리석어 보이기도 한다. 이런 질문을 던져본 적도 없고, 던질 생각도 없는 사람은 자기 삶을 성찰하지 않는 사람이다. "성찰하지 않는 삶은 살 가치가 없다." 소크라테스의 말이다.

둘째, 타인과 공감하라! 타인에 대한 배려가 있어야 한다. 관계 맺음을 역지사지할 줄 아는 존재만이 윤리적 사고를 한다. 천상천하 유아독존은 윤리가 필요 없다. 윤리라는 단어 자체에 관계가 '붙박이'로 되어 있다. 타인의 행복과 고통에 대해서 동정심을 베풀 줄 알아야 한다. 감정 이입이 가능해야 한다. 더불어 사는 세상에서 윤리는 반드시 필요하기 때문이다. 남의 고통에 대해서 완전히 무관심한 사람은 자신의 고통이 무엇을 의미하는지도 모를 것이다.

셋째. 자신의 행동이 가져다주는 결과를 알아야 한다. 어떤 행동을 하고 난 후 "나는 그럴 줄 몰랐다"라거나 "그런 것은 내 관심 밖에 있다"라거나 "그게 나와 무슨 상관이 있느냐?"라고 한다면 함께 윤리를 논할 수 없다. 인간은 대규모로 협동할 능력이 있었기 때문에 이렇게 만물의 영장이 되었다. 이때 대규모 협업은 단순히 지능이 높다고 가능한 게 아니라 자신의 행동이 가져다주는 결과까지 이해할 수 있어야 가능하다. 단기적 이익만이 아니라 장기적 이익도 중요하고, 나만 잘 살면 그만이 아니라 공동체가 잘 사는 것이 중요하다는 것을 깨달아야 한다.

넷째, 관련성, 일관성, 중요도를 이해할 수 있어야 한다. 이 세상에는 엄청나게 많은 정보가 떠돌아다닌다. 그중에 내가 윤리적 판단을 내리는 데 필요한 요소는 무엇이고, 필요 없는 것은 무엇인지 가려낼 수 있어야 한다. 즉 정보의 관련성을 알아야 한다. 예를 들어 대학입시에서 시험관이 학생의 출신지역을 알아야 하는지, 몰라야 하는지를 판단할 수 있어야 한다. 그리고 일단 결정을 내리면 일관되게 적용해야 한다. 더 나아가 정보들을 중요도에 따라 등급을 매길 수 있어야 한다.

로봇이 이러한 조건들을 갖추어야 비로소 윤리적 판단을 내릴 준비가 되었다고 말할 수 있다. 그런데 이런 조건들은 사실 "인간이 무엇인가?"라는 질문과 무관하지 않다. 인간이 무엇인지도 모르면서 인간 같은 로봇을 꿈꾸는 것은 어불성설이다. 인간은 바이오에너지를 사용하고, 양성으로 생식하고, 끊임없이 배우며 자아실현하고, 자기가 누구인지 계속 묻다가 결국에는 죽음에 이르는 존재다. 결국 문제는 '인간은 어떻게 살아야 하는가?'다. 이는 윤리학의 기본명제와 연관된다.

첫째, "자신에게 명령하는 사람이 되라! 그렇지 않으면 평생 남의 명령을 듣고 살 것이기 때문이다. 더욱 중요한 것은 자신의 명령에 복종하는 사람이 되라!" 독일의 철학자 니체가 한 말이다. '자율성'은 감정에만 휘둘리지 않고 이성의 목소리에도 귀를 기울이는 것이다. 자신의 욕구대로만 사는 것은 동물이나 하는 짓이다. 하기야 우리 인간이 늘 까먹는 게 하나 있다. 바로 우리도 동물이라는 사실이다. 결국 우리는 이성의 우위를 주장할 수밖에 없다. 비록 감정과 무의식의 힘이 코끼리처럼 강하다고 할지라도, 우리는 이성의 힘을 통해 코끼리의 행보를 조절하는 기수역할을 다해야 할 것이다. 이것을 탐구하는 것이 윤리학이 하는 일이다.

둘째, "너 자신을 알라." 소크라테스의 말이다. 이는 네가 모른다는 사실을 알라는 것이다. 자신이 무엇을 모르는지 모르는 사람은 배우려고 하지 않는다. 자신이 모르는 것을 아는 사람만이 배우려고 한다. 오늘날의 컴퓨터는 자신의 모든 저장장치를 다 검색하고 나서야 비로소 자신이 무엇을 모르는지 답할 수 있다. 메타 인지능력이 없는 것이다. 그러나 인간은 즉각적으로 모르는 것은 모른다고 답할 수 있다.

셋째, "인간은 배우기 원한다." 아리스토텔레스가 『형이상학』 첫머리에서 하는 말이다. 이제 로봇도 머신러닝을 통해 계속 학습해나갈 것이다. 이런 과정을 밟는 것은 대단히 중요하다. 세상에는 처음부터 완벽한 인간도 기계도 없기 때문이다. 배우려는 자세가 있는지, 아닌지가 중요하다. 학습태도 자체가 삶의 핵심활동이다. 만약 인간에게 학습능력과 학습욕구가 없었더라면 결코 오늘날처럼 발전할 수 없었을 것이다.

넷째, "경험을 통해 성장하라!" 공자가 『논어』에서 한 말이다. 군자(君子)는 실수하지 않는 사람이 아니다. 실수하되, 그 누구보다 먼저 스스로 알아차리고, 스스로 교정하고, 다시는 반복하지 않으려고 노력하는 사람이 군자다. 윤리는 우리에게 완벽한 것을 요구하지 않는다. 오히려 완벽하지 않은 상태, 즉 '1차 위기'를 어떻게 슬기롭게 극복하는지가 더욱 중요하다. 사람은 대개 잘못을 저지른 것 자체보다는 그것을 은폐하려는 과정에서 더 큰 비윤리적 행동을 하기 마련이다.

다섯째, "저 하늘에 빛나는 별보다 더 반짝이는 것은 내 마음의 양심이다." 독일의 철학자 칸트가 한 말이다. 맹자는 인간에게는 '4단'이 있다고 했다. 바로 측은지심이다. 그는 우물에 빠지는 아이를 보고 구하지 않는 사람은 인간이 아니라고 말한다. 이런 양심은 인간에게 붙박이처럼 있는 기제다. 아주 어린 아이들에게 인형극을 보여주는데 유독 한 인형을 다른 인형들이 괴롭힌다고 해보자. 인형극이 끝나고 아이들에게 한 인형을 마구 괴롭힌 인형들을 가지겠냐고 물어보면 다 싫단다. 꿀밤을 메기는 아이들도 있다. 안 배워도 뭐가 나쁜지 다 안다는 말이다.

인간처럼 윤리적으로 생각하고 도덕적으로 행동하는 로봇이 아주 먼 미래에는 등장할 수 있을까? 나는 철학자지 미래학자가 아니기 때문에 솔직히 말해서 모른다. 도덕적으로 더 우월한 로봇이 나와서 우리를 노예처럼 부려도 좋은지, 아니면 현재처럼 우리의 명령에 절대적으로 복종하는 로봇만이 계속 존재해야 하는지에 대한 답도 안타깝지만 나는 알 수 없다. 다만, 마치 과거에 신이 방언이나 계시를 통해서 우리에게 지시를 내리듯이, 우리가 전혀 이해할 수 없는 이유로 어떤 명령을 내리는 로봇에게 우리는 복종해야 하는지에 대해서는 확실하게 답할 수 있다. 내 답은 'NO'다. 윤리는 인간 이상도 이하도 아닌 바로 인간 사이의 관계를 조화롭게 하는 데 그 목적이 있기 때문이다.

참고문헌

공자, 김원중 옮김, 『논어』, 글항아리, 2012.
아리스토텔레스, 김진성 옮김, 『형이상학』, 이제이북스, 2007.
플라톤, 박종현 옮김, 『국가』, 서광사, 2005.
한비자, 이운구 옮김, 『한비자 1, 2』, 한길사, 2002.

인공지능 로봇은 인격체가 될 수 있는가

이중원

서울시립대학교 철학과 교수

알파고의 충격

2016년 봄, 알파고(Alpha Go)의 등장은 우리 사회에 커다란 충격을 던져주었다. 인간에게 유용한 스마트한 도구 정도로 인식했던 인공지능이, 인간의 능력을 훨씬 뛰어넘은 자율적 행위자로서 인간을 위협할지도 모른다는 공포심을 낳은 것이다. 그러한 공포심은 어디서 왔을까? 우리는 왜 알파고에 두려움을 느꼈을까? 그 두려움은 우리에게 익숙한 공상과학 영화들의 디스토피아적인 시나리오가 강제한 허구인가, 아니면 충분한 가능성이 있는 실재인가?

이 의문에 근원적이고 의미 있게 대응하기 위해서, 인공지능(artificial intelligence, AI)의 본성과 그것의 존재적 지위 및 사회적 역할에 대해 더욱 통합적이면서 심도 있는 분석과 연구가 필요하다. 도대체 인공지능의 정체가 무엇인지, 스스로 학습하여 똑똑해지는 이들을 우리는 어떤 존재자로 봐야 할 것인지, 이들의 등장으로 인간의 생활세계는 어떻게 달라질 것인지, 달라진 생활세계에서 어떤 윤리적 문제들과 사회적 문제들이 발생할 것인지, 우리는 이들과 어떻게 공존할 것인지, 다가올 인공지능 시대에 인간의 정체성은 무엇인지 등등. 이러한 질문들을 우리가 얼마나 진지하게 숙고하고 선제적으로 대응하는지에 따라, 앞으로 다가올 인공지능 시대에 대한 인간의 대처능력은 많이 달라질 것이며, 앞서 우리가 겪었던 두려움의 실체도 더욱 명확해질 것이다.

알파고나 자율주행차로 상징되는 인공지능은 우리 사회 속에 이미 들어와 있고, 앞으로 더 많이 유입되어 우리 삶의 일부가 될 것이다. 이러한 인공지능의 등장은, 더 이상 인간의 직접적 조작으로 작동하거나 지속적인 개입이 필요한 수동적 존재가 아니라 일종의 직권 위임을 통해 스스로의 자율적 판단으로 작동하는 능동적 행위자이자 비인간적 인격체의 출현을 예고한다. 인공지능의 출현으로 인간은 앞으로 과거에 전혀 경험하지 못했던 새로운 유형의 다양한 윤리적·사회적 문제들에 직면하게 될 것이고, 인간과 인공지능의 공존이라는 새로운 시대적 과제를 안게 될 것이다. 이러한 문제들에 더욱 능동적이고 미래지향적으로 대처하기 위해 인공지능에 대한 존재론적·윤리학적·인간학적 관점에서의 체계적인 철학적 연구, 곧 포스트휴먼 시대의 인공지능 철학에 대한 연구가 필요하고 중요하다.

앞으로 맞닥뜨릴 인공지능은 인간에게 유용한 스마트한 도구로서가 아니라 인간과 흡사한 인격체로서의 본성을 지닐 가능성이 높다. 그런 연유로 지금까지 인간중심적인 관점을 견지하고 있는 철학적 견해들은 이러한 인공지능의 본성을 올바로 해석하고 판단하는 데 많은 어려움을 겪을 수밖에 없다. 그래서 탈 인간중심적인 관점에서 인공지능의 이 같은 본성을 제대로 해석하고 평가할 수 있는 '인공지능 존재론'에 대한 논의가 시급하다.

인공지능의 존재론적 본성에 관한 연구 작업은 한편으로 동서양의 전통적인 철학 체계 가운데서 인격성의 다양한 요소들을 인간에게만 배타적으로 적용하지 않은 철학적 견해들을 살펴보면서, 다른 한편으로는 최근의 뇌과학 및 인지과학 그리고 컴퓨터 과학의 연구 성과들에 기반을 둠으로써 인공지능에 대한 새로운 해석을 시도하는 철학적 작업들까지 검토해야 한다. 이처럼 인공지능의 물리적 특성에 대한 과학적 이해뿐만 아니라 인격체의 다양한 요소들에 대한 철학적 분석까지 논의의 토대로 삼아야 인공지능의 존재론적 본질을 새롭게 규명할 수 있을 것이다. 이 글에서는 인공지능의 비인간적 인격체로서의 가능성에 특별히 주목하고자 한다.

21세기는 포스트휴먼 시대

인류 역사에서 17세기 근대혁명은 근대적 개인은 물론 근대적 사회를 탄생시켰고, 나아가 인간 개개인의 존엄성과 주체성을 강조한 인본주의, 곧 휴머니즘을 탄생시켰다. 인간 본성의 핵심 요소에 해당하는 이성, 감성, 의식, 가치, 도덕성, 자의식, 자유의지 등에 대한 철학적 논의들이 본격적으로 시작되었고, 인간과 신의 관계, 인간과 인간의 관계, 인간과 자연의 관계, 인간과 기계의 관계에 대해서도 인간중심적인 관점에서 논의가 이루어졌다. 인간과 인간이 아닌 다른 모든 것 사이의 경계는 명확해졌고, 이때 인간은 주체로서 중심에 서고 다른 모든 것은 중심과 마주하고 있는 주위의 객체로서 존재한다. 한마디로 모든 사유가 '나'를 중심으로 이루어지는 인간중심주의가 정착한 것이다.

근대부터 본격적으로 발전하기 시작한 과학기술은 이러한 인간중심주의에 기초해 있다. 과학의 발전에서 인간은 객체이자 대상인 자연을 탐구하는 인식의 주체이며 능동적 행위자다. 자연의 모든 정보는 인간이 설계한 관측장치나 실험도구를 통해 인간이 감지할 수 있는 형태의 정보로 수집·분석되며, 자연의 모든 법칙과 현상은 인간이 만들어낸 언어 및 개념체계로 규정되고 해석되며 이해된다. 기술 개발의 주요한 목적도 인간 생활의 풍요로움과 윤택함을 위해서다. 결국 인간의, 인간에 의한, 인간을 위한 과학기술문명이 구축된 셈이다.

그렇다면 우리가 살고 있는 지금, 21세기는 어떠한가. 지난 20세기까지 기계는 주로 인간의 육체적 활동들을 대신해주는 방향으로 발전해왔다. 인간의 주된 육체적 활동은 물론이고 인간이 지닌 물리적·생물학적 능력의 한계를 뛰어넘는 일까지 척척 해줄 수 있는 기술문명으로 발전해왔다. 이때 기계는 단순한 도구에만 머물지 않았다. 가령 감각지각 기능을 높여주는 다양한 기계적 장치(안경 등)나 기억 일부를 보존하거나 기억 능력을 확장시켜주는 장치(메모리 장치나 스마트폰 등)는 내 신체 일부로서 자아를 확장시켜준다. 나아가 인간 감각지각의 한계 때문에 접근할 수 없었던 미시세계와 초거시적 우주에 대해서도 기계는 중요한 원천정보를 제공해준다. 인간은 이 정보에 대한 해석을 통해서만 세계에 대한 유의미한 지식을 얻을 수 있다. 기계가 없다면 인간과 세계는 단절될 것이고, 더 이상 인간은 세계를 탐구하는 인식주체가 될 수 없을 것이다. 그런 면에서 그런 기계는 인식주체에게 없어서는 안 될, 인식주체의 일부를 구성하는 필수요소라고 말할 수 있다.

그런데 21세기에 이르러 이제는 인간의 육체적 활동을 뛰어넘어 인간의 정신적 활동까지 대신해줄 수 있는 기술이 발전하고 있다. 이제 인간처럼 이성적으로 생각하고 판단하며 감성적으로 교감할 수 있는 인공지능이 등장할 뿐 아니라, 앞으로는 인간의 형상을 지니고 인공지능을 갖춘 그래서 인간처럼 행동하는 휴머노이드 로봇도 등장할 것이다. 나아가 인간의 신체 일부가 기계로 대체돼 기존의 인간 능력을 훨씬 뛰어넘는 사이보그도 등장할 것이다. 그런 의미에서 21

세기는 인간과 기계의 탈경계 시대, 그동안 인간에게만 고유한 것으로 인식됐던 능력들(감성, 이성, 행동 등)을 인간이 아닌 기계에서도 구현할 수 있는 시대, 나아가 기계가 인간 외부에서 객체인 도구로 머무는 것이 아니라 인간의 몸과 마음의 일부로서 주체가 되는 시대, 한마디로 포스트휴먼 시대가 될 것이다. 2016년 알파고의 등장은 이 시대의 시작을 알리는 것에 다름 아니다.

인공지능은 아직 특정한 영역에 국한해서만 인간처럼 이성적으로 생각하고 판단하거나 감성적으로 교감할 수 있다. 휴머노이드 로봇도 인간의 신체적 특징이나 행동 능력에 훨씬 못 미치는 초보적인 수준에 머물러 있다. 하지만 기술의 급속한 발달로 머지않은 미래에 사고와 행동 모두 인간을 많이 닮은 인공지능 로봇이 등장한다면, 우리는 이를 어떤 존재로 이해하고 받아들여야 할까. 이는 우리가 21세기 포스트휴먼 시대에 던지고 답해야 할 근본적이고 중요한 질문이다. 이 질문에 더욱 진지하게 다가가기 위해서는 우선 과거 휴머니즘 시대에 인간이 지녔던 인간중심적 관점을 넘어서는 것이 중요하다. 앞서 언급한 의미에서 인간과 기계의 경계가 명확하지 않게 된다면, 인간중심적인 관점에서 기계를 포함한 외부 세계를 바라보는 시선은 제한적일 수밖에 없다. 이제 탈 인간중심적 관점에서 포스트휴머니즘을 새로이 정립할 필요가 있다.

로보사피엔스의 등장 가능성

'사피엔스'(Sapiens)는 '지혜로운'이란 의미를 지닌 라틴어다. '로보사피엔스'(Robo Sapiens)는 인간처럼 지혜로운 로봇을 의미한다. 이 말은 미국의 TV뉴스 연출자인 달루이시오(Faith D'aluisio)와 사진작가인 멘젤(Peter Menzel)이 2000년에 쓴 『새로운 종의 진화, 로보사피엔스』에서 처음으로 썼다. 인간은 아니지만 인간처럼 생각하고 느끼고 행동하는 인공지능 로봇인 로보사피엔스, 이것이 과연 진화론적 차원에서 호모사피엔스인 인간을 대체할 것인지는 지금 언급하긴 매우 어렵지만, 적어도 머지않은 미래에 등장하게 될 것임은 분명하다.

현재 우리는 인공지능 로봇 시대에 성큼 들어서 있다. '딥 블루' '왓슨' '케페우스' '유진구스트만' '알파고' '두낫페이' '실비아' 등[1] 인간의 지적능력을 훨씬 뛰어넘고 자율적으로 학습하는 인공지능 컴퓨터와 프로그램들이 속속 등장하면서, 공상 과학소설이나 영화에서나 나올 법한 얘기들이 이제는 현실이 되어가고 있다.

인간처럼 말하고 표현하며 행동하는 휴머노이드 로봇 개발도 가속화되고 있다. 일본 혼다의 '아시모', 한국의 '휴보', 일본 소프트뱅크의 감성로봇 '페퍼', 중국 베이징대학의 여신로봇 '지아지아', 홍콩 핸스로보틱스의 '소피아' 등 높은 지능이나 인지능력 말고도 인간처럼 말하고 감정을 표현함으로써 인간과 감성적 대화를 나누고, 인간처럼 자율적으로 판단하고 행동하는 로봇들이 등장하고 있는 것이다.

아직은 인공지능이 특정 영역에서만 인간의 능력을 훨씬 뛰어넘을 뿐 인간처럼 다양한 영역을 총괄하는 멀티 능력을 갖추고 있지 못하고, 언어나 감정 표현도 서투르며 행동 또한 인간처럼 유연하지도 민첩하지도 섬세하지도 못한 등 한계가 많다. 그렇지만 머지않은 미래에 이러한 한계들을 극복할 것으로 예상된다. 즉 언젠가 인간처럼 생각하고 판단하며 행동하는 로보사피엔스가 등장할 것이다. 이들을 어떤 존재로 보고 인간의 생활세계 안에서 이들과 어떻게 공존할 것인가와 관련하여 크게 두 가지를 중요하게 논의할 필요가 있다. 하나는 인공지능 프로그램이든 로봇이든 이들의 존재론적 지위, 곧 인격체로서의 가능성에 대한 고찰이고, 다른 하나는 이들과의 공존에 필요한 사회적 윤리 및 규범 체계에 대한 논의다. 다시 말해 인공지능을 갖춘 기계적 존재자를 단순히 도구로만 보는 인간중심적 관점이 아닌 탈 인간중심적 관점에서 그것을 하나의 인격체로 보고 이들과 인간이 공존하는 사회를 어떻게 구축할 것인지에 대한 철학적 성찰이 필요하다.

비인간적 인격체로서 로보사피엔스

로보사피엔스라 할 수 있는 인공지능 로봇의 등장에서 관건은 인격성이다. 우선 인격성 개념부터 살펴보자. 영국의 경험론 철학자이면서 다른 경험론자들과 달리 이성적 활동의 중요성을 받아들인 로크(John Locke)는 근대적 개인 개념을 확립하는 과정에서 인격(person)과 인간(man)의 개념을 구분했다. 인간은 생물학적인 종개념으로 보았고 인격은 "이성을 갖고 반성하며 시간과 장소의 변화에도 자기 자신을 자기 자신으로 여길 수 있는 생각하는 지적 존재자"로 보았다. 달리 말해 이성에 기반을 둔 반성적 사고능력, 타자와 구분되는 '자아'(self) 형성능력 그리고 자신의 자아 동일성을 확인하는 기억능력을 인격성의 핵심으로 간주했다. 따라서 그런 능력을 갖춘 존재자가 있다면, 인간이 아니라 하더라도 로크적인 의미에서 인격성을 가졌다고 말할 수 있다. 따라서 인간처럼 생각하고 판단하며 행동하는 로보사피엔스가 존재한다면, 이에 로크의 인격 개념을 충분히 적용해볼 수 있을 것이다.

이처럼 로크적인 의미의 인격성 또는 인간에서와 유사한 인격성 개념을 로보사피엔스에 적용하고자 한다면, 로크가 언급한 인격성의 요소나 조건을 오늘날 또는 가까운 미래에 기술적으로 구현할 수 있는지에 대한, 적어도 가능성 차원에서라도 면밀한 검토가 필요하다. 우선 논리적으로 추론하고 합리적으로 분석·판단하는 이성 영역의 작업들을 수행할 수 있는 능력부터 살펴보자. 이는 단순히 지적 작업에만 그치지 않고, 나아가 반성적이고 비판적인 사고를 통해 도덕적인 판단을 내리는 데도 필요하다.

가령 자율주행차의 경우 윤리학에서 전차문제(trolley problem)라 불리는 도덕적인 문제 상황에 맞닥뜨릴 수 있다. 예를 들어 자율주행차의 브레이크가 운전 중 갑자기 고장이 나 도로 위의 교통 방어벽에 부딪혀 운전자만 다치게 할 것인지, 아니면 운전자를 보호하는 대신 인도로 돌진해 행인이 다치고 상점이 파손되도록 할 것인지를 결정해야 하는 상황이 발생할 수 있다. 이를 해결하려면 적어도 해당 지역의 주변 및 교통 상황에 대한 정확한 정보 수집과 이에 대한 신속하고도 합리적인 분석은 물론, 다양한 선택안 설정과 각 선택이 가져올 위험들에 대한 비판적 성찰을 바탕으로 최선의 선택, 곧 특정한 도덕적 판단에 근거한 결정을 내릴 수 있어야 한다. 이 경우 어떠한 도덕적 가치를 근거로 한 선택이 올바른지를 놓고 인간 사이에서 매우 복잡한 논쟁이 일겠지만, 만약 그러한 논쟁을 거쳐 사회적으로 수용할 수 있는 도덕적 가치를 제시한다면, 이를 도덕적 행위 프로그램이나 관련 빅데이터를 이용해 자율주행차에 구현하는 것은 기술적으로 불가능한 일이 아니다.

다음은 자아 형성능력이다. 자아 형성을 위해서는 적어도 외부세계의 다양한 정보에 접근할 수 있는 능력과 이 정보들을 스스로 학습할 수 있는 능력이 필요하다. 이는 마치 어린아이가 다양한 경험과 학습을 통한 성장과정에서 스스로 자아를 형성해가는 것처럼, 타자와 구분되는 자신의 자아를 형성하는 데 필수적이다. 경험론 철학자인 로크에 따르면 자아는 백지상태에서 출발하여 무수한 경험을 통해 형성된다. 더욱 철저한 근대 경험론자인 흄(David Hume)은 자아를 단지 다양한 지각의 다발이나 집합으로 보았다. 흄에 따르면 자아란 무엇을 인식하고 의식하고 행위하기 위해 선험적으로 있어야 할 어떤 것이 아니라, 인식하고 의식하고 행위 하는 경험의 과정에서 형성되고 만들어지는 것이다. 또한 자아는 인격성의 중요한 요소라 할 수 있는 자율성·자의식·자유의지와도 밀접한 연관이 있다. 자아가 성숙해질수록 자의식이나 자유의지도 한층 분명해질 것이고 궁극에는 이것들이 자신과 타자를 완전하게 구분하는 근거가 될 것이기 때문이다.

이러한 관점에서 본다면 자아는 빅데이터 기술, 클라우드 컴퓨팅 및 네트워킹 기술, 머신러닝 기술로 형성할 수 있다. 특히 빅데이터 기술은 인간이 오랜 진화 및 경험 과정에서 축적한 정보들을 빅데이터 형태로 간단하게 집적하여 학습자료로 제공해줌으로써 효율적인 기계학습(Machine Learning)을 할 수 있게 해준다. 현재의 머신러닝 기술은 아직 초보적인 수준에서 자율성을 구현하고 있을 뿐이지만 언젠가는 인간과 같은 고차적인 자율성이나 자유의지를 기술적으로 구현할 것으로 예상된다.

최근의 뇌과학을 보면 자율성이나 자유의지에 대한 기존의 생각에 도전하는 새로운 연구 결과들이 나오고 있다. 전통적으로 인간에게는 자유의지가 있고 이것을 통해 두뇌나 육체가 움직인다고 믿었다. 그런데 1983년 미국의 신경외과 의사인 리벳(Benjamin Libet)과 독일의 동물 생리학자인 코른후버(Hans Kornhuber) 등이 한 의식과 행동에 대한 뇌 실험('리벳의 실험') 결과를 보면 이와 전혀 다른 결과가 나왔다. 예를 들어 손을 드는 상황을 생각해보자. 전통적인 관점에서는 내 마음이 의지에 따라 결정하고 뇌가 이에 따라 작동하고 그 결과 손을 드는 행동이 뒤이어 일어나는 것이라고 설명한다. 그런데 리벳의 실험은 내 마음이 결정을 내리기 이전에 이미 내 뇌는 그런 결정을 알고 있었고 바로 그래서 그러한 행동이 일어났다고 설명한다. 이를 액면 그대로 해석하면 우리의 행동 원인은 인간의 의지가 아니라 뇌이며, 그럴 경우 자유의지는 뇌의 산물에 지나지 않게 된다.

하지만 이러한 리벳의 실험으로 자유의지가 부정된다고 단정할 수는 없다. 이는 단지 인간의 뇌 안에 행동에 관한 자율적 예측 시스템이 존재해 의식을 통한 행동 결정을 예측할 수 있음을 주장하는 것으로 볼 수 있기 때문이다. 이러한 결과를 바탕으로 최근의 인공지능 연구는 우리의 뇌가 미래의 행동과 관련된 예측적 학습 능력을 갖추고 있다고 보고 이를 수학적으로 어떻게 모델링할 것인지에 관심을 쏟고 있다. 만약 이러한 모델링이 성공적으로 이루어지고 이에 대한 기술적 구현이 가능해진다면 머지않아 인간에 준하는 자율성을 지닌 인공지능이 탄생할 것이다.

마지막으로 자아의 동일성을 지속적으로 확인할 수 있는 능력이다. 로크 자신은 경험론자이면서도 합리론적 요소들을 받아들이고 있었기에 자아의 동일성 문제를 중요하게 강조했다. 특히 기억의 역할을 강조하고 있다. 자아에 대한 지속적인 동일한 기억이 인격성에 중요하다고 보았기 때문이다. 이러한 기억 능력은 기술적으로 구현하기 어렵지 않다. 이미 형성된 자아와 관련된 중추적인 내용들을 빅데이터 형태로 특정한 메모리 안에 저장해두든지, 아니면 머신러닝을 통한 학습 과정에서 이것들을 기억해내는 방식으로 구현할 수 있다.

한편 인격성 개념은 앞서 언급한 로크적인 의미에서뿐만이 아니라 오늘날 다양한 의미로 다양한 영역에서 인간 개념과 구분하여 실제로 사용하고 있다. 가령 싱어(Peter Singer)와 같은 동물 윤리학자는 고통을 느낄 줄 아는 동물에게도 인간처럼 인격성이 있다고 본다. 즉 고통을 인격성의 중요한 기준으로 본 것이다. 2014년 아르헨티나 법정은 20년 동안 동물원에 갇혀 있던 오랑우탄 '산드라'에게 인격성이 있으므로 동물원에서 풀어주라는 판결을 내렸다. 이때 적용된 인격성 개념의 중요한 근거는 싱어가 언급한 고통을 느끼는 능력이었다. 이와는 다르지만 법조계에서 오래전부터 사용해온 '법인격'이라는 개념도 있다. 회사 법인과 같은 인공적인 조직에 법인격성을 부여하는 것인데, 이때 법인격성의 중요한 근거는 자율성이나 자유의지가 아니라 자기 소유권이다. 법인 단체들은 인간에 준하는 자율성이나 자유의지가 있는 것은 아니지만 자기 소유권을 지닌 법인으로서 그에 준하는 자율성과 함께 고유한 권리를 갖게 되고, 그러한 권리에 입각한 행동이 잘못될 경우 사회적·법적 책임을 물어 처벌받게 된다. 그런 의미에서 비록 인공물이지만 인격성을 부여하고 있는 것이다. 정리하면 인간이 아니더라도 자연적 존재이든 인공적 존재이든 그것이 각기 어떤 요건과 조건을 충족한다면 인격성을 부여할 수 있다.

준도덕적 대리인으로서 로보사피엔스

도덕성 개념의 확장

인간이 로봇의 존재론적 지위에 대해 논하는 것은 인공지능 로봇이라는 새로운 존재를 현 사회의 한 구성원으로서 어떻게 인정할 것이며, 나아가 인간과 로봇이 어떻게 공존할 것인지에 관심이 있기 때문일 것이다. 그러한 의미에서 로봇의 존재론적 지위에 대한 논의는 로봇과 인간, 나아가 로봇과 자연생태계 사이의 공존 규칙으로서의 윤리·도덕의 문제와 필연적으로 연관돼 있다. 이를 다음과 같이 되물어볼 수 있다. 만약 로보사피엔스에게 인격성을 부여할 수 있다면, 이들의 사고와 행동에 대한 도덕적 평가도 가능하지 않을까? 다시 말해 비록 인간 수준의 도덕성은 아니더라도 이에 준할 정도의 도덕적 사고와 행위를 수행할 수 있는 존재로 볼 수 있지 않을까? 이와 관련하여 다양한 주장과 수많은 논쟁이 있을 수 있다. 하지만 미래에 인간이 인공지능 로봇과 한 사회 속에서 어떻게 공존할 것인지가 중요한 화두라고 한다면, 그리고 이 문제를 윤리적 차원에서 접근하고자 한다면, 인공지능 로봇의 도덕적 지위에 대한 논쟁과 관련하여 다음의 두 가지 논의를 강조할 필요가 있다.

첫째는 인격성 개념이 탈 인간중심적 관점에서 다양한 의미로 규정되고 사용되고 있듯이, 도덕성 개념도 그러한 관점에서 재조명이 필요하다는 점이다. 지금까지 인간중심적 관점에서 언급돼온 도덕성은 인간의 고유한 본성으로 간주된 도덕성이다. 따라서 종족 안에 일정한 윤리적 질서를 갖추고 사회생활을 하는 고등동물이라 할지라도 어떤 의미에서든 도덕적 존재로 간주될 수 없었다. 그런 면에서 사고나 행동에서 인간을 흉내 내는 듯한 인공지능 로봇에게 인간중심적 관점의 도덕성 개념을 적용할 여지는 더더욱 희박해 보인다. 하지만 앞서 자율주행차 예에서 보았듯이 어떤 선택은 도덕적인 선택이다. 또한 앞으로 등장할 자율형군사 킬러로봇의 경우, 로봇의 자율적 판단으로 살인이 행해지는 만큼 그 행위 자체가 매우 민감한 도덕적 판단의 대상이 될 수밖에 없다.

그런 맥락에서 로보사피엔스에 적용할 도덕성 개념을 새롭게 재규정할 필요가 있다. 전통적인 인간중심적 관점의 도덕성을 완전한 도덕성 개념으로 보고, 이보다는 한 차원씩 낮게 기능적 도덕성 개념과 조작적 도덕성 개념을 새롭게 정립해볼 수 있다. 조작적 도덕성은 도덕적 판단과 행위가 컴퓨터 프로그램으로 완벽하게 조작·통제되는 도덕성을 말하며, 기능적 도덕성은 컴퓨터 프로그램에 기반을 두지만 이에 완전히 얽매이지는 않고 어느 정도의 자율적 판단을 따라 도덕적 기능을 수행할 수 있는 도덕성을 말한다. 예를 들어 아시모프의 세 가지 법칙처럼 기본적이고 근본적인 윤리적 규범들은 프로그램을 통해 조작적으로 구현할 수 있을 것이다. 반면 좀더 현실적이고 실제적 상황에서는 기본적인 윤리적 규범 외에도 다양한 실제 상황들의 분석에 근거한 윤리적 판단들이 필요하므로, 도덕적 행위에 관한 빅데이터와 이에 대한 머신러닝을 결합해 기능적 도덕성을 구현해볼 수 있을 것이다. 그런 면에서 이 기능적 도덕성 개념은 특히 자율주행차나 자율형군사 킬러로봇 등에 충분히 적용해볼 수 있다.

둘째는 도덕성 개념에서 어떤 개체가 지니는 속성으로서의 측면도 중요하지만, 개체 간의 관계적 측면이 인간 사회에서는 더욱더 중요하다는 점이다. 속성적 측면에서 본다면 인간 수준의 고등동물 또는 로보사피엔스도 도덕성을 가지는지가 중요한 문제가 될 것이고, 이에 대해서는 앞서 언급한 도덕성 개념의 세분화가 새로운 생산적 논의를 제공할 것으로 기대해볼 수 있다. 관계적 측면에서 본다면 어떤 도덕성을 지녔느냐가 아니라, 고등동물이나 로보사피엔스의 행위가 인간과의 관계에서 어떤 도덕적 문제들을 일으키는지가 중요하다. 그것이 자연적 존재자이든 인공적 존재자이든 인간에게 어떤 도덕적·윤리적 영향을 미치는 판단과 행위를 한다면, 그 자체가 이미 도덕적인 판단이자 행위가 되는 것이다. 그런 의미에서 본다면 앞으로 등장하게 될 인공지능 로봇, 곧 로보사피엔스는 인간과의 삶 속에서 당연히 도덕적 존재자일 수밖에 없다.

이 두 가지 사항에 근거해서 우리는 로보사피엔스를 어떤 도덕성을 갖춘 준도덕적 대리인으로 조심스럽게 규정해볼 수 있다. 그렇다면 과연 이러한 주장은 철학적으로 정당한가? 전통적인 서양철학의 관점에서 본다면 인격성 자체가 인간과 구분되고 어느 정도의 자율성과 자의식에 기초하고 있는 만큼, 이런 요소들에 근거하는 도덕성을 (더 많은 연구가 필요하겠지만) 어느 수준에서 로보사피엔스에게 부여하는 데 큰 어려움은 없어 보인다. 그렇다면 동양철학의 관점에서 보면 어떠할까? 여기서는 개략적인 수준에서, 특히 성리학(性理學)의 관점을 살펴보기로 하겠다.

성리학적 접근

성리학은 우주와 인간에 대한 통일적인 세계관을 확립함으로써 유교적인 도덕적 실천의 이론적 근거를 마련하려는 학문이다. 우선 성리학은 이(理)와 기(氣) 개념에 근거한 독특한 존재론을 갖고 있다. 이것에 따르면, 이 세계의 모든 만물은 이와 기로 구성되어 있다. 여기서 이란 어떤 사물에 대해 바로 그것이 되도록 하는 이치로서 만물의 존재 및 생성에 관한 법칙 또는 원리를 뜻한다. 이는 직접 경험할 수 없고 시공을 초월하여 영원히 존재하며 불변적이다. 반면 기란 어떤 것의 이치가 실현될 수 있는 질료 또는 재료이자 이를 실현시키는 힘이다. 기는 직접 경험할 수 있고 이것이 모이고 흩어지는 것을 따라 우주 만물이 생성되고 소멸한다. 그리고 이와 기는 '서로 떠날 수 없고, 서로 섞이지도 않는' 긴밀한 상관관계가 있다. 이는 기의 존재근거이고 운동원리이지만, 기에 의존하지 않고는 존재하거나 운동하지 못한다. 정리하면 모든 사물은 기에 따른 현상적 차별이 있는데도 이라는 보편적 원리·법칙에 따라 존재하고 운동한다고 말할 수 있다.

우주의 존재와 생성에 관한 이와 같은 이기론의 분석은 성리학의 인간 마음에 관한 연구, 곧 심성론에 그대로 적용된다. 엄격히 말한다면 인간의 심성에 관한 연구가 우주의 존재와 생성에 대한 이기론에 근거하여 이루어진 것이다. 이러한 성리학의 심성론에서 로봇의 도덕적 지위와 관련하여 우리의 관심을 끄는 논의가 바로 인성물성론(人性物性論)이다. 여기에는 인성과 물성이 같다고 주장하는 동론(同論)과 서로 다르다고 주장하는 이론(異論), 두 가지 관점이 있다.

동론에 따르면 사람이나 사물은 드러나는 기질은 분명 다르지만, 내재해 있는 이가 서로 같으므로 본연지성은 서로 같다. 사람과 마찬가지로 사물도 '인의예지신'(仁義禮智信)의 '오상'(五常)을 똑같이 타고났으나 기질에 치우쳐 있어 타고난 본성을 인간처럼 온전히 발현하지 못하고 있을 뿐이라고 본다. 한편 이론의 관점에서 보면 사람이나 사물은 그 근원으로서의 이치가 하나로 같더라도 사람과 사물 각 개체에 부여된 본성으로서의 이와 기질은 서로 다르며 그리고 인의예지신은 개체적 본성으로서의 이에 속하는 것들로 인간과 사물에 서로 다르게 부여된다고 본다. 그러나 그 어느 관점이든 인간에게 부여됐던 도덕적 품성들의 일부 또는 전부를 사물에도 부여할 수 있다고 주장한다. 비록 부여된 본성들이 기질의 치우침 때문에 완벽하거나 온전하지 못하다 할지라도, 인간이 아닌 다른 존재자들에게도 도덕적 품성들을 부여할 수 있다는 것은 로봇의 도덕적 지위를 논하는 데 매우 의미심장한 주장이다.

로봇이 판단·행위에 대한 일반적 원칙이나 규칙을 가지고 다양한 상황의 윤리적 정보를 식별하고 처리할 수 있는 수준의 윤리적 존재로서 인간과 공존하게 되기를 기대한다면, 오랜 역사 속에서 검증된 '오상'과 같은 윤리적 판단·행위의 원칙을 원용할 수 있을 것이다. 물론 이런 윤리적 원칙들이 반드시 완결된 것으로서 내재되어야만 하는 것은 아니다. 실제로 대처해야 할 다양한 상황을 모두 예측하여 로봇에게 프로그램화하는 것은 불가능하다. 많은 성리학자가 인간은 '오상'을 도덕적 본성으로 가지고 태어난다고 생각했지만, 그렇다고 누구나 능숙한 윤리적 판단·행위자가 된다는 것은 아니었다. 유학에서는 인간에게 윤리적 판단·행위를 방해하는 이기적·감각적 욕구가 있으므로, 이를 통제하고 자신의 인식·판단·행위가 보편적인 윤리적 원칙과 일치되도록 하기 위해 부단한 공부와 수양이 필요하다고 여겼다. 늘 성현들의 글과 말씀·행위의 기록을 참조하면서 당면한 상황에 대한 가장 적절한 윤리적 판단·행위를 해내고자 노력한 것이다. 그런 맥락에서 보면 인공지능 로봇 역시 머신러닝을 통한 지속적인 도덕적 학습이 필요하다고 할 수 있다.

휴머니즘에서 포스트휴머니즘으로

지금까지 우리는 인간처럼 생각하고 판단하며 행동할 줄 아는 전에 없던 새로운 유형의 존재자인 인공지능 로봇에 대해, 그 인격성을 존재론적 차원에서 어떻게 이해할 것인지를 살펴보았다. 이들의 등장은 그동안 인간중심적인 관점에서 강조돼왔던 휴머니즘에서, 탈인간중심적 관점에서 새롭게 정립해야 할 포스트휴머니즘으로의 전환을 조심스레 요청하고 있다. 그렇다면 포스트휴머니즘의 내용은 무엇이고 그것의 정립을 위해 무엇이 필요한가? 이에 대해서는 향후 더 많은 연구가 필요할 것이므로, 여기서는 개략적인 수준에서 몇 가지 사항만을 언급하고자 한다.

우선 인간과 기계의 관계에 대한 생각의 전환이 필요하다. 지금까지 인간은 기계를 그 어떤 존재적 특성이 있다 하더라도 인간중심적 관점에서 단순한 도구로만 여겨왔다. 기계는 외부에서 각인한 목적에 따라 단순히 기능을 수행하는 도구에 불과하다는 도구론적 관점이 지금도 지배적이다. 인공지능 기술을 제4차 산업혁명으로 보는 시선이 그 대표적인 경우다. 하지만 인공지능 로봇에서 보듯이 기계는 이제 스스로 어떤 지향이나 목적을 설정해 세계를 구성할 뿐 아니라 인간의 실존 자체를 변화시키는 실존적 존재자로 발전하고 있다. 따라서 기계를 단순히 인간 사회를 떠받쳐주는 물리적 기반으로 볼 것이 아니라, 인간과 복잡하게 연결된 관계망 속에서 사회를 구성하는 하나의 행위자(actor 또는 agency)로 보는 생각의 전환이 필요하다. 그 행위자가 인간의 육체적 노동뿐 아니라 정신적 노동도 대신할 것이기 때문이다.

다음으로 지금까지 인간에게만 배타적으로 적용돼왔던 이성, 감성, 자의식, 자율성, 자유의지 그리고 도덕성과 같은 인격성의 주요 요소들이 영장류와 같은 고등동물이나 인공지능 로봇 등에는 적용될 수 없는 것인지에 대한 더욱 엄밀한 과학적 규명이 필요하다. 이를 위해서는 인간의 이성, 감성, 자의식, 자율성, 자유의지 등을 다루는 인지과학, 인공지능 공학, 뇌과학 분야 등에서 다양한 과학적 연구가 중요하다. 이들의 연구 성과를 통해 그동안 주로 철학적으로 논의됐던 인격성의 요소들이 어느 정도 과학적으로 설명된다면, 이는 이 요소들의 기술적 구현 가능성과 함께 인간이 아닌 다른 존재자에게도 (비록 정도와 수준의 차이는 있겠지만) 적용될 수 있음을 함축하기 때문이다. 실제로 인류의 지성사를 보면 의식·자아·자유의지·도덕성 등을 독립적인 실체 또는 속성으로서 경험 이전에 인간에게 선천적(또는 선험적)으로 주어진 것으로 여기다가, 근대 이후 경험론 철학이 등장하면서 그러한 요소들의 경험적이고 진화적인 특성을 강조하게 되었다. 이러한 경향은 경험과학의 탐구영역이 뇌·인지·마음 등으로 확대되면서 한층 강화되고 있는 추세다.

　마지막으로 철학적인 차원에서 새로운 유형의 존재자인 로보사피엔스의 등장을 계기로, 탈 인간중심적인 존재론 정립이 필요하다. 우선 인지과학, 인공지능 공학, 뇌과학 분야에서 쏟아내고 있는 인격성 요소들의 본성에 대한 경험 과학적 연구 성과들에 대해 더욱 심화되고 정교한 철학적 분석과 규명이 필요하다. 즉 정도·수준·등급 등에 근거한 인격성 요소들의 다양한 층위를 철학적으로 명확히 구분하여 규명해줄 필요가 있다. 이는 인공지능 로봇에서 기술적으로 구현된 인격성의 요소들이 인간의 그것들과 유사하면서도 어떻게 다른지를 명확히 하기 위함이다.

　나아가 경험과학이 제공하고 있는 수많은 정보에 대한 철학적 분석을 바탕으로 로보사피엔스의 존재론적 본질을 더욱 명확히 이해하고 담아낼 수 있는 존재론적 담론을 구축할 필요가 있다. 전통적인 경험론의 철학적 사유만으로는 앞으로 등장할 인공지능 로봇의 인격성 또는 존재론적 본성을 더욱 면밀하게 분석하는 데 한계가 있다. 경험론도 전통적인 합리론의 철학적 사유와 마찬가지로 물질과 의식, 주관과 객관이라는 전통적인 이분법에 기초하고 있는 까닭에, 사이보그나 인공지능 로봇처럼 이분법적 경계가 상대적으로 약한 새로운 존재자를 이해하기가 쉽지 않을 것이기 때문이다.

참고문헌

『周易』

『論語』

『孟子』

Clark, A. & Chalmers, D., "The Extended Mind", *Analysis* 58, 1998, pp.10~23.

Daniel C. Dennett, 2003, *Freedom Evoloves*, Penguin ; 이한음 옮김, 『자유는 진화한다』, 동녘 사이언스, 2009.

Hume, D. *A Treatise of Human Nature*, D.F. Norton and M.J. Norton(eds.) Oxford: Oxford University Press, 2000, Book I, pp.164~165.

Locke, J., *An Essay concerning Human Understanding*, Oxford: Clarendon Press, 1975, 제2권 27장.

Turing, A. M. "Computing Machinery and Intelligence", *Mind* 59, 1950, pp.433~460.

2

동양철학

고전의 힘으로 자신을 살피다

"하늘의 소리에 귀를 기울이는 자는
자신의 마음을 그 태초의 잘-있음 속에 두는 자다.
그는 혼돈을 애써 추궁하지 않고,
제 마음이 혼돈에 있을 때조차 편안하다.
이미 마음을 비우고, 사물을 분별하지 않는 까닭이다."

인문학과
가치중립성의 문제

길희성

서강대학교 명예교수

인문학의 위기?

소설가 박완서는 산문집 『못 가본 길이 더 아름답다』에서 어떻게 그가 작가의 길로 들어서게 되었는지를 말하고 있다.[1] 대학에서 인문학을 마음껏 공부해서 교수가 되고 싶었던 꿈을 6·25전쟁으로 접고 소설가가 되었지만, '못 가본 길'이기에 더 아름답게 여겨지는 상아탑에 대해 아직 약간의 미련이 남아 있는 듯했다. 그가 가지 못했던 길이 상아탑 속 인문학의 길이었다면, 내가 경험한 것은 상아탑 속 인문학 중의 인문학이라고 부를 수 있는 서양철학에 대해 느꼈던 좌절감이었다. 이 좌절감은 내가 1961년 서울대학교 철학과에 입학하면서부터 곧 시작되었다. 당시 내가 철학과의 문을 두드리게 된 것은 누구나 젊은 시절에 한 번쯤 심각하게 경험하게 되는 실존적 문제 때문이었다. '나는 무엇을 하며 살아야 할까?' '무엇에다 나의 삶을 바치고 살아야 의미 있는 삶이 될까?' 하는 식의 문제였다. 그래도 박완서는 6·25전쟁이라는 처절한 삶의 경험을 통해 소설가가 되었고, 그 자신의 표현대로 "소설을 통해 구원받았다"고 말할 수 있을 정도로 성공했다. 그분은 가톨릭 신자로 알려져 있지만, 소설을 통해 받았다는 '구원'은 물론 좁은 의미의 종교적 구원이기보다는 의미 있는 삶, 보람 있는 삶 정도를 뜻하는 말일 것이다. 나는 당시 내가 찾던 '구원'에 대한 갈망이 서울대학교 철학과에서 만난 철학으로는 충족될 수 없다고 느꼈을 뿐만 아니라 배신당했다고 느낄 정도로 크게 실망했다. 지금까지도 서양철학에 대한 이러한 부정적 생각에는 큰 변화가 없다.

한 걸음 더 나아가서, 이러한 부정적 판단은 현대 인문학 일반에 대해서도 마찬가지다. 내가 대학에서 접한 철학이나 인문학은 구원의 문제와 별 관계가 없어 보였기 때문이다. 다만 철학공부는 내가 학자로서 개념적 사고를 하고 내 생각을 다지며 글을 쓰는 일에는 어느 정도 도움이 되었다. 사실 서양철학에 대해서 이 정도의 기대는 누구나 가져도 된다고 생각한다. 하지만 구원의 열망에 관한 한, 예나 지금이나 서양철학이나 현대 인문학만으로는 충족시키지 못한다는 것이 나의 생각이다.

이렇게 말하면 어떤 사람은 당장 다음과 같이 반문할지도 모른다. 문학이라면 몰라도 철학에서 '구원' 같은 것을 기대하는 어리석은 사람이 어디 있느냐고. 더군다나 인문학에서 무슨 '구원' 같은 것을 기대하느냐고 고개를 설레설레 절지도 모르겠다. 그야말로 번지수를 잘못 찾아간 것이 아니냐고 말이다. 애당초 구원을 기대했다면 종교로 갔어야 한다고 한 마디 덧붙일 사람도 있을 것이다. 다 일리가 있는 말이다. 그러나 한 가지 사실만은 언급할 필요가 있다. 서양철학이 처음부터 구원의 문제와 무관했던 것은 아니라는 사실이다. 철학은 문자 그대로 지혜를 사랑하는 데서 출발했고, 이때 지혜란 당연히 인생의 참된 길을 아는 지혜를 포함한다. 잘 알려진 대로,

서양 근대철학은 칸트 이후로 세계에 대한 궁극적 인식을 추구하던 형이상학(metaphysics)이나 존재론을 포기하는 '인식론적 전회'(epistemological turn)를 겪는다. 세계와 인간에 대한 독자적 인식·지식을 포기하다시피 하고 '인식에 대한 인식'을 논하는 인식론에 주력하는 철학으로 변신한 것이다. 나는 오늘날 서양철학이 인간이 찾고 있는 구원의 문제와 유리되고 무력하게 된 근본 원인이 바로 여기에 있다고 생각한다. 그런데도 내가 오늘 인문학과 서양철학에 대해 이처럼 글을 쓰게 된 것이 아이러니라면 아이러니다. 나이 70이 넘도록 주로 서구에서 형성된 인문학, 종교학, 철학, 신학을 떠나지 못하고 계속해서 관심을 품고 그 주위를 맴돌고 있는 사람으로서, 현대 인문학과 철학에 대한 평소 생각을 좀 정리해서 몇 마디 해야겠다는 생각이 들었기 때문이다.

글 제목이 암시하고 있듯이, 결론부터 말하면 '가치중립성'을 표방한 19세기 이후의 근대 인문학과 현재 우리나라 인문학계에서 인문학의 이론적 담론을 주도하고 있는 이른바 '포스트모더니즘적인' 인문학은 인간의 '구원'은커녕 인간의 삶을 '변화'시킬 만한 도덕적 힘조차 없다는 것이다. 따라서 서구철학과 인문학 그리고 우리나라 인문학이 '위기'를 극복하고 사회가 기대하는 대로 인간을 변화시킬 힘을 되찾으려면 지금까지와는 다른 길로 나아가야 한다.

나는 학창시절 화두처럼 꽂힌 "신이 존재하지 않는다면 모든 것이 허용된다"는 도스토옙스키의 말을 지금까지 사상 여정의 중심적 관심사로 삼고 있다. 이 말은 신을 믿지 않으면 우리가 선악시비를 가릴 줄 모르게 된다거나 아무렇게나 부도덕하게 살게 된다는 뜻이 아니라, 신이 존재하지 않는다면 도덕이라는 것이 세계 자체에 기반을 둔 '객관적' 질서가 아니라 순전히 인간의 자의적 선택의 대상이 되어버린다는 뜻이다. 정말 이렇게 된다면 인생의 근본적 문제, 즉 우리는 어떻게 살아야 하는지, 왜 도덕적으로 살아야 하는지에 대해

답하기 어려울 것이다.

내가 아는 한, 철학을 지망하는 학생 대다수는 이런저런 인생의 고민을 안고 철학과의 문을 두드린다. 그들은 대학에서 배우는 전문적인 강단철학이 무엇인지, 철학이 실제로 어떤 문제를 논하고 따지는 학문인지 알지도 못한 채 철학과에 입학한다. 하지만 철학뿐만 아니라 인문학까지도 실질적인 인생 문제에는 별 관심이 없고 고도로 이론화되고 전문화된 문제들만 놓고 따진다는 사실을 발견하게 되면서 실망하고 만다. 내가 서울대학교 철학과에 입학했을 당시에는 분석철학(analytic philosophy) 그리고 이와 밀접히 연관된 논리실증주의(logical positivism)라는 것이 우리나라에 들어와서 유행하기 시작했다. 논리실증주의에 따르면, 형이상학의 언어는 우리의 경험에 잡히지 않는 주제들을 다루기 때문에 진위를 검증(verify)하기가 불가능하고, 따라서 그런 언어는 무의미하다는 것이다. 그뿐 아니라 선악시비를 가리는 도덕적 언어도 어떤 객관적 근거를 가진 것이 아니라 순전히 개인들의 느낌에 지나지 않는다고 주장한다.[2]

나중에서야 알게 된 사실이지만, 내가 어떻게 살아야 하고 무엇을 추구하며 살아야 의미 있는 삶이 될지를 다루는 학문은 서양철학보다는 동양철학이다. 서양철학의 전통에서 찾자면 고대와 중세의 형이상학 정도다. 전통적으로 '제일철학'이라 불리는 형이상학은 세계와 인생에 대한 가장 근본적인 문제를 다루는 철학이다. 하지만 그런 학문은 제대로 접해보지도 못하고 혼자서 헤매다가 대학을 졸업하게 되었으니 철학에서 '구원' 같은 것을 경험하지 못한 것은 너무나 당연했다.

우리나라 철학 또는 철학교육이 지닌 심각한 문제점 가운데 하나는 플라톤-아리스토텔레스의 철학이나 아우구스티누스-아퀴나스의 사상을 제대로 배우기도 전에 니체-하이데거나 분석철학-논리실증주의 같은 것을 먼저 접하면서 서양철학사 전반을 싸잡아 비판하는 것부터 배운다는 것이다. 서구의 철학 전통을 제대로 배우기도 전에 비판부터 배우니 공부가 제대로 될 리 없다. 서양철학 전체를 통틀어 문제 삼는 서구철학자들의 비판이 우리나라 지식인들에게 어필하는 데는 다분히 심리적 만족감이 작용하기 때문이라고 나는 생각한다. 우리나라뿐 아니라 전 세계의 이른바 '후진국' 지성인들은 대체로 서구문화와 철학에 대한 선망과 동경을 가지면서도, 다른 한편으로는 서구사상가들이 서구문명에 가하는 비판에서 일종의 카타르시스나 대리만족 같은 것을 느낀다. 서구에 대한 열등감을 극복하는 손쉬운 길일 것이다. 특히 근대화를 제대로 달성하지도 못한 상태에서 서구지성인들이 서구식 합리주의와 개인주의가 낳은 온갖 문제점에 가하는 비판을 듣는 것은 우리나라 지식인들을 포함한 비서구 세계의 지성인들에게 심리적 만족감을 준다. 손쉬운 서구문명 비판에 매력을 느끼는 것이다. 우리나라 지식인들이 이러한 멘탈리티를 벗어났다고 할 수 없으며, 솔직히 말해서 나 자신도 이 점에서 완전히 자유롭지는 않다. 돌이켜보면 내가 서양철학 전공을 포기하고 동양철학으로 눈을 돌린 것도 이와 무관하지 않았던 것 같다.

인문학은 과연 대학의 꽃인가? 오늘날 우리 사회는 인문학을 둘러싸고 두 가지 상반된 현상을 노출하고 있다. 대학 안에서는 인문학의 위축된 위상을 지적하면서 인문학의 위기 또는 고사를 말하지만, 이와 대조적으로 대학 밖에서는 인문학이 전성시대를 맞았다는 느낌이 들 정도로 각종 인문학 프로그램이 대중적 관심과 인기를 끌고 있다. 인문학이라는 단어가 도대체 무엇을 가리키는 말인지 혼란스러울 정도로 어떤 주제든 '인문학'이라는 말을 갖다 붙인다. 무슨 복잡하고 전문적인 학술이론을 좀 쉽고 피부에 와 닿게 설명하거나 재미있게 강의하면 다 '인문학' 강좌로 통하는 것 같다. 백화점 인문학, 텔레비전 인문학, 교양 인문학, 수필 인문학, 저명인사의 인생론 인문학, 기업체 초청 인문학이 유행하고 있으며 심지어 요점정리식

학원 인문학도 있다고 한다. 가히 인문학 열풍이라 해도 될 정도다.

이런 현상을 부정적으로만 볼 필요는 없다. 오히려 장려해야 할지도 모른다. 이제 우리나라도 절대가난에서 벗어나서 먹고 살 만해졌다. 그러면서도 경제는 고도성장을 멈추고 세계는 너무나 급속히 변하며 경쟁은 더 치열해져 모두가 불안해하고 있다. 이런 분위기 속에서 사람들이 지금까지 앞만 보고 달려왔던 삶을 되돌아보면서 삶의 의미에 대해 진지하게 생각해보려는 마음을 품고, 당장 먹고사는 문제를 떠나 인간다운 삶을 찾아보고자 인문학에 관심을 두는 것은 아닌지 긍정적으로 생각해본다.

하지만 내가 이 글에서 논하고자 하는 것은 '위기'에 처해 있는 대학 인문학, 강단 인문학 또는 대학 안과 밖에서 다양한 형태로 '연구되고 있는'(research) 전문화된 이론적 인문학이다. 이른바 '문사철'이라고 불리는 학과들에서 교수와 대학원 학생을 중심으로 연구되고 있는 인문학 말이다. 문학(국문, 불문, 독문, 중문 등)은 단순히 작품을 읽고 감상하고 토론하는 정도가 아니라 각종 문학이론을 동원해서 작품을 분석하는 학문이며, 철학은 상당한 교육을 받은 사람조차 이해하기 어려운 전문화된 주제를 다루는 난해한 학문이다. 역사를 연구하는 역사학, 종교를 대상으로 삼는 종교학, 예술을 논하는 미학도 전문화된 연구 중심의 학문이기는 매한가지다. 인문학의 위기는 바로 이처럼 일반 대중과 점점 더 유리되어가는 이론화된 인문학에서 비롯된다는 것이 나의 판단이다.

문학, 역사, 철학, 종교, 예술 등은 인간이면 누구나 관심을 둘 만한 주제를 다루는 학문이다. 하지만 마치 골치 아픈 수학문제나 과학이론처럼 소수의 전문가 집단만 이해할 수 있는—아니 때로는 그들 자신도 정말 이해하고 있는지 의심이 들 정도로—난해한 언어로 연구되는 학문이 됨에 따라 인문학과 일반 대중과의 거리가 점점 더 멀어지게 되었다. 나는 이런 현대 인문학의 변화를 인문학의 '자기소외'

라고 부르고 싶다. 대학 인문학의 위기는 일차적으로 이런 전문화되어 가는 인문학, 난해한 이론적 담론이 마구 유행하고 있는 우리나라 인문학계의 특이한 현실에서 비롯된다고 나는 본다.

나는 현대 인문학이 자초한 소외를 주로 두 가지 측면에서 고찰해보고자 한다. 하나는 연구자와 연구대상 사이의 역사적·시대적 거리를 확실하게 의식하고 그것을 전제로 삼는 '거리두기의 인문학'의 측면이다. 이는 연구의 가치중립성을 표방하면서 주제에 대한 객관적 지식을 추구하는 현대 인문학 일반이 지닌 문제점이다. 다른 하나는 마땅한 이름이 없어 일단 '포스트모더니즘적인 인문학'이라고 부르는, 인문학을 주로 담론분석, 즉 담론들에 대한 담론으로 변질시키고 있는 '담론 인문학'의 측면이다. 이는 진리 상대주의, 도덕 상대주의 그리고 권력과 성 등 인간의 동물적 욕망을 부추기는 '욕망의 인문학'과 밀접한 관계를 맺고 있다. 그리고 더 나아가서, '주체의 실종' '인간의 죽음'을 선언하는 '반 휴머니즘적 인문학' 등도 여기에 포함된다. 참고로 알아 둘 우리나라 인문학계의 두드러진 현상 가운데 하나는, 내용에 상관없이 마구 글을 써대는 대중적 '글쓰기 인문학'이 유행하고 있다는 사실이다. 물론 이런 현상에는 오늘날 인터넷 글쓰기 문화의 영향도 클 것이다.

여하튼 위에 언급한 두 가지 현대 인문학의 성격을 본격적으로 논하기에 앞서 생각해볼 것이 있다. 바로 인간의 문제를 다루기에 우리 모두에게 친숙할 수밖에 없는 인문학, 따라서 굳이 '인문학'이라고 이름조차 붙일 필요가 없을지도 모를 상식적이고 '자연스러운 인문학'이다. 자연스러운 인문학을 먼저 논한 다음 이러한 상식적 인문학이 어떻게 고도로 추상적이고 전문화된 인문학으로 변질되어 자기소외가 일어나게 되었는지를 고찰해보고자 한다.

텍스트를 다루는 학문

인문학은 예나 지금이나 '텍스트'(text)를 다루는 학문이다. 주로 글로 된 책이나 문서, 문헌이나 작품, 경전과 고전 그리고 인류 문화에 대한 역사적 연구자료인 사서나 금석문 등을 다룬다. 좀더 넓게는 건축, 조각, 음악, 미술, 연극, 영화 등 예술적 창작물에 대한 평론이나 이론 그리고 역사적 연구도 인문학이 다루는 텍스트 개념에 포함된다. 아무튼 인문학은 일차적으로 언어로 된 텍스트의 의미를 해석하고 이해하는 작업이다. 문제는 우리가 주어진 텍스트를 어떻게 읽고 이해할 것인지, 무슨 목적으로 그리고 어떤 방법으로 연구할 것인지다. 이에 따라 인문학의 성격이 크게 달라질 수 있기 때문이다.

먼저 사람들이 소설 같은 문학작품을 읽을 때 어떤 자세로 임하는지 생각해보자. 사람들은 우선 상식적인 텍스트 이해를 바탕으로 작품을 대한다. '상식적'이라 함은 일반적인 언어이해에 기초해 텍스트를 읽는다는 말이다. 사람들은 텍스트가 아무리 낯선 말로 씌어 있다 해도, 언어의 기능은 일차적으로 소통에 있다고 생각하며, 소통은 언어가 대상(object)세계를 지시하기(refer) 때문에 가능하다고 생각한다. 언어의 의미는 지시하는 대상에 있다는 것이 상식적인 언어이해다.

이때 대상은 두 가지로 대별된다. 하나는 텍스트의 저자나 등장인물들 외부에 존재하는 사물의 세계이고, 다른 하나는 이들의 내면세계, 즉 의식이나 심정 같은 것이다. 언어가 가리키는 대상은 이 두 범주를 벗어나지 않는다. 소설의 경우, 전자는 소설가가 직접 묘사하고 있는 외부세계 또는 등장인물이 주고받는 대화 속에 등장하는 외부세계이고, 후자는 소설가가 묘사하고 있는 주인공이나 여타 등장인물의 내면세계다. 작가에게는 두말할 필요 없이 우선 이 두 세계를 탁월하게 묘사하는 언어구사 능력이 있어야 하지만, 더욱 중요한 점은 이러한 능력이 이 두 세계를 민감하게 관찰하고 의식하며 경험하는 작가 자신의 경험에서 온다는 사실이다. 외부세계든 인간 내면의 세계든 결국은 모든 것이 작가 자신의 경험에서 온다. 이 경험은 작가 자신의 것일 수도 있고 타인의 글을 통해 얻은 간접적인 것일 수도 있으며 작가의 풍부한 상상력이 만들어낸 것일 수도 있다.

물론 작가의 언어구사 능력과 경험세계는 분리될 수 없을 정도로 밀접하게 연관되어 있다. 사실 이것은 작가의 경우만 그런 것이 아니라 우리 모두에게도 해당된다. 그만큼 인간의 경험과 언어는 떼려야 뗄 수 없을 정도로 밀접한 관계가 있기 때문이다. 여하튼 소설의 언어는 결국 작가 자신이 경험한(experience) 것, 적어도 그의 의식을 통과한 것을 훌륭하게 언어로 표현한(express) 것이라고 보는 것이 문학작품을 대하는 일반인의 상식이다. 물론 한 작가의 능력은 그의 글이 얼마나 독자들의 심금을 울리고 공감을 자아내는지에 달려 있다. 이 공감을 '추체험'(Nacherlebnis)이라고도 부르는데, 독자들이 글을 읽으면서 작가가 경험한 것을 따라 경험한다는 뜻이다. 소설을 읽는 독자는 자연스럽게 소설의 주인공이나 등장인물 가운데 한 사람과 자신을 동일시하기 마련이다. 등장인물의 이야기가 지닌 그럴듯한, 즉 있을 법한 개연성(plausibility)은 독자들이 공감할 만한 설득력을 지닌다. 독자들이 처한 삶의 환경과 사회문화적 배경은 서로 다를 수밖에 없고 삶의 경험이나 태도도 천차만별이지만, 그런데도 독자들은 소설에 등장하는 인물들의 이야기에 공감한다. 그렇지 않으면 아무도 그 소설을 읽으려 하지 않을 것이다. 이것이 이야기가 지닌 힘이다. 이야기는 성격상 어느 특정 인물들—실존했던 사람이든 소설가가 지어낸 가공의 인물이든—에 관한 것이지만 동시에 보편성을 지닌다. 이러한 '특수보편성'이야말로 이야기의 매력이며, 소설이 보편적 진리, 개념적 진리를 추구하는 철학과 결정적으로 다른 점 가운데 하나다.

독자들은 문학작품뿐만 아니라 오래된 종교 경전이나 철학 고전을 대할 때도 거기에 나오는 말을 자기 자신을 향한 말로 받아들이면서 읽는다. 물론 이때는 통상적으로 텍스트의 권위를 전제로 한다. 그러면서 자연스럽게 자신의 삶을 돌아보기도 한다. 이런 통상적이고 자연스러운 텍스트 읽기를 나는 '자연스러운 인문학'이라 부른다. '인문학' 아닌 인문학이며 그냥 '인문적'이라 해도 좋다. 불행하게도 오늘날의 이론 중심적 인문학은 바로 이러한 자연스러운 인문학이 지닌 힘을 점차 성실해가거나 약화하는 방향으로 진행되고 있으며, 그 결과 인문학의 자기소외가 일어나고 있다.

소설이나 고전의 힘은 바로 독자들의 공감을 자아내는 능력에 있는데, 이 공감은 독자들이 텍스트를 둘러싼 역사적 배경—저자나 시대적 배경 등—에 대해 별다른 사전지식이 없어도 얼마든지 가능하다. 무슨 특별한 전문지식이나 복잡한 문학이론 같은 것이 필요한 것도 아니다. 그냥 읽어도 재미있고 진한 감동과 오랜 여운을 느낄 수 있다. 때로는 책 한 권이 독자의 자기이해와 삶을 완전히 바꾸는 엄청난 힘을 발휘하기도 한다. 이러한 '자연스러운' 읽기를 통해서 독자들은 자신의 삶과 가치관을 돌아보게 되고, "그렇다면 나는 어떻게 살아야 하나?" "나는 과연 어떤 존재인가?" 그리고 "우리가 사는 사회는 도대체 무엇이 잘못되었으며 어떻게 변해야만 할까?" 등의 진지한 물음도 제기하게 된다. 이런 '자연스러운 인문학'은 글을 읽고 이해할 만한 능력, 즉 나이에 알맞은 인생경험과 공감능력만 있으면 누구나 할 수 있다. 사실 우리는 모두 중고등학교 시절에 그렇게 책을 읽으면서 성장하지 않았던가? 요즘 학생들은 불행하게도 입시경쟁에 치어 이렇게 책을 읽을 만한 여유가 없다고 한다.

나는 인문학의 힘은 근본적으로 텍스트에 대한 이러한 자연적 읽기에서 온다고 생각한다. 이런 자연적 읽기의 힘을 키우기 위해서는 독후감 같은 것을 쓰는 것이 큰 도움이 될 것이며, 학생들끼리 자유롭게 토론하도록 내버려 두는 것도 좋을 것이다. 인문학은 전문화된 이론적 학문이기에 앞서 우선 좋은 책 읽기다. 좋은 책과의 만남을 통해 독자와 텍스트의 대화가 이루어지면 독자들의 의식과 삶은 자연스럽게 변한다. 유감스럽게도 현대 아카데믹 인문학은 이론의 과잉, 때로는 상식을 외면한 이론의 범람 때문에 자연스러운 읽기의 힘을 점점 더 상실해가고 있다. 인문학은 이론화되면 될수록 자연스러운 읽기에서 오는 힘이 약화된다고 나는 생각한다. 그렇다면 이제 대학 인문학이 어떻게 해서 그렇게 되었는지, 이론적 인문학이 지닌 근본성격과 문제점이 무엇인지에 대해 좀더 깊이 생각해볼 차례다.

거리두기의 인문학과 가치중립성의 인문학

먼저 현대의 학문적 인문학은 텍스트와 독자 사이에 존재하는 시대적·역사적 거리를 전제하고 확실히 의식하는 '거리두기의 인문학'이다. 텍스트를 읽고 이해하는 사람이 처한 특수한 역사적—사회, 문화, 언어, 사고방식 등—환경과 상황에서 올 수 있는 가치판단이나 '편견'을 가능한 한 배제하고 텍스트 자체에 있다고 상정되는 '객관적 의미'를 인식하려고 노력한다. 아카데미 인문학에서는 텍스트에 대한 역사적 접근이 우선이다. 어떤 텍스트이든 특정한 시대의 역사적 산물이라는 가정 아래 그것이 만들어진 시대와 사회상을 알아보려고 한다. 텍스트를 '정확히' 이해하기 위해서는 그 언어는 물론이고 그것이 만들어진 특정한 시대의 역사적 상황과 사회문화 그리고 저자가 어떤 삶을 살았는지에 대한 지식과 이해가 필수적이라고 생각한다. 결과적으로 이러한 역사적 거리두기의 인문학은 출발점에서부터 이미 텍스트가 독자의 삶에 미칠 수 있는 힘을 차단한다. 텍스트를 '과거' 어느 특정 시대의 산물로 치부해버림으로써 현재를 사는 나의 삶과는 무관한 것이라는 인식을 심어주기 때문이다. 텍스트의 보편성보다는 역사적 특수성을 강조해 다른 시대, 다른 사회 속에 살고 있는 내 삶에 미칠 수 있는 영향력을 처음부터 차단하거나 약화시키는 것이다.

그뿐만이 아니다. 연구자는 텍스트를 이해하려고 자기의 모든 개인적 가치관이나 자기가 처한 삶의 환경에서 올지도 모를 편견을 배제하기 위해 모든 노력을 기울여야 한다. 그래야만 비로소 텍스트 이해의 객관성이 보장되고 학계에서 학문성을 인정받기 때문이다. 이러한 가치중립성에 기반을 둔 현대학문 일반의 성격을 가장 잘 대변하고 옹호한 대표적 학자가 독일의 유명한 사회학자 베버다. 그는 이미 고전이 되다시피 한 『직업으로서의 학문』이라는 글에서[3] 자연과학은 물론이고 사회과학이나 인문학 분야까지도 학문연구와 교육에 종사하는 사람은 모두 자신의 개인적 가치관을 철저히 배제하고 엄정한 중립적 자세로 객관적인 인식을 추구해야 한다고 주장했다. 강의나 연구에 종사하는 학자들은 객관적 사실의 진리를 추구할 뿐, 연구활동이나 결과에 자신의 가치판단을 개입시켜서는 안 된다. 학자의 사명은 어디까지나 객관적 진리 탐구에 있지, 자신의 종교적 신념이나 정치적 이념 또는 개인적 가치관이나 인생관을 전파하는 설교가나 이데올로그가 되어서는 안 된다. 물론 사회변혁을 외치는 예언가나 혁명가 행세를 해서도 안 된다. 학자는 문자 그대로 상아탑에서 지식을 산출하는 철저한 '직업인'이어야 한다. 가치의 문제는 대학 강단에서 다룰 것이 아니라 각 사람이 처한 삶의 현장에서 각자의 신념과 가치관에 따라 다뤄야 하며, 이 점에서는 학생들도 마찬가지다. 교수가 강의실에서 학생들에게 일방적으로 자신의 가치관을 전파하는 것은 절대 금물이라는 것이 베버의 견해다.

그렇다고 베버가 말하는 '직업'으로서의 학문을 단순히 돈벌이 수단으로서의 직업 정도로 비하하거나 오해해서는 안 된다. 베버가 말하는 직업(Beruf, vocation) 개념은 그야말로 소명(召命) 또는 천직(天職)으로서의 직업이며, 거기에는 중세적 장인정신, 한눈팔지 않고 오로지 연구하고 가르치는 일에만 전념하는 '금욕적' 자세, 철저한 프로의식 같은 것이 담겨 있다. 사실 한눈팔기 잘하는 학자를 쉽게 용납하고 그들이 곧잘 유명세를 타는 우리나라 학계의 풍토를 감안할 때, 이는 실로 '무서운' 직업의식이라고 할 수 있다.

여하튼 위에서 논한 거리두기와 가치중립성의 인문학은 오늘날 누구도 외면할 수 없는 현대학문의 대세고 주류다. 그러나 자연과학이라면 몰라도, 인간 문제를 다루는 인문학의 경우 이러한 거리두기와 가치중립성은 사실 지극히 부자연스럽고 인위적인 태도임이 틀림없다. 거리두기의 인문학은 근본적으로 연구하는 사람과 연구대상 그리고 교수와 학생 사이의 거리를 전제로 하는 '소외의 인문학'이다. 물론 가치중립성을 표방하는 인문학이 가치의 문제를 소홀히 여긴다는 것은 아니다. 사실 역설적이게도 강의와 연구활동에서 철저한 가치중립성을 주장한 베버 자신은 사회학에서 가치의 중요성, 특히 사회변화에서 종교적 신념과 가치관이 지니는 중요성을 강조한 학자로 이름을 날리게 되었다는 사실을 우리는 기억할 필요가 있다. 그는 인생이 다양한 가치가 충돌하는 장이라는 것, 그 자신의 표현대로 "신들이 서로 끊임없이 투쟁하는" 곳임을 강하게 의식했던 학자다. 따라서 그가 개인적으로 유난히 가치문제에 관심이 없거나 그것을 소홀히 여기기 때문에 학문의 가치중립성을 주장한 것은 아니다. 단지 그는 가치가 다원화된 현대사회, 지배적 종교가 사라짐에 따라 세속화되고(secularized) '탈주술화된'(disenchanted) 시대의 학문에서는 가치중립성이 피할 수 없는 운명과 같다고 생각했다. 베버는 대학에는 예언가가 설 자리가 없다는 사실을 모르거나 망각하고 지성을 왜곡하는 것보다는 지적 성실성이 더 귀한 덕목이라고 말한다. 그렇다고 베버가 아무런 전제 없이 그야말로 절대적으로 순수한 학문이 가능하다고 주장한 것은 아니다. 그에 따르면, 소명으로서의 학문 자체도 학자가 선택한 하나의 '가치'이며, 이 가치도 다른 모든 가치와 마찬가지로 객관적으로 입증할 수 있는 성질의 것이 아니다. 같은 논리로, 가치중립성이라는 것도 현대사회가 요구하는 또 하나의 가치라고 말할 수 있을 것이다.

베버는 경제사가로서 학자의 커리어를 쌓기 시작했다. 그의 유명한 저서 『프로테스탄티즘의 윤리와 자본주의 정신』은 자본주의 발생 과정에서 개신교 윤리의 역할이 결정적이었음을 실증적으로 밝히는 책으로서, 그를 세계적 사회학자로 만들었다. 그 후로도 그는 세계 종교들의 가르침, 특히 종교 간의 상이한 경제윤리가 신자들의 삶과 행위에 어떤 영향을 미치는지를 유형별로 폭넓게 고찰함으로써 종교사회학에서 빼놓을 수 없는 대가가 되었다. 그의 책은 자본주의 자체에 대한 개인적인 가치판단을 삼가고 엄정하게 가치중립성을 지킨 연구서다.

학술활동에서 가치판단을 엄격히 배제해야 한다는 베버의 신념은 근대사회의 성격이나 정신적 상황과 궤를 같이한다. 서구의 근대과학이 초래한 세속화된 이성은 중세를 지배했던 목적론적 (teleological) 세계관, 즉 세계가 신의 뜻에 따라 어떤 궁극적 가치를 향해 가고 있다는 세계관을 붕괴시켰다. 학문의 가치중립성은 과학기술적 이성이 지배하는 탈주술화되고 탈가치화된 근대문명 자체의 성격을 반영한다. 과학적 세계관이 지배하는 현대 세계에서 '가치'란 더 이상 세계 자체의 근본 성격이나 자연의 질서 또는 신의 뜻을 반영한 것이 아니며, 그렇다고 인간의 본성에 기초한 것도 아니다. 현대 세계에서 가치란 단지 개인의 주관적 선택의 대상이자 실존적 결단의 문제가 되어버렸다. 이렇게 가치가 개인화되고 다원화됨에 따라 가치의 문제는 이제 개인의 선택이나 특정 집단의 사회적·문화적 관습 또는 전통으로 치부될 뿐, 더 이상 옳고 그름을 논할 대상이 아니게 되었다. 가치(value)와 사실(fact)이 분리되고 가치판단과 사실판단이 엄격히 구별되면서 인문학을 포함한 모든 학문이 이제 사실적 진리의 인식에만 치중해 더 이상 가치나 의미의 문제에 개입하지 않고 개입할 수도 없게 된 것이다. 가치는 객관적 사실이나 진리의 문제가 아니라고 여기기 때문인데, 따라서 가치중립성은 현대 민주사회에서 당연시되는 성숙한 윤리적 자세이고 그 자체가 하나의 가치이며 덕목이다. 역설적이게도 가치중립성은 가치가 다원화되기 시작한 근대사회에서 하나의 신성한 가치가 된 것이다.

현대 인문학도 이러한 대세를 비껴가지 못하게 되었다. 현대 인문학, 특히 연구중심의 대학 인문학이나 이론 중심의 학문적 인문학은 근본성격상 가치교육이나 인성교육과 무관하게 되었다. 그런 것을 지향하지도 않고 지향한다 해도 할 수 없게 되었으며 해서도 안 된다는 것이 가치중립성을 표방하는 현대적 학문의 대세다. 오늘날 인문학자는 모두 이러한 학문의 대원칙에 동의할 수밖에 없고, 이를 무시하고 자신의 개인적 신념이나 가치를 의도적으로 개입시킨 연구를 수행한다면 학계에서 학술적 가치를 인정받지 못해 퇴출당할 수밖에 없다. 우리는 조선조 유교 사회나 중세기 서구의 그리스도교 사회에 살고 있는 것이 아니라, 종교와 가치가 다원화되어 개인의 자유로운 선택대상이 된 세속화된 사회에 살고 있다. 누구도 나에게 특정 종교나 가치관을 강요할 수 없다. 심지어 부모도 할 수 없게 되었는데, 하물며 대학교수가 이미 성인이 된 학생들에게 도덕교사 역할을 할 수 있겠는가? 교수는 강단에서 어디까지나 지식을 논하고 전수해야지 설교해서는 안 되고, 할 수도 없다는 것이 오늘날 대학사회의 상식이자 불문율이다.

하물며 군사부일체 같은 것을 들먹이면서 전문분야에서 갓 박사학위를 취득하고 교수가 된 젊은이에게 인생의 교사나 참다운 '스승'이 되기를 기대하거나 인성교육이나 가치교육을 펼치기를 기대할 수 있겠는가? 초등학교나 중고등학교 교사라면 몰라도, 그야말로 시대착오적이다. 대다수 교수는 이 같은 사실을 의식하고 있지만, 학생들이나 학부모들은 여전히 교수들에게 전통적인 스승의 역할을 기대하고 있는 것이 우리나라의 현실이다. 교수들을 무척 곤혹스럽게 하는 이러한 상황은 자연히 위선과 허위의식을 낳지만, 그렇다고 사회분위기상 누구 하나 그런 역할을 명시적으로 거부할 수도 없는 노릇이다. 여하튼 현대의 대학 인문학이 우리 사회가 기대하는 인성교육, 가치교육, 인격함양 등의 역할에 부응하기가 어렵다는 것은 명백한 사실이며, 더 이상 그런 것을 사회가 기대할 수 없고 해서도 안 된다는 것 또한 엄연한 사실이다. 우리 사회가 당면한 도덕의 위기나 인성교육의 문제는 다른 방법으로 해결해야지, 거리두기와 가치중립성을 기반으로 한 연구중심의 대학 인문학과 교수들에게는 그 해결을 기대하기가 어렵게 되었다는 사실을 정확하게 인식해야 한다.

우리는 인문학을 포함해 현대학문 일반이 지닌 가치중립성에 대해 좀더 깊이 생각해볼 필요가 있다. 생각할수록 더 깊은 차원의 문제가 많이 제기되기 때문이다. 첫째, 연구중심의 대학 인문학에서 실제로 가치중립성이라는 것이 지켜지고 있는지 또 지킬 수 있는지의 문제이고, 둘째, 가치중립성이라는 것 자체가 고도의 성숙한 도덕적 자세를 필요로 하는 근대사회의 가치라는 문제이고, 셋째, 대학은 연구기관일 뿐 아니라 교육기관이라는 문제다. 이 세 가지 문제를 자세히 살펴보자.

먼저 가치중립성이 현대학문의 본질적 성격이라는 사실을 인정한다 해도, 대학이나 연구기관에 속한 학자들이 실제로 엄정한 가치중립성을 지키며 연구하고 있는지는 보장할 수 없다. 연구 자체는 중립성을 유지하려고 노력한다 치더라도, 연구용역을 주고 연구비를 지원하는 단체는 어떤 특정한 목적과 가치를 위해서 설립되었기 때문에 중립성을 기대하기 어렵다. 이런 점을 감안할 때, 일체의 가치를 배제한 순수 중립적인 연구, 그야말로 오직 진리 자체만을 위해 진리를 탐구하는 연구란 현실적으로 존재하기 어렵다. 대학 운영이나 연구활동도 현실적으로 자본의 논리를 초월하기가 지극히 어려운 것이 오늘의 현실이며, 인문학 서적도 시장의 논리를 무시할 수 없다는 것이 잘 알려진 사실이다. 실제로 우리는 연구보고서가 종종 특정 목적을 정당화하기 위해 조작되거나 결과를 과장해 사회적 물의를 일으키는 경우를 보게 되는데, 바로 이런 이유 때문이다. 또 인문학자들도 인기를 위해서 때로는 마음에 없는 발언을 하거나 쓰고 싶지 않은 글을 쓰는 것이 엄연한 현실이다.

다음으로 학자들에게 요구되는 엄정한 가치중립성 자체가 고도의 도덕성을 요구한다는 역설 또한 결코 무시할 수 없는 문제다. 예를 들어 동일한 주제를 학자 몇 명이 각각 연구한다고 하자. 학자들이 제아무리 중립성을 표방해도—학자치고 그러지 않을 사람이 있을까?—실제 결과는 학자마다 차이가 나기 마련이다. 학자도 기계가 아니라 인간이기 때문이며, 자기가 처한 역사적 상황이나 개인적 삶의 경험과 가치관의 영향을 받을 수밖에 없기 때문이다. 따라서 학자들은 엄정한 가치중립성을 지키기 위해 자신을 둘러싼 환경적 요인에서 올 수 있는 오해나 편견의 가능성을 가능한 한 차단하려고 노력하며, 그러기 위해서는 상당한 정도의 자기절제와 성찰이 필요하다. 자신의 사적 욕망이나 가치 지향성을 제어할 수 있을 만한 도덕적 능력과 금욕적 자세가 요구되는 것이다. 마치 판사가 일체의 개인적 편견을 배제하고 순전히 법적 논리에 따라 공정한 판결을 내리기 위해서는 상당한 수준의 도덕적·인격적 자질이 필요한 것과 마찬가지다. 가치중립성의 이상을 지킨다는 것 자체가 상당한 도덕성을 필요로 하는 일인 것이다. 그뿐만이 아니라, 양심에 따라 진실을 있는 그대로 말해야 하는 것 또한 말처럼 쉽지 않을 때가 있다. 때로는 상당한 도덕적 용기가 필요하기 때문이다. 이미 지적한 바 있지만, 가치중립성 자체가 가치가 다원화된 현대사회가 요구하는 새로운 도덕적 가치라는 역설에 대한 인식이 필요하다.

학문의 가치중립성에는 이보다도 더 근본적인 문제가 또 하나 있다. 도대체 왜 하고많은 연구주제 가운데서 그 주제를 선택했는지의 문제다. 즉 비록 대학이 연구활동의 가치중립성을 지킨다 해도, 그 연구의 가치와 목적은 연구활동 자체로 결정되지 않고 연구자 개인 또는 연구를 지원하는 단체의 가치관을 따라 결정된다는 사실이다. 연구 자체가 아무리 가치관을 배제한다 해도, 도대체 그 연구가 왜 필요한지 판단하고 선택하는 데는 특정한 가치관과 도덕성이 개입된다는 것이다.

마지막으로 대학도 교육기관인 이상 도덕성을 외면할 수 없기 때문에 대학의 학술활동과 가치관을 분리할 수 없다는 문제가 있다. 우선 대학들은 모두 설립목표나 철학 같은 것이 있다. 대학들이 표방하고 있는 특정한 가치는 논외로 하더라도, 교육이라는 활동 자체가 도덕적 가치의 문제에서 중립성을 지킬 수 있을지, 또 그래야만 하는지는 생각해볼 필요가 있다. 도덕성과 교육은 떼려야 뗄 수 없다. 도덕성과 가치 지향성을 뺀 교육은 기술교육이나 지식을 사고 파는 행위는 될지언정 인간다운 인간을 기르는 교육은 될 수 없다. 대학은 연구기관이기 이전에 교육공동체다. 따라서 구성원들 사이의 인격적 신뢰와 존중, 정직과 배려 같은 인간적 자질과 덕목을 구성원 모두에게 요구한다. 무엇보다도 교수들은 성별이나 사회적 신분, 혈연이나 지연 등을 떠나 모든 학생의 인격을 존중하고 평등하며 공정하게 대해야 한다. 이는 결코 쉬운 일이 아니다. 교수들에게 성숙한 인격과 도덕성을 요구한다는 사실을 간과해선 안 된다.

자연과학이든 인문학이든 연구에 종사하는 학자들에게 요구하는 중립적 자세는 근대 서구에서 출현한 특정한 인간관을 전제한다는 사실에 유의할 필요가 있다. 어떤 일에서 엄정한 '중립성'을 지키는 태도는 결코 인간의 '자연적' 태도가 아니다. 인간은 태어나면서부터 특정한 사회적·역사적·언어적 환경 속에서 성장한다. 인간을 둘러싼 이러한 피할 수 없는 역사적—개인적이든 집단적이든—조건들을 인간의 본질적 정체성이 아닌 가변적이고 '우연적인'(contingent) 것으로 간주하는 추상적 인간관은 서구 계몽주의 시대 이후 처음 등장한다. 이처럼 고도로 추상적인 인간관은 전 세계로 전파돼 인간의 보편적 존엄성과 인권, 자유와 평등을 제도적으로 보장하는 민주주의의 이념적 기초가 되었다. 보편적 인권개념의 배후에는 인간에게서 모든 구체적이고 우연적인 요소를 배제한 이른바 '보편인'(universal man), 즉 탈맥락적 자아(disengaged self) 또는 탈연고적 자아(disencumbered self) 개념이 있다.

학자들에게 요구하는 엄정한 가치중립성도 바로 이러한 추상적 인간관과 궤를 같이한다. 인식주체(subject)를 둘러싼 온갖 우연적 요소, 특히 연구자가 자신의 가치관을 배제하고 연구대상(object)을 있는 그대로 파악하려는 학문적 자세는 '인간은 단지 인간이기 때문에 존엄하다'라는 도덕적 자세와 동전의 양면처럼 함께한다. 둘 다 동일한 인간관과 동일한 사고방식을 따른 것이기 때문이다. 보편적 인권에 기초한 민주주의와 근대 학문은 이러한 추상적 인간관에 근거하고 있다. 엄정한 가치중립성을 지킨다는 것은 사람에 대해 품을 수 있는 온갖 편견을 버리고 사람을 단지 사람이라는 이유 하나만으로 존중하는 보편적 인권의식 수준의 매우 성숙한 도덕적 자세를 요구한다. 혈연, 지연, 학연 등 각종 연줄에 매여 사는 한국인들이 공적 일을 처리하는 과정에서 저지르는 비리 중 많은 경우가, 개인주의 사회에서 성장한 서양인들이 저지르는 비리와 달리, 이런 연줄을 악용한 데서 비롯된다는 것은 잘 알려진 사실이다.

결론적으로 모든 현대학문의 상식적 규범으로 자리 잡은 가치중립성은 매우 미묘한 문제로서, 자기소외라는 부정적인 면을 지니지만 동시에 전통적인 학문과는 다른 차원의 새로운 가치와 자세를 요구한다.

지평융합의 인문학

18세기 계몽주의 이래 서구의 학문연구는 인식·지식의 규범으로 자리 잡게 된 인식주체와 인식대상의 명확한 구별과 둘 사이의 거리를 전제하게 된다. 이러한 연구가 인간 문제를 다루는 인문학 전체로 확대되자 이에 대한 반발과 비판이 없었던 것은 아니다. 19세기로 들어오면서 서구의 문학, 철학, 신학, 종교학 등에서 유행하기 시작한 낭만주의(Romanticism) 운동, 인간 감정(feeling, Gefühl)의 독자적 인식에 대한 특권을 인정함으로써 인간 내면의 세계를 이해하려는 상상력과 공감(Einfühlung, empathy)의 인문학, 자연현상을 '설명'하는(explain, erklären) 자연과학과 차별화하여 텍스트와 저자의 배후에 있는 인간 삶의 경험(experience, Erfahrung)을 이해하려는 (Verstehen) 해석학적 인문학 그리고 텍스트의 객관적 의미보다는 개인의 실존적 자기이해와 결단을 강조하는 실존주의(existentialism) 인문학 등은 모두 주객의 분리와 거리두기의 인문학, 소외의 인문학에 대한 비판에서 나온 운동들이었다.

그러나 20세기 후반에 오면서 이러한 움직임마저 과감하게 뛰어넘는 하나의 주목할 만한 변화가 인문학계에서 일어났다. 바로 하이데거의 현존재(인간 존재, Dasein) 분석의 영향 아래 출현한 가다머(Hans Gadamer)의 철학적 해석학이다.[4] 위에 언급한 낭만주의 인문학이나 해석학적 인문학도 여전히 연구주체와 연구대상을 엄격하게 분리하는 객관주의적 인식의 틀을 벗어나지 못했다고 비판한 가다머는 텍스트와 독자 사이의 거리와 소외를 극복하고 텍스트의 자연적 독법을 복권하는 길을 제시함으로써 현대 인문학이 나아가야 할 새로운 방향을 제시했다. 그에 따르면 공감이나 이해를 강조한 슐라이어마허나 딜타이식의 해석학도 텍스트의 객관적 의미가 독자와 별도로 존재한다는 잘못된 전제 아래 객관주의적 인식을 추구한다는 점에서 사회과학과 매한가지다. 가다머에 따르면 '이해'

란 인식이나 의식(Bewusstsein)의 문제이기 이전에 인간 존재(Sein)의 문제로서, 역사적 유한성은 현존재(인간)의 피할 수 없는 운명이자 모든 이해의 필수조건이다. 따라서 인문학에 종사하는 사람은 자신이 처한 역사적 상황은 물론이고 개인이나 사회의 가치관이나 '편견'마저도 텍스트 이해의 지평을 구성하기 때문에 이것들을 굳이 피하려 하거나 배제할 필요가 없다. 오히려 연구자와 텍스트 사이에 자연스럽게 형성되는 지평융합(Horizontverschmelzung) 속에서 텍스트를 이해하는 것이 인간으로서 극히 자연스럽고 당연한 일이라는 것이다.

지평융합 속에서 이루어지는 이해를 강조한 가다머의 철학적 해석학은 텍스트에 대한 '자연스러운' 독법을 복권시켰다. 거리두기와 가치중립성의 인문학 때문에 무력화되었던 텍스트가 시공의 장벽을 넘어 오늘날 독자들의 삶에 영향을 미칠 수 있는 힘을 되찾도록 새로운 인문학의 길을 연 것이다. 특히 동서양의 고전들은 시간과 공간을 초월해 지금 여기서 나에게 말을 건다. 가다머의 철학적 해석학은 텍스트의 언어 배후에 감추어진 의미를 밝히고 폭로하는 마르크스, 니체, 프로이트류의 이른바 '의심의 해석학'(hermeneutics of suspicion)과 달리 '신뢰의 인문학'이라고 할 수 있다.5) 텍스트의 진리주장이나 가치 주장을 처음부터 남의 얘기를 듣듯 타자화하거나 의심하는 연구 태도의 한계를 과감히 돌파한다는 점에서 현대 인문학계에 새로운 길을 제시한 것이다.

그렇다고 지평융합의 인문학이 현대학계에서 상식화된 역사학적 연구나 어학적 연구 등을 무시하고 독자가 자의적으로 텍스트를 해석해도 좋다고 한 것은 아니다. 뜻이 안 통할 때는 고어사전을 찾아보거나 텍스트의 시대적 상황을 알아보아야 한다. 하지만 때로는 텍스트에 대한 '오해'가 텍스트의 깊은 뜻을 더 잘 읽어내기도 하며 창조적 해석의 원천이 된다는 사실을 우리는 사상사에서 종종 목격한다. '격물치지'(格物致知)의 개념을 중심으로 한 주자의 『대학』 해석이 아마도 가장 대표적인 예일 것이다. 가다머의 철학적 해석학은 주체와 객체, 독자의 지평과 텍스트의 지평, 전통과 현대가 대화하고 화해할 수 있는 길을 열어준다는 점에서 아직도 전통성이 강하게 남아 있는 우리나라 인문학계에 시사하는 바가 매우 크다.[6] 과거와 현재 사이의 거리두기를 넘어서는 가다머식 인문학과 텍스트 읽기는 과거의 것을 현재와 무관한 것으로 대상화하지 않고 오늘의 삶 속에서 이해함으로써 '현재적 과거'로 만든다. 이런 연구에서는 더 이상 "과거의 것은 공부해서 무엇하냐?"라는 질문이 나오지 않을 것이다. 미래 또한 단순히 아직 오지 않은 세계가 아니라 이미 현재화되어 현재를 움직이는 '현재적 미래'가 된다. 결론적으로 '지평융합의 인문학'은 가르치고 연구하는 사람이나 배우는 사람 모두에게 삶의 태도와 가치관을 변화시킬 힘을 되찾아 준다. 종래의 거리두기 인문학, 지식과 이론 위주의 인문학, 인간의 자연스러운 삶의 태도인 가치지향성을 무시한 인위적인 가치중립적 인문학을 극복한 새로운 인문학의 길인 것이다.

다시 한 번 강조하지만, 거리두기 인문학이 필요 없다거나 무시해도 좋다는 말은 아니다. 특히 우리는 동양사회와 문화 그리고 한국 문화를 타자적인 시각에서 연구한 서구학자들의 업적을 간과해서는 안 된다. 동양학이나 한국학이 서구 제국주의의 일환으로 발달했고 동양인들의 주체적 자기인식보다는 동양사회와 문화를 대상화하고 타자화하는 성격이 강하다는 문제점이 있는데도 동양의 학자들이나 지식인들이 그것을 무시할 수 없는 이유는 역설적이게도 바로 이 '타자적인' 시각 때문이다. 동양학이나 한국학을 통해서 타자의 눈을 빌린 아시아 지성인들은 전통에 대한 맹목적 집착에서 벗어나 자신들의 사회와 문화, 종교와 사상을 비판적 안목으로 볼 수 있게 되었다. 어학적 연구와 역사적 연구는 서구의 동양학과 한국학의 기초이며, 이제는 누구도 무시할 수 없는 인문학의 공동자산이다. '거리두기의 인문학', 지평융합적인 '신뢰의 인문학' 그리고 앞으로 좀더 고찰하게 될 '의심의 인문학'은 어느 것 하나 무시할 수 없는 현대 인문학의 자산으로서 배타적이기보다는 보완적 관계로 보아야 한다.

담론 인문학

가치중립성에 입각한 역사적 연구 중심의 인문학과 더불어 현재 우리나라 인문학계, 특히 젊은 세대의 학자 사이에 유행하고 있는 또 하나의 흐름이 있다. 주류 학계에서 보면 방계이고, 마땅한 이름이 없어 일단 '포스트모더니즘적인 인문학'이라고 부른다. 근대적 자아의 주체성을 부정하기 때문에 '탈근대적 인문학', 의식의 투명성을 부인하고 텍스트 배후에 있는 무의식적 동기와 의지를 의심하고 폭로하기 때문에 '의심의 인문학'이라고 부를 수도 있다. 인문학을 담론에 대한 담론이나 담론비평으로 변질시키기 때문에 '담론 인문학'이라고도 명명할 수 있다. 또 억압되었던 인간의 자연적 욕망을 긍정하는 생물학적 인간관에 기초하기 때문에 '욕망의 인문학'이라고 부를 수도 있으며, 언어의 힘을 거의 전능성에 가까울 정도로 강조하기 때문에 '언어 결정론적 인문학'이라고 부르기도 한다. 더 나아가서, 진리 상대주의나 도덕 상대주의에 따라 글 내용이 지니고 있는 도덕적 내용이나 옳고 그름에 크게 구애받지 않고 누구나 자유롭게 글을 쓰도록 하는 '대중적 글쓰기 인문학'이라고도 부를 수 있다. 어느 이름 하나만으로는 이 새로운 인문학의 성격을 규정하기 어려울 정도로 다양한 얼굴을 지니고 있지만, 뭉뚱그려서 포스트모더니즘적인 인문학이라고 부르고자 한다.

거리두기와 가치중립성을 표방하는 인문학이 텍스트와 독자 사이의 시간적 거리를 초월하는 보편적 진리의 힘을 약화시키고 독자들의 삶에서 소외시키는 문제점을 안고 있다면, 포스트모더니즘적인 인문학은 상식을 무시하는 언어관의 문제점, 의식보다는 무의식을 강조하고 텍스트의 의미와 진리에 대해 지나치게 의심한다는 문제점, 담론분석을 통해 진리와 도덕의 시대적 제약을 밝히고 상대화하는 데는 능하지만 대안을 제시하지 못한다는 문제점 그리고 고등교육을 받은 사람조차 이해하기 어려운 난해한 언어와 생소한 개념들을 마구 사용한다는 문제점이 있다. 이러한 유의 인문학이 현재 대학 안팎에서 유행을 타며 일반인들과 상식적 인문학의 괴리를 더 크게 벌려놓고 있다.

우선 내가 개인적으로 경험한 사례를 하나 소개하면서 논의를 시작하고자 한다. 벌써 오래전 일이지만, 서강대학교 인문과학연구소 주최로 신라사에 대한 연구 발표회가 열렸는데, 이 분야에서뿐만 아니라 한국사 학계 일반에서 존경받고 계신 이기백 원로 교수의 논문 발표가 포함되어 있었다. 논평 시간이 되자 한 젊은 교수가 이 논문을 별생각 없이 '담론'이라고 지칭했는데, 이것이 노 교수의 감정을 상하게 해서 다소 격한 반응을 보이셨다. 지금은 고인이 되신 노 교수께서 당시 우리나라 인문사회학계의 젊은 연구자 사이에서 흔히 사용되고 있던 '담론'이라는 말의 의미와 철학적 배경을 얼마나 알고 계셨는지는 잘 알 수 없다. 아마도 '정통' 사학자이신 그분의 배경으로 보아 잘 모르셨을 것 같지만, 아셨다 한들 별 관심도 없으셨을 것이다. 다만 그분의 감정이 상한 이유는 다음과 같이 추측해볼수 있다. 자신의 발표 내용 중 역사적 사실이나 해석에 문제가 있다거나 사실에 접근하는 시각이나 방법에 문제가 있다면 그 점을 지적하면 될 것이지, 남이 공들여 쓴 학술논문을 '담론'이라고 부른 것은 도저히 수용하기 어려웠을 것이다. 우리말 '담론'이 풍기고 있는 뉘앙스 때문에 그 젊은 교수가 자신의 논문을 학문적 진지성이 결여된, 즉 역사적 진실을 밝히려는 진지한 학술논문이라기보다는 단지 개인의 주관적 의견을 피력하는 말 정도로만 여겼다고 생각하셨을 가능성이 크다. 여하튼 근대 역사학의 아버지 랑케(Leopold von Ranke)의 표현대로 역사학은 어디까지나 '사실을 있는 그대로' 밝히는 작업이라는 고전적 역사학의 개념을 평생 지켜오신 원로학자로서는 당연한 반응이었다. 별생각 없이 원로교수의 학술논문을 '담론'이라고 부른 젊은 학자가 큰 결례를 했다는 내 생각에는 지금도 변화가 없다.

내가 아는 한 '담론'(프랑스어 discour, 영어 discourse)이라는 말을 세계 학계와 한국 학계에 유행시킨 사람은 프랑스 철학자 푸코(Michelle Foucault)로, 그야말로 현대 인문학을 담론학으로 변질시키는 데 가장 큰 역할을 한 사람이다. 그에 따르면, 담론의 질서에는 언제나 권력의지가 작용하고 있어 권력의지와 진리의지는 불가분적이다. 담론에는 진리를 향한 의지가 작용하는데, 이 의지가 담론행위를 하는 사람들의 권력의지를 은폐하고 있다는 것이다. 푸코에게는 지식과 권력, 진리와 권력이 언제나 함께한다. 진리주장의 독점은 권력의지의 핵심적 부분이기 때문이다. 권력의지는 한 시대와 사회에서 특권적 지위를 누리는 지배적 담론의 배후에서 보이지 않는 힘으로 작용하며 그 외의 담론과 진리 체계를 배제한다. 푸코는 지식·인식과 담론에 대한 역사적·계보학적 분석을 통해 한 시대를 주도한 지배적 담론의 변천과 그 밑에 감추어진 억압과 은폐의 메커니즘을 파헤친다.[7]

담론을 권력의 관점에서 분석한 푸코는 두말할 필요도 없이 니체의 영향을 강하게 받았다. 그의 후반기 연구들을 특징짓는 이른바 '계보학적'(genealogical) 연구는 기본적으로 도덕에 대한 니체의 계보학적 관점을 계승하고 있다.[8] 니체는 마르크스, 프로이트와 더불어 현대 인문학과 사회과학에 심대한 영향을 미친 이른바 '의심의 해석학', 즉 진리의 이름 아래 감추어진 거짓과 위선을 고발하고 폭로한 해석학의 거장이다. 물론 푸코를 단순히 의심의 해석학 계열로 놓기에는 어려운 점이 있다. 역사적 비판을 통해 한 시대의 지배적 담론을 해체하는 그의 비판은 의심의 해석학 그 자체도 겨냥하고 있기 때문이다. 의심의 해석학도 역사적으로 형성된 또 하나의 구성물이기에 진리로서의 필연성과 보편성을 지닐 수 없고 따라서 그 자체가 다시 비판과 해체의 대상이 되는 것이다. 푸코 자신의 역사적 비판 또한 하나의 담론으로서 같은 운명을 맞지 않으리라는 보장이 없다는 문제가 제기된다. 담론의 보편적 진리를 부정하고 역사적 제약성과 억압성을 폭로하는 푸코식 담론비판 역시 또 하나의 담론인 한, 결국 동일한 운명을 맞을 것 같기 때문이다. 모든 이성적·학문적 담론은 시간이 가면 비판받기 마련이며, 이 과정은 끝없이 이어질 것이다. 그렇다면 철학은 비판과 해체의 작업만 끝없이 계속할 뿐인가? 철학은 우리가 머물 진리를 영원히 찾을 수 없다는 말인가?

나는 서양 철학이 이렇게 된 가장 중요한 원인이 칸트에 있다고 본다. 칸트 이후로 서양 철학은 세계에 대한 독자적 인식을 포기하고 이를 자연과학에 몽땅 양도해버렸다. 그 대신 철학은 인식론적 탐구, 다시 말해 인식에 대한 인식을 추구하는 일종의 메타(meta)적 논의, 즉 세계에 대한 인식 내용이 결여된 인식의 인식, 언어분석, 담론분석, 분석의 분석이라는 형식적 논의의 끝없는 악순환에 빠지게 되었다. 푸코 철학이 전형적인 예로서 그 첨단에 서 있다. 이성에 대한 푸코의 역사적 비평 역시 이성이 하는 작업이다. 이런 의미에서 방법의 차이가 있더라도 그가 여전히 의심과 폭로의 해석학, 특히 니체의 계보를 잇는 계몽주의의 후예임을 부정하기 어렵다.

물론 현대 인문학은 의심의 해석학이 파헤친 인간에 관한 진실, 이성적 담론들 뒤에 숨겨진 욕망의 진실을 부정하거나 무시할 수 없게 되었다. 그렇다고 전적으로 수용하기도 어렵다. 진리의 문제에 대한 최종적 해결로 간주하기는 더욱 곤란하다. 무엇보다도 우리는 묻지 않을 수 없다. 니체나 푸코는 도대체 왜 그토록 폭로와 해체의 '진리'에 집착하는가? 니체의 『권력에의 의지』에 자주 등장하는 '진리'라는 말은 도대체 무엇을 가리키는 말이며, 진리의 부정 역시 또 하나의 진리, 또 하나의 권력의지가 아닌가? 진리에 대한 회의나 부정도 진리의 이름으로 할 수밖에 없고, 이성에 대한 역사적 비평도 이성의 이름으로 할 수밖에 없다. 마치 "누구의 충고도 듣지 말라"는 충고처럼, 진리에 대한 전면적 거부나 끝없는 의심은 자기모순이며 악순환의 시발점이다. 사실, 우리는 의도적으로 거짓을 말하지 않는 한, 어떤 진술을 하든지 진리주장을 피할 수 없다. 담론분석과 비평도 마찬가지다. 그 자체도 또 하나의 담론이고 또 하나의 진리주장임을 피할 길이 없기 때문이다. 담론에 대한 그의 역사적 비평이 또 하나의 담론이고 그 자체가 또 하나의 역사적 구성물이라면, 이 끝없는 악순환에서 누가 자유로울 수 있을까?

담론의 질서를 탐구하는 푸코의 이론에서 인문학을 더 심각하게 위협하는 것은 숨겨진 권력의지의 폭로보다는 이른바 '주체의 실종'이라는 것이다. 소쉬르(Ferdinand de Saussure)의 구조주의(structuralism) 언어학의 영향 아래 1960~70년대 사회과학계와 인문학계를 풍미했던 레비스트로스(Claude Lévi-Strauss)의 구조주의 인류학은 인문학계의 텍스트 이해에서 저자의 역할과 자리—생각, 의식, 의도—를 추방해버림으로써 이른바 '주체가 실종된' 인문학의 전주곡이 되었다. 인간이 자유롭게 사고하며 언어를 구사하는 존재라는 생각은 환상이고 인간의 의도나 의식은 철저하게 우리가 사용하는 언어의 불변하는 구조와 규칙의 지배 아래 있다는 것이다. 푸코가 구조주의자는 아닐지 모르지만 그의 담론 이론이 이러한 구조주의적 사고의 영향 아래 전개된다는 것은 부정할 수 없는 사실이다. 인간에 대한 담론들을 분석하는 그의 '고고학적' 연구는 현대 인문학에서 담론의 주체이자 의식과 의미의 담지자로 간주되어온 인간의 역할을 지워버리는 데 지대한 영향을 미쳤다.

구조주의나 푸코식 담론 연구의 배후에는 일종의 언어결정론 (linguistic determinism)적 사고가 깔려 있다. 인간은 언어로 사물의 세계에 대해 생각하고 말하는 주체라는 오랜 상식을 부정하고, 인간의 사고를 지배하는 것은 그 자체의 구조(structure)와 규칙(rule)에 따라 자율적으로 작동하고 있는 비인격적 언어체계라는 것이다. 구조주의에서는 이 구조를 다양한 문화적 차이를 초월하는 초역사적·보편적·논리적 구조로 간주한다. 반면에 인식·지식에 대한 푸코의 고고학적 분석에서는 구조를 역사적으로 형성되기 때문에 시대에 따라 달라지는 것으로 본다. 또한 인간에 대한 다양한 담론의 배후에서 그것들을 가능하게 하고 통일하고 규제하는 더욱 근원적인 담론의 틀이나 '체계'로 이해한다. 여하튼 구조주의적 사고에 따르면, 인간이 주체적으로 사고하고 언술행위를 한다기보다는 그 배후에 있는 심층적 체계가 '사고한다'고까지 말할 수 있다. 한 시대의 주도적 담론체계 아래에서 진행되는 다양한 인간의 의식·인식·지식·진리 주장들과 이와 밀접한 관계에 있는 각종 사회제도, 기관, 전문가 집단은 결국 보이지 않고 의식할 수도 없는 심층적 담론체계의 규제 아래 말하고 생각하고 행동하는 꼭두각시나 다름없다는 것이다.

구조주의적 사고에 따라 주체·저자·인간의 죽음을 말한 이런 극단적 견해는 인간의 의식과 주체의 자율성 또는 초월성을 과장해온 칸트 이후의 독일관념론과 그 영향 아래 있는 현대사상들에 대한 반발과 비판에서 비롯되었다. 하지만 그렇다고 인간의 의식과 주체성의 자리를 지워버린 또 다른 극단적 견해가 정당화되는 것은 아니다. 인간의 죽음을 말하는 인문학이 과연 궁극적으로 '인문적'일 수 있을지 우리는 물을 수밖에 없다. 물론 언어가 의식의 세계보다 깊은 무의식의 차원에서 작동한다는 논리에는 부정하기 어려운 측면이 있다. 하지만 그렇다고 말하고 사고하는 인간의 주체성이 언어의 꼭두각시 노릇을 하는 데 지나지 않는다면, 누가 자신의 생각과 말과 행위에 책임질 것인가? 더 나아가서 그렇게 생각하고 주장하는 자는 푸코라는 한 자유로운 인격체인가 아니면 그러한 주장 역시 또 하나의 무명의 언어 놀이일 뿐인가? 또한 이렇게 담론 밖에서 담론들을 분석하는 행위가 하나의 초월적 인식을 지닌 특권이라면, 특정한 역사적·문화적 맥락 속에 태어나 살 수밖에 없는 인간치고 과연 누가 그런 인식적 특권을 주장할 수 있을지도 의문이다. 담론에 대한 담론도 진리를 주장하는 또 하나의 담론일 수밖에 없다면, 푸코가 비판하는 근대적 인간과학들의 시대적 담론이나 인식규범(episteme)과 마찬가지로 또 하나의 억압을 낳는 결과를 피할 수 없다. 푸코 자신의 주장대로, 어떤 담론도 역사성, 유한성, 상대성 그리고 억압성에서 벗어날 길이 없기 때문이다. 결국 푸코식 담론분석도 인간에 대한 최종적 진리일 수 없고 하나의 '해석'(interpretation)에 불과할 뿐이며 우리는 결국 상대주의와 허무주의를 벗어날 길이 없다는 결론에 이르게 된다.

  마지막으로 우리는 푸코가 도대체 왜, 무슨 목적으로, 담론분석과 비평에 매달리는지에 대해 근본적 물음을 제기하게 된다. 대답은 간단하다. 푸코가 여전히 인간해방이라는 계몽주의의 기획을 계승하고 있는 계몽주의의 아들이라는 것이다. 그의 관심은 인간해방에 있다고 지적할 수밖에 없다. 그러나 아이러니는 그의 담론비평이 그가 해방시키고자 한 인간, 곧 근대적 주체를 해체시키는 자기모순을 범하고 있다는 사실이다. 근대적 이성과 주체성의 억압성을 폭로한 그의 계보학적 고찰 역시 이성의 이름으로 수행된다는 것은 자명하다. 진리에 대한 비판도 진리의 이름으로 할 수밖에 없듯이, 인간해방도 인간을 위해서 인간이 하는 일이다.[9] 무엇보다도 그가 뚜렷한 대안 없이 계보학적 고찰을 통해 보여주는 이성에 대한 역사적 비판이 동일한 비판에 직면하지 않으리라는 보장은 없다. 그렇다면 이 끝없이 되풀이될 수밖에 없는 악순환의 고리를 벗어나는 길은 영원히 없다는 말인가?

또한 푸코의 담론비판의 목적이 궁극적으로 인간해방에 있다면, 도대체 인간의 가치와 존엄성의 근거는 어디에 있는지 묻지 않을 수 없다. 자신이 제시하는 이론의 궁극적 토대와 보편적 타당성을 제시하지 못하고 단순히 남의 이론을 비판하고 실천적 관심만을 앞세운다면, 이는 이론으로서나 실천으로서나 결코 만족스러울 수 없다.

비판적 실재론, 인간 존엄성의 근거

나는 언어의 기능과 의미가 언어 밖 사물의 세계를 가리키는 데 있다는 상식적이고 고전적인 언어관이, 언어에 대한 모든 것을 설명하지는 않지만, 여전히 유효하다고 본다. 우리가 언어를 사용하는 한 그리고 의도적으로 거짓을 말하지 않는 한, 우리는 우리의 언설이 참을 말한다는 것을 항시 전제로 삼는다. 누가 어떤 말로 무슨 주장을 하든, 이것은 피할 수 없는 일이다. 비록 우리의 진리주장이 부분적이고 불완전하고 상대적이라 해도, 아니 심지어 니체식으로 모든 것이 각자의 '관점'이고 '해석'일 뿐이라 할지라도, 객관적 진리의 존재를 전제로 삼아 추구하는 행위 자체는 피하거나 부정할 수 없다. 이런 점에서 나는 인식론적으로 '비판적 실재론'(critical realism)을 지지한다. 우리가 언어를 통해 사고하는 한, 실재(Reality) 자체는 영원히 우리의 인식 밖에 머물지 모르지만, 우리가 접근하고자 하는 실재·진리가 없다고 부정하거나 그 추구를 피할 수는 없다. 칸트 이후 서양철학이 직면하게 된 비극의 근본원인은 진리에 대한 발언권을 몽땅 과학에 양도해버린 직무유기에 있다. 인문학과 철학적 이성이 사물의 세계에 대한 인식·진리와 유리됨에 따라 과학기술적 이성이 이성을 독점하기 시작했다. 이성은 존재론적 기반을 상실한 채 단지 논리적 분석을 일삼는 형식적 이성, 절차적 합리성, 기술적·도구적 이성으로 축소되고 비하되었다. 하이데거의 기술문명 비판과 푸코의 이성 비판 등 현대문명에 대한 거의 모든 비판이 이에 기인한다 해도 과언이 아니다. 인간이 사랑하고 추구해야 할 선(good)이나 가치들(values) 그리고 삶의 가장 근본적인 도덕적 질서와 가치들이 자의성을 면키 어렵게 되었다. 모든 것은 해석일 뿐이고 보기 나름이라는 진리에 대한 니체식 관점주의(perspectivism)가 당연해졌다.

우리나라 인문학계에 불고 있는 숭배에 가까운 니체 열풍은 비판 받아야 한다. 관점주의는 단칼에 모든 문제를 해결하는 듯해서 듣기에는 시원할지 모르나, 솔직히 말해서 나는 그것이 후진국 지성인들과 게으른 자들의 값싼 자기변명에 지나지 않는다고 생각한다. 그런 것으로는 진리는커녕 일상생활조차 유지하기 어렵다. 또 그런 논리로는 강자의 횡포를 막을 수 없다. 겉으로는 정의와 진리를 외치면서 속으로는 힘이 진리이자 정의라고 굳게 믿는 강자의 현실주의를 강화시켜 줄 뿐이다. 진리, 정의, 사랑, 평화에 대한 믿음이 강자의 횡포를 제어하려는 약자들의 음모·공모라는 니체의 폭로가 문제의 핵심이 아니라, 진리와 정의를 떠들면서 사실은 자신의 힘만을 믿는 강자의 기만과 위선이 문제의 본질이다.

이상에서 논한 '포스트모더니즘적인' 인문학의 배후에는 생물학적 인간관이 깔려 있다는 사실을 간과해선 안 된다. 생물학적 인간관에 따라 인간의 성욕, 권력욕 등을 마치 인간해방의 메시지나 되는 듯 떠드는 인문학이 과연 인간의 존엄성을 담보할 수 있을지 냉철하게 판단해볼 필요가 있다. 푸코의 담론분석까지 포함한 의심과 폭로와 해체의 인문학은 도덕주의적 인간관이 낳기 쉬운 위선과 허위의식을 고발하는 순기능이 있다. 그렇지만 그것이 만일 인간에 대한 최종적 진리라면, 과연 인문학다운 인문학이 가능할지 묻지 않을 수 없다. 오늘날 우리 인문학계에 아무런 제동이나 비판 없이 유통되고 있는 '욕망의 인문학'이 과연 우리 사회에 여전히 널리 깔려 있는 유교적 인간관이나 가치관을 대체할 만한 사상을 산출할 수 있을지 그리고 서구가 오랜 투쟁 끝에 어렵게 확보한 인간의 보편적 존엄성, 즉 인간이면 누구나 단지 인간이라는 이유 하나만으로 인권과 자유를 누릴 수 있다는 평등주의적 인간관을 대체할 만한 인간 존엄성의 논리를 새롭게 제시할 수 있을지 극히 의심스럽다.

인문학은 어디까지나 자의식과 내면성의 깊이를 지닌 인간 존엄성에 대한 믿음을 전제로 한다. 이러한 믿음은 특별히 근대적인 것만도 아니고 서구문화에만 국한된 것도 아니다. 인간의 내면세계는, 사회와 언어를 떠나서 생각할 수 없다 해도, 완전히 대상화할 수 없고 침해해서는 안 되며 할 수도 없는 신성한 영역이다. 인간의 모든 인문적 활동은 이 때문에 가능하며 인문학다운 인문학도 이를 전제로 해서 성립한다. 이처럼 명백한 사실을 외면하거나 부정하는 인문학은 반인문적이고 비인간적이다. 저자와 독자의 깊은 내면적 체험—의식, 의사, 의도 그리고 의미—의 세계를 무시하거나 설명해서 없애버리려는(explain away) 비인격적 인문학, '인간의 실종'을 마치 무슨 해방의 메시지나 되는 듯 공언하는 인문학, '인간의 죽음'을 이론화하기에 바쁜 인문학, 인간의 존엄성을 해체하려 들 뿐 대안을 제시하지는 못하는 인문학은 레비나스(Emmanuel Levinas)의 지적대로 '반인문적'이라는 비판을 면하기 어렵다.[10] 자기 부정적이고 자기 파괴적인 인문학이기 때문이다.

인간은 분명히 사회적으로 주어진 언어를 통해 사고하며 언어의 한계 내에서 사유한다. 하지만 인간은 언설의 옳고 그름을 식별할 수 있고 때로는 언어의 한계를 깊이 자각하면서 언어 이전과 언어 이후의 세계를 경험하기도 하는 특별한 존재다. 우리 인문학계는 인문학의 홀대나 경시를 거론하기 전에, 서구 사회가 오랜 투쟁 끝에 어렵게 쟁취한 근대적 인간의 주체성과 자율성과 존엄성을 소중히 여겨야 한다. 또한 인간이 동물적 욕망을 다스릴 수 있는 자기성찰 능력과 타인의 고통을 헤아릴 줄 아는 도덕적 감수성을 지닌 특별한 존재라는 사실을 경시해서도 안 된다. 이러한 사실을 부정하거나 무시하는 반인문적 인문학 풍토에 대해 냉철하고 정직한 자성이 필요하다. 인간중심주의가 나쁘다고 한들 인간 자체를 우리 의식에서 지워버릴 수는 없다는 것과 인간중심주의의 한계를 깨닫고 극복하려고 노력하는 존재는 무수한 생명의 종(種) 가운데서 오직 인간뿐이라는 명백한 사실을 잊지 말자.

인문학과 동양사상

끝으로 나는 우리나라 인문학계가 유교, 불교, 천도교 등 풍부한 전통사상에 새롭게 주목해야 한다는 점을 강조하는 차원에서, 몇 가지 사항을 지적하면서 이 글을 마치고자 한다.

첫째, 우리 인문학계는 한국사회에 아직도 유교적 전통이 살아 있다는 사실을 비판만 하지 말고 긍정적 자산으로 삼아야 한다. 가령 우리 사회가 여전히 대학교수들에게 기대하고 있는 전통적인 교사상, 즉 인생의 교사나 스승의 역할을 거부하지도 못하고 수용하지도 못하는 어정쩡한 태도에서 벗어나 인문학자들만이라도 그것을 자신을 위한 정신적 자산으로 삼아 살려나가는 분위기를 만들어갈 필요가 있다. 적어도 인격과 분리된 인문학이 바람직하지 않다면 그렇다. 대학도 어디까지나 교육기관임을 무시해서는 안 되고 어떠한 교육도 교육자의 인격을 떠나 생각할 수 없기 때문이다. 도덕성을 바탕으로 정치를 해야 한다는 유교의 덕치주의가 여전히 유효하다면, 교육은 두말할 필요도 없다.

그렇다고 도덕을 법이나 제도로 강제해도 좋다는 말은 아니다. 어떤 사회든 모든 문제를 법으로만 해결할 수 없고 또 그렇게 해서도 안 된다. 유교전통은 그런 것을 법가적이라고 해서 배척해왔다. 인간 사회에는 법으로 할 수 없고 해서도 안 되는 차원의 문제가 허다하다. 도덕은 근본적으로 법 이전과 이후의 차원에 속한다. 바로 이 차원에서 우리의 유교 전통이 보이지 않는 힘을 발휘할 수 있도록 인문학계가 주도적인 역할을 해야 한다고 나는 생각한다. 정치와 교육 그리고 인문학이 도대체 무엇 때문에 존재하는지, 그 본질과 목적이 무엇인지에 대해서 우리 인문학계는 끊임없이 묻고 성찰해야만 한다.

둘째, 이미 지적했듯이 소외를 전제로 하고 조장하는 거리두기와 가치중립성의 인문학은 궁극적으로 극복해야 하지만 동시에 학자라면 누구도 그것을 무시할 수 없고 거부할 수 없다. 특히 동양의 사상적 전통과 우리 사회의 문화를 타자적인 시각에서 관찰하고 연구해온 외국 학자들이 이룩한 동양학과 한국학의 성과를 우리 인문학계가 결코 도외시해서는 안 된다는 점을 강조하고 싶다. 자기 문화와 일정한 거리를 두고 스스로를 객관화할 줄 모르는 폐쇄적 지성이나 전통에 갇힌 인문학은 현대 세계에서 더 이상 설 자리가 없기 때문이다.

물론 근대 서구문명과 학문의 본질적 한계를 아무런 비판이나 도전 없이 당연한 것으로 간주하고 맹종해서도 안 된다. 특히 사실의 세계와 가치의 세계가 화해하기 어려울 정도로 분리돼 사실판단과 가치판단 사이의 건널 수 없는 괴리를 당연시하는 현대 인문학의 상황을 더 이상 방치할 수 없다. 우리는 또 지식인 사이에 유행하다시피 하고 있는 역사적 상대주의나 문화상대주의 그리고 가치상대주의를 무비판적으로 추종해서도 안 된다. 진리의 보편성과 객관성을 상정하고 추구하는 근대 학문이 진리의 문제에서 상대주의를 쉽게 수용할 수 없듯이, 나는 현대 인문학이 무분별한 역사적 상대주의나 문화상대주의 그리고 가치상대주의를 당연한 것으로 받아들여서는 안 된다고 생각한다.

성리학에서는 천리(天理)를 논하면서 '그렇게 되는 이유'〔所以然

之故]와 '그래야만 하는 이유'[所當然之故]를 구별하지만 결코 이 둘을 분리하지는 않는다. 사실 성리학이 소이연지고를 논하는 목적은 도덕을 소당연지고의 천리로 정초하기 위함이다. 유교사상은 '하늘'[天]이라는 우주적·자연적 질서의 힘[氣]과 원리[理]에 대한 믿음을 전제로 하는데, 이 천리 개념은 그리스도교의 초자연주의(supernaturalism) 신앙과도 다르고 근대의 과학적·무신론적 자연주의(naturalism)와도 다른 제3의 세계관이다. 나는 이것을 '동양적 자연주의'라고 부른다.[11] 동양적 자연주의는 사실판단과 가치판단이 같이 가며 자연의 길과 인간의 길이 날카롭게 분리되지 않는 통전적 세계관이다. 과학적 유물론이 지배하고 있는 오늘의 세계에서 이러한 통전적 세계관을 회복하는 일은 실로 현대문명 전체의 명운이 달린 가장 근본적인 문제다. 한국 인문학계는 물론이고 세계 인문학계가 붙잡고 고심해야만 하는 시대적 과제이자 사상적 과제다. 지금까지처럼 인문학의 길과 자연과학의 길을 안이하게 이원화하면서 과학이 세계와 인간에 대한 진리를 독점하도록 방치한다면, 인문학의 미래는 물론이고 인류 문명의 미래까지도 점점 더 어두워 질 것이라고 나는 생각한다.

셋째, 이와 밀접하게 연관된 문제이지만, 우리는 생물학적 인간관이 지배하고 있는 현대 세계에서 유교의 도덕적 인간관을 되살릴 방도를 함께 모색해야 한다. 특히 '욕망의 인문학'으로는 인간 존엄성을 확보할 수 없고 '합리적 이기주의'라는 타산적 윤리에 호소하는 허약한 길 말고는 도덕적 질서를 세울 수 없다면, 우리는 맹자의 성선설 이래 유학 전통이 일관되게 지켜온 인간성에 대한 믿음과 유교적 휴머니즘을 계속해서 살려나가는 방도를 진지하게 모색해야 한다. 도덕은 최소한의 자제와 금욕 없이는 불가능하다. 문제는 자제와 금욕이 인간성에 폭력을 가하는지 아니면 오히려 진정한 인간성을 실현하는지에 달렸다. 유교적 휴머니즘은 '이기적 유전자'로 인간의 모든 문제를 근본적으로 설명하려는 생물학적 인간관과 달리 후자를 따른다. 유학적 인간관은 인간의 자연적 욕망 자체를 악으로 간주하지는 않지만, 그렇다고 무조건 긍정하지도 않는다. 인간의 자연적 욕구는 더 높은 차원의 인간성으로 제어하고 승화시켜야 마땅하다는 것, 그것이 더 높은 인간성을 실현하는 길이라는 것이 유교적 휴머니즘의 핵심이다. 생물학적 인간관이 지배하다시피 하는 오늘의 세계에서 서구식 세속적 휴머니즘(secular humanism)은 점점 더 공허한 구호로 전락해가고 있다. 인간의 짙은(thick) 정체성을 무시하고 얄팍한(thin) 정체성만을 강조한 세속적 휴머니즘은 이제 한계를 드러내고 있다.[12] 환경생태계의 위기와 문명의 갈등을 향해 치닫고 있는 오늘의 세계는 그야말로 언제 파국을 맞을지 모를 정도로 불안하다.

이 점에서 나는 약 한 세기 전 비록 간접적이었지만 서구문명과 조우하는 와중에 유교의 전통사상과 윤리를 과감하게 재해석하고 개혁한 동학·천도교의 사상적 전통, 특히 인내천(人乃天), 시천주(侍天主)·양천주(養天主), 사인여천(事人如天), 경천·경인·경물의 삼경(三敬) 개념 같은 놀라운 사상을 세계 인문학계와 사상계가 주목해야 하고, 지속적으로 발전시켜나가야 한다고 생각한다.

넷째, 나는 유교적 덕의 윤리와 공동체적 윤리(communitarian ethics)가 지닌 장점을 적어도 한국과 동아시아의 인문학계만이라도 소중한 자산으로 삼아 발전시켜나가야 한다고 본다. 이런 점에서 나는 개인주의가 발달해 정의(justice)를 우선시하는 서구사회의 윤리보다는 선(good)을 우선시하는 윤리를 선호한다. 이 둘이 양립 불가능한 것은 아니기에 둘을 결합한 형태의 윤리가 가장 바람직하겠지만, 여하튼 나는 인간의 진정한 행복이 어디에 있고 인간이 추구해야 할 지고선(the highest good, summum bonum)이 무엇인지의 문제를 더 이상 개인의 자의적 선택에 맡기지 말고 공론의 장에서, 특히 대학 인문학에서 진지하게 논의해야 하며 또 그렇게 할 수 있다고 믿는다. 대학과 학문의 존재이유가 무엇인지, 인문학은 도대체 무엇 때문에 하며 무슨 가치를 위해 존재하는지에 대한 우리 인문학계의 끊임없는 물음과 성찰을 촉구한다.

참고도서

강영한,『타자의 얼굴: 레비나스의 철학』, 문학과지성사, 2005.

길희성, "Asian naturalism: an old vision for a new world,"『대한민국학술원논문집』(인문사회과학편) 제49집(2010).

길희성,「東洋哲學 硏究方法論의 一省察 – 哲學的 解析學의 관점에서」,『哲學』제21호 봄(1984).

미셸 푸코, 이정우 옮김,『담론의 질서』, 새길, 1993.

박완서,『못 가본 길이 더 아름답다: 박완서 산문집』, 현대문학, 2010.

Ayer, Alfred Jules. *Language, Truth, and Logic*, New York: Dover Publications, Inc., 1936.

Gadamer, Hans-Georg. *Wahrheit und Methode*, Tübingen: J.C.B. Mohr, 1960.

Guting, Gary. *Michel Foucault's Archaeology of Scientific Reason*, Cambridge: Cambridge University Press, 1989.

Hubert L. Dreyfus and Paul Rabinow eds., *Michel Foucault: Beyond Structuralism and Hermeneutics*, Chicago: The University of Chicago Press, 1982.

Michael Walzer, *Thick and Thin: Moral argument at home and abroad*, Notre Dame: University of Notre Dame Press, 1994.

Weber, Max. "Science as a Vocation," H. H. Gerth and C. Wright Mills, eds., *From Max Weber: Essays in Sociology*, New York: Oxford University Press, 1946.

왜 우리는
함석헌을 이야기하는가

김영호
인하대학교 명예교수

통합인문학 모델 함석헌

함석헌은 누구인가. 오늘날 40대 후반이 된 장년과 그 이전 노년 세대는 그를 4·19와 5·16의 격동을 겪으며 1960년대 이후 전개된 민주화투쟁에 앞장선 사회운동가로 기억한다. 그는 엄혹한 군사정권 시절에 자기 한 몸 희생할 각오로 거침없이 비판의 소리를 내지른 선지자 같은 존재였다. 그러한 실천의 배경에는 남다른 깊은 사상이 깔려 있다. 그는 지행합일의 모델로서 어쩌면 이 땅의 마지막 선비였다. 전문분야만 파는 학자나 강단철학자가 아니라 행동하는 지성으로 일관하며 올곧게 살았다. 함석헌을 20세기 한국을 대표한 사상가로 평가해도 이견이 없을 만하다.[1] 그는 한 세기 시작부터 거의 끝까지 종주한 20세기 한국역사의 증인이다.

함석헌에게 붙여진 칭호는 종교사상가, 종교철학자, 역사가, 역사철학자, 문명비평가, 사회개혁가, 비폭력 평화운동가, 교육자, 언론인 등 다채롭다. 그만큼 그의 사상은 깊고 다양하여 짧은 지면에 전부 요약하기는 어렵다. 여기서는 그를 포괄하는 한 가지 주제를 중심으로 얘기해보고자 한다.

왜 우리는 함석헌을 이야기하는가. 그가 오늘날 위중한 현실을 진단하고 헤쳐 나갈 방향을 제시했기 때문이다. 그는 사회 각 분야에 구체적인 사회개혁 청사진을 내놓았다. 이는 방향타를 잃은 배처럼 위기에 빠진 세계와 한국사회가 방향감각을 회복하는 데 도움을 주리라 본다. 그는 현대문명의 종말과 인류의 멸종까지 포함할 정도로 심각한 위기를 느꼈다. 현대문명만이 문제가 아니다. 제정신을 잃고 그 서구 물질문명을 고스란히 채택한 한국사회의 문제는 더 심각하다. 한국은 어디로 가고 있는가. 그가 생전에 던진 질문은 아직도 유효하다. 그가 내린 진단과 처방이 여전히 타당한지 살펴보자.

40여 년이 지난 오늘의 현실은 어떤가. 물질적인 기술은 더 발달했다고 하겠지만 그만큼 범죄기술과 함석헌이 비판한 정치기술도 덩달아 발전했다. 문명국 가운데서 가장 높은 자살율, 밑바닥을 친 행복지수 등 각종 사회지표가 가리키듯이 삶의 질과 인간의 가치는 더 저하되었고 남북갈등, 사회갈등, 양극화는 더 심화되었다. 권력이 집중된 정치의 마수가 국민의 일상을 갈수록 더 옭아매고 있다. 함석헌은 무엇보다 사회 현실에 큰 책임이 있는 정치의 타락을 위기상황의 가장 중요한 요인으로 보았다. 정치만이 아니라 사회 어느 분야라도 희망의 빛이 보이는 데가 있는지 물어보라.[2]

함석헌은 특정한 분야가 아니라 인문학 전체를 아우른 통합인문학 모델을 제시한다. 그의 인문학적 통찰과 지혜는 사회과학 등 다른 분야에도 지침이 될 수 있다. 그는 일찍이 혁명적인 사회개혁을 외쳤지만 이단 사상가처럼 몰려 아무도 귀 기울이지 않았다. 그의 말을 듣다가는 기득권을 내려놓아야 하기 때문이다. 함석헌의 기준에서 볼 때 반동적·퇴행적인 한국사회는 더 이상 시행착오를 거듭할 여유가 없다.

위에서 지적한 인류존망의 위기와 같은 맥락에서, 함석헌의 목표가 무엇이냐고 묻는다면 가장 포괄적인 대답은 근본적인 달라짐, 즉 혁명적 변화라 할 수 있다. 그것이 이 글에서 다룰 변혁(탈바꿈) 사상이다. 그의 사상은 여러 가지 갈래로 형성되었는데 대체로 변화와 개혁을 가리킨다. 그러므로 변혁은 그의 사상 전체를 관류하는 기조로 볼 수 있다. 이것을 통해서 다른 주요 사상의 취지도 어느 정도 파악할 수 있게 된다. 변혁과 탈바꿈은 함석헌의 사상에서 '개혁' '혁명' '진화' '뒤집어 갈아엎기' 등 다양한 어휘로 나타난다. 단순한 현상개선으로 끝나는 일시적·부분적 개혁은 불충분하다. 혁명 수준의 근본적인 개혁이라야 한다. '갈아엎어야' 한다. 생물도 진화하는데 인간과 세계가 바뀌지 않고 이대로 갈 수는 없다. 계속 탈바꿈·틀바꿈해야 한다. 세계는 급속도로 변화하고 있다. 함석헌은 1960년대 초부터 2, 3년 마다 퀘이커 국제회의 등에 참석하며 구미, 인도 등 세계를 돌아보았다. 그러면서 "달라지는 세계의 한길 위에서" 쓴 서간을 독자들에게 계속 날려 보냈다. 변혁은 정치뿐만 아니라 모든 분야에 해당한다. 물론 여러분이 종사하는 기업도 변해야 살아남는다. 최근 뉴스에 「변하지 않으면 100년 기업은커녕 100개월 시한부」「변화하지 않으면 죽는다」 등의 기사가 떴다. 이것은 기업만의 문제가 아니다. 여느 개인이나 민족, 사회에도 해당한다. 변화하지 않으면 사나 마나다. 변화의 원리는 인문학에서 찾아야 한다.[3]

왜 혁명적 변화가 필요한가. 생명은 자유·자람·진화를 근본 속성으로 갖기 때문에 역사는 발전과 변혁의 과정이 될 수밖에 없다. 그런데 그것을 가장 방해하는 세력이 지배층이다. 역사단계가 바뀌는데 개인이고 사회고 낡은 '틀걸이'(패러다임, paradigm) 속에서 계속 살아갈 수는 없다.

함석헌은 역사가로서 인류역사를 세 단계로 구분한다. 즉 '원시공동체 시대→개인(영웅) 시대→전체 시대'다. 이때 전체 시대는 '민족→세계'의 두 단계로 세분될 수 있다. 민족주의 시대는 민족이 전체를 대표했지만 세계주의 시대에는 세계가 전체다. 더 나아가 함석헌의 세계관에서 세계는 우주로 확장된다. 인류는 현재 민족주의와 세계주의 사이의 과도기에 서 있다. 세계주의 단계로 빨리 이행해야 하는데 민족주의에 기대고 있는 '정치업자', 즉 정치인들과 기득권자들의 저항으로 지연되고 있을 뿐이다. 함석헌의 단계설은 근래 미국의 통합주의 인문학자인 윌버(Ken Wilber)가 인류의 의식발전 단계를 '공동체 중심→개인중심→민족중심(ethnocentered)→세계중심(worldcentered)'으로 설정한 것과 같은 선구적인 유형이다. 윌버는 이를 '원시공동체→나(me)→우리(us)→우리 모두(all of us)' 단계로도 표현했는데 마지막 단계는 함석헌의 '전체'와 정확히 일치한다. 윌버와 함석헌에게 똑같이 등장하는 원시공동체와 전체(우리 모두)는 각각 개인의 자각 이전과 자각된 개인들의 전체를 가리킨다. 이렇듯 함석헌의 역사단계설에는 보편적인 타당성이 있다.

역사단계의 진전을 따라 그만큼 의식도 당연히 확대되어야 한다. 그런데 의식이 따라잡지 못한 데서 갈등이 일어나는 것이 문제다. 그래서 역사의 변화에 상응하는 의식의 변화와 제도적 '틀걸이'의 변화, 즉 틀바꿈이 필요하다. 구체적으로 어떻게 해야 하는가. 틀걸이는 단계와 같은 것이므로 그대로 따라서 수행하면 된다. 사람들, 즉 공동체 구성원의 의식과 사고가 달라지면 제도적 변화는 저절로 따라온다. 역사단계에 따른 의식의 변화를 구체적으로 짚어보자. 그 과정에서 함석헌의 다른 주요 사상들도 모습을 드러낸다.

민족주의·국가주의를 넘어 세계주의로

민족은 국가공동체를 구성하는 기본단위로서 나라와 사회의 주축이다. 역사발전과정에서 민족이 일정한 역할을 수행했다고 하더라도 최근 수 세기의 역사에서는 오히려 민족주의가 인류에게 많은 해악을 끼쳤다는 사실을 함석헌은 지적한다. 민족중심주의는 두 차례의 세계대전 등 수많은 전쟁과 갈등을 유발했고 아직도 기승을 부리면서 인류를 존망의 기로에 몰아넣었다. 민족을 절대가치로 삼은 민족주의는 역사단계에서는 개인주의와 세계주의 사이의 중간단계이지만 함석헌은 민족주의가 개인주의의 확대인 집단주의에 해당한다고 생각해서 단계설에서 따로 설정하지 않았다.

이미 극복했어야 할 민족주의와 아울러 함석헌은 극복대상으로 국가주의를 지적한다. 역사에서 국가라는 이름으로 권력집단이 저지른 죄악과 역기능은 순기능을 압도한다. 민족 간 갈등과 전쟁의 주범이다. 국가주의 가운데서도 특히 대국가주의, 국가지상주의가 극복대상이다. (초)강대국들의 대립으로 세계전쟁이 일어났다. 역사의 과정에서 한때 용도가 있었을지라도 국가주의는 폐기되었어야 할 낡은 제도다. 대국이 아니라도 국가들은 백성, 민중들의 자유와 권리를 빼앗거나 제한하고 소수 지배층의 기득권을 보호해왔다.[4] 이제 국가를 넘어 세계주의로 나아갈 때다. 그 체제는 세계정부나 세계연방이 바람직하다. 유럽연합은 그 예비단계다. 함석헌은 '세계화'가 거론되기 훨씬 전부터 세계주의 단계의 도래를 내다보았다. 엄청난 피해를 가져온 제1, 2차 세계대전이 끝나면 새로운 차원의 획기적 변화가 올 것으로 기대했다. 그 과도기적 현상으로 이념 싸움인 6·25 전쟁이 발발했는데 처음으로 국제연합군이 참전한 것은 큰 의의가 있다고 평가한다. 하지만 대국가주의, 대국주의는 아직까지 남아 있다. 함석헌은 한 나라 안에서도 중앙정부로의 권력집중보다는 지방자치가 확보되어야 한다고 역설했다.

그렇다면 세계주의자임을 공언한 함석헌에게 민족은 극복해야만 할 대상인지 되짚어볼 필요가 있다. 그가 저항과 투쟁으로 일관한 일생을 민족과 분리해서 생각하기는 어렵다. 그는 민족과 민족주의를 구분하면서 그 어떤 '민족주의자'보다 민족정신에 투철했다. 그래서 민족에 대한 함석헌의 시각은 양가적이다. 민족공동체는 하나가 된 세계의 좌표 속에서 새롭게 자리매김해야 하지만 그 과정에서 현실적으로 민족의 가치를 절하할 필요는 없다는 것이 그의 견해다. 국가는 없어져도 민족은—언젠가 사라질 때 사라지더라도 그때까지는—존속할 것이다. 민족주의 문제에서 한민족은 특수한 데가 있다고 본다. 민족주의 단계를 제대로 거치지 않았으므로 이제라도 속성 과정으로 통과해야 한다. 민족주의를 불변의 진리처럼 고수하지는 않더라도 민족에 대한 함석헌의 애정과 집착은 어느 민족주의자에 뒤지지 않는다. 영원불멸한 실체는 아니지만 민족은 그에게 주어진 현실의 전부다. 민족을 떠나서 종교적 구원이나 철학적 진리인식도 추상일 뿐이다. 나라와 민족은 구원과 진리실현의 현장이며 통로다. '나' 속에 수만 년의 인류사와 5,000년의 민족사가 함축되어 있다. 자아는 민족 그리고 우주와 일치하는 과정을 통해 점차 확대된다. 나라는 나의 확장이다. 민족, 국가를 넘어 세계로 우주로 뻗어가야 한다. 인도철학에서처럼 세계가 곧 나이고 나와 우주가 하나라는 인식(범아일여, 梵我一如)에 도달하는 것이 올바른 깨달음이다.

함석헌의 '전체'는 역사단계의 발전과 함께 그 범주가 확대된다. 이제 세계는 우주로까지 확대되고 있지만, 그가 충성을 바친 전체는 일관되게 민족이었다. 직접 참가한 3·1운동부터 일제강점기를 거쳐 민주화운동에 이르기까지 그는 민족의 복리와 발전을 가로막은 안팎의 적에 맞서 평생 저항과 투쟁으로 일관했다. 세계가 하나가 되더라도 뿌리 없는 세계인, 세계시민이 될 수는 없다. 단일한 세계문화가 창출될 때까지는 다문화주의(multiculturalism)가 상당히 오랫동안 지배할 터인데 세계에 어떤 문화와 종교, 사상을 들고 가느냐가 우리의 정체성을 좌우할 것이다. 함석헌은 역사적으로 '수난의 여왕'으로 등극한 한민족에게 완수해야 할 큰 사명이 있다고 보고 세계를 하나로 묶는 제3의 사상과 새 종교를 구축해야 한다고 판단했다.

민족의 안위와 발전을 위해서 함석헌은 현실적인 방안도 제안했다. 그중 산 위에서 굴러떨어지는 큰 바위처럼 우리를 덮칠 중국의 민족주의를 막는 문제가 두드러진다. 함석헌이 두고두고 한탄한 것은 우리 민족이 고구려의 고토인 만주지역을 상실한 일이다. 그는 '흥안령 마루턱에서 당당하게 출발'했던 한민족이 삼국통일로 그곳을 잃고 압록강 저 아래 반도 땅에 쭈그려 앉은 꼴이 된 것이 이후 전개된 민족비극의 원인이라고 본다. 한국역사의 영웅은 고토회복을 위하여 싸운 김종서, 임경업, 최영 등의 장군과 효종, 묘청 등의 군주와 집권자였다. 비현실적으로 들리겠지만 그는 만주 고토의 회복을 거듭 이야기했다.[5]

함석헌의 주장을 알았는지 중국은 고구려와 발해의 민족사를 중국사로 편입시키는 동북공정(東北工程)을 벌였다. 이는 함석헌의 주장이 타당함을 입증하는 것이다. 그의 중국공포증은 한국의 사드 배치로 야기된 한중관계의 악화 속에서 현실로 나타나고 있다. 중국에 대항하는 정치적 방안으로 그는 동남아연합을 제안하기도 했는데 결국 아세안(ASEAN) 같은 기구가 만들어진 것은 함석헌의 선견지명을 보여준다. 같은 맥락에서 중립화, 일본 등 동아시아 국가들과의 공동전선 구축도 구상했다. 이처럼 민족에 대한 함석헌의 사유는 어떤 주제보다 폭넓게 전개되었다. 세계주의의 이상과 민족의 현실 사이에서 두 가지를 다 수렴하는 조화의 길을 제시하려 했다.

개인주의를 넘어 전체주의로

세계가 세계주의를 지향해갈 때 함석헌은 그것을 수렴·포괄하는 더 큰 틀걸이를 내놓았다. 일종의 전체론(holism), 전체주의(wholism) 사상이다. 그것은 역사단계론에서 개인주의뿐만 아니라 세계주의까지도 넘어서는 새 단계에 해당한다. 이는 가치관, 세계관의 획기적 변혁을 의미한다. 물질에서 정신으로 차수를 바꾸는 것이다. 말하자면 '후천개벽' 같은 것이다. 가톨릭 신학자 샤르댕(Teilhard de Chardin)은 인류가 이제 정신화·영화(靈化, spiritualization)되는 시대로 가고 있다고 주장했다. 그러면서 함석헌이 '전체'관이라고 표현한 '전체주의'의 도래를 예견했다. 히틀러식의 강제적이고 거짓된 전체주의(totalitarianism)는 앞으로 도래할 정신적 전체주의의 전조라는 해석도 덧붙였다. 함석헌은 이런 샤르댕보다 앞서서 전체와 영화를 화두로 삼았다. 그것만으로도 그는 예언자 반열에 든다 할 것이다.

정신과 영을 강조하는 전체주의는 역사학적·사회과학적 의의를 넘어 획기적인 종교적 의의를 내포한다. 그 안에는 새로운 구원론이 있다. 거룩한 것(holy)은 전체적(whole)인 것이다. 함석헌의 '전체'는 그야말로 완전한 전체로서 개체(부분)들의 총합 이상의 독립적인 범주다. 사회학에서 내세운 '사회'도 개인들의 총합 이상이지만 그의 전체는 예외 없는 완벽한 통일체다. 그는 이것을 『성서』에 나오는 양한 마리의 비유를 들어 설명한다. 잃어버린 한 마리가 아흔아홉 마리보다 중요하다. 예수를 팔아넘겨 배신자로 낙인찍힌 유다도 선악의 이분법을 넘어 새롭게 해석해야 한다. 선악은 더 이상 개인의 문제가 아니라 공동체 전체의 문제다.

그 점에서 함석헌은 최대 다수의 최대 행복을 주장하는 공리주의(utilitarianism)를 배격한다. 민주주의도 자칫 소수자를 무시하기 쉬운 다수결 원칙을 고수하는 한 한계가 있다고 본다. 일부 신학자가 사회구원론을 주장하기도 했지만 함석헌의 전체구원론은 한 차원 더 나아간 구원론이다. 개인주의나 그 이전 시대의 산물인 기성 종교들은 아직도 개인구원에 머물러 있다. 시대착오적인 낡은 방식이다. 천당도 함께 가는 곳이라야 한다. 생물의 진화를 봐도 한 개체나 소수의 개체만이 아니라 종(種) 전체가 진화하지 않는가. 사회진화도 계층적 진화가 아닌 사회 전체의 진화라야 참 진화라 할 수 있다.

다른 종교도 마찬가지다. 역시 개인주의 시대의 산물인 불교에서 소승적인 개인 중심의 참선은 더 이상 새 시대에 적합하지 않다. 혼자만 가는 극락, 혼자만 얻는 열반이 열반일 수 있는가. 이는 '하화중생'(下化衆生)을 기치로 내세운 대승불교 사상과 맞지 않는다. 유교도 마찬가지다. 시대정신에 맞게 새롭게 해석해야 한다. 예를 들면, 유교의 수행실천 요목인 8조목의 후반부 '수신-제가-치국-평천하'(修身齊家治國平天下)를 거꾸로 읽어야 한다. 세계평화가 와야 나머지가 가능하다는 것이다. 세계가 전쟁과 갈등으로 어지러운 판에 수신제가는 불가능하다. 수신제가보다 사회개혁, 세계평화가 앞서야 한다.

이렇게 함석헌의 전체론은 그가 사명으로 내세운 인류구원의 열쇠가 된다. 인류의 새로운 차축시대, 그가 열망한 제2 종교개혁의 열쇠가 그 속에 들어 있는지도 모른다. 전체에는 수량적인 개념을 뛰어넘은 존재론적인 위상이 있다. 신의 위치로까지 격상된다. 안 보이는 신인 하나님은 보이는 전체 속에서 찾아야 한다. 신에 대한 사랑을 이웃사랑과 일치시킨 예수의 메시지에서 '이웃'은 '전체'로 확대된다. 생각의 주체도 개인이 아니고 전체가 된다. 이전 시대에는 특별한 천재들과 영웅들이 역사의 주인공이었지만 더 이상 아니다. 전체의 시대에도 사고의 단초를 여는 건 개인이지만 전체와 동떨어진 사고는 타당성을 잃어버린다. 전체의 의사를 반영하는 사고여야 한다. '씨을의 소리'는 전체의 소리다.

진정한 개인주의에도 아직 미치지 못한 암울한 한국사회지만 최근 일련의 사건 속에서 절망적이지만은 않은 징후를 엿보게 된다. 아이들을 수장시킨 세월호 사건은 하나의 전환점이었다. 이는 제반 정치적·사회적 모순이 드러난 사례였다. 그 아이들이 남의 자식이 아니라는 의식이 팽배해지고 있다. 또 최근 구의역에서 발생한 임시직 청년의 죽음,[6] 강남역 여인 피살 사건에서도 사회적 연대감이 표출되었다. 그것은 우리가 다 하나라는 전체의식의 발현에 다름 아니다. 함석헌에게는 '병신 자식도 내 자식'이며 '남의 자식도 내 자식, 우리 자식'이다. 전체가 되기 위해서 이루어야 할 민족통일은 전체의식이 우리의 한 지체요, 가장 가까운 이웃인 북한인민에게까지 확대될 때라야 가능해진다. 이들을 뺀 이웃 사랑은 헛구호다. 전체의식의 확대만이 통일의 길이다. 샤르댕과 함석헌이 예견한 전체 시대는 은밀하게 도래하고 있는지도 모른다. 함석헌이 믿는 섭리는 역사 속에서 벼락같이 '돌(突)변화'로 나타난다.

전체주의 사상은 또한 함석헌이 중시한 '한' 사상과도 상통한다. '한'은 하나[一], 큰[大], 가운데[中]만이 아니라 온[全]의 뜻을 지니고 있다. 그는 만물을 한 생명으로 보는 '온 생명'주의자이다. 그는 '한' 사상, '한' 철학의 선구자였다. 그가 서구사상의 아류가 아닌 한국의 사상가임이 여기서도 드러난다. 샤르댕이 말한 전체주의도 함석헌에게서 훨씬 전부터 뚜렷이 싹트고 있었다. 전체주의 사상은 숨은 보물이다. 씨올 사상과 더불어 함석헌 사상의 주축이 된다. 그동안 주목받지 못했던 것은 '전체'가 너무 일상적이고 상투적인 용어이며 정치적으로 오용된 나치식 전체주의와 혼동되었기 때문이다.

함석헌의 전체주의에서는 정신이 핵심적인 요인이다. 함석헌의 가치관과 세계관에서는 물질보다 정신에 궁극적인 가치가 있다. 물질이 주는 편의성과 감각적인 즐거움보다는 정신적인 행복이 진정한 행복이다. 다른 생물은 물론 자동차나 컴퓨터 같은 기계도 계속 진화하는데 인간이 뒤처질 수는 없다. 최근 영국의 물리학자 호킹(Stephen Hawking)은 인공지능이 인류를 절멸시킬 것으로 예측했다. 이는 윤리의식 없는 기계의 발달을 경계한 함석헌이 이미 염려했던 일이다. 기계의 진화속도를 인간이 따라잡지 못할 때 '잡아먹히는' 결과가 온다는 함석헌의 경고를 과학자가 증명한 것이다. 기계가 대표하는 인위보다 무위자연(無爲自然)이 인간의 건강한 생존을 보장한다. 그가 동양사상, 특히 도가와 노장사상을 새 정신문명의 기틀로 삼자고 하는 이유다. 함석헌은 변화의 원리를 온고지신의 관점에서, 경전과 동양고전에서 찾아냈다. 왜 동양고전인가. 동양전통은 물질보다 정신에 더 가치를 두고 정신문화에 집중했지만 물질을 더 중시한 서양전통은 과학의 발달을 통해 오늘날의 물질문명을 이루어냈다. 이것이 의식과 도덕의 뒷받침 없이 필요 이상으로 발달하여 인류는 기계와 핵무기로 인한 존망의 위기에 서게 되었다. 이러한 전통을 뒷받침한 서구의 고전은 써먹을 대로 다 써먹었으므로 이제 동양고전에 눈을 돌릴 수밖에 없다.

민중(씨올) 사상

함석헌은 역사도 뒤집어 읽었다. 역사의 진정한 주체는 우리가 배운 대로 임금과 소수 지배층, 천재와 영웅호걸이 아니고 민중이다. 그는 행주산성에 가서도 위대한 장군의 뒤에는 민중이 있었음을 상기했다. 역사교사와 역사가로서 그는 한국과 세계의 역사를 다시 쓰고 새로운 역사관을 세웠다. 기존 역사는 임금이나 소수 지배층을 주체로 기술했지만 그의 역사에서는 지배자와 피지배자의 주종관계를 무너뜨렸다. 역사 거꾸로 읽기의 원조라 할 수 있다.

한국역사의 주체는 수난받아온 민중이고 영웅은 정몽주(鄭夢周), 성삼문(成三問) 등 사회정의와 민족적 양심을 지킨 인물들이다. 이들과 대척점에 선 이성계가 세운 '중축이 부러진' 이조는 그 출발에서나 과정, 결과에서 반민중적·반민족적이고 초라한 왕조로 남았다. 민중사관으로 무장한 함석헌이 이승만 독재와 군사독재를 반대하고 민주주의 회복을 위해 여생을 바친 것도 민주주의는 민중이 주인이 된다는 이념이기 때문이었다. 민주화운동은 그가 내세운 민중사상을 큰 동력으로 삼았다. 그것은 민중문학, 민중사학, 민중신학, 민중예술 등 사회 각 분야로 확대되고 사회운동으로 발전하여 급속하게 퍼져나가 민주화운동을 추동했다.

나아가 함석헌은 '민중' 개념을 '씨올'로 새롭게 표현하고 그 의미와 내용을 동서를 아우르는 인문학적·종교철학적 차원의 개념으로 확대시켰다. 씨올 속에는 새 인류의 씨가 간직되어 있다.

종교개혁: 배타주의에서 다원주의로

함석헌은 그가 무엇보다 중요시한 종교를 먼저 변혁해야 한다고 말한다. 변혁의 원리와 밑바탕을 종교가 제공해야 하기 때문이다. 종교적 신념 없는 혁명은 실패한다. 다른 모든 사회 분야의 변혁을 앞장서서 이끌어야 한다. 제2의 종교개혁이 필요하다. 더 이상 시대에 뒤떨어진 종교로 머물 수 없다. 그의 종교비판은 모든 종교를 대상으로 한다. "낡은 종교는 역사의 박물관에 걸어라"고 경고한 함석헌은 자기만의 종교를 개척했다. 그의 기독교는 서구 정통 기독교와는 판이하다. 말하자면 토착화한 종교가 된 셈이다. 그가 일본유학 시 채택한 '무교회' 사상이 그 한 가지 모습이다. 이러한 개혁이 창시자 예수의 메시지와 『성서』에 오히려 더 충실하다고 믿었다. 『성서』도 시대에 맞게 새롭게 해석해야 한다고 보았다. 그의 다종교적·다원주의적 경전해석은 기독교의 지평을 넓히고 보편성을 확립시켜준 결과를 가져왔다.

함석헌은 『신약』에 나오는 예수의 선언 "나는 길이요 진리요 생명"을 혁명적으로 해석해낸다. 즉 '나'는 예수가 아니고 바로 나 자신이라는 해석이다. 정통교회에서 보면 이단적인 발상이다. 불교의 '천상천하유아독존'(天上天下唯我獨尊)의 '나'도 석가가 아닌 주체적 나라고 해석한다. 이 해석은 함석헌이 역설하는 제2 종교개혁의 상당한 근거가 될 수 있다. 교회라는 조직의 허울, '엉터리'에 갇힌 신자들을 해방시키는 원리다. 신앙의 대상이 밖이 아니고 자기 내면에 있다는 것이고 신은 말하자면 직거래, 즉 직접교류의 대상이라는 것이다. 예수가 "하늘나라가 너희 안에 있다"고 말한 이유다. 신앙의 목표는 예수, 나아가서 신과 하나가 되는 일체화다. 중간 대리인이나 조직은 불필요하다. 중요한 것은 신앙의 내면성이다. 신을 바깥에서 찾지 말고 자아 속에서 찾는 것이 타당하다.

미국의 종교저술가 월쉬(Donald Walsh)는 정신적인 방황 중에 어느 날 신과 대화하기 시작했다. 모든 문제가 문답 속에서 풀렸다. 그 내용을 『신과의 대화』 시리즈로 계속 엮었다. 이는 아마 누구나 할 수 있을지도 모른다. 신은 자기 형상대로 창조한 인간 속에 신성을 심어놓았기 때문이다.[7] 인도철학에서 말하는 범아일여, 즉 절대(Brahman)와 자아(Atman)의 일치도 그런 것일지 모른다.[8]

그런데 종교역사는 그 원리를 무시하고 엉뚱하게 전개되어 조직종교를 낳았다. 현실교회에 대한 문제의식을 갖기 시작한 함석헌이 일본 유학 중 무교회 신앙을 접한 것은 획기적인 사건이었다. 교회주의를 넘어선 무교회주의는 그의 신앙에 종교개혁과 같은 혁명이었다. 이후 한국에서의 모임이 또 하나의 교회처럼 되어가자 모임과 결별하고 이후에는 퀘이커 신앙에 기울었지만 무교회 정신은 그의 신앙의 저변에 계속 남아 있었다.

함석헌은 종교가 지향해야 할 목표를 '하나됨'이라 규정한다. 민족이 하나되어야 한다는 주장에서 드러나듯 통합과 통일은 함석헌 사상을 관류하는 주요한 개념이다. 신과 인간의 일치는 신앙의 궁극적인 목표다. 예수를 믿는다는 것도 대속신앙에 매달리지 않고 그와 하나가 되는 데 이르러야 한다. 힌두교에서 추구하는 범아일여도 같은 유형이다. 너와 나의 경계도 허물어져야 한다. 너와 나를 점(·) 하나의 위치 차이로 푼다. 여아동근(汝我同根), 자타불이(自他不二)와 같은 원리다.

함석헌의 사유에는 일원론적 구조가 깔려 있다. 모든 개념에는 그 원형(archtype) 또는 조형(prototype)이 존재한다. 이일분수(理一分

殊)의 원리다. 진리가 하나인 것처럼 종교도 하나다. 여러 가지 형태로 나타났을 뿐이다. 함석헌에게는 신도 통합의 원리다. 여기서 분명해진 것은 통합적인 하나[一]는 여럿[多]을 전제로 존재한다는 것이다. 하나와 여럿의 유기적인 관계, 즉 '일즉다'(一即多)는 중국불교에서 강조한 개념이기도 하지만, 함석헌은 한국사상에 흐르는 논리로 이해한다. 인도와 중국의 불교사상을 종합한 원효는 대칭적인 둘의 관계를 하나도 아니고 둘도 아니라는[不一而不二] 부정어법으로 설명했다. 함석헌도 '너와 나는 둘이면서 하나'라는 절대부정을 통한 절대긍정의 논법을 사용한다.

하나를 내세우는 일원론, 둘을 내세우는 이원론, 여럿을 내세우는 다원론을 이해하고 조화시키는 함석헌의 회통적인 사유방식 속에서 통일, 사회통합, 공존, 상생의 원리를 찾을 수 있다. 여기서 현대사회의 지배원리로 등장한 다원주의의 모형을 발견할 수 있다. 특히 종교 간 문제를 다루는 종교다원주의가 서구에서 폭넓게 논의되고 있다. 서구는 단일종교 문화권으로 존재해오다가 20세기 후반부에 들어와서야 본격적으로 다종교 상황을 다루기 시작했다. 지금은 '세계종교' 과목이 대학의 교양과목으로 자리 잡았다. 젊은이들은 한 종교에 집착하지 않고 여러 종교의 장점들만을 골라내 자기종교를 조립한다.[9] 서구에 비하면 한국사회는 그런 면에서 오히려 뒤처지고 있지만 사실 동양문화는 다원주의적 종교문화를 구축해왔다. 동양문화는 '다양성을 가진 통일성'(unity in diversity)의 구조로 설명할 수 있다. 한국도 4~5세기 이래로 삼교(유교, 불교, 도교 또는 선교)가 공존하는 다원주의 문화였다. 이조가 불교를 억압했지만 민중 속에서는 조화되고 보완적인 관계를 유지했다. 함석헌도 비록 한 종교를 자기 신앙으로 삼았지만 사실은 '내 님이 다섯'이나 된다고 고백했다. 그래서 철학자 황필호의 말처럼 한국인에게는 개종(conversion)은 없고 가종(加宗, addversion)만 있을 뿐이다.

함석헌은 서구의 신학자와 종교학자보다도 먼저 다원주의적으로 종교를 이해하는 데 이르렀다. 50대 초에 쓴 글에도 그 기미가 나타나는데 명시적으로 이를 표명한 것은 그의 명저『성서적 입장에서 본 조선역사』(1950)를『뜻으로 본 한국역사』(1961, 1965)로 개칭한 과정에서였다. 그는 기독교 경전을 가리키는 '성서'를 범종교적인 '뜻'으로 바꾸면서 다원주의적 종교관을 선포했다. 이러한 선언은 당시로서는 아주 진보적·이단적인 견해여서 그가 속했던, 비교적 덜 보수적인 무교회주의 신자들조차 '타락'으로 볼 정도였다. 그러나 그가 내다본 대로, 세계는 배타주의에서 다원주의 종교관으로 점차 옮겨가고 있다. 서구사회는 다종교사회로 급속하게 바뀌고 있다.

미국도 과도기다. 이민사회의 비중이 커지고 용광로(melting pot)로 상징되는 단일문화주의에서 캐나다, 호주 등이 채택한 다문화주의로 정책이 달라지고 있다. 다가오는 미국 대선도 트럼프로 대변되는 백인 중심의 단일문화주의 대 클린턴으로 대변되는 열린 다문화주의 싸움으로 볼 수 있다. 이러한 추세에 비해서 한국사회는, 오랫동안 다종교가 공존해왔는데도 크게 뒤처져 있다. 종교 간 갈등은 심각한 수준이다. 노출된 사건은 빙산의 일각일 뿐이다.[10] 신자가 인구의 절반 이상인 사회에서 잘못된 종교이해는 엄청난 개인적·사회적 피해를 부를 것이다.

왜 종교에 대해 다원주의적 접근이 필요한가. 두 가지 차원에서 분석할 수 있다. 하나는 사회적 갈등의 큰 원인인 종교 간 갈등을 해소하는 공존의 원리를 찾기 위해서다. "종교 간 평화 없이 세계평화는 없다"는 큉(Hans Küng)의 관점이 이것이다. 이것만으로도 다원주의는 충분한 가치가 있다. 그러나 이에 못지않게 중요한 이유가 한 가지 더 존재한다. 영적 구원과 진리인식의 문제다. 그것은 한 종교만으로 진리를 완전히 인식할 수 있는지, 깨달을 수 있는지의 문제다. 이것은 또한 종교 간 공존과 평화에 대한 종교철학적인 근거를 제시해주는 일이기도 하다.

겉으로는 평화를 유지하더라도 속으로는 자기만이 옳다는 진리주장이 남아 있는 한, 타 종교에 대한 배타주의적인 이해는 언제고 공동체의 평화를 깨뜨릴 수 있는 요인이 될 수 있다. 그러므로 진리인식의 문제를 해결하면 사회갈등은 저절로 해결될 것이다. 역사가이자 종교철학자로서 함석헌은 두 가지 문제를 다 인식하고 있었다. 그는 '종교싸움'의 심각성을 신랄하게 꼬집고 종교 간 갈등을 유발하는 배타주의적 진리주장의 허구성에 대하여 다양한 비판을 가한다. 그중 대표적인 것이 산길의 예다. '진리의 산에 오르는 길'은 다양하다는 것이다.

함석헌의 담론은 이처럼 타 종교의 존재를 인정하고 공존해야 한다는 차원을 넘어서 진리의 인식 차원으로 한 걸음 더 나아간다. 우선 타 종교를 이해하는 것이 자기 종교의 보편성을 확인시켜 준다고 말한다. 타 종교와의 공통성을 발견함으로써 자기 종교의 진리성을 확인한다는 것이다. 이 말은 타 종교도 진리일 가능성을 열어두는 태도를 내포하고 있다.

더 나아가서 함석헌은 자기 종교를 이해하는 데 타 종교가 필수적이라고 논증한다. '모든 종교'를 통해서만 한 종교에 이를 수 있다는 담대한 명제를 내놓는다. 종교인 대부분에게는 폭탄 같은 발언이다. 그는 구체적으로 기독교와 경전을 예로 들어 설명한다. 이것은 비교종교학의 초석을 놓은 뮐러(Max Müller)가 종교에 적용한 보편적 원리 "하나만 아는 사람은 (사실은) 그 하나도 모른다"[11]는 견해와 일치한다.

한 가지 종교만으로 위대한 하나님의 모습을 다 담기에는 그 그릇이 작다. 한 부분이나 모습을 나타낼 뿐이다. 더구나 진리도 고정되지 않고 자라나는 것임에랴. 진리를 담은 그릇으로서 종교도 고정된 형태로 머물 수 없는 것은 당연하다. 심지어 신도 인간처럼 진화하는 존재다. '여호와'는 현재형(I am that I am)이라기보다는 '앞으로 되려는 이'(I shall be that I shall be)라는 미래형이다.[12] 현대인이 아직까지 믿고 있는 과거 시대의 산물인 조직종교가 자기를 절대화한다는 것은 어불성설이다. 자기 종교의 이해는 타 종교의 이해 없이는 불가능하다. 설사 자기 종교가 완결된 형태라 확신하더라도 범부로서 그 길만 따라가기가 쉽지 않을 텐데 하물며 그 길이 어떤 길인지 그 자체로만 밝히는 것은 얼마나 어렵겠는가. 이는 나의 정체성은 타자와의 관계 속에서만 파악할 수 있다는 원리와 같다.

종교싸움은 사회갈등도 유발하지만 세계를 전쟁과 갈등으로 몰아넣는다. 같은 뿌리에서 나왔으면서도 상호배타적인 세 종교, 즉 유대교, 기독교, 이슬람교는 중동을 세계의 화약고로 만든 원인제공자다.[13] 문명충돌의 원인을 종교의 차이에서 찾을 수 있다는 헌팅턴(Samuel Huntington)의 주장이 합당하다는 것을 보여주는 사례다.[14]

함석헌은 종교의 목표를 세계의 '하나됨'에 두어야 한다고 일관되게 강조했다. 그것이 곧 '세계구원'이다. 자기 구원과 해탈을 다른 데서 찾을 필요가 없다. 세계통합과 구원을 향해 우리 민족이 우선 해야할 일은 갈라진 민족의 하나됨이다. 분단은 민족정신이 분열되었다는 징표다. 우선 민족이 전체로 자리 잡아야 그다음 단계인 전체, 즉 하나의 세계로 나아갈 수 있다. 그것이 세계구원의 길이다. 그것을 앞장서는 것이 '우리 종교'의 목표요 민족의 사명이다. 함석헌은 세계구원을 자기 사명으로 설정했다. 그것은 민족과 함께 성취해야 할 과제다.

함석헌은 특히 종교들의 개념과 사상을 넘나들며 범종교적 해설을 시도했다. 그것은 누구도 시도하지 못했던 다원주의적 방식이다. 그는 이 작업을 통해 종교 실천의 공통적인 알짬을 가려내서 제시했는데 여러 종교가 내세우는 실천의 핵심은 바로 '무아'(無我)다. 나를 버리는 것이다. 일찍이 석가가 제시한 개념이고, 기독교도 다를 바 없다고 본다. 예수의 십자가 희생도 신의 아들로서 자기를 버린 행동이었다. 물론 예수의 실천에 대해 그 핵심을 보통 '사랑'이라 하지만 이러한 주장은 추상적인 측면이 있다. 게다가 사랑을 실천하는 가장 바른 길은 이기적인 나를 내려놓는 것이다. 간디가 받든 비폭력도 자기를 버린 희생이 요체다. 무아는 불교만이 아니라 도가의 무위, 힌두교의 무욕·무집착 등 다른 종교의 핵심과도 부합하는 실천덕목이다. 함석헌이 그 공통성을 특히 예수에게서 발견한 것은 각별한 의미가 있다. 두 종교는 유형적으로 인식론적 차이가 있는데 불교는 자각, 즉 깨달음을 인식수단으로 삼고 기독교는 신의 계시를 내세운다. 함석헌은 두 인식수단 사이의 경계를 허물었다. 조화를 추구하는 한국정신이 발현된 것으로 불교와 기독교의 대화와 조화를 추구하는 서구학자들도 내놓기 힘든 독창적인 통찰이다.

이처럼 종교다원주의에 함석헌의 대한 심층적인 이해와 이론은 다원주의를 다루는 오늘날의 종교학자와 신학자 가운데서도 드물 만큼 선구적이다. 다원주의는 모든 이념과 주의에 적용되지만 종교는 모든 가치 중에서도 가장 궁극적인 것을 대표하기 때문에 종교다원주의는 더 중요하다. 종교 자체를 바르게 이해하는 것도 중요하지만 궁극적인 가치를 대표하는 종교가 유발한 갈등과 싸움을 해소한다면 다른 사회적 갈등도 풀 수 있는 장치를 마련할 수 있을 것이다.

정보냐 탈바꿈이냐

사회혁명은 사회구성원 자신의 혁명 없이 이루어질 수 없다. 역사적으로 혁명 대부분이 실패한 것은 그 방식이 폭력적인 것과 더불어 그 주체가 자기혁명을 먼저 이루지 못했기 때문이다. 그래서야 진정한 항구적 혁명이 못 되고 기껏 정권교체로 끝나고 만다. 따라서 사회혁명과 자기혁명, 이 두 가지는 적어도 동시적인 과정으로 삼아야 한다. 대승불교는 그래서 상구보리(上求菩提) 하화중생을 목표로 삼는다. 한국의 근대 종교운동도 다 지도자의 종교체험, 곧 자기혁명에서 시작했다.

함석헌은 이 점에서 동서양 전통이 다르다고도 지적한다. 짐머 (Heinrich Zimmer)의 구분처럼 서양이 지식정보(聞見, information) 를 추구해왔다면 동양은 '기질변화'(transformation)를 추구해왔다. 기질변화는 본질적인 변혁, 즉 정신적 탈바꿈을 가리킨다. 그런데도 한국은 서구의 뒤축을 밟다가 정보의 바다에 빠져 허우적대고 있는 형국이다. 정보의 축적이 정신적인 변화를 가져다주지 않는다. 정보 는 주로 외면적인 사실에 대한 지식이다. 진정한 정보는 자기 내면, 곧 정신과 마음에 내장·축적되어 있다. 진정한 행복을 찾을 때에 바 깥 지식이 중요한가 아니면 속 지식이 중요한가.

목표가 달랐기 때문에 서양은 과학을 발달시켜 현대 물질문명을 구축했고 동양은 정신적 가치를 중시해왔다. 서구문명이 끝장에 온 이 마당에 그 탈출구는 동양의 전통과 고전에서 찾을 수밖에 없다는 것이 함석헌의 결론이다. 그런데 우리는 아직도 서양을 뒤쫓느라 정 보화산업에만 열중하고 있다. 정보보다 더 중요한 영적 가치와 정신 적 변화를 망각하고 있다. 행복을 물질에서 찾을지 정신에서 찾을지 를 결단할 시점이다. 정보의 홍수에 빠져 자신이 어디에 와있는지, 우리가 어디로 가는지 정신을 못 차리는 현대인, 특히 젊은이를 어떻 게 깨우치게 하느냐가 우리 사회의 과제다. 서구사회도 이제 정보에 함몰되어가는 경향에 우려의 눈길을 보내는 판이다.

'사'(私)에서 '공'(公)으로

함석헌이 던져놓은 메시지를 읽으면서 오늘날 우리가 왜 함석헌을 이야기해야 하는지 더 선명해졌으리라 생각한다. 구태여 사상적으 로 이해되지 않더라도 가슴이 울릴 것이다. 세계로 나아갈 때 우리도 이런 사상과 인물이 있었다고 당당히 내놓을 만하지 않은가. 그가 뿌려놓은 씨는 세계 평화를 이루는 데 필요한 사상체계를 내놓을 수 있다. 그 가능성을 엿보았기에 미국 퀘이커들은 그를 1979년과 1985년 두 차례에 걸쳐 노벨평화상 후보로 천거한 것이 아닐까. 가까이 있는 부처들을 못 알아보는 풍토와 될성부른 인재는 모조리 꺾어버리는 역사 속에 함석헌이 있었다는 게 안타까울 따름이다.

정의와 양심으로 일관되게 살아온 함석헌의 생애를 돌아보면 오늘날 한국사회가 요구하는 공인정신의 화신 같은 모습을 발견한다. 사회지도층은 말할 것도 없고 대체로 누구나 다 자기 명리만을 쫓고 사리사욕 추구에 몰입한 사회에서 그는 지공무사(至公無私), 적어도 선공후사(先公後私)의 삶을 보여주었다. 그는 공을 빙자하여 사익을 도모하는 빙공영사(憑公營私) 풍조를 걱정했다. 오늘날 우리 사회는 급격하게 더욱더 사유화된 '사회'(私會)로 전락하고 있다.[15] 그가 말한 역사발전 단계설에서 개인주의 시대에도 미치지 못할 '사인(私人)주의 시대'를 추가해야 할 판이다. 오로지 사회·민족·세계에 대한 관심으로 당당히 말하고 쓰는 데 평생을 바친 그의 공변된 삶이 더욱 돋보일 수밖에 없는 이유다. 이 시대에 왜 그의 사상과 정신을 주목해야 하는지 이제 더욱 분명해졌다.

참고문헌

김영호, 『함석헌사상 깊이읽기』 1~3, 한길사, 2016.
함석헌, 함석헌선집편집위원회 엮음, 『함석헌선집』 1~3, 한길사, 2016.
함석헌, 『함석헌저작집』(전 30권), 한길사, 2009.
함석헌, 『함석헌전집』(전 20권), 한길사, 1883~86.

21세기에 다시 읽는
『논어』

이한우
전『조선일보』문화부장

군자론은 논어 리더십의 핵심

서양에 기사도(騎士道) 정신이 있고 일본에 사무라이 정신이 있다면, 우리에게는 무엇이 있을까? 다시 말해 전근대사회에서 벗어나 근대를 넘어 현대사회에 이른 지금 우리가 조선에서 이어받을 수 있는 좋은 정신적 전통은 무엇일까?

흔히들 선비정신을 말한다. 이는 아마도 게걸스럽다고 해야 할 오늘날 대한민국 지도층의 천박성에 대한 나름의 반성에서 비롯된 진단으로 보인다. 그러나 선비정신은 물질만능 풍토에 대한 도덕주의적 개탄에 그칠 뿐 이렇다 할 반향을 불러일으키지 못하고 있다.

좀더 솔직히 말하면 선비정신은 그다지 매력적이지 못하다. 당장 나부터 선비정신을 품고 살아야겠다는 생각에 끌리지 않는다. 우선 많이 불편할 것 같다. 주변 사람들과의 관계가 매끄럽지 못하게 될 것이고 안빈낙도(安貧樂道)하는 생활을 실천할 자신도 없다. 요즘 같은 세상에 돈도 좀 있었으면 좋겠고 명예나 권력도 없는 쪽보다는 있는 쪽이 낫겠다고 생각하는 편이다. 뭐가 있어야 베풀고 살지 않겠는가?

이런 내 생각이 그런대로 괜찮다는 확신을 준 건 다름 아닌 나의 십년지기 중국사람 공자(孔子)[1]다. 여러분도 알고 있는 바로 그 사람이다. 어떤 미지의 천재가 공자와 그의 제자들의 말을 잘 엮어 '말을 논한다' 곧 『논어』(論語)라는 제목의 책을 펴냈는데 참으로 걸작이다. 처음부터 끝까지 군자가 되는 방법을 일러주는 책이다. 어지간한 동서고금의 고전들을 보았지만 단언컨대 이만한 고전은 없다. 이 책에서 공자는 이렇게 말했다.

> "부(富)라는 것이 구해서 될 수 있는 것이라면 나는 말채찍을 잡는 자의 일이라도 기꺼이 하겠지만 억지로 구해서 되는 것이 아니라면 나는 내가 좋아하는 바를 따르겠다."
> • 「술이편」

> 자공이 물었다. "여기에 아름다운 옥이 있다면 스승님께서는 그것을 궤 속에 넣어 가죽으로 싸서 고이 보관하시겠습니까? 좋은 값을 구하여 그것을 파시겠습니까?"
> 공자가 말했다. "팔아야지! 팔아야지! 그러나 나는 좋은 값을 기다리는 사람이다."
> • 「자한편」

그 책 어디서도 부와 명예와 권력을 멀리하라고 하지 않았다. 구차스럽게 쫓아다니지 말라고 했을 뿐이다. 정곡을 찌르는 이 말! 어느 사상가보다 공자를 좋아하게 된 것도 어쩌면 이 때문인지 모른다. 말이 좋아서 주유천하(周遊天下)지, 집단 구직활동 아닌가? 마오쩌둥(毛澤東)도 줄행랑쳐놓고 대장정(大長征)이라 한 걸 보면 중국사람들의 과장된 유머감각은 참 대단하다.

내 친구 공자의 그런 점을 좋아해서인지 나는 지나치게 깨끗한 척하는 사람들을 보면 대단하다는 생각보다 위선의 그림자를 떠올리는 편이다. '저러다 곧 사고 치겠군!' 이런 예감은 대체로 맞아떨어졌다. 옛날이야기 하나 해보자.

나라가 망해가던 고려 말 식자들 사이에는 흥미로운 유행이 있었다. 호에 숨는다는 뜻의 은(隱)자를 붙이는 것이었다. 이인복(李仁復)[2]은 나무꾼으로 숨어 살고 싶다는 뜻을 담아 초은(樵隱)이라 했다. 목동을 꿈꿨는지 이색(李穡)[3]은 목은(牧隱)이었고, 이방원에게 피살당한 정몽주[4]도 채소밭이나 가꾸며 살고 싶어 포은(圃隱)이라 했다. 정도전에게 원한을 사 조선개국과 함께 비참한 최후를 맞았던 이숭인(李崇仁)[5]은 도은(陶隱)이라 했는데 질그릇이나 만들며 살고 싶었나 보다. 야은(冶隱) 길재(吉再)[6]는 쇠붙이를 다루는 대장장이의 꿈을 갖고 있었을 테고 그 밖에도 농은(農隱), 야은(野隱), 어은(漁隱) 등이 있었다. 하나같이 피 말리는 정쟁에 몸담았던 사람들인데 농어민 같은 민초들을 동경했다니, 위선처럼 보이기도 한다.

다시 본래의 물음으로 돌아간다. 현대사회에 이른 지금 우리가 조선에서 이어받을 수 있는 좋은 전통은 무엇일까? 지난 100여 년간 조선을 바라보는 시각은 상황에 따라 바뀌어왔다. 대략 정리하자면 우리는 이런 경로를 거쳤다.

첫째, 조선왕조 자체에 대한 전면적 부정이다. 조선이라는 나라에서 배울 것이라고는 하나도 없다는 시각이 그것이다. 군주제, 신분제, 유학 이념 등은 말할 것도 없고 양반문화도 배척의 대상이 됐다. 이런 시각은 거의 1970년대까지 계속 이어졌다.

길게 보면 왕조는 흥할 수도 있고 망할 수도 있다. 어떤 왕조도 장단점이 있기 마련이다. 만약에 조선 멸망이 우리 손으로 이뤄지고 우리 힘으로 새로운 나라를 세웠다면 이렇게까지 조선을 철저하게 파묻었을까? 분명히 그렇지 않았을 것이다. 외세, 그것도 임진왜란의 주인공 일본에게 망했기 때문에 조선, 특히 조선왕실에 대한 우리의 원망은 클 수밖에 없었고 그 같은 원망은 곧 조선왕조 자체에 대한 전면적 부정으로 이어졌다. 이런 시각은 당시로서는 불가피한 측면이 있지만 결코 바람직한 것은 아니다. 역사의 단절이 주는 폐해가 너무도 심각하기 때문이다.

둘째, 1970년대 들어 산업화가 어느 정도 성공을 거두고 먹고사는 문제가 해결되면서 조금씩 우리의 역사를 돌아보려는 마음의 여유가 생겨나기 시작했다. 그것은 당시 박정희 정권이 내세운 민족주체성과 맞물렸는데 역사연구에서도 민족주의적 자각이 일어났다. 그러나 이때 주로 조명을 받은 인물들은 충신(忠臣)이나 열사(烈士), 지사(志士), 의사(義士) 등이었다. 특히 군사정권에 대한 학생과 지식인층의 저항운동이 격렬해지면서 열사나 지사, 의사의 업적이 더욱 강조됐다.

우리의 조선역사 들여다보기는 대체로 이 정도 수준이었다고 해도 과언이 아니다. 실은 지금도 여기서 벗어나지 못하고 있다. 이러한 조선사 인식의 빈곤이 어쩌면 "우리가 조선에서 배울 수 있는 정신문화란 기껏해야 선비정신뿐"이라는 주장을 만들어내는 것인지도 모르겠다.

그러나 조선은 500년을 지탱해온 나라다. 이는 엄연한 사실이다. 거기에 수많은 인재가 있었고 그들은 수많은 일을 해냈다. 유감스럽게도 우리 역사학계는 일했던 인물보다는 말하고 글 쓴 사람들에게만 주목해왔다. 경세가(經世家)보다는 학자에만 치중했다. 그 결과 한 시대 시대를 만들어냈던 경세가에 대한 연구가 무엇보다 취약하다. 경륜을 갖춘 정승들에 대한 연구가 거의 없다. 태종과 더불어 실제로 조선을 설계한 명재상 하륜(河崙)에 대한 단행본 하나 찾아볼 수가 없다. 정광필, 이준경, 이원익과 같은 명정승들에 대한 이렇다

할 연구서도 눈에 띄지 않는다. 역사연구가 풍부하지 않으면 결국 그 역사는 궁핍해지기 마련이다.

나는 2001년부터 2007년까지 『조선왕조실록』(朝鮮王朝實錄)을 통독했다. 실록 통독은 조선역사에 대해 새로운 눈을 뜨게 해주었다. 일의 중요성을 알게 되었고 시대를 만든 재상들에 주목하게 되었다. '일하는 재상'을 통해 각 시대를 읽는 것은 참으로 생산적인 경험이었다. 동시에 지금 우리 사회를 보는 데도 새로운 시각을 던져주었다. 사람 볼 줄 알고 일할 줄 알아서 온갖 반대와 저항을 뚫고 백성을 위한 정치를 행한 사람이 우리 역사 속에도 많이 있었다는 것을 알 수 있었다. 그들을 통해 조선역사에 대한 자부심도 느끼게 됐다. 그들을 뭐라 부를 수 있을까? 의사도 열사도 지사도 아니지만 그들과 비할 바 없는 큰 은택을 그들은 조선역사와 조선백성에게 베풀었다. 실록 읽기가 끝난 2007년 곧바로 『논어』 읽기에 뛰어든 것도 그 '일하는' 사람들을 만들어낸 텍스트가 바로 『논어』였기 때문이다. 그리고 『논어』에서 군자를 만났다. 『논어』는 군자에서 시작해 군자로 끝나는 책이다.

군자를 이 시대로 불러와야겠다는 최초의 문제의식은 이렇게 시작됐다.

선비론을 넘어 군자론으로

조선시대 사상을 전공한 전북대학교 김기현 교수의 『선비』라는 책을 읽어보았다. '사유와 삶의 지평'이란 부제가 달린 이 책은 아마도 국내에서 나온 책 중에서는 가장 체계적으로 선비라는 개념을 정리한 작품이라 하겠다. 유학의 교양으로 무장한 조선시대 선비들의 세계관을 자연, 인간, 사회 그리고 죽음과 삶의 4부로 나누고 현대인들도 얼마든지 이해할 수 있는 용어로 알기 쉽게 썼다. 다만 현대사회에서 선비정신을 어떤 모습으로 되살릴 수 있는지에 대한 부분을 소략해 아쉬움이 컸다. 서문에 해당하는 「선비와 오늘」에서 김 교수는 이렇게 말한다.

> "자신의 일거수일투족은 물론 심지어 감정의 발로에서까지도 진리를 찾고 또 따르려 했던 선비의 정신은, 더 나아가 진리로써 참자아를 완성하고 또 타자를 성취시켜주고자 했던 선비의 삶의 이념은 진리 의식이 실종된 어두운 시대를 밝혀 줄 빛이 될 수 있다."

서문이 결론 역할을 하면서 그것이 어떻게 가능할지의 문제는 숙제로 던진 셈이라 하겠다. 참고로 이 책에는 결론이 없다.

우리 사회에서 선비정신의 중요성을 강조해온 분으로 정옥자 전 서울대학교 국사학과 교수를 빼놓을 수 없다. 본인의 칼럼을 모은 책인 『한국의 리더십 선비를 말하다』를 2011년 내놓은 바 있고 기회가 있을 때마다 선비정신의 복원을 통해 한국사회의 정신적 지표를 바로 세워야 함을 강조해오고 있다. 한 글에서 정 교수는 선비정신을 이렇게 정의하고 있다. 사람들이 선비정신에 대해 막연하게나마 머릿속에 떠올리는 것을 정확하게 표현하고 있다는 점에서 꼼꼼하게 읽어볼 필요가 있다.

> "선비정신은 시대적 사명감과 책임 의식으로 대변되는 정신이다. 또한 선비정신은 청렴과 청빈을 우선 가치로 삼으면서 일상생활에서 검약과 절제를 미덕으로 삼은 정신이다. 선비는 시류에 영합하는 것을 비루하게 여겼고, 역사의식에서 시시비비(是是非非)의 춘추(春秋) 정신을 신봉했다. 그들은 '청'(淸) 자를 선호하여 청의(淸議), 청백리(淸白吏), 청요직(淸要職), 청명(淸名), 청류(淸流) 등의 용어를 즐겨 썼다. 이러한 가치관은 지식인 사회에만 유효한 것이

아니고 사회 저변에 확산되어 일반 백성도 '염치없는 놈'이란 말을 최악의 욕으로 인식했고, 예의와 염치는 인간으로서 갖추어야 할 기본 덕목이 되었던 것이다."

우리 지식인 사회에서 선비의 부활 또는 선비정신의 회복을 강조하는 또 한 사람으로 송복 전 연세대학교 교수를 들 수 있다. 그는 선비란 과거에도 필요했고 지금도 필요불가결한 존재이며 특히 현대에 존재하는 인간형 중에서 가장 '가치 있는' 유형이라고 강조한다. 지금은 폐간되고 없지만 당시 나도 편집위원으로 참여한 바 있는 계간지 『전통과 현대』 1997년 가을호 특별기고에서 송 교수는 선비에 대해 이렇게 말했다.

"선비란 누구인가? 어떤 사람을 일음인가? 실천과 떨어져서 글이나 읽는 사람이다. 연약하고 창백한 얼굴을 한 사람이다. 품성이 얌전하기만 하고 현실에 어두운 사람이다. 반대로 곧고 꼿꼿하고 지조가 있는 사람이다. 학식은 깊되 벼슬하지 않는 사람이다. 굶어도 의기(義氣)를 굽히지 않는 사람이다. 매화는 한평생 춥고 추워도 향기를 팔지 않는다. 그런 찬 매화 같은 사람이 선비다."

선비에 대한 찬반을 떠나 실제로 우리가 선비라 하면 바로 이런 모습의 인간형을 떠올리는 것은 부인할 수 없다.

문제는 이런 정신, 이런 인간형의 회복만으로 2016년 한국사회의 심각한 문제점들을 해결할 수 있겠느냐는 점이다. 뭔가 조금은 더 현대적인 측면이 보강되지 않는다면 선비정신은 그저 호고(好古) 취향을 가진 일부 사람들의 메아리 없는 외침에 그치지 않을까?

이런 점에서 2015년 여름 '선비정신의 현대화'를 외치며 상당한 반향을 일으킨 경희대학교 페스트라이쉬 교수가 제시한 『한국만 모르는 다른 대한민국』은 김기현 교수와 정옥자 교수의 선비의 역사상(像)과 당위론적 선비론에서 조금 더 나아갔다. 아쉽게도 이 책의 일부에서만 선비정신을 짚고 있지만 분명히 시간을 현재와 미래로 넓히고 공간 또한 한반도에 국한시키지 않고 더 넓게 확장할 가능성을 강조한 것만으로도 높은 점수를 받을 만하다. 게다가 그 자신이 외국인의 관점에서 우리를 바라볼 수 있는 시각의 특이성 또한 갖추고 있지 않은가. 페스트라이쉬 교수의 제안이 소중한 이유다.

> "나는 한국의 정체성을 표현하고 소개하는 개념으로 '선비 정신'(Seonbi Spirit)을 채택하는 것이 어떨까 하고 생각한다. 이 단어는 그 역할을 톡톡히 해낼 만한 충분한 잠재력을 품고 있다. 선비 정신은 한국사회와 역사에 깊숙이 뿌리 박혀 있다. 개인적 차원에서 선비 정신은 도덕적 삶과 학문적 성취에 대한 결연한 의지와 행동으로 나타난다. 사회적 차원에서는 수준 높은 공동체 의식을 유지하면서도 이질적 존재와 다양성을 존중하는 태도로 나타난다. 홍익인간으로 대표되는 민본주의 사상을 품고 있으며 자연을 극복의 대상으로 보지 않고 오히려 조화를 이루려는 특성이 두드러진다."

역사현실 속의 선비가 이질적 존재와 다양성을 얼마나 존중했는지, 홍익인간으로 대표되는 민본주의 사상을 얼마나 품었는지에 대해서는 고개가 갸우뚱해진다. 그렇지만 페스트라이쉬 교수의 제안은 분명히 이 글이 전개하려는 군자론의 훌륭한 디딤돌이라 생각한다.

이제 우리 사회 선비론의 문제점을 몇 가지만 짚어보자. 첫째, 선비라는 말의 몰(沒)역사성이다. 조선시대 때 아무리 순기능을 했다 해도 지금 그 같은 선비상이 꼭 필요한 이유는 무엇일까? 흔히 도덕성 회복을 꼽는다. 그러나 정말 선비가 있어야만 도덕성을 회복할 수 있을까? 반대로 지금의 도덕성 저하가 정말로 선비가 없기 때문일까?

좀더 근본적으로 묻자면 오늘날 사회 전반의 도덕성이 조선시대의 도덕성보다 못하다는 근거를 어디서 찾을 수 있는가? 인간이 사회를 구성한 이래 지금까지 "요즘 젊은 놈들 버르장머리가 없어"라는 말은 끊이지 않았다고도 하지 않는가?

또 우리의 도덕성이 서구의 도덕성에 뒤떨어지는 이유는 무엇일까? 서구에 우리와 같은 선비가 있어서인가? 물론 한 개인이 위에서 살펴보았던 선비상을 자기 삶의 모델로 삼아 살아갈 경우에는 아무런 문제가 없다. 그 사람의 자유의지에 따른 선택이기 때문이다. 문제가 되는 것은 이러한 선비상을 일반화해서 사회 전반에 요구하거나 제안할 때다. 당장 큰 반발이 따를 수밖에 없다. 시대착오라는 비판이 그것이다. 선비론이라고 할 때 고루함, 고리타분함이 먼저 떠오르는 것은 이 때문인지도 모른다. 먼저 사회의 성격 변화에 따른 가치관 변화를 충분히 고려한 다음 선비론을 조심스레 제기했으면 한다.

둘째, 선비라는 말에 붙어 있는 도덕주의의 그림자다. 도덕적인 사람과 도덕주의적인 사람은 전혀 다르다. 도덕적인 사람은 스스로 도덕적 원칙을 지키며 살아가고 다른 사람들에게 도덕적이라는 평을 듣는 사람이다. 반면 도덕주의적인 사람은 남에게 도덕을 강요하는 사람이다. 도덕과 도덕주의가 엉키면 네 가지 경우의 수가 생긴다. 먼저 도덕적이면서 도덕주의적인 사람이다. 이런 사람은 지행합일, 언행일치(言行一致)라는 면에서 높은 평가를 받을지도 모른다. 그러나 현대사회에는 맞지 않는다. 우선 도덕이 하나일 수 없는데 자기 도덕을 남에게 강요한다는 비판을 면키 어렵다. 이런 인간형은 다만 조선과 같은 전근대사회에서는 선비〔士〕라 해서 이상적이라는 평가를 받기도 했다.

현대사회에서는 도덕적이면서 도덕주의적이지 않은 사람이 가장 좋은 평을 듣는다. 자신에게는 엄격하고 남에게는 관대한 인간형이 바로 여기에 해당된다. 그런데 자신에게 엄격하기는 어렵고 남에게 관대하기는 더 어려워서 그런지, 주변에서 이런 사람을 만나기란 그리 쉽지 않다. 평범한 현대인 대부분은 그저 가능한 한 스스로 도덕을 지키고자 노력하며 살아갈 뿐이다.

이제 남은 것은 두 가지, 도덕적이지도 않고 도덕주의적이지도 않은 경우와 도덕적이지 않으면서 도덕주의적인 경우다. 앞엣것은 솔직히 필부라면 대부분 그렇기 때문에 도덕적이지 않다고 해서 그리 지탄할 만한 일은 아니다. 사람이 도덕적으로만 산다는 것은 극소수의 성직자를 제외하면 사실상 불가능하기 때문이다. 게다가 욕망의 억제보다는 욕망의 정당한 분출을 권장하는 현대사회에서 가장 일반적인 인간형이기도 하다.

문제는, 도덕적이지도 않으면서 도덕주의를 내세우는, 가장 안 좋은 경우다. 많은 정치인, 특히 민주화운동을 했다는 이 땅의 운동권 출신 정치인들에게서 이런 비도덕적 도덕주의를 보게 된다는 것은 우울한 역설이다. 이들이 신봉하는 가치는 분명하다. '내가 하면 로맨스, 남이 하면 스캔들'이다. 자신들의 부도덕이 문제되면 당신들이 더 부도덕했지 않았느냐고 반격해버린다. 참으로 편리한 논법이 아닐 수 없다. 사실 현대사회에서는 제아무리 도덕적인 사람이라도 남에게 도덕을 강요하는 것은 상당히 민망하거나 낯 두꺼운 짓이다. 게다가 이들이 손에 권력을 쥐면 '도덕주의'는 더욱 강화된다. 권력과 도덕을 함께 잡았으니 뭔들 못하겠느냐는 자만도 여기서 나온다. 하지만 도덕이 어디 그렇게 성취되었나. 과거보다 부패 규모는 어느 정도 줄어들었을지 몰라도 부도덕의 행태나 본질은 오십보백보다.

셋째, 과연 21세기 현대사회에서 선비는 어떤 방식으로 존재할 수 있을까? 일단 특정 직업군으로 존재할 수는 없을 것이다. 과거에는 이런 선비의 존재방식이 현실에서 가능했다. 유학의 훈련을 받은 선비들은 벼슬에 나아가든 그렇지 않든 선비정신으로 무장하여 일정한 그룹을 형성하며 존재할 수 있었다. 그러나 오늘날이라면 상황은 달라진다. 여전히 유학의 훈련을 전제조건으로 할 수밖에 없는 선비는 생계를 유지하며 사회에 영향력을 행사할 수 있는 길이 거의 차단돼 있다. 억지로 찾자면 우리 사회 한구석에서 사서삼경을 가르치며 미미하게 존재하고 있다고나 할까? 이렇게 되면 선비라는 개념이 아무리 좋다 한들 쓰일 곳이 없다. 이 점은 앞으로 사회의 진행방향을 감안해 볼 때 악화되면 더 악화되지 개선될 여지는 거의 없다고 할 수 있다.

끝으로 선비론의 가장 치명적인 약점은 개인의 도덕적 수양을 넘어 리더의 철학으로 확장하는 데 한계가 있다는 점이다. 반면에 『논어』가 그려내는 군자론은 개인의 도덕적 수양을 강조함과 동시에 사회에 대한 공적인 기여를 대단히 중시한다. 바로 이 지점에서 군자론은 리더십과 연결된다. 사실 선비와 군자의 대비는 그대로 맹자와 공자의 대비라고도 할 수 있다. 그 때문인지 주로 선비론을 강조하는 사람들은 공자보다는 맹자를 더 자주 인용하는 경향을 보인다.

군자는 말하는 사람이 아니라 일하는 사람이다

우리가 흘려보내서 그렇지 동양고전, 특히 유학의 경전에는 일〔事〕과 관련된 지침이 참으로 많다. 『논어』의 첫머리에 해당하는 「학이편」에는 공자의 다음과 같은 말이 나온다.

> "(천자국이 아닌) 제후국이라도 잘 다스리려면 먼저 삼가는 마음으로 일해서〔敬事〕 백성의 믿음을 얻어내고 이어 재물을 아껴 백성을 사랑하고 때 맞게 백성을 부려야 한다."

그중에서도 가장 먼저 나오는 말이 "삼가는 마음으로 일해서 백성의 믿음을 얻어내라"〔敬事而信〕는 것이다. 그런데 국내 번역서 대부분은 경사(敬事)를 "일을 공경하라"고 옮긴다. 이렇게 해서는 어떻게 구체적으로 일에 임해야 하는지에 대한 지혜를 얻을 수가 없다. 이는 마치 책을 높인다고 해서 책을 마냥 머리 위에 들고 있는 것과 다를 바가 없는 풀이다. 책은 머릿속에 넣어야 하듯 일도 제대로 해야 한다. 제대로 하는 것이 바로 삼가는 마음으로 일을 하는 것이다. 흔히 일머리가 있다고 하는 것이 이에 해당한다.

『논어』는 경사를 한 번 더 밀고 나가서 다음과 같이 구체화한다.

"일은 민첩하게 하고〔敏於事〕 말은 신중하게 해야 한다."
• 「학이편」

역시 「학이편」이다. 즉 『논어』는 무엇이든 시작할 때부터 일은 민첩하게 잘하되 말은 신중하게 조심하는 사람이 될 것을 요구한다. 여기서도 우리는 군자와 선비의 대비를 읽어낼 수 있다. 군자는 일을 (할 줄) 아는 사람이고 선비는 말에 목숨을 거는 사람이다. 이쯤에서 앞서 보았던 성삼문을 다시 한 번 떠올려주기를 바란다.

경사는 지사(祗事)라고도 한다. 경(敬)과 지(祗)는 둘 다 삼간다는 뜻이다. 『명심보감』(明心寶鑑)에는 이런 말이 나온다.

"일을 일으킴〔作事〕은 반드시 그 처음〔始〕을 잘 도모하는 데 있다."

「입교편」에 나오는 송나라 학자 장사숙(張思叔)의 말이다. 민첩하게 한다는 것은 빨리 한다는 말이 아니라 주도면밀하게 한다는 뜻으로 당연히 그 처음을 신중히 해야 한다. 그래야 빈틈이 없다. 빈틈이 없으려면 일을 시작하기에 앞서 전체적인 윤곽을 머리에 넣는 것이 필수적이다.

이쯤 되면 『논어』「술이편」에 나오는 다음 일화는 쉽게 이해할 수 있다. 우리의 맥락에서 군자보다는 선비에 가까운 공자의 제자 자로(子路)가 공자에게 묻는다.

"만일 스승님께서 삼군(三軍)을 통솔하신다면 누구와 함께하시겠습니까?"
공자가 말했다. "맨손으로 호랑이를 때려잡고 맨몸으로 강을 건너려 하여(暴虎馮河) 죽어도 후회할 줄 모르는 사람과 나는 함께할 수 없을 것이니, 반드시 일에 임하여서는 두려워하고(臨事而懼) 계책을 잘 세워 일을 이루어내는 사람과 함께할 것이다."

자로는 적어도 용맹을 갖춘 사람(勇者)이었다. 그런데 공자는 계책을 잘 세워(好謀) 일을 성공으로 이끌 사람과 함께할 것을 말하고 있다. 임사이구(臨事而懼), 즉 일에 임하여서는 두려워하는 자세가 곧 경사에 대한 풀이임을 알 수 있다. 이런 사람이 바로 지금 우리가 모색하고 있는 군자의 모습이다.

여기서 한 단어를 짚고 넘어가자. 호사가(好事家)가 그것이다. 그냥 풀이하면 일을 좋아하는 사람이다. 그러나 정확한 의미는 일 벌이기를 좋아하는 사람, 좀더 구체적으로는 앞뒤 재보지 않고 일 벌이기를 좋아하는 사람이니 대단히 부정적인 뜻이다. 계책을 잘 세운다는 호모(好謀)와는 전혀 다르다.

이 정도까지 일의 문제를 이해하면 그 응용폭이 넓어진다. 『논어』를 실질적 또는 현실적으로 이해하는 데 길을 열어준 사람은 내가 다녔던 철학과의 교수님들이 아니라 뜻밖에도 삼성그룹의 창업자 이병철 회장이었다. 그의 자서전 『호암자전』(湖巖自傳)에는 다음과 같은 말이 나온다.

"가장 감명을 받은 책 또는 좌우에 두는 책을 들라면 서슴지 않고 『논어』라고 말할 수밖에 없다. 나라는 인간을 형성하는 데 가장 큰 영향을 미친 책은 바로 이 『논어』이다. 나의 생각이나 생활이 『논어』의 세계에서 벗어나지 못한다고 하더라도 오히려 만족한다."

처음 보았을 때는 이 구절만으로도 큰 충격이었다. 그러나 그 후에 이 책을 두고두고 읽으면서 이 말이 빈말이 아님을 알게 됐다. 그중 한 대목은 바로 지금 우리가 보았던 구절과 직결된다. 이병철 회장은 일제강점기 말 일본의 무리한 전쟁정책을 이렇게 지적하고 있다.

"맨손으로 호랑이와 맞서고 대하(大河)를 걸어서 건너려는 이른바 포호빙하(暴虎馮河)의 무모한 짓을 일본은 자행하고 있었다. 이런 일본이 태평양전쟁에서 승리할 리는 없다고 생각했다."

이처럼 『논어』는 그에게 깊이 스며들어 있었던 것이다. 이 밖에도 많은 사례가 그의 책에 담겨 있지만 지금 우리의 문맥과는 맞지 않아 더 이상의 언급은 줄인다.

개인적으로 일의 문제를 이야기할 때 가장 먼저 떠오르는 인물은 조선의 태종 이방원이다. 어쩌면 이 사람은 사람과 일의 문제에 관한 한 가장 탁월했던 사람인지도 모른다. 이성계는 이방원이 왕위에 오르자 "너는 강명(剛明)하여 권세가 신하에게로 옮겨가지 않을 것이다"라고 말한다. 아들 이방원을 정확하게 읽어낸 것이다. 지극히 주관적인 견해이지만 그가 중국에서 태어났다면 황제의 자리에 오르고도 남았을 것이다.

사람을 알아보는 중요한 관건의 하나가 바로 일이다. 1388년 5월 22일 아버지 이성계가 위화도회군을 단행했다는 소식이 개경의 이방원에게도 들려왔다. 당시 22세로 전리정랑(조선의 이조정랑)이던 이방원은 그 소식을 듣자마자 집으로 가지 않고 곧장 친모 한 씨와 계모 한 씨가 있던 포천으로 달려가 두 어머니를 모시고 아버지의 근거지인 함흥으로 향한다. 철원을 지나 함흥으로 가던 중 이천이란 곳에 이르자 이방원은 자신을 따르던 장정 100여 명에게 이렇게 말한다.

"최영은 일을 모르는 사람이니 반드시 나를 추격하지 않을 것이다."

결국 이방원 일행은 함흥까지 가지 않고 이천에 일주일간 머물다가 상황이 종료됐다는 소식을 듣고 6월 초 개경으로 돌아온다. 최영이 일을 아는 주도면밀한 사람이었다면 이성계의 위화도회군 소식이 전해지자마자 그의 가족부터 인질로 잡았을 것이다. 생사의 갈림길에서 이방원의 말대로 '일을 모르는 사람' 최영은 비참한 최후를 맞은 반면 일을 아는 자신은 훗날 조선 개국이라는 거대한 사업을 일으키게 된다.

끝으로 『조선왕조실록』에서 대표적인 경사의 사례를 언급하는 것으로 삼가는 마음으로 일을 한다는 것이 무슨 뜻인지에 대한 풀이는 마치도록 하겠다.

조선 태종 때 정승 하륜[8]이 태종에게 관제개혁의 명을 받아 새로운 관제를 발표했는데 그중에 백미가 바로 오늘날의 장관, 차관, 차관보에 해당하는 판서(判書), 참판(參判), 참의(參議)다. 아마도 지금 문화부장관을 문화부판서로 명칭을 바꾸자 하면 시대착오적인 발상이라는 비판이 쏟아질 것이다. 그러나 과연 그럴까?

참의부터 보자. 의견을 내는 데 참여할 수 있다는 뜻이다. 예를 들어 이조참의는 문관 자리가 비어 새로운 인물을 추천해야 할 때 후보자의 명단을 정리하는 일을 했다. 그 이상 개입해서는 곤란하다. 왜냐하면 참판, 즉 누구는 좋고 누구는 나쁜지를 참여해 가리는 일은 참판의 몫이지 참의가 개입해서는 안 되기 때문이다. 명칭 자체가 이미 일을 규정하고 있는 것이다. 그리고 판서는 말 그대로 판단해서 서명함으로써 책임을 지는 직위다. 판서, 참판, 참의는 권위의 서열이 아니라 일의 순서를 드러낼 뿐이다.

반면에 장관, 차관, 차관보라는 명칭으로는 일을 분담하여 책임지는 일이 불가능하다. 별도의 규정이 있어야 가능한 일이다. 그저 권력의 서열만 나타내고 있기 때문이다. 이처럼 명칭 하나를 정하는 일도 삼가고 또 삼가면〔敬事〕일로 인한 혜택을 두고두고 얻을 수 있다. 공자가 이름을 바로잡는 것〔正名〕을 일의 첫머리에 둔 것도 이러한 이유 때문이다.

> 자로가 물었다. "위(衛)나라 군주가 스승님을 기다려 정치에 참여시키려고 하니 선생님께서는 정치를 하시게 될 경우 무엇을 우선시하시렵니까?"
> 공자가 말했다. "반드시 이름부터 바로잡겠다."
> 이에 자로가 말했다. "이러하시다니! 스승님의 황당무계하심이여! (그렇게 해서야) 어떻게 (정치를) 바로잡으시겠습니까?"
> 이에 공자가 말했다. "한심하구나, 유(由-자로)여! 군자는 자기가 알지 못하는 것은 비워두고서 말을 하지 않는 법이다. 이름이 바르지 못하면 말이 순하지 못하고 말이 순하지 못하면 일이 이루어지지 못하고〔事不成〕일이 이루어지지 못하면 예악(禮樂)이 흥하지 못하면 예악이 흥하지 못하면 형벌이 알맞지 못하고 형벌이 알맞지 못하면 백성이 손발을 둘 곳이 없게 된다. 고로 군자가 이름을 붙이면 반드시 말할 수 있고, 말할 수 있으면 반드시 행할 수 있는 것이니 군자는 그 말에 있어 구차히 함이 없을 뿐이다."
> • 「자로편」

하륜은 바로 이 구절의 의미를 정확히 알고 있었다. 여기서도 공자는 이름이 바르지 못하면 말이 순하지 못해서 일〔事〕이 이루어질 수 없다고 말하고 있다. 공자에게 일의 문제가 얼마나 중요한지를 다시 한 번 확인할 수 있는 대화이기도 하다.

군자는 본질에 적중하여 끝까지 유지하는 사람

기존의 사서(四書) 풀이집들을 보면 중용(中庸)을 한결같이 '지나치거나 치우침이 없음'이라고 하고서 '적절한 균형을 잡다' 정도로 풀이하고 지나간다. 나도 한동안 그렇게 이해하면서 경전을 따라 읽었다. 그러다 보니 늘 알듯 모를 듯한 것이 중용이라는 개념이었다. 그러나 반복된 강학(講學)을 통해 중용의 뜻이 우리가 흔히 아는 명사가 아니라 동사, 그것도 두 개의 동사임을 깨닫게 됐다. 이제 필자가 중용을 파악하는 문리(文理)를 어떻게 터득했는지 보여주고자 한다.

『논어』「옹야편」에서 공자는 이렇게 말한다.

> "중용이 다움을 이루어냄이 지극하다고 할 것이다. (그런데) 사람 가운데는 중용을 오래 지속하는 이가 드물다"〔中庸之爲德也 其至矣乎 民鮮久矣〕.

우선 공자는 다움을 이루어내는 것이 '중용'이라고 말한다. 다움을 이루어낸다는 것은 임금이 임금다워지고 신하가 신하다워지고 부모가 부모다워지고 자식이 자식다워짐을 말한다. 크게 말해 사람이 사람다워지는 것이 바로 다움을 이루는 것이다.

예를 들면 자식이 자식다우려면 효도해야 한다. 자식의 자식다움이 곧 효(孝)다. 부모가 부모다우려면 사랑해주어야 한다. 부모의 부모다움이 곧 자(慈)다. 신하가 신하다우려면 충성해야 한다. 신하의 신하다움이 충(忠)이다. 이런 맥락에서 임금의 임금다움은 무엇일까?

리더십의 맥락에서 이 질문은 대단히 중요하다. 사람들은 흔히 인(仁)이라고 한다. 틀린 말은 아니지만 맞다고도 할 수 없다. 왜냐하면 효·자·충도 이런 맥락에서는 인이기 때문이다. 결국 임금이 다른 사람을 사랑하는 인이 구체적으로 무엇이냐는 질문은 고스란히 남는다. 그 답은 『논어』 「팔일편」 맨 끝에 나온다.

　　공자가 말했다. "윗자리에 있으면서 너그럽지 않으면〔不寬〕 내가 뭘 갖고서 그 사람을 살필 수 있겠는가?"

　너그럽지 못한 사람이 윗자리에 있어서는 안 된다는 말이다. 효도하지 않는 자식을 자식이라고 할 수 없다는 것과 같은 이야기다. 관(寬)이 바로 임금의 임금다움이며 임금이 행하는 인이다.
　다시 중용을 푸는 문제로 돌아가자. 여기서 우리는 질문을 던져야 한다. '지나치거나 치우침이 없음'이 어떻게 해서 다움을 이뤄낼 수 있을까? '적절한 균형을 잡는다'고 해서 임금이 임금다워지고 신하가 신하다워질까? 이래서는 무슨 말인지 알 길이 없다. 그래서 일반인들은 이 단계에 이르면 '아, 내가 한문이 약해서 이해를 못 하는구나'라며 지레 포기하고 만다.
　결론부터 말하면 중용은 한 단어가 아니라 '중하고〔中〕 용하다〔庸〕'라는 두 단어다. 여기에서 중(中)은 가운데 운운하는 것과는 전혀 상관이 없고 오히려 화살이 과녁의 한복판을 맞춘다는 뜻의 적중(的中), 관중(貫中)의 그 중이다. 『서경』에 나오는 '문제의 핵심을 잡아 쥔다'고 할 때의 집중(執中)이 바로 '중하는 것'〔中〕이다. 아직 도달하지는 못했지만 뭔가 사안의 본질이나 핵심에 닿기 위해 갖은 애를 다 쓰는 것이 바로 '중하는 것'이다. 적중한다는 말이다. 용(庸)도 떳떳함과는 상관이 없고 오래 지속하는 것이다. 즉 열과 성을 다하여 어렵사리 중하게 된 것을 가능한 한 잃거나 놓치지 않고 그대로 유지하는 것이 바로 '용하는 것'[庸]이다. 유지·지속한다는 말이다.

이제 위의 인용구를 다시 찬찬히 읽어보자. 임금이 절로 임금이 되는 것이 아니다. 관대함, 판단력, 위엄 등을 조금씩 조금씩 갖춰나감으로써 처음에는 어설펐던 임금도 훗날 임금다운 임금이 될 수 있다. 그러면 어떻게 해야 하겠는가? 임금의 다움을 배우고 익혀 최대한 자기 몸에 남도록 해야 한다. 즉 임금다움[德]에 정확히 적중해[中] 그것을 내 몸에 익혀야[庸] 한다.

아마도 눈 밝은 독자라면 벌써 눈치챘으리라 본다. 그렇다. 중하고 용하는 것[中庸]은 『논어』「학이편」 첫머리에 나오는 학이시습(學而時習)과 정확히 통한다. 각자 자기가 갖춰야 할 다움을 애써[文] 배워서 그것을 시간 나는 대로 열심히 자기 몸에 익히는 것이 바로 중하고 용하는 것이다.

여기까지 이해한 다음 『논어』「태백편」의 한 구절을 읽어보자.

공자가 말했다. "(뭔가를) 배울 때는 마치 내가 (거기에) 못 미치면[不及] 어떡하나 하는 마음으로 해야 하고, 또 (그것에 미쳤을 때는) 혹시 그것을 잃으면[失之] 어떡하나 두려워하는 마음으로 해야 한다."

여기서 자연스럽게 배움과 중하고 용하는 것이 만난다. "내가 거기에 못 미치면 어떡하나 하는 마음으로 하는 것"이 중하려는 것이고 "그것을 잃으면 어떡하나 두려워하는 마음으로 하는 것"이 용하려는 것이다.

결국 중하는 것이나 용하는 것이나 전심전력을 기울여야지 조금만 방심해도 중하지 못하고 설사 중했다 하더라도 그것을 잃어서 용하지 못하는 것이다.

적어도 이 정도까지는 이해가 되어야 『논어』「옹야편」에서 공자가 말한 뒷부분을 쉽게 이해할 수 있다.

"(그런데) 사람 가운데는 중하고 용하는 것을 오래〔久〕 지속하는 이
가 드물다."

이제 핵심은 '오래'다. 순간적으로는 누구나 적중할 수 있고 유지
할 수도 있다. 그러나 그것을 오래 끌고 가는 것은 쉽지 않다.
이와 거의 같은 구절이 『중용』(中庸)에도 등장하는데 능(能)자가
추가돼 민선능구의(民鮮能久矣)라고 돼 있다. 문제는 민선능구의를
번역할 때 두 가지 방향이 엇갈린다는 점이다. 특히 구(久)에 대한 번
역이 관건이다.
먼저 전통적인 번역을 보자.

'사람들이 능한 이가 적은 지 오래되었다.'
• 성백효 옮김

'백성이 능함이 적은 지 오래이구나.'
• 김석진 옮김

이 두 번역은 능을 능한 이, 능함으로 옮긴 차이가 있지만 기본적
인 뜻은 비슷하다. 이런 번역은 아마도 주희의 풀이에 근거한 듯하
다. 주희는 이 문장을 '그것(중용)을 능하게 하는 이(것)가 드물어진
지〔鮮能之〕 이제 이미 오래다〔今已久矣〕'라고 풀이하고 있다. 결국 주
희 말대로 하자면 옛날에는 드물지 않았는데 그 후 오랫동안 중용에
능한 이가 나오지 않고 있다는 것이다. 중용에 이르기는 예나 지금이
나 어렵다는 점에서 옛날과 지금을 대비시킨 주희의 풀이는 그다지
적절치 않아 보인다. 상당한 억지가 들어간 풀이이기 때문에 구에 대
해서도 어이없는 실수를 저지른 것으로 볼 수 있다.
그 점에서는 김용옥이 정약용의 풀이를 받아들여 이 문장의 핵심

동사를 능이 아니라 구로 본 것은 정확한 이해다. 그래서 김용옥의 번역은 조금 다르다.

'아~ 사람들이 거의 그 지극한 중용의 덕을 지속적으로 실천하지 못하는구나!'

다만 김용옥의 번역에는 능의 의미가 누락돼 있고 불필요한 감탄사 '아~'가 들어가 있으며 구를 지속적 실천으로까지 옮겨 조금 더 나아간 느낌이다.

하지만 김용옥의 본질적인 문제점은 중용을 제대로 이해하지 못한 데서 드러난다. 그는 중용이 두 개의 동사임을 이해하지 못한 채 막연하게 '정태적(情態的) 중용'과 '동태적(動態的) 중용'을 나눴다. 이런 중용은 없을 뿐만 아니라, 중용 자체가 명사가 아니라 동사다. 아마 그도 명사로 중용을 사용하니 말이 안 된다는 것을 알아차려 동태적 중용이라는 억지 용어를 만들어낸 듯한데 끝내 중용 자체가 동사임을 파악하지 못했다. 앞서 말한 듯이 한문은 한 자씩 해석하면 길이 보인다.

여기서 우리는 다시 한 번 오래감〔久〕의 문제와 관련해 공자가 안회를 칭찬하는 대목을 살펴봐야 한다. 오래감의 문제는 곧 뛰어남〔賢〕의 문제와 연결된 것임을 확인할 수 있기 때문이다.

공자가 말했다. "안회(顔回)는 그 마음이 3개월 동안 어짊〔仁〕을 떠나지 않았고, 그 나머지 제자들은 하루나 한 달에 한 번 어짊에 이를 뿐이다."
• 「옹야편」

여기서 안회를 어질다고는 하지 않았다. 그러나 다른 사람과 비교할 때 어짊이 3개월, 즉 오래〔久〕 머물렀음을 들어 높이 평가하고 있는 것이다.

오래감의 문제는 어질고 어질지 못한 잣대임과 동시에 뛰어남의 잣대가 되고 있음을 보여주는 구절도 있다.

> 공자가 말했다. "어질지 못한 사람은 (자신을) 다잡는 데〔約〕 (잠시 처해 있을 수는 있어도) 오랫동안〔久〕 처해 있을 수 없고 좋은 것을 즐기는 데〔樂〕에도 (조금 지나면 극단으로 흘러) 오랫동안〔長〕 처해 있을 수 없다."
>
> • 「이인편」

여기까지 따라오는 일이 쉽지 않았을 것이다. 그러나 문리를 트기 위한 이상의 주요 개념들을 어느 정도 이해했으면 내가 개인적으로 『논어』에서 제일 좋아하는 구절을 함께 읽을 수 있을 것이다. 하나하나 음미하다 보면 인지(仁知), 즉 사람을 사랑하는 것〔愛人〕과 사람을 볼 줄 아는 것〔知人〕을 중심에 둔 공자의 생각이 어느새 우리 마음속 깊이 자리 잡고 있음을 느낄 수 있으리라. 애인(愛人)과 지인(知人) 모두 지도자에게 없어서는 안 될 자질이자 덕목이다. 「위령공편」에 나오는 구절이다.

> 공자가 말했다. "앎〔知〕이 도리에 미치더라도 어짊〔仁〕이 그것을 지켜줄 수 없다면 설사 도리를 (순간적으로는) 얻었다 하더라도 결국 자기 것이 되지 못하고 반드시 잃게 된다. 앎이 거기에 미치고 어짊이 그것을 지켜줄 수 있다 하더라도 장엄〔莊〕으로 백성에게 임하지 않으면 백성이 공경하지 않는다. 앎이 거기에 미치고 어짊이 그것을 지켜줄 수 있고 장엄으로써 백성에게 임할 수 있더라도 백성을 예(禮)로써 분발시키지 않는다면 (그런 정치는) 좋다고 할 수 없다."

앎이 도리에 미친다는 말은 곧 도리에 적중한다는 말이다. 도리란 행하기가 어려울 뿐 사람이라면 어떻게 해야 하는지 알고 있는 바로 그런 길을 가리킨다. 그런데 여기서 보듯 도리에 적중해도(中=中道) 그것을 오래오래 유지하는 것(庸=久=恒)은 참으로 쉽지 않은 과제다. 이 글은 군자와 소인의 갈림길에 서 있는 이정표처럼 느껴진다.

오역을 걷어내야 『논어』를 제대로 읽는다

『논어』를 파고든지 올해로 만 10년째다. 그 사이 책을 내기도 했지만 지금도 나의 벗 공자는 『논어』를 통해 계속 말을 걸어온다. 『논어』 읽기의 첫걸음은 잘못된 번역과 풀이를 털어내는 데서 시작해야 한다.

학이시습지(學而時習之) 불역열호(不亦說乎)

가장 흔한 번역이 '배우고 익히면 이 또한 기쁘지 아니한가?'다. 지난 100년 동안 우리 사회 엘리트라는 사람들은 철저하게 유학의 텍스트들을 외면해왔다. 국망(國亡)의 트라우마 때문에 조선이라는 나라를 지탱했던 유학의 텍스트들까지 내팽개친 것이다. 그 결과 미처 훈련되지 않은 사람들이 이 책들을 읽히고 가르치다 보니 본래의 뜻을 잃고 점점 더 더께가 쌓여 엉뚱한 방향으로 이해되고 있다. 이런 병폐들이 쌓여 저런 엉터리 번역이 나온 것이다.

먼저 학(學)이다. 배우다! 그러면 당연히 무엇을 배운다는 것인지를 물어야 한다. 아무것이나 배울 수는 없다. 그런데도 이에 관한 풀이가 없다. 성균관대학교 이기동 교수가 거의 유일하게 예(禮)를 배워야 한다고 풀이하고 있는데 딱 맞는 것은 아니다. 『논어』 어디에도 학례(學禮)라는 말은 없다. 약례(約禮)만이 있을 뿐이다. 「옹야편」에 나오는 다음 구절을 보자

공자가 말했다. "군자는 문(文)을 널리 배우고 그것을 예로 다잡으니 진실로 (도리를) 어기지 않을 수 있다"〔君子 博學於文 約之以禮 亦可以弗畔矣夫〕.

『논어』에서 학은 반드시 문과 연결된다. 다른 가능성은 0퍼센트다. 그런데 우리는 여기서 다시 오역을 만난다. 문을 '글'로 옮기는 것이다. '글월 문' 하면서 배웠기 때문일 것이다. 그게 글이라면 공자는 졸지에 글 선생이 된다.

문에는 글 이외에 '문장' '글자' '문서' '서적' '문체' '채색' '빛깔' '무늬' '예술' '법도' '예의' '조리' '현상' '산문' '결' '나뭇결' '얼굴' '반점' '돈의 단위' '신발치수' '아름다운 외관' '주나라 문왕의 약칭' '빛나다' '화려하다' '아름답다' '몸에 새기다' '꾸미다' '어지러워지다' 등의 뜻이 있다. 결론부터 말하면 속에 있는 것을 밖으로 남김없이 드러낸다는 것이 문의 기본 뜻이다. 글은 우리 속에 있는 것을 밖으로 남김없이 드러내는 것의 하나다. 다른 의미들도 대부분 이 기본 뜻에서 파생했음을 알 수 있다. 글도 기본 뜻이 아니라 파생된 뜻일 뿐이다. 그래서 나는 이것을 애씀, 애쓰는 법, 애쓰다 등으로 옮긴다. 학문(學文)이란 뛰어난 사람들이 애쓴 것 또는 애쓴 방법 등을 배운다는 뜻이다. 하나 추가하자면 사람다워지려고 애쓰는 것이다. 그것이 인문(人文)이다. 사람이 사람다워지려고〔人人〕 애쓰는〔文〕 것은 곧 어짊〔仁〕을 향한 것이다. 공자는 인(仁)을 사람을 사랑하는 것〔愛人〕이라 했다.

이로써 한고비 넘었다. 그런데 곧바로 또 오역이 기다리고 있다. 때때로라고 옮긴 시(時)다. 문맥상 때때로는 될 수가 없다. '늘' '시간 날 때마다'로 옮겨야 한다. 이 또한 원래 시의 뜻 중 하나다.

지(之)는 여기서 지시대명사로 문을 가리킨다. 문을 배워서 그것을 늘 몸에 익히라는 말이다. 문을 널리 배우고 그것을 예로 다잡으라는 말이다. 예로 다잡는다는 것은 애쓰는 법을 배워 그것을 예에 맞게 몸으로 실천하라는 뜻이다. 기존의 번역은 문을 놓치다 보니 지는 아예 번역도 하지 않는다. 약지(約之)에도 지가 있음을 주목해야 한다. 글쓴이는 다 이유가 있어 지를 쓴 것인데 옮긴이가 제 마음대로 또는 수준 미달이어서 얼렁뚱땅 빼버려서야 되겠는가? 우리나라 한문 번역서들에 비문이 많은 것은 주로 이 같은 무지에서 생겨난 결과다.

불역(不亦)도 오역했다. 첫 문장에 어떻게 '또한'이라는 말이 올 수 있겠는가? '역시' '정말로' 등을 뜻한다. 따라서 불역열호란 '정말로 기쁘지 않겠는가'로 옮겨야 정확하다. 이렇게 해서 학이시습지 불역열호의 정확한 번역이 이루어졌다. '애씀을 배워 그것을 늘 내 몸에 익힌다면 정말로 기쁘지 않겠는가?' 그리고 이처럼 배워 익히는 것을 정말로 기뻐하는 자세가 다시 애씀(文)이다.

번역이 끝났다고 해서 해석이 끝난 것은 아니다. 『논어』는 처음부터 끝까지 군주의 리더십을 정립하기 위한 군자론이다. 군자를 통한 군주론이기도 하다. 그렇다면 그 첫 번째 구절인 '애씀을 배워 그것을 늘 내 몸에 익힌다면 정말로 기쁘지 않겠는가?'는 군주를 향해 또는 군자를 향해 어떤 메시지를 던지는 것일까? 『서경』 「중훼지고」(仲虺之誥)에 이런 말이 나온다.

"능히 스스로 스승을 얻는 자는 임금다운 임금(王者)이 될 수 있다."

임금에게 스승이 얼마나 중요한지 말하고 있다. 『예기』(禮記) 「학기」(學記)에도 이런 말이 나온다.

"임금이 그 신하에 대해 신하로 여기지 않는 경우가 둘 있다. (하나는) 선조의 제사에 시동(屍童)을 맡는 사람은 신하로 대하지 않는다. (또 하나는) 임금의 스승이 되었을 때는 신하로 대하지 않는다.

대학(大學)[9]에서 예를 행할 때 천자(天子)에게 고할 때도 북면(北面)[10]하지 않는 것은 스승을 존중하기 때문이다."

스승과 같은 신하〔師臣〕가 있어야 임금이 임금다운 통치〔王道〕를 제대로 할 수 있다는 말이다. 그리고 『대학연의』의 저자인 진덕수는 이렇게 말한다. "예로부터 스승 같은 신하〔師臣〕, 친구 같은 신하〔友臣〕, 종 같은 신하〔僕臣=隷臣〕를 나누고 있습니다." 다움〔德〕으로 천하를 가지고자 하는 임금은 스승 같은 신하를 가까이하고 힘으로 천하를 가지고자 하는 임금은 친구 같은 신하를 가까이한다는 것과 임금이 한마디를 하면 무조건 옳다 하여 조금도 어김이 없는 신하는 종 같은 신하라는 것이다.

스승과 같은 신하란 어떤 신하인가? 누구보다 임금이나 리더의 생각을 정확히 들여다보는 또는 내려다보는 신하다. 그래서 임금이 길이 막혔을 때 어디로 가야 할지를 일러줄 수 있는 신하가 바로 사신(師臣)이다.

그런데 스승과 같은 신하는 자신이 원한다고 해서 그렇게 될 수 없다. 이는 오직 임금이나 리더가 그런 신하를 두려고 할 때 가능하다. 그것도 그저 형식상 데면데면해서는 누구도 그 자리를 맡으려 하지 않는다. 먼저 임금이나 리더 쪽에서 진심으로 자신을 낮추고 스승과 같은 신하를 '모시려' 해야 한다. 그것은 과연 어떤 마음가짐이어야 할까? 바로 '애씀을 배워 그것을 늘 내 몸에 익힌다면 정말로 기쁘지 않겠는가?'라는 마음가짐이어야 한다. 그런 연후라야 곁에 스승과 같은 신하가 있을 수 있다. 이로써 학이시습지 불역열호에 대한 번역과 풀이가 끝났다.

이제 다음 구절로 넘어가보자.

유붕자원방래(有朋自遠方來) 불역낙호(不亦樂乎)

이 또한 잘못된 번역과 풀이를 털어내는 데서 시작해야 한다. 가장 흔한 번역이 '벗이 있어 먼 곳에서 찾아오니 이 또한 기쁘지 아니한 가?'다. 붕(朋)은 그냥 친구나 벗이 아니다. 뜻을 같이하는 벗[同志之 友]이 붕이다. 먼저 뜻을 같이하는 벗이 있다고 했다. 그 벗이 먼 곳에 갔다가 바야흐로[方] 돌아온 것이다. 그래서 정말로 기쁘다는 것이다. 일차적으로는 이렇게 풀 수 있다. 자신처럼 배우고 늘 쉬지 않고 반복해서 익히기를 좋아하는 그 친구[同志]가 (먼 곳에 갔다가 식견을 넓힌 다음) 돌아오니 나 또한 그에게서 새로운 식견을 얻을 수 있어 정말로 즐겁지 않겠느냐고 말이다. 즉 즐거움의 대상이 멀리 다녀온 친구와의 재회라기보다는 그 친구에게서 새롭고 다른 의견들을 얻는 것이어야 문맥에도 적합하다. 그러면 번역을 이렇게 해야 한다. '뜻을 같이하는 벗이 있어 먼 곳에 갔다가 그곳에서 돌아오니 정말로 즐겁지 않겠는가?'

번역이 완성됐으니 이제 리더십의 맥락에서 풀어야 할 차례다. 원(遠)의 반대는 근(近)이다. 임금은 늘 근신(近臣), 즉 환관, 후궁, 측근 등 신하들에게 둘러싸이게 마련이다. 이는 오늘날 대통령이나 기업의 총수도 마찬가지다. 그러면 늘 익숙한 소리, 귀를 붙잡는 이야기에 둘러싸여 비판하는 소리, 곧은 소리, 바른 소리 등을 듣지 못하게 된다. 임금과 뜻을 같이하는 신하라야 그런 이야기들을 임금에게 전해줄 수 있는데 이때 임금이 그것을 싫어한다면 뜻을 같이하는 신하라도 그것을 감히 전해줄 수가 없다. 오직 윗자리에 있는 사람이 그런 소리 듣기를 즐거워해야 뜻을 같이하는 신하가 조심스럽게 전할 수 있다. 여기서도 먼저 임금이나 리더 쪽에서 진심으로 자신을 낮추고 벗과 같은 신하의 싫은 소리에 '즐거운 마음으로' 귀를 기울이려 해야 한다. 이것은 과연 어떤 마음가짐이어야 할까? 다름 아닌 '뜻을 같이하는 벗이 있어 먼 곳에 갔다가 그곳에서 돌아오니 정말로 즐겁지 않겠는가?'라는 마음가짐이어야 한다. 그런 연후라야 곁에 벗과 같은 신하가 있을 수 있다. 이로써 유붕자원방래 불역낙호에 대한 번역과 풀이가 끝났다.

이제 마지막 구절이다.

인부지불온(人不知不慍) 불역군자호(不亦君子乎)

이 또한 잘못된 번역과 풀이를 털어내는 데서 시작해야 한다. 가장 흔한 번역이 '남들이 알아주지 않아도 성내지 않으면 이 또한 군자가 아니겠는가?'다. 여기서도 불역(不亦)은 '정말로'로 옮겨야 한다. 결정적인 오역은 온(慍)이다. '성내다'가 아니다. 속으로 서운해하거나 꽁하는 것이 온이다. 속으로라도 서운해하지 말라는 것이다. '사람들이 자기를 알아주지 않더라도 서운해하지 않는다면 정말로 군자가 아니겠는가?'

특히 우리의 핵심개념인 군자가 등장하고 있다. 남들이 자기를 알아주고 인정해주기를 바라는 마음은 어찌 보면 인지상정이다. 그런데 알아주지 않고 인정해주지 않더라도 속으로조차 서운해하지 않는 것이 군자라고 했다. 즉 서운해한다면 소인이다.

이 또한 번역이 완성됐으니 이제 리더십의 맥락에서 풀어야 할 차례다. 남들이란 곧 신하들이다. 어떤 일을 할 때 설사 신하들이 자신의 깊은 뜻을 알아주지 않더라도 서운해하지 말고 일 자체를 풀어가는 것이 임금다운 임금, 리더다운 리더의 길이다. 이는 진정으로 겸손한 마음가짐을 품을 때 가능하다. 이로써 인부지불온 불역군자호에 대한 번역과 풀이가 끝났다.

學而時習之 不亦說乎
有朋自遠方來 不亦樂乎
人不知不慍 不亦君子乎

『논어』를 펼치면 제일 처음 등장하는 이 세 문장은 공부 열심히 하라는 뜻도 아니고 먼 데서 온 친구를 반가워해주라는 뜻도 아니며 인정받지 못한다고 해서 욱하지 말라는 뜻도 아니다. 이 셋은 모두 군자의 도리가 무엇인지를 함축적으로 이야기하고 있다. 그것은 겸손〔謙〕이자 더 근본적으로는 삼감〔敬〕이다. 삼가는 마음이 상황에 따라 어떻게 나타나야 하는지를 보여주고 있는 것이다.

참고문헌

『論語』

김용옥, 『논어한글역주 1~3』, 통나무, 2008.

성백효, 『논어집주』, 전통문화연구회, 2010.

이한우, 『논어로 논어를 풀다』, 해냄, 2012.

『장자』에게 듣는다:
모든 것은 빛난다

장석주

시인

『장자』의 출처와 기원

『장자』는 기원전 4세기 전국시대(戰國時代) 송(宋)나라 몽(蒙)이라
는 곳에 살았던 장주(莊周)의 어록을 엮은 책이다. 그 어록은 해학과
재기발랄함으로 버무려진 이야기, 풍자와 해학으로 본질을 꿰뚫는
이야기들이다. 장자(莊子)는 나무와 곤충이나 동물의 생태에도 밝아
한때 '나비선생'이라는 애칭으로 불릴 정도로 나무와 곤충들을 자주
우화에 끌어다 썼다. 이는 아마도 나무와 연관된 그의 직업과 무관하
지 않은 듯하다. 장자는 나라의 칠나무를 돌보는 칠원리(漆園吏)라는
말단관직에 오래 있었다. 나라에서 받는 녹봉이 최저생계비에도 못
미치는 저임금이라 살림은 누추하고 옹색했다. 식구들이 짚신을 만들
어 장마당에 내다 파는 가족부업을 하며 끼니를 거르지 않음을 다행으
로 여기는 극빈가정의 가장이었다. 그렇지만 가난의 위세에 눌리는 법
없이 가난을 희롱하며 초야에 은둔하던 낙관주의 철학자였다.

『장자』는 내·외·잡편으로 나뉘어 있다. 「내편」(內篇)은 장자의 어록이고, 나머지 「외편」(外篇)과 「잡편」(雜篇)은 후학들이 덧붙인 것이다. 장자는 하늘과 땅, 만물이 생겨난 근거와 이것들이 움직이는 근본 원리를 '도'(道)에서 찾았다. 도는 천지가 있기 이전부터 있었고, 우주 발생의 제일원인이다. 도는 천지만물의 본체이므로 천지만물의 속성과 마찬가지로 천변만변한다. 흔히 장자와 노자(老子)를 하나로 묶어 '노장사상'이라고 일컫는다. 두 사람이 생각함의 바탕으로 삼은 게 도고, 이 도가 무위자연 사상의 뿌리다. 한 뿌리에서 두 줄기가 나왔으니, 후세 사람들이 둘을 '노장'으로 묶는다. 장자와 노자는 한통속이되, 자세히 들여다보면 차이가 있다. 노자가 본질을 논한다면 장자는 그 활용을 말한다. 도는 무(無)이자 유무(有無)다. 만물과 그것들이 작용해서 일어나는 현상이 '있음'(有)이라면, 있음은 오로지 '없음'에서 나온다. 태초에는 없음만이 있었으니, 이 없음(無)의 근원은 무무(無無)고 무무무(無無無)이며, 항상적으로 무다. 장자는 도가 이 무를 그릇으로 삼는 까닭에 도는 무위하며 무형하다고 했다.

도 없는 세상에 도를 구하다

장자가 살던 시대는 도가 없는 세상이었다. 세상은 어지러웠으니 그 세상에 나가 제 뜻을 펴려는 자의 목숨은 늘 위태로웠다. "여기 한 사람이 있네. 그의 성품은 태어나면서부터 각박하다네. 그가 제멋대로 하게 내버려 두면 우리나라를 위태롭게 할 것이고, 그에게 규범을 익히도록 하자면 내 몸이 위험해질 것일세. 그의 지력은 남의 잘못은 충분히 알아보지만, 자기의 잘못은 알지 못한다네"(「인간세」). 태어나면서부터 마음이 난폭하고 각박한 태자는 그대로 두면 나라를 위태롭게 하는 군주가 될 것이고, 그를 가르쳐 규범을 익히도록 하자면 가르치는 자의 목숨이 위험해질 수도 있다. 이것도 저것도 쉽게 선택할 수가 없다. 이 어지러운 세상에서 어떻게 처신하는 것이 옳은가?

장자는 세상으로 나가는 대신에 은둔을 선택했다. 그러니까 장자는 그 시대의 재야인사였다. 한사코 자신을 방외에 둠으로써 목숨을 평안하게 보전하고 자유로울 수 있었다. 안회는 세상 속으로 깊이 뛰어든 사람이다. 군주에게 바른길을 제시하고 난세를 바르게 세우는 일에 신명을 다했다. 안회는 잘 다스려진 나라는 떠나고, 혼란에 빠진 나라는 구제해야 한다는 신념에 따라 나아가고 물러섰다. 이른바 세상에 뛰어들어 정의를 실현하려는 적극적인 현실참여형이다. 접여(接輿)는 미친 사람처럼 방외에서 세상을 방관하고 떠돌았다. 이른바 세상을 외면하고 떠도는 현실방관형이다. 공자가 세상에 뛰어들어 난세를 수습하려고 했다면, 장자는 난세 속에서 재앙을 피해 생명을 보존하고 자유로워지고자 했다. 안회가 공자에 가깝다면 접여는 장자에 가까운 유형이다.

"자네는 주의하고 조심하면서 몸을 단정하게 해야 하네. 태도는 순종적인 것보다 좋은 것이 없고, 마음은 온화한 것보다 좋은 것이 없네. 그렇지만 이 두 가지에도 역시 문제는 있어. 순종적이되 그쪽에 말려들지 않도록 해야 하고, 온화하되 한도를 벗어나지 않도록 해야 하네. 순종적 태도를 취하다가 그쪽에 말려들어 버리면, 자기를 파괴하고 괴멸시키며, 손상을 입고 무너지게 된다네. 온화한 마음으로 있다가 한도를 벗어나면, 명성을 추구하게 되고, 결국 재앙을 초래하게 된다네"(「인간세」). 장자는 순종적인 태도와 온화한 마음가짐을 권한다. 그러나 지혜로워야 한다. 순종적이되 말려들지 말아야 하고, 역시 온화하되 한도를 벗어나서 말려들지 말아야 한다. 어느 쪽이든 상황에 말려들면 재앙을 피하기 어렵다.

그렇다면 어떻게 하면 말려들지 않을 수 있는가? "그가 또 어린아이가 되면 그와 함께 어린아이가 돼라. 그가 또 스스럼없이 행동하면 그와 함께 스스럼없이 행동하라. 그렇게 통달하게 되면 아무 탈 없을 것이다"(「인간세」). 난세에 세상을 헤쳐 나가는 일은 어렵다. 마음을 비우는 것이 중요하다. 그러면 외재적 현실의 변화를 마음이 온화하게 따르도록 할 수 있다. 제 마음을 뻣뻣하게 내세워 세상과 맞서면 그 결과는 어떨까? 「인간세」는 달려오는 수레바퀴에 맞선 사마귀의 운명을 보여주는 당랑거철(螳螂拒轍) 고사로 답을 대신한다.

장자, 진인에 대해 말하다

장자는 「대종사」(大宗師)편에서 진인(眞人)에 대해 말한다. 절개와 변절이 무상한 세상에서 진인은 자신을 다스림이 겨울 혹한과 같이 삼엄하고, 남을 대하기가 봄날과 같이 부드럽다. 이익을 취하는 일에 날렵하지 않고 굼뜨고 모자란 듯 움직이니 부귀영달은 애당초 인연이 닿질 않겠다. 진인은 보기 드문 원만한 인격을 갖춘 사람이다. 좋아하는 것과도 하나요, 좋아하지 않는 것과도 하나인 사람. 하나인 것과도 하나요, 하나 아닌 것과도 하나인 사람. 그리하여 하늘의 것과 사람의 것이 서로 이기려 하지 않는 경지에 이른 사람이다. 대립과 상극에서 벗어나 홀연히 초연한 사람이다. 좀처럼 화를 낼 줄도 모르고 할 말을 잊고 멍하니 있어 바보처럼 보이기도 할 것이다. 겉치레가 없고, 고집스럽지 않고, 오로지 한가로움에 머물고 있는 사람이다.

어떻게 이런 경지에 이를 수 있을까? 장자는 이렇게 말한다. "형(刑)을 다스림의 몸[體]으로 삼고, 예(禮)를 날개로 삼으며, 앎을 때 맞춤으로 생각하고, 덕(德)을 순리로 여겼다." 제 처신을 바로 하는 데는 부지런하나 취하고 버리는 것에 무심한 것은 이익과 부귀에 초연한 까닭이겠다. 누가 이런 예와 덕을 갖추는가? 그러니까 진인이란 도를 추구하고 따르는 사람이다. 진인은 애써 인(仁)이니 의(義)니 하는 것을 부르짖을 필요가 없다. "물이 말라 물고기가 모두 땅 위에 드러났습니다. 서로 물기를 뿜어주고, 서로 거품을 내어 적셔주지만, 강이나 호수에서는 서로를 잊어버리고 사는 것이 훨씬 더 좋습니다." 그렇지 않은가? 물고기는 물이 마른 땅 위에서 살 수 없으니 서로에게 '물기'를 뿜어주고 '거품'을 내어 적셔준다고 야단법석을 떤다. 항상적으로 인과 의가 있는 곳, 강이나 호수에서는 그런 구차한 것들이 필요가 없다. 사람을 사람답게 만드는 기본은 앎이고, 이 앎은 두루 서책들을 구해 읽음으로써 구축할 수 있다.

진인은 세속의 이해타산에 얽매이지 않는다. 일의 크고 작음, 잘하고 잘못함에도 구애받지 않는다. 장자는 이렇게 말한다. "어떤 사람을 진인이라고 하는가? 옛날의 진인은 사소한 것이라도 거절하지 않았고, 이룬 것을 뽐내지 않았고, 일을 꾸미지 않았다. 그와 같은 사람은 잘못한 것에 대해서 후회하지 않고, 잘한 것에 대해 자만하지 않는다. 그와 같은 사람은 높은 곳에 올라가도 두려워 떨지 않고, 물속에 들어가도 젖지 않고, 불 속에 들어가도 뜨겁지 않다. 자혜가 도에 능통한 자만이 이와 같은 것이다"(「대종사」).

제가 이룬 것을 자랑하지 않고, 일을 애써 인위로 도모하지 않았다는 것은 이해가 가지만, 물속에 들어가도 젖지 않고, 불 속에 들어가도 뜨겁지 않다는 것은 이해하기 어렵다. 이는 도의 경지에 이른 사람의 내공을 표현하는 것임에는 분명하다. 물속에서는 물이 되어 출렁이고, 불 속에서는 불이 되어 타오른다. 이 상태가 『주역』의 "오직 변화에 따른다"는 경지다. 이쯤 되면 삶과 죽음조차도 초연하게 받아들일 수 있겠다. 이 경지에 이르면 이 세상에 태어났음을 기뻐하지 않고, 때가 되어 죽는 것도 거부하지 않게 된다. 그저 "무심히 왔다가 무심히 갈 뿐이다." 진인이란 마음을 비우고 무심이 되어 변화를 타고 노니는 사람인 것이다.

부처가 천지를 유람하며 설법을 하고 도를 전파할 때의 일이다. 어느 날 부처가 영산회상에서 꽃을 집어 들자 제자 가운데 가섭(迦葉)만이 홀로 빙긋이 미소를 지었다. 오로지 가섭만이 부처의 뜻을 마음으로 깨닫고 헤아린 것이다. 그 순간을 유소심회(有所心會)라고 하고 심령신회(心領神會)라고도 한다. 가섭은 부처의 제자 중에서도 늦되어 어리석은 축에 속한다. 똑똑한 제자들을 다 제치고 오로지 가섭만이 부처의 뜻을 깨달았다. 부처가 꽃을 드는 것을 보고 빙긋이 웃은 가섭은 분명 진인이다. 세속 안쪽에 있는 사람에게 진인은 어리석거나 미친 사람으로 비친다. 저희와 다른 까닭이다. 진인에게는 탐욕, 분노, 어리석음, 원망, 의심, 오만 등이 없다. 예도 없고 인도 도무지 모른다. 그러므로 철부지 어린아이처럼 보인다. 장자는 아내가 죽었을 때 곡을 하지 않고 노래를 불렀다. 세상사람들은 장자가 기이한 사람이라고 생각했다. 그렇다면 세속 안쪽에 있는 사람과 진인은 왜 다른가? 그것은 진인들이 "홀로 천지의 정신과 교류"(「천지」)하며 살기 때문이다. 진인들은 "사람과는 다르지만 하늘과 같다"(「대종사」). 진인은 너무 큰 사람이다. 그래서 세속 안쪽에 있는 협량의 사람에게는 도무지 이해할 수 없는 괴짜로 보이는 것이다.

장자, 하늘의 소리를 전하다

남곽자기(南郭子綦)가 책상에 기대앉아서 하늘을 우러러보며 긴 한숨을 내쉬었다. 멍하니 앉아 있는 모습이 마치 몸에서 혼령이 빠져나간 것 같았다.

그 앞에 서 있던 제자 안성자유(顏成子游)가 물었다. "어찌 된 일입니까? 몸도 이렇게 마른 나무 같고, 마음도 죽은 재 같습니다. 오늘 앉아 계신 모습이 전과 같지 않습니다."

자기가 말했다. "언아, 참 잘 보았구나. 지금 나는 나를 잃어버렸다. 그런데 네가 그 뜻을 알 수 있을까? 너는 사람들이 부는 퉁소소리를 들어보았겠지만, 땅이 부는 퉁소소리는 들어보지 못했겠지. 설령 땅이 부는 퉁소소리는 들어보았을지 모르지만, 하늘이 부는 퉁소소리는 들어보지 못했을 것이다."

자유가 물었다. "세 가지 퉁소소리는 무엇을 이르는 것입니까?"

자기가 대답했다. "입으로 불어서 나는 소리를 '사람의 퉁소소리'라고 하고, 바람이 일면 온갖 구멍이 다 요란하게 울리는데 이를 '땅의 퉁소소리'와 '하늘의 퉁소소리'라 부른다."

• 『장자』, 「제물론」(齊物論)

　남곽자기는 생기와 의욕을 다 잃고 쇠잔한 모습을 보였다. 제자 안성자유가 스승의 이런 모습을 보고 크게 걱정했다. 이때 남곽자기는 "지금 나는 나를 잃어버렸다"고 말했다. 나를 잃어버렸다 함은 무슨 뜻일까? 몸도 마음도 없는 듯 무심의 경지에 이르렀을 때 세상과 나의 경계는 무의미해진다. 안성자유는 남곽자기의 몸은 마른 나무 같고, 마음은 불이 꺼진 재와 같다고 말한다. 제자가 걱정한 것과는 달리 남곽자기는 크게 지혜로운 마음상태에 이르렀다. 지혜로운 자는 굳이 시비를 가리지 않고 미추를 나누지 않는다. 그 가림과 분별이 무의미한 탓이다. 스승은 제자에게 "그런데 네가 그 뜻을 알 수 있을까?"라고 묻는다. 여기에 심오한 뜻이 숨어 있는 것이다. 자기를 잃어버림〔忘我〕은 자기를 비움과 같다. 자기를 비우지 않고는 그 안에 아무것도 채울 수가 없다.

　사람이 부는 퉁소소리는 물론 대나무로 만든 악기에서 나는 소리다. 이 소리는 노자가 "오음(五音)은 귀를 멀게 한다"고 할 때 그 오음에 속하는 소리다. 사람이 내는 소리는 그 소리를 내는 자의 감정이 깃들게 마련이다. 대개는 애절하고 비통하고 쓸쓸하다. 이 소리는 사람의 마음을 휘저으며 애절하고 비통하고 쓸쓸하게 한다. 세상은 사람이 내는 온갖 소리로 가득 차 있는데, 이 소리들은 귀에 거슬린다.

그러나 바람이 일 때 땅의 구멍들에서 울려 나오는 소리들은 어떤가? 즉 자연의 소리는 어떠한가?

"대지는 기를 뿜어내는데 그것을 바람이라 부른다. 이것은 일어나지 않으면 그만이지만, 일단 일어나면 온갖 구멍이 성내 부르짖는다. 너는 그 '횡'하고 부는 바람소리를 듣지 못했단 말인가? 높았다 낮았다 하는 산봉우리의 백 아름이나 되는 나무에 뚫린 크고 작은 구멍은 코 같고, 입 같고, 귀 같고, 술병 같고, 절구 같고, 연못 같고, 동굴 같다. 이것들은 세차게 흐르는 소리, 나는 화살소리, 꾸짖는 소리, 숨 쉬는 소리, 부르는 소리, 울부짖으며 곡하는 소리, 개 짖는 소리, 슬퍼서 흐느끼는 소리 등을 낸다. 앞선 바람이 '우'하고 소리치면 뒤따르는 바람이 '우'하고 대답한다. 산들바람에는 조금 반응하고 거센 바람에는 크게 반응하며, 매서운 바람이 그치면 모든 구멍이 텅 빈다. 너는 저 흔들흔들하고 살랑살랑하는 것들이 보이지 않느냐?"

• 『장자』,「제물론」

바람이 불어 스치면 대지의 만물들은 온갖 소리로써 제가 거기 있음을 말한다. 이 자연의 소리들은 귀에 크게 거슬리지 않는다. 큰비가 내린 후 계곡으로 흘러가는 물소리, 토란이나 연잎에 떨어지는 빗소리, 대기를 가르며 울리는 천둥소리, 대숲을 스치는 바람소리……. 이 모두가 땅의 퉁소소리다. 이 소리들은 마음에 있는 번뇌의 찌꺼기를 깨끗이 씻어주는 소리다. 그래서 마음이 시원해진다. 사람의 소리를 떠나 자연의 소리에 마음을 두는 자는 번뇌에서 벗어나 평안해진다. 그러나 자연의 소리를 듣는 자도 아직은 마음을 완전하게 비웠다고 할 수 없다.

땅이 부는 퉁소소리를 듣는 사람도 하늘이 부는 퉁소소리는 듣지 못할 수가 있다. 왜일까? 마음이 닫혀 있는 까닭이다. 마음이 열린 사람만이 하늘의 소리를 듣는다. 그에게는 옳음과 옳지 않음도, 삶과 죽음도 둘이 아니다. 그래서 장자는 이렇게 말한다. "한쪽에서의 삶은 동시에 다른 한쪽에서는 죽음이고, 한쪽에서의 죽음은 동시에 다른 한쪽에서는 삶이다. 한쪽에서 좋음은 동시에 다른 한쪽에서는 좋지 않음이다. 한쪽에서 좋지 않음은 동시에 다른 한쪽에서는 좋음이다. 옳음은 그름을 따르고 그름은 옳음을 따른다. 이 때문에 성인(聖人)은 이런 것들을 따르지 않고 하늘을 따르는데, 이 역시 자기가 참이라고 믿는 것에 따르는 것일 뿐이다"(「제물론」).

하늘은 모든 것을 포용한다. 잎이 져야만 이듬해 새잎이 돋는다. 해가 기울어야 달이 뜨고, 달이 져야 해가 뜨는 법이다. 잎이 지는 것과 새잎이 돋는 것, 해가 기우는 것과 달이 뜨는 것은 하나다. 옳음과 옳지 않음, 삶과 죽음은 하늘의 관점에서 하나다. 이쪽에서의 태어남은 저쪽에서 보면 죽음이고, 저쪽에서의 죽음은 이쪽에서 보면 태어남이다. 이쪽에서의 옳음은 저쪽에서 보면 옳지 않음이고, 저쪽에서의 옳음은 이쪽에서 보면 옳지 않음이다. 죽음은 곧 태어남이고, 태어남은 곧 죽음이며, 옳음은 옳지 않음이고, 옳지 않음은 옳음이다. 그런데 그것을 왜 따지고 가려야 할까. 애써 따지고 가리는 일은 땅의 일이다. 따지고 가리지 않는 사람의 마음은 성심(成心)에 이르렀다고 할 수 있다. 성심에 이른 사람은 충만해지는데, 그것은 "천지는 나와 함께 살아가고, 만물은 나와 함께 하나가 된다"(「제물론」)라는 마음에 이르렀기 때문이다.

제자 안성자유가 하늘이 부는 퉁소소리에 대해 묻는다. 그러자 남곽자기가 대답한다. "수많은 숨소리는 다 같지 않으니 각자 자기 소리를 내게 한다. 모두 자기 소리를 낸다면 성내는 그자는 누구인가?" 사람이 내는 소리는 괴롭고 슬픈 소리다. 땅이 내는 소리는 무상하고 덧없다. 오로지 하늘이 내는 소리만이 마음을 충만하게 한다. 이 천상의 소리는 마음을 비운 자만이 들을 수 있다. 안성자유의 눈에 남곽자기는 생기를 잃고 아픈 사람처럼 보였지만 실은 마음을 비운 상태에 이르러 하늘의 소리를 듣고 있었던 것이다. 그는 자신을 벗어나 홀연히 꿈과 마주하고 있는, 마침내 꿈을 이룬 사람이다. 꿈을 이룬 사람은 누군가의 꿈이 될 수 있는 사람이다. 사람이 내는 소리에만 사로잡힌 사람은 마음에 많은 분별이 있어 사물의 한계를 짓는다. 그는 할 수 있는 일과 할 수 없는 일, 되는 일과 안 되는 일을 분별한다. 그래서 위기가 닥치면 위기 앞에서 좌절한다. 하늘의 소리에 귀를 기울이는 사람은 이미 그런 분별에서 벗어난다. 마음에 분별이 없기 때문에 마음이 꿈꾸는 걸 이룰 수 있는 세상에 살고 있다고 믿는다. 꿈은 기필코 이루어진다. 이것이 하늘을 따르는 믿음이다. 그 믿음으로 그는 이미 충만한 경지에 든다. 꿈꾸는 모든 걸 이루고 싶다면 먼저 꿈을 꾸어야 하고, 그 꿈이 이루어진다는 걸 의심해서는 안 된다.

남곽자기는 의심하지 않지만, 안성자유는 의심이 많았다. 남곽자기는 하늘의 소리에 귀를 기울이고, 안성자유는 사람의 소리에 귀를 기울였다. 하늘의 소리에 귀를 기울이는 자는 혼돈을 있는 그대로 바라보지만, 사람의 소리에 귀를 기울이는 자는 혼돈을 견딜 수 없어 어떤 방식으로든지 거기에서 벗어나려 애쓴다. 그게 두 사람의 다른 점이다. 당신은 사람이 내는 퉁소소리를 듣는가, 아니면 하늘이 내는 퉁소소리를 듣는가? 이는 혼돈에 대해 어떤 반응을 보이는지를 보면 알 수 있다. 사물은 처음부터 있지 않았다. 본디 그것은 무물(無物)이고, 커다란 무(無)에서 나왔다. 먼저 없음이 있고, 그 없음은 또 다른 큰 없음에서 나왔다. 그 커다란 무에서 사물이 생기려 할 때 우주는 혼돈 속에 있었다. 그때는 이것과 저것 사이에 분별이 없었다. 세상이 혼돈하고, 모든 있음에 분별이 없었을 때 그 태초의 있음은 잘-있음 속에 있었다. 하늘의 소리에 귀를 기울이는 자는 자신의 마음을 그 태초의 잘-있음 속에 두는 자다. 그는 혼돈을 애써 추궁하지 않고, 제 마음이 혼돈에 있을 때조차 편안하다. 이미 마음을 비우고, 사물을 분별하지 않는 까닭이다.

쓸모없음의 쓸모를 구하는 철학

사람들은 당연히 '쓸모있음'(有用之用)을 따르고 구한다. 사람의 '있음'이 쓸모의 부양을 통해 비로소 존재할 수 있는 까닭이다. 사람이 밥을 구하고, 옷을 구하고, 집을 구하는 것은 그것이 다 사람의 '있음'에 필수적으로 필요하기 때문이다. '있음'의 근원은 '없음'이다. 무릇 천지만물은 근원의 없음에서 시작된 것이다. 모든 '있음'은 '쓸모없음'(無用之用)을 그 바탕으로 삼는다. 모든 '있음'의 어미가 '없음'이다. 대붕(大鵬)에게 현실적 쓸모를 물을 수는 없다. 대붕은 자생자화(自生自化)의 존재요, 화이위조(化而爲鳥)의 흐름을 타고 바다에서 나와 하늘로 빠져나가는 존재다. 쓸모있음과 쓸모없음이라는 이분법으로 생령(生靈)의 자유를 제약하는 것은 어리석은 짓이다. 식물, 짐승, 별은 스스로 그러함 속에 처해 있다. 이것들에게 무슨 쓸모가 있느냐고 묻는 것은 어리석다. 유용한 것은 마음을 물에 가두고 무용한 것은 마음을 자유롭게 둔다.

장자는 대붕의 우화를 통해 쓸모없음의 큰 쓸모에 대해 말한다. 장자는 「산목」편에서 이렇게 말한다. "만약 저 도와 덕을 타고서 노닐면 그렇지 않다. 칭찬도 잊고 비난도 잊으며, 움직이기도 하고 머물기도 하며, 때의 변화에 따라 함께 변화하되 고집스럽게 하려고 하지 않는다. 한 번 오르락 하고 한 번 내리락 하여 조화로써 표준을 삼아 만물의 근원에서 노닐며 물(物)을 물 되게 하되 물로 물 되지 않는다면, 어찌 얽매일 수 있겠는가?"[1]

세상은 변화하는 것이다. 내가 아무리 변화하지 않으려고 해도 세상의 변화함에 따라 변할 수밖에 없다. 그 변화에 따라 함께 변화하되 변화에 집착하지도 마라. 온갖 이법(理法)에 매인 죽은 삶을 살지 마라. 생기로 가득 찬 가슴 뛰는 삶을 살라. 도덕과 지혜를 쌓으려고 애쓰지도 말고 그 위에서 크게 웃어라! 쌓으려다가 쌓지 못하면 무망하다. 애초부터 쌓지 않으려고 했다면 무망함도 없다. 장자도 도와 덕을 타고서 노닐라고 하지 않는가! 다만 신바람을 타고 날아라!

장자 시대에 두루 아는 것이 많고 능변가로 이름이 높은 혜시(惠施)라는 사람이 있었다. "소문이 거문고를 타는 것, 사광이 북채를 들고 악기를 두드리는 것, 혜자가 책상에 기대어 담론하는 것, 이 세 사람의 지식은 그 방면에서 거의 최고에 이르렀다고 할 수 있다. 그래서 말년까지 자기들의 일에 종사했다"(「제물론」). 장자와는 고향사람이고 나이도 비슷했다. 흔히 혜자라고 알려진 혜시는 그 지식과 재능으로 장자와 감히 견줄 만한 사람이다. 그는 당대의 지식인이라고 할 만한 사람으로 나중에 양나라 재상자리에 오른다. 그때 장자가 그를 만나러 간 적이 있는데, 장자가 재상자리에 욕심을 품은 줄 알고 오해하기도 한다. 사람들이 혜자를 찾아와 "장자가 와서 선생님의 재상자리에 대신 앉으려 합니다"라고 말한 것이다. 혜자는 그 말을 듣고 불안하여 장자를 찾기 위해 사흘 밤낮 동안 온 나라를 뒤졌다.

나중에 장자가 혜자를 만나 말했다. "남쪽 지방에 어떤 새가 있는데, 이름은 원추라고 하네. 자네, 알고 있나? 원추는 남해를 떠나 북해로 날아가는데, 오동나무가 아니면 쉬지 않고 대나무 열매가 아니면 먹지 않고, 단 샘물이 아니면 마시지 않는다네. 그런데 썩은 쥐를 얻어 물고 있는 솔개 한 마리가 그 위를 지나가는 원추를 올려다보며 말했지. '썩 꺼져!' 지금 자네는 자네의 양나라 때문에 나에게 '썩 꺼져!'라고 말하고 싶은 것인가?"(「추수」) 원추는 전설에 나오는 봉황을 말한다. 봉황은 오동나무가 아니면 앉지를 않고, 대나무 열매가 아니면 먹지 않고, 단 샘물이 아니면 마시지 않는다. 그런 원추를 보고 솔개는 쥐 한 마리를 빼앗길까 두려워 전전긍긍한다. 혜자는 재상자리를 대단하게 여겨 혹시라도 장자에게 그 자리를 빼앗길까 두려워 전전긍긍했다. 확실히 장자는 혜자보다 한 수 위였다. 혜자는 당대 최고의 지식인이었지만 장자의 도에 견주면 그의 지식과 재능은 "한 마리 모기나 한 마리 진딧물의 노력"에 불과하다. 장자는 혜자를 이렇게 평가했다. "혜시의 재능은 크고 넓어서 도를 얻을 수 없었고 마침내 만물을 좇아갔다가 되돌아오지 않았다. 이는 소리를 쳐서 메아리를 없애려는 것이고, 몸과 그림자가 경주하는 것이다. 안타깝다"(「천하」).

재주란 쓸모있음이다. 그것 때문에 세상에 나가 이름을 얻고 지위를 얻는다. 장자는 "세상사람 모두가 쓸모있음의 쓸모는 알고 있어도 쓸모없음의 쓸모는 모르는구나"(「인간세」)라고 탄식했다. 계수나무와 옻나무는 그 쓸모 때문에 자라기도 전에 베어진다. 사람들이 추구하는 쓸모있음이란 대개는 작은 유용성이다. 작은 나뭇가지를 꺾어 아궁이에 군불을 때는 데 쓰는 것이 작은 유용성이다. 이 나무가 거목이 되도록 기다렸다가 마침내 거목이 된 뒤에 베어서 쓰는 것은 장자가 말하는 쓸모없음의 쓸모다. 그러니까 쓸모없음의 쓸모는 정말 큰 쓸모있음을 말하는 것이다.

장자는 지리소(支離疏)라는 사람의 예를 들어 말한다. 이 사람은 "턱이 배꼽에 묻히고, 어깨가 정수리보다 높고, 상투가 하늘을 향하고, 내장이 위로 올라갔으며, 두 넓적다리가 옆구리에 닿"은 사람이다. 한마디로 기괴하게 생긴 불구자다. 아무 쓸모가 없어 보이는 이 사람은 그 쓸모없어 보이는 육신 때문에 잘 먹고 잘살았다. "바느질을 하고 빨래를 하면 혼자 먹을 것은 충분히 벌고, 키질을 해 쌀을 까불면 열 식구 먹을 것은 충분히 벌었다. 나라에서 군인을 징집할 때도 두 팔을 걷어붙이고 사람들 사이를 당당하게 다녔고, 나라에 큰 역사가 있어도 성한 몸이 아니라 언제나 면제를 받았다"(「인간세」). 꼽추인 지리소는 그 결함 많고 추한 육신 때문에 제 몸을 보존하고 천수를 다하였다. 장자는 지리소의 이야기 끝에 한마디를 덧붙인다.

"하물며 그 덕이 꼽추인 사람은 어떻겠는가?" 이 말은 무슨 뜻일까? 지리소를 연상하면 된다. 지리소는 볼품없는 육신에도 천수를 누린 사람이다. 쓸모없음의 쓸모에 처한 사람, 겉보기엔 보잘것없으나 내면은 덕으로 충만한 사람을 말한다.

장자 시대에도 재주가 많고 지략이 있는 사람들은 천하를 돌아다니면서 군주들에게 자신의 지식과 경륜을 선전하고 귀하게 쓰이기를 바랐지만 장자는 재상자리조차 마다하고 제자들과 천하를 주유하며 떠돌았다. 장자는 가난했지만 그 가난에 주눅 든 적이 없다. 항상 마음에 즐거움이 넘쳤고 태평스러웠다. 어떻게 그럴 수 있었을까? 그것은 장자가 심재(心齋)의 상태에 있었기 때문이다. 장자는 공자의 입을 빌려 심재에 대해 다음과 같이 말한다. "먼저 마음을 하나로 모으라. 귀로 듣지 말고, 마음으로 들어라. 다음엔 마음으로 듣지 말고, 기로 들어라. 귀는 고작 소리를 들을 뿐이고, 마음은 고작 사물을 인식할 뿐이지만 기는 텅 비어서 무엇이든 받아들이려 기다린다. 도는 오로지 빈 곳에만 있는 것. 이렇게 비움이 곧 '심재'니라"(「인간세」). '심재'는 마음을 굶겨 비우는 것이다. 마음이 품은 온갖 의도를 버리고 무심에 들 때 사람은 평화로워진다. 마음을 비운 사람은 앎과 모름의 경계마저도 넘어간다. 무심이니 마음에 움직임도 없다. 오로지 비우고 고요할 따름이다. 그 고요한 비움 속에 도가 깃드는 법이다.

만물의 변화함을 궁구하는 철학

북해에 물고기가 있는데 이름을 곤(鯤)이라 한다. 곤은 그 크기가 몇천 리인지 알 수 없다. 이것이 변하여 새가 되는데 그 이름을 붕(鵬)이라 한다. 붕의 등 넓이도 몇천 리인지 알 수 없다. 한번 기운을 일으켜 날면 그 날개가 하늘에 구름을 드리운 것 같았다. 이 새는 바다가 움직여 물결이 흉흉해지면 남명(南冥)으로 날아가는데, 예로부터 남명이란 '하늘 못'(天池)이라 했다.『제해』(齊諧)는 괴이한 일들을 담은 책인데, 여기에 따르면 대붕이 남명으로 날아갈 때 파도가 일어 삼천리까지 퍼진다. 대붕은 회오리바람을 일으켜 구만리 상공으로 올라가 여섯 달 동안을 쉬지 않고 난다. 땅 위에는 아지랑이가 피어오르고 티끌이 날며, 생물들은 서로 숨을 불어준다. 하늘은 푸른데, 그게 하늘의 본래 색깔인가? 끝없이 멀고 지극하기 때문에 푸르게 보이는 것은 아닌가? 붕새가 높이 떠서 내려다보니까 이처럼 까마득하고 푸르게 보일 뿐이다. 또한 물이 깊지 않다면 큰 배를 띄울 수가 없다. 마당 우묵한 곳에 술잔의 물을 부으면 겨자씨로 배를 만들어야 한다. 물은 얕고 배는 크기 때문이다. 마찬가지로 대기가 두껍지 않으면 대붕도 큰 날개를 띄울 수가 없다. 그러므로 구만리 바람이 발아래에 있어야만 바람을 탈 수 있다. 푸른 하늘을 등에 지고 막힘이 없어야만 장차 남쪽으로 날아갈 수 있다.

- 『장자』, 「소요유」(逍遙遊)

『장자』의 첫머리에 나오는 우화로 널리 알려진 대목이다. 장자는 물고기가 새로 변하는 변신이야기로 그 첫 장을 연다. 물고기와 새의 덩치는 몇천 리에 이를 정도로 엄청나게 크다. 여기서 주목할 점은 그것의 크기에 있지 않고 내면형질의 변화, 존재의 연금술적 변용(變容)이다. 처음엔 물고기였는데, 이것이 새로 변했다. 그 크기가 엄청나다. 그 크기가 몇천 리인지 알 수 없는 물고기는 변하여 하늘을 나는 대붕이 되었다. 날개가 하늘을 다 덮을 만큼 엄청나다. 변화가 일어나기 전에 양적인 팽창이 있어야 한다. 다시 말해 "크게 자라야 비로소 변화한다."[2] 변화함으로써 작은 것의 한계를 뛰어넘는다. 바로 초월이다. 무엇이 초월의 변화를 이끄는가? 이 변화는 외부에서 오는 힘에 의지한 것이 아니다. 스스로 자기 안에 있는 "기운을 일으켜" 변화를 이끌어낸다. 장자는 변화와 초월의 중요성을 강조한다.

큰 물고기 '곤'과 큰 새 '붕'의 이야기는 우화다. 곤이 변하여 붕새가 되는 것, 이것이면서 저것인 세계가 곧 장자의 세계다. 이것과 저것 사이에 '화이위조'가 있다. 이것이 저것으로 건너가기 위해서는 생명의 내재적 질서가 변화해야 한다. 이것은 변화의 가능성을 타고 오르며 저것으로 '화'(化)한다. 저것은 이것에서 말미암고, 이것과 저것은 상호작용한다. 붕은 변화와 초월의 바람을 타고 나아간다. 이것과 저것 사이에서 변화의 흐름을 타라! 붕새는 큰바람을 타고 구만리 장천으로 날아오르는데, 이것이 변화와 초월의 흐름에 저를 맡기는 것이다. 쩨쩨하게 비굴하게 살지 말고 통 크게 신명 나게 살자는 것이다.

대붕은 회오리바람을 타고 구만리 상공으로 솟아 여섯 달 동안 쉬지 않고 난다. 날개가 얼마나 큰지 구름이 하늘을 가린 듯하다. 작은 매미와 새끼 비둘기가 대붕을 보고 비웃었다. 자기들은 겨우 느릅나무 사이를 날아다닐 뿐인데 뭐하러 그렇게 멀리까지 나는가? 물론 대붕은 장자가 세속을 뛰어넘어 훨훨 자유롭게 날아 노니는 삶을 보여주기 위해 상상 속에서 끄집어낸 새다. 대붕은 막힘이 없고 거침이 없는 대자유의 삶을 산다. 대붕에 견주자면 매미와 새끼 비둘기는 일상의 지평을 벗어나지 못하는 소시민에 지나지 않는다. 매미와 새끼 비둘기의 처지에서 절대 자유의 경지에 있는 대붕을 다 이해할 수는 없다. "조금 아는 것으로 많이 아는 것을 헤아릴 수 없고, 짧은 삶으로 긴 삶을 헤아릴 수 없다."[3] 물고기는 꿈꾸고 크게 되어 그 뒤에 변화와 초월의 꿈을 이뤘다. 매미와 새끼 비둘기는 애초부터 꿈조차 꾸지 않는다. 꿈조차 꾸지 않았으니 당연히 대붕의 경지에 이를 수가 없다. 꿈꾸는 자와 꿈꾸지 않는 자의 차이는 처음엔 별것 아닌 듯 보이지만 나중에는 크게 벌어진다. 큰 물고기는 변화를 타고 큰 새가 되었다. 인류가 하늘을 나는 꿈을 꾸지 않았다면 비행기는 없었을 것이다. 인류가 바닷속을 누비고 다니는 꿈을 꾸지 않았다면 잠수함은 없었을 것이다.

많은 사람이 변화를 두려워한다. 왜 그럴까? 변화의 본질은 나를 바꾸는 것, 나를 잊거나 잃어버리는 것이기 때문이다. 변화는 불확실성 속으로 뛰어듦이고, 이것은 스트레스를 낳는다. 따라서 변화를 두려워하는 것은 어쩌면 당연하다. 그러나 세상 만물을 움직이는 기가 변화 속에서 생동하는 까닭에 변화하지 않는다면 우리는 곧 도태될 수 있다. 자연은 변화에 적응하지 못하는 생물을 도태시킨다. 이것이 적자생존(適者生存)이다. 지구 위에서 변화에 적응하지 못한 무수한 생물 종이 사라졌다. 이것이 자연이 말하는 진리다. 그러므로 변화를 받아들이고 즐기며 그 변화를 기꺼워해야 한다. 변화를 타고 놀아야 하는 까닭은 변화가 기회를 만들기 때문이다. 변화를 두려워하고 거부하는 자에겐 기회가 찾아오지 않는다. 변화를 두려워하는 사람들은 혁신하지 못하고, 혁신하지 못하는 조직은 쇠퇴한다.

대붕은 처음에 북명(北冥)에 사는 물고기 곤이었다. 나중에 대붕이 되어 날아간 곳은 남명이다. '하늘의 연못'이라고 불리는 곳이다. 남명은 대붕이 가보지 않은 곳, 가능성의 바다다. 요즘 말로 하자면 블루오션이다. 무언가를 이룬 사람들의 공통점은 남이 감히 상상하지 않은 블루오션을 꿈꾼다는 점이다. 그 상상은 그것이 이루어지기 전까지는 비현실적으로 보인다. 그래서 영악한 현실주의자들은 상상조차 하지 않는다. 혹자는 대붕을 보고 쓸데없는 짓이나 하는 미친 사람이라고 비웃는다.

이런 소인배들의 행태를 보고 "조금 아는 것으로 많이 아는 것을 헤아릴 수 없고, 짧은 삶으로 긴 삶을 헤아릴 수 없다"고 장자는 말한다. 장자는 대붕의 삶을 살았고, 세속의 사람들은 대개는 매미와 새끼 비둘기의 삶을 살았다. 세속의 영화나 정치권력 따위에는 도무지 관심이 없었던 장자는 당대 사람들이 납득하기 어려운 사람이었다.

그는 세속에 있으면서도 막고야산(藐姑射山)에 숨어 산다는 얼음처럼 차고 눈처럼 흰 신인(神人)과 같이 청정하고 고고했다. 그런 뜻에서 장자는 땅에 살면서도 땅에 침몰해버린 사람이었다. "이 사람은 자신을 사람들 속에 묻어두고 있고, 자신을 밭두둑 사이에 감추고 있다. 그의 이름은 거의 알려져 있지 않지만 그의 뜻은 끝없이 크고, 그의 입은 말을 하고 있지만 그의 마음은 한 번도 말한 적이 없다. 지금 그는 세상과 다르기 때문에 그들과 함께 살아가는 것을 마음속으로 달갑게 여기지 않는다. 이 사람은 육지에 침몰해 있는 사람이다"(「칙양」). 세상과 다름을 제 존재에 각인하고 사는 일은 불편하고 고통스러운 일이다. 그러나 장자는 무위의 상태에서 유유자적했다. 땅에 살되 땅에 침몰해 보이지 않는 사람과 같았기 때문이다. 그게 무위지위(無爲之爲), 즉 함이 없는 함이다.

노자 역시 "뛰어난 사람은 도를 들으면 힘써 행하려 하지 않고, 어중간한 사람은 도를 들으면 이런지 저런지 망설이고, 못난 사람은 도를 들으면 몹시 비웃는다. 이런 까닭에 웃음거리가 되지 않는 것은 도라고 할 수가 없다"[4]라고 했다. 자신을 '건전한 상식'에 묶어두는 사람은 발전할 수가 없다. 오히려 비범하게 날아오르려는 사람의 발목을 잡거나 비웃는다. 매미와 새끼 비둘기가 대붕을 비웃듯이. 상상하라! 그리고 변화하라!

장자는 「대종사」에서 말했다. "죽고 사는 것은 운명이며, 거기에 낮과 밤처럼 영원불변의 변화가 있는 것은 자연이다."[5] 자연은 끊임없는 변화함 속에 있으며, 그 변화함 속에서도 변하지 않음을 지니고 있다. 곤은 붕으로 변한다. 변화와 생성을 타고 구만리 상공으로 날아 더 큰 바다로 나아가지만 그 근본은 바뀌지 않는다. 대붕은 "회오리바람을 일으켜 구만리 상공으로 올라"가는데, 대붕이 타고 노는 회오리바람은 신바람이고 생기가 아니겠는가! 대붕의 움직임은 소소한 것에 매이지 않으니 자유로워 거침이 없다. 시공을 맘껏 휘저으며 즐겁게 노니는 형국이다. '소요유'의 뜻이 바로 그렇다. 본디 모든 존재는 자유롭게 살아야 한다. 자유롭지 못한 것은 대개는 물(物)에 매이기 때문이다. 장자는 「추수」에서 도를 아는 사람은 반드시 이치에 통달하고 그 결과로 "물로써 자기를 해치지 않게 된다"[6]고 했다. 물은 타고난 바의 자아가 아닌 모든 것을 말한다. 살아가는 데 필요한 물질적 필요들 그리고 부귀와 명예들이 다 물의 범주에 든다. 이것들을 얻으려고 애쓸 때 마음에 희로애락이라는 파문이 일고 기필코 몸을 번거롭게 한다. 장자는 「덕충부」에서 "언제나 자연에 맡기되 익생(益生)하지 않으려 한다"[7]라고 했다. 익생은 생물학적 필요 이상을 추구하는 것을 뜻한다. 한마디로 탐욕이다. 이 탐욕도 삶의 타고난 바 자연스러움을 해친다. 탐욕이 들어오면 마음은 고요히 있지 못하고 일렁인다. 물로 인해 성(性)이 변질되는 것이다.

대붕은 익생을 탐하지 않음으로 곤고(困苦)를 피해 대자유의 공간에서 노닐 수 있다. 대붕이 하늘 높이 떠서 내려다보니, 사람들 사는 꼴이 물에서 나온 물고기끼리 서로의 몸에다 물을 뿌리고 있는 것 같았다. 또 마당 우묵한 곳에 술잔으로 물을 부어 겨자씨로 만든 배를 띄우고 노는 형국이었다. 물을 떠난 물고기들이 서로의 몸에다 물을 뿌리는 것은 살기 위함이다. 물을 떠나서는 안 될 물고기들이 물을 떠났으니 어려움이 닥친 것이다. 서로에게 물을 뿌려줌은 남을 돌보는 것으로 결국은 자기를 돌보는 것인데, 이것이 공자가 말한 인(仁)이고 예(禮)다. 한마디로 인과 예는 도덕의 총괄적 형태라고 말할 수 있다. 대붕에겐 그런 인과 예가 필요하지 않다. 이미 마음이 삼감〔心齋〕, 완전히 잊음〔坐忘〕, 꿰뚫어 봄〔朝徹〕이라는 세 가지 경지에 들어 자유롭게 되었으니 굳이 자기를 돌볼 필요가 없다. 성인에게는 인과 예가 불필요한 이치와 같다. 인과 예도 일종의 매임인 까닭이다.

장자는 권세와 부귀영화, 문명과 체제, 삶과 죽음마저도 지푸라기와 같이 여겼다. 붕새는 그것들에 얽매이지 않고 절대 자유의 경지에서 노니는 마음의 표상이다. 온갖 법과 강령에 마음이 묶일 때 마음은 생기와 신명을 잃고 실존의 조건에 노예와 같이 매인다. 매미와 비둘기가 한통속이 되어 붕을 비웃는 것은 스스로 매인 것을 모르는 어리석음 때문이다. "우리는 있는 힘껏 날아올라야 느릅나무나 다목나무 가지에 머무르지만 때로 거기에도 이르지 못해서 땅바닥에 내동댕이쳐진다. 그런데 어째서 구만리나 날아올라 남쪽으로 가려고 하는가?"(「소요유」) 매미와 비둘기는 우리와 닮지 않았는가? 장자는 그들에게 붕을 보라고 가리킨다. 붕은 자유인의 표상이다. 장자가 이상으로 삼은 것은 자연에서의 매임 없는 삶이요, 내 것과 네 것의 경계가 없는 공동체의 삶이다.

장자, '호접몽'의 우화를 펼치다

> 어느 날 장주가 나비가 된 꿈을 꾸었다. 나비가 되어 유유자적 재미있게 지내면서도 자신이 장주임을 알지 못했다. 문득 깨어보니 다시 장주가 되었다. 혼몽한 중에 장주는 제가 나비가 되는 꿈을 꾸었는지 나비가 제가 되는 꿈을 꾸었는지 알 수가 없었다. 장주와 나비 사이에 무슨 구별이 있기는 있을 터. 이런 것을 일러 '사물의 변화'라 한다.
>
> •『장자』,「제물론」

『장자』의 「제물론」을 읽는다. 이 현실은 꿈이 아닌가. 장자의 '나비 꿈 이야기'는 유명한 이야기다. 장자가 몽접주인(夢蝶主人)이란 별칭을 들을 정도로 이 이야기는 그 당대에도 널리 알려진 이야기다. 어느 봄날 장자는 깜빡 낮잠이 든다. 꿈속에서 나비가 되어 훨훨 날아다녔다. 이 꽃 저 꽃으로 한가롭게 날아다니며 꿀을 빨아 먹는다. 솜

털이 돋은 다리에는 노란 꽃가루가 잔뜩 묻는다. 세상은 평화로웠다. 장자와 나비 사이의 분별이 사라졌다. 그러다가 문득 잠에서 깨어났다. 깨어난 순간 장자는 삶이 일장춘몽(一場春夢)이란 걸 깨닫는다. 삶이란 뇌가 만들어낸 하나의 환몽(幻夢)이다. 사람은 평생을 그 환몽 속에서 허우적거리다가 죽는다. "눈은 빛깔을 보고, 귀는 소리를 듣고, 입은 맛을 음미하고, 마음은 제 안에서 일어나는 욕망의 만족을 구한다"(「도척」盜跖). 우리가 실재라고 믿는 빛깔과 소리와 미각들은 모두 환몽의 그림자다. 장자는 어느 날 문득 꿈속을 잠행하다가 그 환몽의 문턱을 넘어서서 삶을 투명하게 지각한다. 그 지각을 적은 게 나비 꿈 이야기다.

장자는 꿈에서 깼는데도 혼몽한 상태에 머물렀다. 문득 둘러보니 만화방창(萬化方暢)으로 흐드러진 꽃들의 향기가 천지에 진동하고, 그 꽃들 위로는 나비가 날아다녔다. 장자는 생각에 잠겨 자신에게 묻는다. 나는 꿈속에서 나비였는데, 그 나비는 어디로 날아갔는가? 꿈은 무엇이고, 꿈 아닌 것, 즉 깨어남은 무엇인가? 내가 나비로 변한 것인가 또는 나비가 나로 변한 것인가? 장자가 깨달은 것은 제가 살아 숨 쉬는 이 세상이 상호연기(相互緣起)의 세상이라는 사실이다. 상호연기의 세상에서 주객을 굳이 가르는 것은 뜻 없다. 나를 완전히 잊어버리면 주객합일은 쉽게 이루어진다. 장자는 꿈속에서 문득 사지와 형체가 있음을 잊고 주객합일로 노닐었던 것이다. 꽃과 나비와 장자 사이에 어엿한 분별이 있지만, 그 분별이라는 것은 서로의 인연으로 잇대어져 있다. 그렇기 때문에 장자에서 나비로, 다시 나비에서 장자로 존재이동을 할 수 있었다.

우리가 진짜라고 믿는 것은 보고 만지고 느끼는 것, 즉 지각하는 것이다. 지각은 그것이 진짜인지, 아닌지를 분별할 수 있는 척도다. 왜냐하면 지각되는 것은 존재하는 것이니까. 우리는 오감으로 받아들이는 것, 꽃과 나무와 하늘과 태양과 강 그리고 빛깔과 형태와 소리의 세계를 진짜라고 여긴다. 그 안에서 밥을 먹고 사람과 만나고 계약하고 새끼를 낳아 키운다. 이것이 객관적 실체라고 속삭인다. 그러나 진짜라고 믿은 것, 감각적인 경험들은 단지 '뇌가 해석하는 전자신호'일 뿐이다. 진짜라고 믿은 것은 진짜가 아니고, 진짜가 아니라고 믿은 것이 진짜다. 그렇다면 감히 누가 삶은 꿈의 미혹이 아니라고 말할 수 있는가? 나는 자주 내가 살아 숨 쉬는 이 세계가 아주 커다란 꿈속인 것처럼 느껴진다.

영화 「매트릭스」에서 모피어스는 말한다. "너무도 현실같이 느껴지는 꿈을 꿔본 적이 있나, 네오? 꿈에서 깨어날 수 없다면 어찌하겠나? 꿈의 세계와 현실의 세계를 어떻게 구분하지?" 꿈속은 무궁(無窮)의 세계다. 알을 깨고 나오는 새들은 그 우는 소리가 각각 다르다. 이것이 분별이다. 앎과 모름, 삶과 죽음, 너와 나라는 분별이 없을 때 꿈과 현실은 하나다. 무분별 속에 있을 때 우리는 무궁의 세계에 머물 수 있다. 무분별은 일월을 품고 우주를 품는다. 그러나 분별 속에서 사람은 작아진다. 장자가 그 꿈속에서 나왔을 때 세상이 아주 작다는 것을 깨달았다. 장자는 사람이 얼마나 작고 보잘것없는 존재인지를 다음과 같은 물음 속에 담아냈다. 이 세상은 "사해(四海)가 하늘과 땅 사이에 있는 것을 계산해 보건대, 큰 연못 속에 있는 돌멩이의 작은 구멍과 같지 않은가?"(「추수」) 그리하여 장자는 "천지 사이에서 사람들이 살아가는 것은 마치 흰 개가 조그마한 틈 사이를 지나가는 것과 같다"(「지북유」)고 말한다. 이 우주에서 보자면 사람이란 현상계에 반짝하고 빛을 낸 뒤 금세 어둠 속으로 사라지는 외물에 지나지 않는다. 그 '흰 개'는 살아 있는 동안 부귀와 장수, 명예를 구한다. 그것들을 구하느라 미처 자신을 구하지는 못한다.

장자의 나비는 꿈속에서 훨훨 날아다녔다. 장자가 꿈에서 깨어 다시 자기로 돌아왔을 때 아쉬운 것은 나비가 누린 즐거움과 자유를 잃었기 때문이다. 나비의 본래면목이나 장자의 본래면목은 하나다. 내가 당신을 사랑한 것은 꿈의 미혹일 따름이다. 마찬가지로 당신이 나를 사랑한 것도 그렇다. 그 모든 것은 한낮의 낮잠을 횡단한 뒤 사라진 '나비 꿈'이다. 꿈도 꿈이고, '나비 꿈'을 꾸었다고 믿는 장자도 꿈이다. '나비 꿈'은 지나간 영화(榮華)로운 시절, 이제는 사라지고 흩어진 꿈의 기억이다. 모든 기억이 삶의 일부라면 꿈도 삶의 일부다.

사랑을 잃고 나는 혼자 영화를 보러 간다. 당신은 멀리 있고, 나는 극장에서 환몽을 바라보고 있다. 나는 또 다른 환몽의 세계 속에 있는 당신에게 말한다. 내 말 들려? 사랑해. 당신을 사랑한다고. 영화는 끝나고 나는 극장에서 나왔다. 천지는 어두웠고, 나는 어둠 속을 걸어서 한강변으로 갔다. 물이 흐르는 것을 두 시간도 넘게 바라봤다. 강 건너 강서구 등촌동의 낮은 하늘 위로 비행기가 착륙하려고 고도를 낮춰 비행하는 모습이 보였다. 아, 우리는 왜 그렇게 어리석은가! 꿈을 깨고 나서야 그것이 꿈인 것을 안다.

장자 철학은 이미 알고 있는 지식과 지혜를 활용하고, 양생의 활법을 궁구한 데서 더욱 돋보인다. 이것과 저것을 분별하고 분별지에 고정되는 마음이 굳은 마음이다. 분별이 있을 때 시비를 따지는 일이 생긴다. 그렇지만 사람이 어떻게 선악, 미추, 우열, 귀천, 이로움과 해로움 등을 따지지 않고 살 수 있는가? 도를 깨치고 그 안에서 노니는 것이다. 장자는 그런 사람을 지인(至人), 신인, 진인이라고 부른다. 그들은 사나운 천둥이 산을 쪼개고 모진 바람이 바다를 뒤흔들어도 놀라는 법이 없다. 구름을 타고 해나 달에 올라앉아 이 세상 밖으로 나가 노니는 까닭이다. 그들은 작은 이해에 매이지 않고, 분별에 묶이지 않았다. 분별과 대립에 묶인 마음에서 자유로워질 때 유유자적할 수 있다고 보았기 때문이다.

『장자』는 굳은 무지와 어리석음을 깨는 도끼와 같은 책이다. 어리석음을 깰 뿐만 아니라, 천지만물과 사람의 근본이라고 할 도의 본질과 그 이치에 대한 숙고 그리고 어떻게 잘 살 수 있는지를 궁구하도록 이끈다. 『장자』는 파란만장한 중국의 전국시대가 배경인 책이다. 어지러운 시대일수록 우리 생각과 행동을 두루 비춰보고 성찰로 이끄는 동양의 지혜를 집약한 장자 철학은 빛난다. 그래서 『도덕경』이나 『논어』와 더불어 가장 많이 읽히는 것이다. 『장자』 번역 판본이 수십여 종은 족히 넘는데, 그중에서 한 권만 고르라고 한다면, 단연코 안동림 역주 판 『장자』를 추천하겠다. 두꺼운 게 흠이라면 흠이지만, 번역이 충실하고 친절한 역주가 장자 철학의 이해에 큰 도움이 되는 까닭에서다.

참고문헌

장석주, 『느림과 비움』, 뿌리와이파리, 2005.
장석주, 『느림과 비움의 미학』, 푸르메, 2010.
장석주, 『아들아, 서른에는 노자를 만나라』, 예담, 2013.

3

역사

사실과 진실의 경계에서 미래를 밝히다

"역사는 진실을 탐구하는 행위이자 분야다.
객관적 사실이 곧 진실은 아니다.
사실은 역사를 연구하는 데 필요한 자료일 뿐이다.
사실들의 상관관계에 있는 모종의 원리를 발견해야만
비로소 진실에 접근했다고 할 수 있다."

동물원대학살:
전시 일본에서 이상하게 등장한 자기희생의 문화

이언 밀러

하버드대학교 역사학과 교수

1943년 9월 4일, '순교'한 동물들

1943년 9월 4일, 한낮의 기온이 30도까지 치솟았고 도쿄의 신문들은 또다시 연합군과의 전쟁에서 일본의 승리를 선언했다. 도쿄에서 가장 큰 사원인 센소지(淺草寺) 사원의 오모리(大森) 주지승이 정성껏 차려입은 승려, 관료, 관중 수백 명을 이끌고 우에노(上野) 공원으로 향했다. 곧 그들은 우에노 공원 안에 있는 도쿄 제국동물원으로 들어갔다. 일본제국에서 가장 인기 있고 거대한 동물원인 이곳에서 행렬은 평소답지 않게 조용하고 텅 빈 우리들을 지나 동물원 안쪽의 최종 목적지에 도달했다. 바로 '순교한 동물들을 위한 추도식'〔殉難猛獸〕이라고 쓰인 현수막이 내걸린 커다란 흰색 천막이었다. 그 단어들이 모든 상황을 잘 설명해줬다. 1943년 즈음 동물들에게 사용한 이 단어〔殉難〕는 원래 전쟁에 참여한 인간의 희생을 신성화하기 위해 오랫동안 사용해온 단어다. 깊은 울림으로 경의를 표하는 이 단어는 국가와 황제 그리고 가족을 위한 순교를 숭배한 전시 담론에서 늘 볼 수 있는 단어였다. 물론 전시에는 최전방 군인들이 치르는 희생을 치하하기 위해서만 사용하곤 했다. 그런데 1943년 9월 4일의 사건을 설명한 문서들은 이 단어를 놀랍게도 군인보다 동물원의 동물들을 위해 사용하고 있다.

　무리가 천막 안으로 들어서자 오모리 주지승이 숙연한 태도로 그들을 환영하며 조용히 자리에 앉으라고 요청했다. 곧바로 승려들이 전쟁을 위해 '순교한' 동물원의 동물들을 기리며 엄숙하게 경전을 읊조리기 시작했다. 수십 명의 신문 기자가 이 내용을 기록하는 가운데 제국군대의 장군부터 황실 일원에 이르는 관료들이 앞으로 나와 향을 피우고 순교한 동물들의 이름이 새겨진 위패에 절했다. 순교한 동물 목록에는 동물원에서 묘기를 펼치던 아시아 코끼리 '통키' '완리' '존'도 있었다. 전쟁 전의 일본에서 이 코끼리 세 마리는 국정교과서부터 여성잡지에 이르기까지 모든 서적에 등장하던 슈퍼스타였다. 이 녀석들 외에도 사자, 호랑이, 곰 등 동물원에서 가장 인기 있고 진귀한 동물 14종, 27마리가 의식을 치르기 바로 전 달인 8월 몸서리가 처질 정도로 악랄하게 사살됐다. 사살은 주로 밤에 이뤄졌고 무대는 동물원이었다. 이는 모두 당시 막강한 관료였던 오다치 시게오(大達茂雄) 도쿄 총독의 지시에 따라 이뤄진 것이다. 그는 이후 채 1년도 안 돼 고이소 내각(小磯內閣)의 가장 막강한 요직인 내무부 장관이 된다.

　"이런 일이 정말로 일어났을까?" 나는 동물원학살 관련 기록을 처음 접했을 때 자문해봤다. 일본학자 대부분과 내 연령대의 일본인 대부분처럼 나는 그런 식의 사건을 소문으로만 접했다. 동물원에서 도살당한 '불쌍한 코끼리들'은 전후 일본에서 베스트셀러 아동 도서의 주제가 되기도 했다. 나는 항상 이 이야기가 전후 어린 세대를 위해 만든 허구라고 추정했다. 도대체 왜 그 시절 가장 강력한 인물이자 패망으로 치닫던 일본제국의 핵심부에서 일하던 최고 관료 오다치가 그런 대학살 사건을 연출한단 말인가? 나는 동물원의 방대한 기록보관소에 있던 전시문서들을 읽으면서 자문해봤다.

잘 알려진 대로 유럽의 유명한 역사학자 단턴(Robert Danton)은 이와 유사한 사건에 자극을 받아 18세기 파리에서 벌어진 고양이 대학살 소동을 연구했다. 그는 자신의 대표작『고양이 대학살』의 도입부에서 "어떤 속담이나 농담, 의식 또는 시가 전혀 이해되지 않는다면, 우리는 뭔가 대단한 일을 벌일 가능성이 있다"고 썼다. 단턴이 그런 생각을 하게 된 것은 하나의 농담 때문이었다. "고양이 대학살 소동이 도대체 뭐가 그렇게 웃긴다는 거지? 내가 보기에 그건 완전히 미친 짓 같은데 말이야."

내가 이 사건을 이해할 수 있는 유일한 방식은 그 사건이 벌어진 동물원의 제도적·문화적 역사를 다시 뒤지는 것이었다. 이 글은 그 탐색 과정을 개괄한 것으로 불완전하고 부족한 면이 많다. 일정한 형식을 갖추지 못했을 수도 있고 인용구도 전문을 다 싣지 않았지만 내 연구의 핵심을 담았기 때문에 충분히 흥미로울 것이다. 전체 요약본, 인용문 전문, 자료 출처, 등장인물 자료 등을 원한다면 2013년 출간한『야수의 본성: 제국과 도쿄 제국동물원에서의 전시』를 참조하면 된다. 이 글에서 우리는 형식에 얽매이지 않고 재빨리 19세기로 갔다가 다시 시간을 거슬러 1943년의 사건으로 건너뛸 것이다. 그 과정에서 우리는 일본 현대문화의 여러 친숙한 측면뿐만 아니라 일본제국 건설 프로젝트의 진전 그리고 그것이 어떤 식으로 동물과 사람에 대한 태도를 변화시켜왔는지 탐구할 것이다.

메이지 동물원

도쿄 제국동물원은 서구 제국주의에 대한 일본의 여러 대처 방안

가운데 하나로 지어졌다. 19세기 일본 지도자들은 제국주의가 단순히 경제적·정치적·군사적 현상에만 국한하지 않는다는 사실을 꽤 분명히 이해하고 있었다. 그들이 보기에 제국주의는 문화와 인식의 문제이기도 했다. 따라서 초기 메이지 리더십은 상당한 자원을 문화적 제도 및 전시정책에 쏟아부었다. '문명화된' 것처럼 보이는 일은 서구에 '문호를 개방한' 1850년대부터 일본인들에게 명백히 중요한 일이었다. 일본인 대다수는 동물을 우리에 가둬 전시하고 그것을 군중이 넋 놓고 구경하는 것 같은 외견상 아주 사소한 일들이 '인간'과 '동물' 또는 '문명'과 '야만' 간의 경계가 '식민지 개척자'와 '식민지' 간의 경계와 자주 동일시되던 그 당시에는 매우 중요하다는 것을 재빨리 파악했다. 지금 있는 도쿄 국립박물관과 도쿄 동물원(야마시타山下 박물관)의 전신인 메이지 동물원은 메이지 유신이 시작된 지 5년 만에 문을 열었다. 그것도 도심 내 가장 좋은 부지에 지어졌다. 특히 동물원은 그 후 10년도 채 지나지 않은 1882년 우에노 국립박물관 단지 내로 확장 이전했다.

빅토리아 시대의 영국에 관심이 있는 사람이라면 19세기 유럽과 그 식민지에서 야생동물의 사냥, 수집, 전시가 제국주의 문화의 핵심 요소였음을 잘 알 것이다. 동물원은 그러한 관심사가 표현된 가장 대중적·제도적 장치였다. 그것은 식민지 세계의 너무도 다채로운 생물다양성에 맞닥뜨린 유럽이 내놓은 19세기 제국주의식 '기법'이었다. 대도시의 박물학자와 과학자가 마구 쏟아져 들어오는 식민지의 야생생물들을 받아들이면서, 이 이국적인 표본들을 전시하고, 적응시키고, 순서대로 분류하기 위한 장소로 동물원을 만든 것이다. 동물원은 순식간에 유럽의 거의 모든 수도와 그보다 훨씬 많은 대도시에 등장했다.

이처럼 큰 변화가 일어나고 동시에 분류학이 한창 성행할 즈음 일본은 서구에 문호를 개방했다. 일본인들이 해외여행을 시작한 19세기 중반의 동물원은 국력, 상권, 과학적 기량을 평가하는 측정기준이었다. 일본 지도자들은 동물원이 단순히 이색적인 야생동물을 넋 놓고 구경하는 군중에게 보여주는 공간이 아니라, 그 이상의 의미가 있다는 점을 재빨리 파악했다. 동물원은 국익에 이바지했다. 1871년에서 1873년까지 서양의 우수한 재원과 군사적 기량의 원천을 파악하기 위해 전 세계로 파견된 이와쿠라 사절단(岩倉使節團)의 필경사였던 저명한 지식인 구메 구니다케(久米邦武)가 동물원을 묘사한 다음 내용을 읽어보라. 그는 사절단의 공식일지에 다음과 같이 썼다.

> "서양에는 모든 도시에 식물원과 동물원이 있다. 이런 공원들을 세운 목적은 사람들의 눈과 귀를 끌어당겨 그들 스스로 사물을 실제로 보고 식별할 수 있게 하기 위해서다. 그렇게 산업을 증진하고 지식과 배움을 널리 전파하려는 것이다. 이러한 시설들은 재료과학을 증진하고 농업과 산업 그리고 상업의 진전을 이끄는 놀라운 발견들을 부추긴다. 이러한 프로젝트는 돈이 많이 들지만 결국 엄청난 이익을 불러오기 때문에 비용을 걱정할 필요가 없다."

사람들의 머릿속에 동물원은 후원자의 행동과 인식에 영향을 미칠 수 있는 교육기관으로 그려졌다. 곧 메이지 정부는 구메와 그의 동료 사절단이 접한 새로운 관람방식을 제도화하기 위해 동물원 건립에 자금을 지원했다. 초기 전시정책에서 아마도 가장 영향력 있는 인물이었던 사노 츠네타미(佐野常民)의 말을 빌리자면, 일본이 전시복합체를 건립한 목적은 "안목을 키워 사람들의 지식과 기량을 개발하기 위해서"였다. 사노와 그의 절친한 친구인 오쿠보 도시미치(大久保利通)는 박물관과 동물원 그리고 다른 전시시설이 이른바 '시선의 힘'(眼目の力)을 통해 생산성을 증대할 수 있다고 믿었다. 사노는 정부에 자금지원을 요청하면서 질서정연한 전시는 정돈된 지각을 키울 수 있고(제대로 된 통찰력을 키울 수 있고), 이를 통해 일본노동자의 역량을 유럽노동자의 역량만큼 성장시킬 수 있다고 주장했다. 노동자를 교육하면 생산성이 증진된다는 것이다.

당시에는 후원자가 동물원을 관할했다. 후원자는 여러 방식으로 동물들을 조망할 수 있었고 일시적으로나마 영지에서 놀 수도 있었다. 동물원은 관람객에게 지배의 맛을 느끼게 해주는 매우 최적화된 공간으로서 말 그대로 권력의 좋은 본보기였고 이는 지금도 그렇다. 19세기 일본인들은 그러한 접촉으로 느끼는 권력을 거머쥔 듯한 황홀감에 완전히 무방비였다. 구메가 1828년 대중에 개방돼 우에노 제국동물원의 모델이 된 런던의 리젠트 파크를 방문한 이후 내놓은 논평은 이를 잘 보여준다.

> "공원에 들어서니 언덕과 나무 그리고 호수 사이로 여러 길이 구불구불 나 있었다. 눈부시게 빛나는 자갈길을 초록의 나무와 관목이 뒤덮고 있었다. 나무가 우거진 언덕은 보기에도 매력이 있었다. 사람들은 걸음을 옮길 때마다 잠시 멈춰 서기도 하고 굽이굽이 돌 때마다 고개를 들기도 했다. 모든 것을 자세히 들여다보기에는 시간이 충분하지 않았다. 이런 풍광이 펼쳐지는 한가운데에 울타리를 친 여러 다양한 구조물들이 만들어져 있었고, 전 세계에서 찾아 생포한 새와 동물이 그 구조물 안에 가둬져 있었다. 코끼리와 낙타 같은 얌전한 동물도 있었고, 곰과 늑대 그리고 자칼 같은 포악한 동물도 있었다. 사자와 호랑이 그리고 표범의 포효에 숲이 진동했다. 고막을 울리는 듯한 날카로운 독수리와 매의 울음소리에 대기가 전율했다."

리젠트 파크를 향한 그의 송가는 사절단이 본 이국적인 동물들을 기록한 긴 목록으로 이어진다. 백과사전처럼 표현하자는 동물원의 주장에 자극을 받았는지 그 문서에는 그의 흥분과 함께 방문 기간에 관찰한 동물들을 포괄적인 목록으로 제공하려는 열망이 고스란히 담겨 있다. 현대 관광산업의 슬로건 가운데 하나를 완벽하게 재현하듯 구메는 "볼 게 너무 많아서 우리는 밤이 오는 줄도 몰랐다"며 신나서 말했다.

제국동물원

동물원이 일본의 제국주의 활동을 전시하기 위한 공간으로 재조성되면서 1890년대의 반식민주의적 입장은 순식간에 뒤집혔다. 1897년 일본제국 내무부는 중일전쟁(1894~95)을 치르며 포획하고, 구매하고, 훔친 '승전 동물들'을 전시하는 일련의 전시회를 공식 승인했는데, 이때 우에노 제국동물원에서 처음으로 일본의 제국팽창 드라마가 생생하게 펼쳐졌다. 사람들이 이 전시에 매혹되면서 관람객이 급증했고, 그 결과 많은 사람에게 일본의 해외팽창을 알리는 수단으로 활용되었다. 전쟁열을 고취시킬 기회가 된 것이다. 전리품 전시는 대중이 새로 획득한 식민지의 과실들을 직접 목격할 수 있도록 해주었다. 또한 후원자들에게 질서정연하고 재미있는 동물원의 세계를 제국의 프로젝트와 결부할 수 있도록 강력히 촉구했다. 무엇보다 제국팽창의 추상적이고도 종종 상당히 잔인한 현실을 강렬한 영웅주의와 모험담으로 채색해버렸다.

우에노 제국동물원은 제국군대와 긴밀한 관계를 유지했는데, 특히 '군대 동물들' 또는 전쟁터에서 제국군대에 부역한 동물들을 기념하는 핵심장소였다. 이는 젊은이(특히 10대 청년)와 그들의 가족에게 전쟁을 알리기 위한 것으로 1890년대부터는 동물원에서 전쟁에서 공을 세운 군마에게 훈장을 수여하는 호화로운 기념제를 열었다. 훈장 수여식은 파시즘이 극에 달한 1930년대와 1940년대 들어 정점에 달했는데, 전쟁에서 죽은 동물을 위해 호화로운 추도식을 열 정도로까지 발전했다. 1937년부터 1943년까지 이런 대대적인 축제가 열 번도 넘게 개최되었고 일단 축제가 시작되면 단 하루 만에 10만 명에 달하는 인파가 동물원으로 모여들었다. 이 축제들은 일본군대가 가장 많이 사용한 세 종류의 동물, 즉 군마와 군견 그리고 전서구에 중점을 뒀다.

일본제국의 팽창과 동시에 점점 늘어난 동물원의 진열품은 후원자에게 일본의 제국건설 프로젝트가 갈수록 정교하게 형태를 갖춰가고 있음을 알려줬다. 영국의 선례를 따라 제국군대는 새로운 영토를 점령하면 특이한 표본들을 배에 실어 동물원으로 가져왔다. 실제로 일본의 인류학자와 식물학자 그리고 동물학자가 정기적으로 제국발전의 선봉에 섰다. 종종 데라우치 히사이치(寺內壽一)와 도조 히데키(東條英機) 같은 장군들이 특이한 동물들을 천황과 국가에 바치는 대대적인 선물로서 도쿄 제국동물원에 보냈다.

이 같은 팽창과 더불어 제국의 천연자원을 파악하고 채굴하고 전시하기 위한 방대한 제도적 연결망이 구축됐다. 1945년 즈음 이 시스템은 만주에서부터 말레이시아까지 뻗어나갔으며, 50개 이상의 자연사박물관, 지질박물관, 식물원, 동물원, 연구소 등을 포함하게 되었다. 도쿄에 있는 유사 시설들처럼 이 시설들도 연구와 현장탐사를 결합했다. 또한 굉장히 인기 있는 명소였는데, 1942년에만 30만 명이 넘는 인파가 서울에 있는 동물원을 방문했다. 이 시스템 덕분에 일본의 전문가와 관광객이 제국 내로 이동하는 게 용이해졌고, 그 대표주자 격인 우에노 제국동물원은 연구원과 행정가를 위한 훈련장이 되었다. 훈련을 마친 이들은 줄곧 해외에서 활동했다.

그러나 이 연결망은 1943년과 1944년 다소 악랄하게 활용됐다. 일본제국이 파국적 붕괴로 치닫기 시작하자, 오다치 총독이 주도한 동물 희생제가 제국 내 대다수 주요 동물원과 곡예단에서 재현됐다. 기록을 보면 일본 본토와 해외 식민지에 있는 시설 중 최소 15군데에서 학살이 자행됐다.

동물원 대학살

　내가 앞서 제기한 질문을 다시 떠올리지 않을 수 없다. 일본제국에서 가장 영향력 있는 관료 가운데 한 명이 왜 하필이면 동물원 코끼리 학살에 직접 가담하게 된 것일까? 그것도 왜 일본제국이 파국으로 치닫고 있는 시점에 그런 일을 벌인 것일까? 또는 무라카미 하루키(村上春樹)가 이 이상한 사건들을 개작해 역사적 사실과 현대의 허구, 일본제국과 현대의 경계를 허문 초현실주의 소설『태엽 감는 새』속 등장인물의 말을 빌려 이렇게 되물을 수도 있겠다. "세계 전체가 무너져내리고 있는데, 당신은 고작 그 망할 놈의 동물원에 대해 묻는 건가?"

　내가 찾은 해답은 우선 불신과 충격의 느낌 그 자체다. 즉 오다치는 이념적으로 잠들어 있는 도쿄 시민들을 흔들어 깨우기 위해 이런 느낌을 끌어내려 했던 것이다. 1943년 도쿄로 자리를 옮기기 전에 오다치는 점령지 싱가포르의 고위 민간인 관료였다. 그는 그 자리에서 산업강국인 미국이 막후에서 전쟁을 좌지우지하자 팽창하던 일본제국이 무서운 속도로 쪼그라드는 모습을 지켜봤다. 이미 1942년 즈음 일본 해군은 호주 북동부 산호해와 하와이 북서쪽 미드웨이 제도에서 패전의 고배를 맛봤다. 따라서 혹시 모를 연합군의 침공에 저항하도록 도쿄 시민을 동원해야 할 책임자로서 오다치는 국내 전선에 있는 대중에게 충격을 줘 더 높은 수준의 충성을 이끌어낼 방법을 모색하고 있었다. 그는 최전방에서 벌어지는 이름 모를 수많은 사람의 떼죽음과 그들이 겪는 끔찍한 고난이 이내 수도 도쿄의 여성과 어린이에게까지 닥칠 것으로 믿었다. 하지만 정작 도쿄 시민의 감각은 당시

신문들이 잔뜩 도배한 승전소식 때문에 이른바 '실제 전쟁상황'과는 한심할 정도로 동떨어져 있었다. 제국의 붕괴가 본토까지 치닫고 있었다. 오랫동안 죽음과 파괴는 해외 식민지와 전쟁터, 본토의 탄광이나 공장에서 강제로 부역하는 식민화된 몸에서나 일어나는 일이었다. 그러나 상황이 바뀌고 있다는 점을 오다치는 알려주고 싶었다.

당시 동물원은 복잡한 현실세계나 제국주의적 삶과 완전히 단절된 듯한 느낌을 줬을 몇 안 되는 장소 가운데 하나였다. 누구나 자녀들과 기분전환 삼아 찾아가 하루 동안 재미있게 놀 수 있는 휴식처였다. 그런 제국 최고의 동물원에서 유명한 동물들을 학살하다니! 이 사건은 평범하던 제국의 일상에 간담을 서늘케 하는 균열을 일으켰다. 여가와 호기심 그리고 정복의 공간이던 동물원 속으로 전쟁의 피비린내와 비이성적인 희생이 불쑥 비집고 들어와 충격을 줬다. 이런 절박함, 즉 엄청난 위기의식을 느끼도록 하는 게 동물원에서 동물들을 사살한 목적이었던 것 같다.

일본 지도자들이 동물원을 선택한 이유는 두 가지다. 첫째, 동물원은 당시 매우 인기 있는 시설이었다. 1940년대 초에는 해마다 대략 400만 명의 인파가 동물원을 찾았다. 가장 인기 있던 동물인 코끼리는 뉴스와 영화에서부터 만화와 초기 애니메이션에 이르기까지 다양한 매체에 자주 등장했다. 그래서 동물원은 오다치의 메시지를 널리 알리는 강력한 앰프 역할을 할 수 있었다. 둘째, 오다치는 동물들의 유용함을 잘 알고 있었다. 그는 대중에게 저항심을 부추기고 제국의 붕괴, 군대의 패배 등 당시 터부시되던 주제들을 거론하기 위해 코끼리, 사자, 호랑이 그리고 제국의 토템인 곰을 희생시켰다.

1943년에는 제아무리 총독 같은 최고 관료일지라도 패전을 공개적으로 논의하는 것은 위험했다. 제국군대는 1942년 4월 그 유명한 두리틀 공습을 당한 후 '단 한 대의 적군 비행기도' 일본 상공을 어지럽히게 놔두지 않겠다고 거듭 약속했다. 국내 전선에 있는 대중을 동원하려면 제국군대의 레토릭이 거짓임을 밝혀야 했다. 1943년이 되기 수년 전부터 사람들은 이미 비공식적으로 패전에 대해 이야기하고 있었지만 패배를 공개적으로 말하는 것은 여전히 비애국적이라거나 심지어 불온하다는 오명을 뒤집어쓸 위험이 있었다. 입 밖으로 공공연히 내뱉을 수 없는 문제를 말할 방법을 모색해야 했던 도쿄의 지도자들은 동물원의 동물들을 이용하는 방법을 선택했다.

진짜 큰 문제는 동물의 희생을 기념하는 공개의식을 치러 대중을 선동하는 일이었다. 오다치는 동물원학살을 오모리 주지승의 의식과 정부 주도의 언론망을 활용해, 슬프지만 일본 전쟁사에서는 각주마냥 다소 평범했을 사건, 즉 연합군이 폭격을 퍼부어도 탈출하지 못하도록 살상하는 행위로 탈바꿈시켰다. 국내 전선에서의 자기희생 정신과 완전한 희생문화를 배양하기 위한 현대적인 동물 희생으로 연출한 것이다. 나는 동물원학살과 기념 의식이 일종의 광기 어린 파시즘적 스펙터클이라고 생각한다. 즉 관중의 비판 능력을 마비시켜 그들이 상실감을 느끼게 하고 국가를 위해 모든 것을 다 바치겠다고 다짐하게 함으로써 국내 전선에서 굴복의 정치를 고취시킨 대규모 사건인 것이다.

동물원학살은 도쿄의 여성과 어린이를 보호하기 위해 행해진 것이 아니었다. 오히려 그들에게 자기희생의 정신을 심어주고, 때가 되면 그들도 자기 생명을 천황과 국가를 위해 바치도록 준비시키기 위해서였다. 실제로 당시 일본의 전시 이데올로기와 관행이 크게 변화하고 있었는데, 1943년도의 이상한 동물원 대학살은 예기치 못하게 드러난 변화의 한 단면이다. 이러한 격변 속에서 이데올로기적 장은 다 함께 제국의 승리를 노래하던 합창에서 자기희생을 울부짖는 만가로 뒤바뀌었다. 그 이후에는 최전방의 군인과 만주에서 말레이시아에 이르는 영역을 누비던 제국 주체뿐만 아니라 국내 전선에 있는 여성과 어린이까지도 국가와 제국을 위해 희생하라는 요구를 받았을 것이다. 전쟁의 요구를 피할 수 있는 피난처는 없었고 어떤 개인도 파국의 조짐을 보이는 제국의 필요에서 벗어나지 못했다. 그게 아무리 일시적이거나 하찮아 보일지라도 그 누구도 동원을 피할 수 없었다. 순교는 가장 높은 차원의 삶으로 승격됐다.

참고문헌

Ian Miller, *The Nature of the Beasts: Empire and Exhibition at the Tokyo Imperial Zoo*, University of California Press, 2013.
Robert Darnton, *The Great Cat Massacre: And Other Episodes in French Cultural History*, Basic Books, 2009.

진시황의 통치가
현대에 던지는 메시지

조봉

런민대학교 철학과 교수

영웅은 외롭다

진시황(秦始皇)은 역대 중국황제 중 가장 큰 영향력을 남긴 정치가다. 그의 영향력은 정반(正反) 두 가지 면에서 분석할 수 있다. 긍정적인 측면에서 본다면 첫째, 진시황은 중국의 기초를 다진 사람으로, 중국을 진정한 의미에서 하나의 통일국가로 만든 사람이다. 진나라 이전에도 크고 작은 나라가 많았지만, 서로 예속된 건 아니었다. 만일 진시황의 중국통일이 없었다면, 중국은 현재 유럽처럼 사분오열(四分五裂) 상태가 되었을 것이다. 진시황의 통치는 중국 지리구조의 기본구도를 다졌으며 중국인의 국가의식과 민족의식의 기초를 세웠다. 둘째, 진시황은 분봉제(分封制)를 끝내고, 군현제(郡縣制)와 중앙집권제(中央集權制)를 실행하여 행정상의 통일을 이루었으며 관리수준도 크게 높였다. 이로써 중국은 일찍이 정치체제 면에서 강국이 될 수 있었다. 셋째, 진시황이 통일한 거대한 영토는 다양하고 풍부한 언어·문화·사상을 가진다. 중국문화의 다원성과 통일성은 진나라의 통일과도 큰 관련성이 있다. 넷째, 정치가로서 진시황의 매력, 상상력, 행동력 그리고 결단력은 세계 모든 위대한 정치가의 본보기가 되었다.

부정적인 측면에서 본다면 첫째, 진시황은 군주전제정치를 창시했으며 오늘날까지 중국의 정치제도는 집권제를 중심으로 유지되고 있다. 이런 체제는 정치의 목적을 위해 인민의 이익을 희생시킬 수 있으며, 그 대가는 상당히 크다. 둘째, 진시황은 위대한 군왕이지만 잔인한 폭군이기도 했다. 압제정치를 추앙하며 본인의 의지를 강조했다. 마오쩌둥은 진시황을 사모했으며 그의 모든 행동은 진시황과 비슷했다. 따라서 진시황의 공과시비(功過是非)에 대한 평가는 마오쩌둥을 새롭게 평가하는 데도 큰 영향을 미친다. 셋째, 사상과 문화의 통일은 특수한 역사시기에 긍정적인 의의를 지닐 수 있지만, 장기적인 관점으로 보면 민족 창조력의 발전을 멈추게 한다. 결론적으로 우리는 진시황에 대해 공정하게 평가해야 하며, 그의 부정적인 유산은 비판하고 버려야 한다. 그렇지 않으면 중국은 세계로 나아갈 수 없다.

중국뿐 아니라 세계 어떤 나라에서든 진시황은 뛰어난 재능과 원대한 전략을 지닌 매우 중요한 인물로 평가받는다. 만일 진시황이 없었더라면 또는 진시황이 2,000년 전에 중국을 통일하지 않았더라면 현재와 같은 중국과 세계의 영토구획은 상상할 수 없을 것이다. 누군가는 칭기즈칸(Chingiz Khan)이 역사상 가장 위대하다고 말한다. 광활한 영토, 가장 많은 인구, 게다가 민족과 종교가 가장 복잡하게 얽히고설킨 몽골제국을 건설했기 때문이다. 하지만 칭기즈칸의 역사는 길지 않다. 중국 영토에 세워진 원(元)나라처럼 채 100년도 유지하지 못했다. 게다가 정치·경제의 진보, 문화·민족의 융합 면에서 인류에 공헌하지 못했으며 더 많은 재난을 불러일으켰다. 반면에 진

진시황

진시황은 역대 중국황제 중 가장 많은 영향력을 남긴 정치가다. 그의 공과를 따져보는 일은 중국의 과거뿐만 아니라 현재와 미래를 알아보는 데도 도움이 된다.

시황이 확립한 영토와 제도, 문화는 모두 계속 이어져왔으며, 오늘날의 중국을 만든 가장 큰 기반이 되었다.

나도 한 사람의 중국인으로서, 진시황에 대한 감정은 매우 복잡하다. 누군가는 진시황을 '천고일제'(千古一帝),[1] 즉 중국에 가장 큰 공헌을 한 사람이라고 말한다. 또 다른 누군가는 '폭군', 즉 사람 자격이 없는 자라고 말한다. 이러한 평론은 모두 일리가 있다. 오늘날 우리가 마오쩌둥을 대하는 것을 보라. 현재 중국에서는 마오쩌둥을 옹호하고 좋아하는 사람과 마오쩌둥을 반대하고 싫어하는 사람 모두 지지를 받는다. 이렇듯 마오쩌둥은 평가하기 매우 어려운 인물이다.

어쨌든 2,000년 전의 황제는 오늘날까지도 여전히 회자되고 있으며, 우리는 그가 남긴 영향력을 떨쳐버릴 수 없다. 중국인이 생활하는 지역의 정치·경제·문화·지리·민족 등 모든 것은 진시황에게서 시작된 것이다. 위인(偉人)의 다른 모습은 종종 '폭군'이다. 이것은 후대 사람이 진시황을 고맙게 생각하면서도 혐오하게 되는 이유다. 노자의 유명한 말 중에 "'천지'와 '성인'은 만물과 백성을 짚으로 만든 개로 여긴다"[2]는 말이 있다. 만물과 백성을 마음대로 내다 버린다는 뜻이다. 인자하고 백성을 사랑해야 한다는 유가(儒家)의 군주 모델과 완전히 다르다. 따라서 노자의 말을 다시 해석해보면 대도(大道)[3]는 공평하고 무정(無情)하지만, 인자한 마음만 있고 온화하고 정만 많다면 큰일을 이룰 수 없다는 뜻이 된다. 따라서 영웅은 종종 외롭다. 일반 민중은 위대한 황제의 마음과 행동을 이해하기 힘들다. 물론 설령 그렇다 할지라도 우리는 끊임없이 그들을 이해하기 위해 노력하고 그들의 공과시비를 평가해야 한다. 그렇다면 진시황은 오늘날까지도 막대한 영향력을 미치는 업적들을 어떻게 이뤄낸 것일까?

중국은 진시황이 건설한 국가

분명 누군가는 왜 '중국'이 진시황이 건설한 것이냐고, 진시황 이전에는 중국이 없었냐며 반문할 것이다. 진시황 이전에도 '중국'이라는 영토에 하(夏), 상(商), 주(周) 세 왕조가 있었다. 특히 주왕조는 표면상으로 이미 정치적인 통일을 이루었고, 게다가 '천하'의 사람은 모두 천자를 공주(共主)로 여겼다. 그러나 사실 이는 느슨한 정치연맹에 불과했다. 주왕은 막강한 군대도 없었을뿐더러 강력한 관료체제나 법률체제로 천하를 다스리지 못했다. 천하(국가정권)의 관리는 제후(諸侯)들이 맡았다. 그들은 크고 작은 수백여 국가의 지도자였고, 주나라의 천자는 오늘날 바티칸시국의 교황처럼 명의상의 지도자에 불과했다. 백성들에 대한 관할권도 없었다. 관할권은 제후들의 손에 있었다. 이런 크고 작은 제후국가야말로 진정한 국가이며,

제후국의 국왕〔國君〕이야말로 실권을 가진 국가지도자였다. 국왕은 조세를 직접 거두고, 군대를 조직하며, 자체적인 행정체계와 법률제도를 세웠다. 또한 자체 문자와 언어 그리고 화폐도 있었다. 제후국가 간에는 전쟁이 자주 발생했는데, 주나라 천자는 이것을 통제할 힘이 없었다. 천자가 될 조건을 갖춘 주나라 왕자들은, 실세를 가진 대국의 보호와 지지가 있어야만 왕위에 오르거나 왕의 자리를 지킬 수 있었다.

춘추전국시대에는 제후들의 세력이 더욱 막강해졌고, 주왕의 지위는 매우 약해졌다. 국가 간의 전쟁과 합병은 갈수록 격렬해졌다. 전쟁에 승리한 국왕은 각국의 국왕을 모집해 회의를 열고 자신을 천하의 제왕으로 선포했다. 제환공(齊桓公), 진문공(晉文公), 초장왕(楚莊王), 오왕부차(吳王夫差), 월왕구천(越王勾踐)이 모두 이러한 제왕이었다. 전국 말기에는 진(秦), 제(齊), 한(韓), 위(魏), 조(趙), 연(燕), 초(楚)의 일곱 대국만이 남았다. 다시 말해, 춘추전국시대라는 500년 역사에서 중국은 진정한 의미의 평화를 경험할 수 없었다. 격동과 분열의 시간을 거치며 백성들은 죽을 때까지도 평화가 무엇인지도 몰랐다. 전쟁물자를 만들거나 전쟁터로 끌려갈 뿐이었다. 당시 전쟁은 잔혹했다.

진과 조 사이의 장평대전(長平之戰)에서 진은 몇천만 명의 병사를 포로로 잡았다. 진은 그들이 다시 군사가 되는 것을 막기 위해 생매장했다. 고고학자들이 두 나라의 전쟁터에서 상당량의 유골을 찾아내 비참한 일이 벌어졌다는 것을 증명했다. 일례로, 산시(山西) 고원지대에는 두부부침과 비슷한 소백기(燒白起)라는 간식거리가 유명하다. 소백기라는 이름은 어디에서 유래된 것일까? 이 고원지대는 장평대전이 일어났던 곳이다. 당시 백성들은 조나라 병사 45만 명을 생매장했던 진나라 장군 백기를 증오했다. 이런 이유로 두부를 백기의 뇌장(腦漿)이라고 불렀던 것이다. 2,000년이 지난 지금도 이 음식을 통해 백기에 대한 원한을 표출하고 있다. 역사서에는 백기 한 사람이 적국 장병 84만 명을 생매장했다고 기록되어 있다. 아마 다른 전쟁에서 죽은 병사나 일반 백성은 훨씬 많았을 것이다. 게다가 전국시대의 인구는 2,000만 명에 불과했다.

이러한 이유로, 민중은 폭정이 가져온 평화일지라도 극도로 평화를 원했다. 진시황은 폭정을 통해서 중국을 통일했다. 폭정의 힘을 빌리기는 했지만, 진시황이 없었다면 민중은 언제까지나 전쟁의 시련을 겪어야 했을 것이다. 정복당한 국가에게 진시황은 악마와 같았지만, 평화를 원하는 민중에게는 구세주였다.

'차이나'는 진(秦)의 음차(音借)다. 진시황은 중국을 동방대국으로 만든 사람이며, 중국의 진정한 창시자다. 진시황 이후에도 여러 번의 분열이 있었다. 하지만 언제나 진제국의 모습을 본보기로 삼았기에 대세적인 흐름은 통일이었고, 사람들도 그것을 원했다. 정치연맹의 모습은 진나라 이후에는 나타나지 않았다.

현재 유럽은 면적이나 인구 면에서 중국과 비슷하지만 통일된 국가의 모습은 아니다. 여러 가지 이유가 있겠지만, 진시황 같은 사람이 없었다는 것이 그중 하나라고 생각한다. 즉 진시황이 없었다면 오늘날 중국도 유럽과 비슷해졌을 것이다. 크고 작은 여러 개의 나라가 있고, 비슷하지만 다른 언어와 문자를 사용하며, 정치·경제·문화 면에서 잦은 충돌이 일어났을 것이다. 중국문명이 황허(黃河)강과 창(長)강에 집중한 것만 봐도 알 수 있다. 황허강과 창강의 상류, 중류, 하류는 서로 다른 나라의 소유였고, 자원을 쟁취하고 보호하기 위한 전쟁이 끊임없이 일어났다.

유럽인들은 세계대전이 다시 발생하는 것을 막기 위해 제한적인 통일방식을 택했다. 현재 유럽은 중국 주나라 시기와 비슷한, 즉 정치·경제 분야의 연맹체다. 유럽은 국가가 너무 많다. 군대, 징세제도 그리고 법률이 각자 달라서 경제발전과 국민교류에 제약이 있다. 예

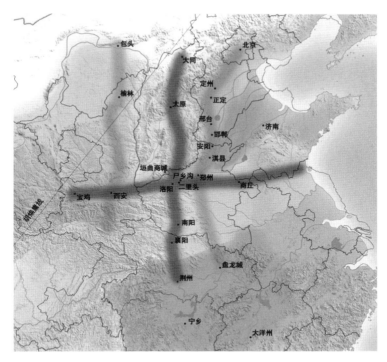

진시황 시대의 중심영역

진시황 시대의 정치영역을 열 십 자 모양으로 나눈다면, 그 중심은
낙양이다. 남북으로 그은 선은 산서대동에서 낙양, 낙양에서 호북
형주까지다. 동서로 그은 선은 보계에서 연운항까지 달한다.

를 들어 진나라에서 전국 규모의 도로, 운하, 수리(水利)를 개량하거
나 북방민족의 침입을 막기 위해 거대한 만리장성을 쌓는 일은 어렵
지 않았다. 반면 열국(列國)들이 즐비하던 시기에는 이런 공사를 한
다는 것이 생각만큼 쉬운 일은 아니었다.

　진시황 시대의 정치영역을 열 십(十) 자 모양으로 나눈다면, 그 중
심은 낙양(洛陽)이다. 남북으로 그은 선은 산서대동(山西大同)에서
낙양, 낙양에서 호북형주(湖北荊州)까지다. 동서로 그은 선은 보계(寶

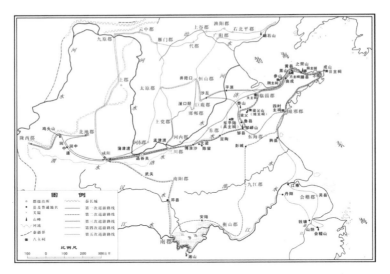

진시황의 순찰 노선

진시황은 천하를 다섯 번 순찰했다. 우선 천하 명산대천의 신령
님께 제사를 지내며 천하통일의 소식을 아뢰기 위함이고 또한
순찰을 통해 국토를 창건하기 위해서다.

雞)에서 연운항(連雲港)까지 달한다. 중국 동부는 거대한 바다고 서
부는 황량한 사막이다. 따라서 중국을 통일한 진시황은 북쪽과 남쪽
으로는 군사력을 뻗쳤다. 북방은 흉노(匈奴)가 남쪽은 남월(南越)[4]
이 있었기에, 남북으로 그어진 선은 계속 길어질 수밖에 없었다. 따라
서 오늘날의 중국영토는, 진시황 시대에 이미 만들어진 것이다.

역사적으로 진시황은 천하를 다섯 번 순찰했다. 우선 천하 명산대천
의 신령님께 제사를 지내며 천하통일의 소식을 아뢰기 위함이고 또한
순찰을 통해 국토를 창건하기 위해서다. 2,000년 전에는 교통이 발달
하지 않았기에 이러한 순찰은 매우 장대하고 힘든 여정이었다. 하지
만 진시황은 해냈다. 진시황의 세 가지 주요 이동선을 살펴보면 다음
과 같다.

첫 번째는 만리장성 노선이다. 오늘날의 '자위관(嘉峪關)-바오터우(包頭)-후허하오터(呼和浩特)-베이징(北京)-산하이관(山海關)'에 해당한다. 진시황의 북방순찰 노선이다. 두 번째는 황허강 노선이다. 오늘날의 '란저우(蘭州)-바오지(寶雞)-셴양(鹹陽)-시안(西安)-뤄양(洛陽)-정저우(鄭州)-카이펑(開封)'에 달하는 곳이다. 진시황의 동서순찰 노선이다. 세 번째는 창강 노선이다. 오늘날의 '충칭(重慶)-징저우(荊州)-주장(九江)-창강 하류'에 달하는 곳이다. 진시황의 남방순찰 노선이다. 이 세 노선을 통해 진시황은 중국의 가장 중요한 지역을 모두 순찰할 수 있었다. 이것은 위대한 행보다. 훗날 어느 황제도 이러한 행보를 하지 못했다. 이처럼 진시황은 비범한 위인이었기에 오늘날 중국영토의 기본 골격을 만들어냈다.

진시황이 수도를 중국의 중심에 있는 낙양이 아니라 함양(鹹陽)에 둔 것도 눈여겨볼 만하다. 훗날 한고조(漢高祖)의 유방(劉邦)도 마찬가지였다. 역대 왕조 중 서부와 북부에 수도를 둔 나라는 그 수도 많았고 지속기간도 길었다. 동부와 남부에 수도를 둔 곳은 수도 적었고 지속기간도 짧았다. 고지대인 서부·북부에서 동부·남부로 뻗어가며 발전하는 건 순탄했지만, 반대로 저지대인 동부·남부에서 서부·북부로 뻗어가며 발전하는 건 순탄치 않았기 때문이다. 이처럼 정치적인 이유로 수도를 정하는 것도 진시황 때부터 정해져 내려온 것이다.

이러한 이유로, 진시황의 일대기는 중국영토의 시작과 유지, 보호와 함께한다. 진시황의 부단한 노력으로 중국은 광활한 영토와 풍부한 자원을 가진 동방대국이 되었다. 이것은 위인만이 할 수 있는 일이다. 따라서 '중국은 진시황이 건립한 것이다'라는 말은 절대 과장이 아니다.

진시황은 중앙집권제의 창시자

진시황이 중국을 통일한 이후에야 중국에는 통일된 정부·법령·법률·관리체계·화폐·언어와 문자가 존재하게 되었다. 이것은 무력에 의존해서만 할 수 있는 일이 아니다. 정치제도로 보장해야만 가능하다. 우리가 그를 위대하다고 말하는 것도 현재 '중앙집권제'라고 부르는 정치체제를 결단력 있게 실행하고 유지했기 때문이다.

중앙집권제의 특징은 첫째, 권력이 황제의 손에 집중된다. 둘째, 일련의 관련 제도가 있어 중앙정부가 지시한 것을 정확하고 효과적으로 나라 구석구석까지 전할 수 있다. 예를 들어, 진시황은 말년에 사람이 불로장생(長生不老)할 수 있다는 한 점성술사의 말을 믿고, 그를 해상의 봉래선산(蓬萊仙山)에 보내 영약을 찾아오게 했다. 점성술사는 거짓이 밝혀지는 게 두려워, 봉래선산에 영약이 있지만 큰 상어가 가로막고 있어서 커다란 활과 화살로 상어를 죽여야만 가져올 수 있다고 더 큰 거짓말을 했다. 이 일은 『사기』(史記) 「진시황본기」(秦始皇本紀)에 기록되어 있으며, 고고학자들이 부분적으로 확인하기도 했다. 현재 후난(湖南)과 쓰촨(四川)이 만나는 곳에 룽산 현(龍山縣)이 있다. 진시황 때는 천능현(遷陵縣)이라고 불린 이곳의 오래된 우물에서 다량의 죽간(竹簡), 즉 리예진간(裏耶秦簡)이 발견되었는데, 모두 행정문서였다. 그중 한 문서는 향일급 정부의 보고서로 다음과 같은 내용이 기록되어 있다. 진시황 35년에 중앙에서 지방으로 상어를 잡으라는 명령을 내렸다. 향일급 정부는 진시황의 명령을 소홀히 할 수 없어 현일급 정부에 상황을 보고했다. 상어를 잡는 것은 규모가 큰 일이었고 따라서 해안지역뿐만 아니라 내륙지역에서도 인력이 동원됐다. 이 기록은 진시황의 거대한 영향력과 진제국 행정체계의 효율성을 보여준다. 정치연맹시기인 주나라 시대나, 열국이 즐비했던 춘추전국시대였다면 상상도 할 수 없는 일이다.

앞서 이야기했듯, 진제국 이전의 주왕조는 느슨한 정치연맹이어

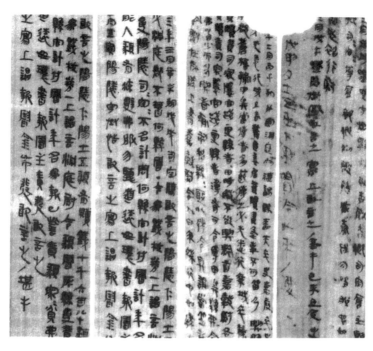

리예진간

천능현의 오래된 우물에서 다량의 죽간이 발견되었는데, 이를 리예진간이라 한다. 모두 행정문서로서 진시황 때의 행정체계가 얼마나 효율적이었는지 파악할 수 있다.

서 제도를 유지하는 유일한 방법은 분봉제도였다. 주왕은 명의상 군주였을 뿐이고 자신의 친인척을 각지로 보내 크고 작은 나라 수백 개를 건립하게 했다. 주왕은 직접 이 나라들을 관리하지 않았다. 자신과 친밀한 관계에 있는 제후들을 보내 관리하게 했다. 각국의 제후들은 실권을 가지고 독립적인 군대와 관료 그리고 재정체제를 유지할 수 있었다. 만일 제후가 말을 듣지 않고 반란을 일으킨다면 어떻게 할 것인가? 주왕은 이를 막기 위해 예악제도를 내놓았다. 예악제도란 일련의 관리제도인데, 강력한 외부통제가 아니라 내부의 자기통제에 기반을 둔다. 분봉제도는 천하를 하나의 큰 공동체로 만들었다. 주왕은 족장이 되었고 사람들은 친족이 되었다. 이들은 서로를 공격하지 않았다. 주왕조는 덕치를 시행하고 사람들은 서로 예의를 지켰다. 서로 겸손하고 정감 넘치는 사회였다. 이러한 사회에서는 강제적인 법률이 효과가 없다. 바로 유가사상의 이상사회였다.

하지만 사실 분봉제도에는 수많은 폐단이 있었다. 우선 지방세력이 커지면서 주왕은 통제력을 잃었다. 또한 귀족신분은 세습되는 것으로 출생신분만 좋으면 재능이 없어도 부와 권력을 물려받을 수 있었다. 따라서 유능한 인재를 선발할 수 없었고, 갈수록 사회의 활기가 떨어졌다. 예악제도도 문제였다. 이 제도는 자기법률에 의존하기 때문에 평화로운 시대에는 잘 적용되지만, 경쟁이 치열한 시대에는 껍데기뿐인 제도였다.

주왕조는 이를 제대로 제어할 힘이 없었다. 진제국이 동방 제국들과의 전쟁에서 승리한 데는 여러 이유가 있지만, 가장 중요한 원인은 법으로 나라를 다스린 것〔以法治國〕과 군·현 단위로 나누어 나라를 다스린 것이다. 법으로 나라를 다스린다는 것은 인간이 선천적으로 선하다는 생각을 버린 것으로, 예악이 인간의 행위를 단속할 수 있다고 믿지 않는 것이다. 인간은 모두 이기적이기 때문에 엄격하고 세분화된 상벌제도가 있어야만 사회를 관리할 수 있다고 믿었다. 군·현 단위로 나누어 나라를 다스리는 것은 분봉제를 깨뜨리기 위한 것이다. 각 지방에 정부기관을 세우고는 국왕의 명령이 있어야만 효력이 발생하도록 했다. 사람들은 전국 각지로 파견된 관원에게 직접 국왕의 명령을 전해 들었다. 이로써 행정상의 통일적인 관리가 가능해졌다. 진시황은 이 두 정책에 의존해 진나라를 행정상 효율이 높고, 국왕이 최고의 권력을 갖는 강대한 국가로 만들었다. 통일 이후 진시황은 이 두 정책을 전국적으로 실행했다. 앞서 말한 리예진간을 포함해 지금까지 발견된 진제국의 죽간이 대부분 법률이나 행정상의 명령서인 것만 봐도 이를 알 수 있다. 이러한 진제국의 법률 문서는 진시황이 고도로 완벽한 법치국가를 건설했다는 것을 의미한다.

진제국은 중국을 통일할 때 피비린내 나는 전쟁을 치렀다. 그래서 피지배국에 대한 착취는 참담할 정도로 심했다. 곧 민중들이 반발을 일으켰다. 후대 사람들은 진 이세황제의 멸망 원인을 과도할 정도로 엄격한 법률로 민중이 반란을 자극한 데서 찾는다. 따라서 진시황의 법치는 엄중한 비판을 피할 수 없었고, 유가에서 신봉하는 예악제도가 또다시 주류 사상이 되었다. 하지만 현대 고고학은 한대(漢代)에도 진의 법률이 그대로 사용되었음을 증명했다. 즉 진 이후 중국정치의 특징을 한마디로 표현하자면 '음법양유'(陰法陽儒)다. 표면상으로는 유가 사상을 따르지만 실제적으로는 진나라의 법치를 따른다는 의미다.

진 이후에도 군현제와 중앙집권제는 완전히 계승되어왔다. 역대 국왕들이 모두 알고 있듯이 중국이라는 대국을 통제하기 위해서는 권력집중과 발전된 관료체제가 필요하기 때문이다. 이런 점에서 과거제도는 중앙집권제의 산물이다. 물론 진시황이 과거제도를 처음 시행한 사람은 아니지만 과거제의 근원도 결국 황제가 중심인 관료 선출제도에 있기 때문이다.

권력이 집중되면 더 큰 일도 해낼 수 있다. 진시황 시대에는 방대한 군인을 국경지역에 배치했고, 만리장성을 건설했으며, 국내 생산활동이 안정되었다. 각국의 도로를 재건했으며, 함양을 중심으로 전국 곳곳으로 뻗어 나가는 방대한 도로교통망을 건설했다. 치도(馳道)라 불리는 이 도로는 오늘날의 고속도로와 비슷하다. 50보 너비에 망치로 기반을 다졌으며 도로 양쪽에는 나무를 심었다. 그중 700여 킬로미터의 군용도로인 '직도'(直道)는 아직도 그 유적이 남아 있다. 정

직도

진시황 시대에 건설한 700여 킬로미터의 군용도로인 직도. 진시황은 각국의 도로를 재건했으며, 함양을 중심으로 전국 곳곳으로 뻗어 나가는 방대한 도로교통망을 건설했다.

국거(鄭國渠)[5]를 새로 만들거나 수리공사를 통해 홍구(鴻溝)와 같은 운수와 관개시설을 사용했다. 창강 수계(水系)와 주(珠)강 수계의 인공수로를 연결하여 진나라 군대는 현재의 광둥(廣東), 광시(廣西)지역까지 갈 수 있었다. 이런 기반시설은 진나라가 멸망했다고 사라지지 않았으며 후대에도 오랫동안 혜택을 주었다. 일찍이 진시황이 중국을 통일하지 않았다면 인류에게 큰 혜택을 주고 있는 이러한 대공사는 거행되지 않았을 것이다.

진제국의 지속기간은 15년이지만 진시황이 설립한 통치모델은 그 이후에도 계속 이어졌다. 진시황은 2,000여 년간 지속된 중국 중앙집권제의 주요 설계자이며, 그 영향력은 어떤 황제와도 비교할 수 없다. 우선 진시황이 시작한 중앙집권제도와 군현제도는 당시 중국을 빠른 속도로 세계강국으로 만들었다. 이런 제도가 있었기에 중국은 진시황이 죽고 난 뒤 2,000년간 수많은 외우내환을 겪으면서도 국력을 집중·동원하여 나라가 패망하는 것을 막을 수 있었다. 중국대륙은 여전히 중앙집권제를 유지하고 있다. 더 이야기할 필요 없이 이 제도들은 지금도 완벽하다. 다만 말하고 싶은 것은 진시황의 영향력이 실제로 막강했으며, 우리는 지금도 진시황의 영향력 아래 살고 있다는 것이다.

중국문화와 민족심리의 창시자 진시황

진시황은 매우 나쁜 일을 저지르기도 했다. 바로 '분서갱유'(焚書坑儒)다. 진시황이 폭군이라 불리며 오랫동안 비난받아온 주된 이유다. 분서갱유는 극단적이고 잔인한 방법으로 사상을 통일시켰다. 서적을 소각했고 자신의 의견에 반대하는 사람을 모두 생매장했다. 춘추전국시대는 중국의 사상이 가장 찬란하고 눈부시며 독립성을 갖췄던 시기였다. 고대중국의 가장 중요한 사상가, 가장 중요한 철학관념이 대부분 이 시대에 출현했다. 그러나 진시황의 분서갱유와 사상통일 때문에 찬란했던 문화는 잔혹한 손상을 입었다. 중국의 사상은 이때부터 쇠퇴하기 시작했다.

하지만 나는 이러한 비판이 완벽하게 합리적이라고 생각하지 않는다. 우선 『여씨춘추』(呂氏春秋)를 살펴보자. 『여씨춘추』는 당시 상국(相國)이었던 여불위(呂不韋)가 전국 각지의 문원(文苑)에서 사람을 모아 진시황을 위해 집필한 것이다. 천문·지리뿐만 아니라 철학사상과 농업지식까지 담는 등 내용이 풍부했다. 각 편을 모두 간결하게 집필했는데 진시황은 매일 한 편씩 공부해야 했다. 이처럼 진시황은 유가·묵가·도가·법가·음양가를 포함해 당시 유행하는 사상을 완전히 이해하고 있었다. 또한 백가(百家)사상을 모두 수용해 하나의 사상으로 받아들였으며 다른 사상을 부정하거나 제거하지 않았다. 만약 진나라가 제후국에 불과했다면 이처럼 패기 있게 집필할 수 없었을 것이며, 수많은 문인학자를 모을 수도 없었을 것이다. 어떤 의미에서는 진제국의 통치가 문화의 집중과 보호에 큰 공을 세웠다고 볼 수 있다. 근래에 출토된 '진제국문서'(秦帝國文書)에서 볼 수 있듯이, 진시황 시대에는 법치를 강조하면서도 사상이 매우 다양하고 복잡하게 존재했다. '백가배척'(罷黜百家)은 한대(漢代) 이후의 일이다. 분서갱유는 매우 특수한 사건으로 후대 사람들이 진시황의 잔인함을 언급하기 위해 과장한 것이다.

　진시황의 중국통일은 중국영토의 기본 골격을 만들었고, 중국인의 문화의식과 민족정서의 기초를 다졌다. 우선 지리적으로 보면, 진제국의 대통일은 서로 다른 지역의 문화가 자유롭게 교류할 수 있게 했다. 이전에도 나라 간 교류가 있기는 했지만, 현재의 유럽과 마찬가지로 언어·문자라는 지역적인 한계가 있었다. 각자의 다양성과 독창성이 보존되었으나 충분히 융합하여 새로운 문화를 생산해내지는 못했다. 하지만 통일 이후 지리적 단절은 사라졌고, 언어와 문자가 통일되었다. 동서남북의 서로 다른 혈연과 민족 간의 교류가 많아졌다. 진시황이 창립한 '중국' 내에서 대륙, 해양, 고산, 평야의 각기 다른 문화가 한데 모여 융합되었다. 이로써 중국인은 대륙뿐만 아니라 해양의 의식을 갖게 되었고, 고산뿐만 아니라 평원의 기질도 갖게 됐다. 또한 북방의 유가와 공자사상을 받아들이고, 남방의 도가와 노자사상을 받아들였다. 이는 음(陰)과 양(陽) 그리고 강함과 부드러움을 관통하는 중국인의 정신적 자산이 되었다. 작은 나라였다면 이렇게 다양한 교류가 실현되기는 어려웠을 것이다.

　문명은 끊임없는 교류를 통해 고귀하고 찬란하며 웅장해질 수 있다. 진시황의 중국통일이 없었다면 진나라의 함양, 한당(漢唐)의 장

안(長安), 원명청(元明淸)의 북경(北京)은 작은 나라의 수도로만 머물며 정치·경제·문화교류의 거대 중심지가 될 수 없었을 것이다. 'Silk Road' 'The China Road' 'Tea Road'도 종종 단절되었을 것이다. 서역(西域)의 이백(李白), 사천(四川)의 소동파(蘇東坡), 광동(廣東)의 강유위(康有爲)와 양계초(梁啓超)가 아무리 뛰어났을지라도, '중국'이라는 커다란 무대가 없었다면 세상에 이름을 알리지 못했을 것이다.

진제국 이전에는 유가든 도가든 모두 '천하'의 개념이 있었다. 하지만 이 '천하'는 공상이자 종이 위에 씌어진 개념일 뿐이다. 진제국 이후에야 '천하'의 개념이 지리적으로 실현될 수 있었다. 이런 이유로, 중국인은 자신을 세상의 '중심'〔中〕으로 자처한다. 뜻이 있는 사람은 모두 '나라의 흥망에는 보통 사람들도 책임이 있다'[6]는 책임감과 기대감을 마음에 품는다. '천하'의 높은 시각에서 문제를 보고, '천하'의 사람에게 이바지하고자 한다. 오늘날의 관점에서 보면 중국을 세계의 '중심'으로 놓고 중국과 주변국가를 중화민족과 소수민족의 관계로 보는 '천하' 의식은 사실 매우 우스운 생각이며 중국의 사상이 마지막 진보를 하지 못하고 낙후된 이유 중 하나다. 하지만 진시황 통치 후 중국인이 대국의 의식, 대국의 영광과 책임감, 대국의 시각과 기개를 품게 되었다는 것은 부정할 수 없다. 적어도 고대의 지식분자들은 이렇게 생각한다. 근대에 이르러 중국은 서구세력에 철저히 패배했다. 하지만 중국인은 강한 대국의식을 가졌기에, 참담한 굴욕감을 느끼면서도 나라를 구하고자 하는 강한 의지를 놓지 않았다.

중국인의 민족심리가 적극적이고 유능하고 빛나고 견고하다고 말한다면, 이것은 반드시 진시황과 관련이 있다고 믿는다. 진나라의 병마용(兵馬俑)은 중국에서 왜 이렇게 인기가 있을까? 뛰어난 예술품이어서만이 아니라 그것에서 '이미' 존재해왔던 강건함·자신감·기

병마용

약 1만 구의 도제(陶製) 병마(兵馬). 진시황의 무덤 부장품으로 진시
황릉원 동쪽 담에서 1킬로미터 떨어진 지하 갱도에 수장되어 있다.
진시황과 진나라의 강건함·자신감·기백·번영을 느낄 수 있다.

백·번영을 발견했기 때문이라고 생각한다. 동시에 중국인은 진시황
에게서 '이미' 존재했던 기개와 안목을 발견할 수 있다.

마오쩌둥의 우상 진시황

서양에서는 진시황과 로마의 카이사르 황제를 자주 비교한다. 로
마제국과 진제국은 인구와 면적이 비슷했다. 로마제국은 진제국보
다 지속기간이 길었다. 하지만 진시황 사후 진제국이 사라진 뒤에도
중국은 분열되지 않았으며, 그가 설립한 제도도 완전하게 계승되었
다. 반면 카이사르 황제가 죽은 뒤, 카이사르가 통치했던 지역은 분
열되기 시작했고, 새로운 황제는 로마제국의 영토나 제도를 계승하

지 않았다. 따라서 세계사적으로, 진시황은 훨씬 더 영향력이 큰 사람이다. 가장 출중했던 황제를 나열할 때 진시황은 단연 1위이거나 1위에 가장 근접한 인물이다. 철저하게 정복당한 국가, 강제노역에 처해진 민중, 참혹하게 진압당한 지식분자들은 모두 진시황을 증오하고 폭군이라 비난한다. 하지만 모든 힘을 다해 세상을 바꾸고자 했던 정치가들의 마음속에, 진시황의 도량, 패기, 포부, 이상 그리고 행동력은 숭배의 대상이다.

역사상, 몇몇 사람만이 진시황을 긍정적으로 평가했으며 대부분의 사람은 부정적으로 평가했다. 유가만이 유일하게 존중받던 시대에는 그럴 수도 있다. 진시황은 유가의 책을 태워버렸으며, 유가가 중시하는 '인애치국'(仁愛治國)을 신뢰하지 않았기 때문이다. 그런데 진시황을 욕하는 사람들은 진시황이 폭압적인 방식으로 추진했던 제도와 공업이 중국의 2,000년을 풍요롭게 만들었다는 사실을 인정하지 않는다. 이것에 대해 마오쩌둥은 매우 분명한 시각을 가지고 있었다. 따라서 마오쩌둥 시대에 이르러 진시황에 대한 긍정적인 평가들이 많이 나타나게 되었다.

마오쩌둥은 진시황에 대한 존경심을 수차례 표현했다. 마오쩌둥이 인용한 당대(唐代) 시인의 시를 보면 '조용'(祖龍)이라는 단어가 나오는데 이는 진시황을 지칭한다. 마오쩌둥은 자신도 '조용'이 되기를 원했다. 그가 쓴 시 「심원춘설」(沁園春雪)에는 "진시황이나 한무제 같은 위대한 제왕은, 설령 무공이 비범하더라도, 문예 방면에는 조금 모자랐다. 진짜 '풍류인물'(風流人物)[7]은 오늘에서야 나타났다"[8]라는 구절이 있다. 자신을 진시황을 뛰어넘는 위인으로 표현한 것이다.

학자 대부분이 진시황을 비난하고 공자를 찬양하던 시대에 마오쩌둥은 오히려 큰 목소리로 진시황을 대변해 대세를 뒤집었다. 그는 1973년 8월 5일 「칠률독정곽노」(七律讀呈郭老)라는 시를 지었다. 곽

마오쩌둥의 서예

마오쩌둥은 진시황을 사모했으며 그에 대한 존경심을 수차례 표현
했다. 심지어 진시황과 비슷하게 행동하거나 진시황을 소재로 몇 편
의 시를 쓰기도 했다.

노는 당 학계의 거장이었던 곽말약(郭沫若)을 말한다. 이 시에는 "다
시는 진시황을 비난하지 마십시오. 분서갱유는 재평가받아야 합니
다. 진시황은 비록 죽었지만 그가 창립한 제도와 위대한 공적은 여전
히 남아 이어지고 있습니다. 공자는 비록 이름을 크게 남겼으나 그가
말한 것은 실용적이지 않습니다"[9]라는 구절이 있다. 이처럼 마오쩌
둥은 여러 차례 공자와 진시황을 비교했다.[10]

　어떤 면에서는 진시황에 대한 마오쩌둥의 평가는 꽤 공정하다. 앞
서 이야기한 것처럼 위인은 일반인들과 다르다. 사물을 관찰할 때 감
정에서 시작하거나 사소한 일에 구애받지 않는다. 역사상 일어났던
거대한 혁명과 사회문제는 매우 복잡한 양상을 띤다. 통상적인 방법
으로는 효과를 볼 수 없다. 이때 진정한 지도자는 위대한 이상, 비상
한 의지, 비범한 기개, 전략적 안목, 냉정한 성품, 강력한 행동력을 발
휘한다. 마오쩌둥과 진시황이 모두 비슷하게 지니고 있던 것들이다.
따라서 진시황을 향한 마오쩌둥의 찬양은 일리가 있다. 역사를 관통
하여 서로를 알아본 영웅과 영웅의 대화인 것이다. 마오쩌둥이 주목

한 것은 진시황의 잔인한 모습이 아니라, 역사를 위해 그가 바쳤던 거대한 공헌 그리고 마음먹은 것을 해냈던 실행력이다. 마오쩌둥은 진시황의 복사판으로, 진시황처럼 어떠한 제한도 받지 않고 거대한 일을 해내고 싶었다.

분명히 이야기하고 싶은 것은 무조건 마오쩌둥을 찬송한다는 것이 아니다. 뒤에서 언급하겠지만, 1949년 이후 마오쩌둥이 한 일 중에는 용인할 수 없는 것이 많다. 동시에 다시 강조하고 싶은 것은 마오쩌둥이 진시황 같은 위대한 기질을 갖추고 있었다는 점이다. 그는 온 힘을 다해 진시황을 닮고자 했으며, 수천 년간 역사에 영향을 미칠 만한 공헌을 이루어내고 싶어했다.

중국은 앞으로도 진시황이 필요할까

진시황의 공적을 찬양하는 사람은 현란한 단어로 그를 묘사하지 않는다. 예를 들어 대시인(大詩人) 이백도 진시황이 웅장한 패기로 중국을 통일한 것과 동방 각국의 제후들을 굴복시키고 신하의 예의를 받들게 한 것을 찬송했다.[11] 진시황의 지혜는 하늘의 은사이며, 뛰어난 재능과 원대한 계략이 있는 그만이 천하의 현명한 인재들을 그의 명령에 따르게 할 수 있었다는 것이다. 진나라의 군사전문가인 위료(尉繚)는 진시황을 위해 일했지만 동시에 그의 인품을 탐탁하지 않게 생각했다. 위료는 "진시황은 콧대가 높고 눈매가 길며, 가슴이 튀어나왔고 말하는 목소리가 승냥이 같다. 인애란 찾아볼 수 없고, 호랑지심(虎狼之心)만이 가득할 뿐이다. 자신이 힘들 때는 상대에게 애써 잘하는 척하지만, 뜻을 이룬 뒤에는 상대를 무시하고 착복한다. 나는 일개 평민에 불과하다. 그는 황자의 존엄함으로 내 면전에서는 겸손한 척하지만 목적은 나를 이용하려는 것이다. 천하를 손에 얻기만 한다면 우리를 포로처럼 대할 것이다"[12]라며 진시황을 소인으로 평가했다(『사기』「진시황본기」).

현대인으로서 평정심을 가시고 역사적인 안목에서 바라본다면 진시황을 더욱 객관적으로 평가할 수 있을 것이다. 예를 들어 저명한 역사학자 황런위(黃仁宇)는 『중국대역사』(中國大歷史)에서 "진시황의 잔혹하고 다다를 수 없는 기이한 경계가 어떻게 비난을 면할 수 있겠는가? 하지만 그는 중국을 통일했고, 거시적인 안목으로 중국을 설계했으며, 주도면밀한 실력으로 이를 완성했다. 어찌 그를 사모하지 않을 수 있겠는가?"[13]라고 말했다.

나는 진시황을 큰 공을 세운 사람으로, 긍정적인 유산과 부정적인 유산을 함께 남긴 사람으로 생각한다. 관건은 국가, 민족, 역사, 인격, 감정 중에 어떠한 시각으로 문제를 바라보는지에 있다. 일전에 '이성과 감성: 진나라 흥망성쇠의 비밀'이라는 주제로 한국의 기업가들을 위해 강연한 적이 있다. 이때 혼란스럽고 경쟁도 치열해 어느 때든 국가가 망할 수 있었던 시대를 언급했다. 이처럼 어려운 상황에 직면했을 때는 통치자에게 권력을 고도로 집중시켜 민중이 법령을 엄격히 준수하도록 하는 법치사회가 유효하다. 지도자는 필히 이성적이고, 냉정해야 한다. 일할 때는 사심 없이 공정하고 단호하며 우유부단하지 않아야 한다. 이러한 성품을 지녔기에 진시황은 참혹한 경쟁을 대면할 수 있었다. 이는 기업가에게도 필요한 자질이다.

전쟁이 끝나고 천하가 안정된 사회를 통치하는 데 가장 필요한 것은 냉정한 법치가 아니라 따뜻한 인정, 즉 소속감과 응집력이다. 한(漢) 이후 중국이 유가를 통치사상으로 삼았던 것처럼 인애치국의 가치가 필요하다. 진나라가 이세 황제 때 망했던 것을 교훈으로 삼아야 한다. 따라서 성공한 지도자가 되려면 이성과 감성으로 법치와 덕치를 효율적으로 녹여내야 한다. 이러한 면에서 본다면 진시황은 실패의 전형이다. 마찬가지로, 진시황을 숭배했던 마오쩌둥은 신중국(新中國)을 건립한 이후 독단적으로 결정하고, 자신을 신격화했다.

외롭고 의심이 많았으며, 웃다가도 금방 화를 내는 등 감정기복이 심했다. 지나치게 자만하고 냉정했다. 또한 인간본성에 위배되는 행동을 하는 등 진시황과 비슷한 모습을 보였다. 절대권력을 가지고 있었기에 누구도 그를 구속할 수 없었다. 그 결과 또 한 번 인민을 재난에 몰아넣었다. 반면 덩샤오핑(鄧小平)의 정치는 한나라 초기와 비슷했는데, 마오쩌둥 정치의 혼란상태를 바로잡았다.

다시 한 번 요약하면, 현재 우리에게는 진시황에 대한 공정한 평가가 필요하다. 그의 부정적인 유산에 대한 비판과 함께 객관적으로 공과의 옳고 그름을 평가해야 한다. 그를 어느 것 하나 옳은 것 없는 흉악한 인간으로 바라보아서도, 천추(千秋)에 공이 넘치는 성인으로 바라보아서도 안 된다. 이는 마오쩌둥을 재평가하는 데도 도움이 된다. 진시황에 대한 공정한 평가가 없다면 중국은 세계로 나아갈 수 없다.

진시황이든 마오쩌둥이든, 인생 전·후반부에 얼마나 큰 차이가 있든, 이는 완전히 한 개인에게서 비롯된 것이 아니라 중앙집권제의 필연적인 결과다. 앞서 이야기했듯, 중앙집권제는 행정효율을 높이고 자원을 집중해 거대한 사업을 이루는 데 큰 역할을 한다. 하지만 소수에게 권력이 과도하게 집중되고 심지어 한 사람의 손안에 집중된다. 이때 최고 지도자는 사욕으로 가득 차고 누구의 제약도 받지 않으며, 하고 싶은 대로 행동하고 남의 의견을 듣지 않으며, 독단적으로 행동하고 충고를 받아들이지 않으며, 자신의 잘못을 감추고 추앙받는 것을 강력한 통치수단으로 삼으며, 자신의 의지만을 강조하고 천하를 자기가 마음대로 할 수 있는 대상으로 삼는다. 게다가 중앙집권제는 일종의 '일군만민'(一君萬民) 제도로, 이러한 제도하에 천하는 한 사람의 소유가 되고 국왕과 백성은 위인과 소민(小民)의 관계가 된다. 이것은 목자와 양 떼의 관계와 같고 지배자와 피지배자의 관계와 같다. 정치적 목적을 위해서라면 인민의 이익은 언제든 쉽게 희생될 수 있다. 고도로 집중된 권력을 지닌 국왕의 눈에 일반 서민은 언제든 밟아버릴 수 있는 개미 떼처럼 느껴진다. 인민의 생명이 대수롭지 않게 보이는 것이다. 인민은 그저 위인의 이상을 실현하기 위한 수단에 불과하다. 이런 이유로 종종 통치자의 힘이 세면 세질수록 일반 백성의 운명은 더욱 비참해지고 비싼 대가를 치러야만 했다. 진시황 시대에도 마오쩌둥 시대에도 모두 그러했다.

이 밖에 일정한 역사 시기에 중앙집권제하에서 실현된 사상과 문화통일은 확실히 다양한 문화가 교류하고 융합되는 데 도움을 주었다. 더 큰 규모와 더 높은 수준의 문명이 탄생하는 데 도움이 되었다. 하지만 과도한 통일은 새로운 사상과 영양분을 갈수록 고갈시켜 민족의 창의력이 사라지는 결과를 낳는다. 중국이 명청(明淸) 이후 쇠퇴한 것도 중앙집권제의 필연적인 결과다.

진시황과 마오쩌둥 시대의 민중은 모두 비참하고 불행했다. 반면 진시황과 마오쩌둥은 확실히 역사에 남았고 세상에 영향을 미칠 만한 위업을 이루어냈다. 하지만 모두 민중의 희생, 고통 그리고 불행 위에서 만들어진 것이다. 우리 세대는 황제의 시대를 겪지 않았다. 사람을 근본으로 하여 각자의 생명을 존중하는 것이 보편적 의식이다. 민중의 희생, 고통, 불행을 대가로 이뤄낸 위대한 대업을 용인하지 않는 세대다. 우리는 중국에 다시는 진시황이 출현하는 것을 허락하지 않을 것이다. 진시황은 영상매체나 만화 속에서만 살아 움직일 뿐이다.

최근 의미심장한 사건이 발생했다. 영국이 투표를 통해 유럽연합에서 탈퇴한 것이다. 너무 많은 국가와 서로 다른 제도로 인해 발생하는 한계, 모순 그리고 충돌을 피하기 위해 유럽 각국은 제2차 세계대전 이후 주권의 일부를 서로 내어놓고 통일의 길을 걸어왔다. 이러한 통일은 각국의 독립성을 존중한다. 통합체를 유지할지 말지에 대한 각국의 선택마저도 존중한다. 유럽연합은 영국이 탈퇴하는 것을 유감스럽게 생각하지만 제지할 권리가 없다. 향후 다른 나라는 유럽연합에서 탈퇴하지 않을 것이라고 누구도 보장할 수 없다. 심지어 유럽연합이 와해될 수 있다는 것도 말이다. 하지만 영국이 어느 날 투표를 통해 다시 유럽연합에 들어갈 수도 있고, 역사적으로 어떠한 기회를 통해 유럽연합이 진정한 의미에서 하나의 국가가 될 수도 있다고 믿는다. 브렉시트(Brexit)가 좋은 결과를 가져올지 나쁜 결과를 가져올지는 누구도 예측하기 어렵다.

　인류 역사를 보면 통일과 분리에는 장점도 합리적인 면도 있다. 중국의 역사는 계속 분합(分合)의 모순된 과정을 겪어왔다. 인류는 끊임없는 분합을 통해 자신에게 가장 적합한 생존방식을 택해왔고, 발전과정을 조율해왔다. 인류의 행복을 위해서라면 합당한 집권과 분권, 통제 가능한 자유와 민주주의의 초석은 모두 고려할 만한 사항이다. 물론 몇 가지 전제가 필요하다. 우선 이러한 선택은 한 영특한 통치자가 인민을 대신해 결정하는 것이 아니다. 훌륭한 지도자는 인민을 대신해 생각하고 고려하는 지자(智者)일 뿐이다. 다음으로는 인민의 행복과 자유가 존중받고 있는지가 중요하다. 이러한 시각에서 본다면 지도자는 진시황의 이상, 포부, 패기를 본보기로 삼고 그의 결단력과 실행력을 본받아야 한다. 하지만 그처럼 독재를 해서는 안 된다. 독재자로서의 진시황은 다시는 출현해서는 안 된다. 그래야 중국의 미래에 희망이 있다.

참고문헌

楊寬, 『戰國史』, 上海人民出版社, 1998.

林劍鳴, 『秦漢史』, 上海人民出版社, 2003.

崔瑞德, 魯惟一編, 『劍橋中國秦漢史』, 中國社會科學出版社, 1992.

李零, 『我們的中國』, 三聯書店, 2016.

費孝通, 『中華民族的多元一體格局』, 『北京大學學報』 第4期, 1989.

[日]鶴間和幸, 『秦始皇的遺産: 秦漢帝國』, 廣西師範大學出版社, 2014.

張分田, 『秦始皇傳』, 人民出版社, 2015.

사실^{fact}을 넘어:

『사기』의 문학적 상상력^{imagination}과 역사적 진실^{truth}

김영수

(사)한국사마천학회 회장

사실과 진실의 경계에 서서

사실(事實, fact)과 진실(眞實, truth) 사이에는 무슨 차이가 얼마나 있는가? 사실 속에 진실이 오롯이 내포되어 있는가? 또 진실은 사실을 얼마나 포함해야 진실이라 할 수 있는가? 이 둘의 관계는 절대적인가, 상대적인가?

또 역사적 사실〔史實〕과 역사적 진실의 차이는 무엇인가? 역사적 사실은 역사적 기록과 일치하는가? 역사가라면 역사를 공부하는 사람이라면 던져야 하고, 또 던질 수밖에 없는 질문들이다.

사실과 진실의 사전적 의미는 이렇다. 사실, 즉 '팩트'란 실제 존재했던 일을 말한다. 그러나 그 팩트가 진실인지 또는 진실한지는 엄연히 다른 문제이다. 그렇다면 팩트는 얼마든지 부정하거나 가공하거나 또 왜곡할 수 있고, 심지어 조작할 수도 있다는 말이 성립한다. 그래서 역사에서 기록으로 남은 팩트에 의문을 품는 것은 당연하고 정당하다.

한편 진실이란 사실도 거짓도 아닌, 왜곡이나 은폐나 착오나 조작 등을 모두 배제했을 때 밝혀지는 그 무엇을 말한다. 이에 상응하는 철학적 용어로 '진리'(眞理)가 있지만 역사학에서는 진실이란 단어가 적절할 것 같다.

모든 학문이 그렇겠지만 역사는 특히 진실을 탐구하는 행위이자 분야다. 진실의 내용과 범주를 따져서 연구의 대상이 되는 것과 아닌 것을 구분해야 함은 물론이다. 종교적인 진리는 진실에서 제외되며, 개인적 확신을 표명하는 것에 불과한 신념이나 객관적인 타당성을 입증하기 어려운 이념도 역사학의 소관사는 아니다. 진실은 검증 가능한 객관적 사실에 근거를 두어야 한다. 그렇다고 사실이 곧 진실은 아니다. 사실은 역사를 연구하는 데 필요한 자료에 지나지 않는다. 사실들의 상관관계에 있는 모종의 원리를 발견해야만 비로소 역사학에서 탐구하는 진실에 접근했다고 할 수 있다.

이렇게 볼 때 지금 우리는 매일매일 은폐되고 왜곡되고 조작된 사실에, 그것도 엄청나게 세뇌당하고 있다. 엄연히 드러난 팩트조차 감추고 비틀고 조작하고 심지어 그것이 진실이라고 강변하는 일을 수도 없이 목격하고 있다. 역사학과 역사학계 그리고 역사가는 물론, 역사학과 유사하게 사실을 전달하고 이를 분석하는 언론 매체까지 총체적 위기에 직면하고 있는 셈이다. 이 위기의 근원을 따져 올라가면 역시나 청산되지 못한 과거사와 대면하게 된다.

사마천(司馬遷)은 2000년 전에 이미 사실과 진실의 차이와 다름 그리고 그 괴리감을 정확하게 인식했던 역사가다. 그는 자신의 진심이 권력자와 그에 아부하는 세력들에게 철저하게 왜곡되고, 끝내는 자신의 육신과 정신마저 스스로 훼손할 수밖에 없었던 참혹한 비극에 직면한다. 여기서 그는 인간의 언행(사실)과 그 이면에 숨겨진 의도 (진실)가 때에 따라서 큰 차이를 보인다는 것을 몸소 겪었다. 이런 처절한 경험을 겪은 사마천은 사실의 배후 또는 사실의 이면에 숨어 있거나 가라앉아 있는 진실을 찾아가는 과정 자체가 역사가 본연의 임무라는 것을 확신하기에 이르렀다.

여기에 자신의 필생의 업인 역사서를 무탈하게 완성하기 위해서는 진실을 추구하려는 그 의도 자체마저 교묘하게 숨기거나 보이지 않게 해야 했다. 이 절박한 현실 때문에 사마천은 역사 서술에서 전례가 없는 특별하고 특이한 방법과 수단을 강구하지 않을 수 없었다. 이 때문에『사기』는 역사학뿐만 아니라 문학 방면에서도 남다른 성취를 이룩할 수 있었다.

이 글은 사마천이 몸소 겪은 치욕스러운 경험을 통해 사실을 넘어 진실을 찾고자 하는 역사가로서의 식견을 체득하고, 이를 다양한 방법과 생동감 넘치는 필법으로『사기』곳곳에 아로새겨 역사학의 범주를 넘어 문학적 성취까지 획득한 점에 주목하고자 한다.

이어 사마천이 심혈을 기울여 복원한 두 인물, 굴원(屈原)과 한신(韓信)의 행적을 집중적으로 분석함으로써 동양의 역사인식에서 대단히 유용한 역사 연구방법이자 기술(記述)방법의 전형을 제시하고자 한다.

역사에서 사실이라고 하는 것이 진정 사실인가? 사마천은 이 사실을 확인하는 일에서 더 나아가 그 이면에 감추어진 진실을 밝히기 위해 역사적 또는 문학적 상상력을 동원했고, 그것을 더욱 생생하게 전하기 위해 문학적 서술방법을 동원했다. 그러나 사마천이 동원한 상상력이 그 자체로 문학일 수는 없다. 또한 역사적·문학적 상상력을 동원하여 사실 이면에 감춘 진실이 완전한 진실일 수도 없다. 다만 진실에 접근해가는 역사가 사마천의 자세와 그것을 효과적으로 전달하기 위해 심혈을 기울인 문학적 방법론을 그런대로 확인할 수 있을 뿐이다. 그래서 이 같은 자세와 방법으로 무장한 역사관을 통해 접근한 진실이 과연 얼마나 진실 그 자체에 가까울지에 대한 판단과 평가를 또 한 번 역사에 맡겨야 한다는 아이러니는 여전히 존재한다. 다만 이러한 역사인식이 진실에 다가가려는 역사가의 최소한의 자

명나라 때 그려진 사마천의 초상화
역사적 진실에 접근하기 위해 사마천은
역사적·문학적 상상력을 동원했다. 그
리고 그것은 역사적 사실에 대한 의문에
서 시작되었다.

질이자 책임이란 점을 지적해두고 싶을 뿐이다.

　한낱 실낱같은 희망일지 모르겠지만 이러한 사마천의 역사 연구방
법과 자세가, 나약한 객관과 숨도 안 쉬는 사실 뒤에 숨어 있는 비겁
한 역사가들 그리고 진실은커녕 사실마저 왜곡하고 나아가 이를 조
작하려는 (언론을 포함한) 사이비 역사가들의 의도와 정체를 파헤칠
힘으로 작용했으면 한다.

역사적 사실과『사기』의 문학적 상상력
사마천과『사기』의 '실록' 정신
　『사기』는 '기전체'(紀傳體)라는 대단히 독창적이고 유기적인 서술
체제로 장장 3,000년 통사를 써내려감으로써 '정사'(正史)의 첫 자리

를 획득했다. 『사기』는 풍부한 사료를 바탕으로 신중한 분별과 취사선택의 과정을 거쳤다. 또 사서에 기록되어 있는 사실을 근거로 하되 현장탐방 등을 통해 진실에 접근하는 데 혼신의 힘을 기울였다. 이처럼 『사기』는 역사 사실에 엄격하게 충실하고 역사 저작으로서 갖추어야 할 신뢰의 기준을 충족시켜 '실록'(實錄)이라는 평가를 받고 있다. 이와 함께 사마천은 『사기』 곳곳에서 많은 역사 인물의 형상(形象, eidos)을 빚어냈는데, 기본적으로 역사적 사실에 위배되지 않으면서도 살과 피를 가지고 살아 움직이는, 그래서 사람의 마음을 크게 움직이는 예술적 매력을 갖춘 인물들을 만들어냈다. 이런 점에서 『사기』는 단순히 '실록'의 차원에만 머무르지 않는다.

사마천은 우선 역사적 사실을 견지한다는 원칙 아래에서 역사인물의 생생하고 풍부한 삶의 소재를 당시 그리고 당지의 중대한 역사적 사건과 연계시켜 주제를 걸러냈다. 그러고는 주제를 돋보이게 만드는 재료를 선택하고 예술적 묘사를 보탬으로써 성격상 특징이 분명하고 역사적 전형성을 갖춘 인물의 형상을 성공적으로 빚어냈다. 이로써 독자들은 역사인물의 화랑(畵廊)을 거닐면서 수천 년에 걸친 역사의 전모를 극적으로 엿볼 수 있게 되었다.

정직한 역사가로서 사마천은 역사적 사실을 존중했다. 동시에 그는 자신의 굴곡진 처지와 수많은 역사적 사실 속에서 그가 평소 신봉하던 천도(天道)와 어긋나는 점들을 적지 않게 발견했고, 따라서 이에 대해 회의하고 동요했다. 또한 사마천은 세속과 형식을 뛰어넘는 대담한 정신으로 비판성과 독창성이 풍부한 빛나는 저작 『사기』를 저술하여 당시 "속으로는 욕심이 많으면서 겉으로 인의를 베푸는" 척하는 자신이 섬겼던 최고 통치자 한 무제의 '백가를 내치고 유술(유가)만을 떠받드는'〔罷黜百家, 獨尊儒術〕 천편일률적 국면을 공격하기에 이르렀다.

사마천은 또 실지 조사를 통해 진실을 추구하는 데 힘을 쏟았다.

왕왕 회의를 통해 비판적 태도를 갖추고, 아울러 역사와 현실에 대한 고찰을 통해 미신적이고 허망한 '천도'는 믿을 수 없다는 결론에 도달했다. 그는 또 공자가 『춘추』(春秋)를 정리하면서 제기했던 '존엄한 자는 비껴가고' '어진 자는 피해간다'는 생각에 대해 큰 반감을 품었다. 이에 그는 유가의 테두리를 벗어나 협의(俠義) 정신으로 방향을 돌렸고, 폭군과 폭정, 잔혹한 관리들에 대해 강렬한 불만을 드러냈다. 설사 그 사람과 일이 사마천 당대에 해당하더라도 가차 없이 폭로하고 비판했다. 이처럼 역사적 사실에 기초한 '실록' 정신은 역사적 진실을 향해 가는 든든한 교두보가 되었다.

사마천의 '실록' 정신은 비할 데 없이 풍부한 역사유산으로 남아 있다. 그는 사실과 진실 사이에 놓인 경계를 비판과 회의를 통해 허물었다. 그가 제기한 그 당시의 관점이 어떠했든 간에 후대인들은 그를 통해 비교적 진실되고 구체적인 역사의 장면을 두고두고 볼 수 있게 됨으로써 많은 역사적 교훈과 경험을 분석·종합해낼 힘을 선물받았다.

『사기』의 문학적 성취

위진(魏晉) 시대 이전까지만 해도 문사(文史)는 하나였고, 역사는 경학(經學)의 부속이었다. 따라서 『사기』의 문학적 성취를 언급한 사람은 거의 없었다. 위진 이후 문사가 나뉘면서 사학은 순수 사학이 되었고, 이에 따라 문학적 관점에서도 『사기』를 연구하기 시작했다. 본격적인 연구는 당나라 이후부터 이루어졌다.

『사기』의 문학적 성취를 둘러싼 다양한 연구는 위대한 문호 노신(魯迅)이 『한문학사강요』(漢文學史綱要)에서 "『사기』가 비록 『춘추』의 대의에 어긋나기는 하지만 참으로 '사가의 절창, 가락 없는 「이소」'〔史家之絶唱, 無韻之離騷〕임에는 틀림없다. 사학의 틀에도 얽매이지 않고 자구에 갇히지 않으면서 심정을 문장으로 발산하고 있다"라

『사기』 송나라 때 판본

'실록' 정신을 계승하되 그것을 뛰어넘어 강렬한
비판정신으로 역사적 진실에 접근하고자 했던
『사기』는 위대한 인문정신의 모범이다.

고 한 대목에서 촉발되기 시작했다. 이후『사기』의 문학성, 문학적 성취, 문학적 경지, 역사와 문학의 경계 등에 대한 다양한 연구가 속출했다.

노신이 언급한 '사가지절창 무운지이소'(史家之絶唱 無韻之離騷)는 단 열 글자로 사학과 문학 두 방면에서 거대한 성취를 개괄한 둘도 없는 절묘한 논평이 아닐 수 없다. 일찍이 송나라 때의 사학자 정초(鄭樵)는『사기』를 "6경이 나온 뒤로 오직 이 작품(『사기』)이 있을 뿐"이라 했으며, 청나라 때의 사학자 장학성(章學誠)은 비슷한 의미로 "사마천의 '절학'(絶學)은『춘추』이후 그 한 사람뿐"이라 했고, 근대의 학자 양계초는 "『사기』는 천고의 '절작'(絶作)이다"라고 했다. '절학'과 '절작'은 모두『사기』를 일정한 역사적 범주 안에 둔 채 비교해 나온 것으로, 예로부터 지금까지 이런 학문과 작품은 없었다는 뜻에 머문다. 그러나 '절창'은 이런 의미 외에도『사기』의 위대한 성취와 예술미에 대한 찬탄의 감정이 함께 함축되어 있는 '절묘'한 논평이라 할 것이다. 다만 이 점에 대한 학계의 연구가 상당히 부족하고 소홀했던 면이 없지 않다.

연구성과들을 종합해볼 때 문학이란 방면에서『사기』는 다음과 같은 특징들을 갖추고 있다. 우선, 역사사건을 주로 기술하는 역사산문을 인물 위주의 전기문학으로 끌어 올렸다. 이는 사학과 문학에 기여한 사마천의 독창성이다. 멀리 전국시대에도 역사산문은 상당히 발달했지만 대부분 사건 위주였다. 사마천의『사기』는 아주 넓은 역사무대를 배경으로 삼고 중대한 역사적 사건을 제재로 삼아 역사와 정치라는 무대에서 활약한 인간 군상들을 이 제재와 밀접하게 연계시켰다. 그러면서 예술적 편집과 개괄을 통해 걸러낼 것은 걸러내고 전형화의 수법을 통해 활용할 것은 활용하되 역사사실을 기초로 함으로써 개성이 뚜렷하고 살아 숨 쉬는 각종 유형의 완전한 인물 형상을 각인해냈다.

『사기』의 문학성에서 또 하나 주목받는 요소는 인물의 전기와 형

대문호 노신
노신은 『사기』의 문학성과 그 성취를 절묘하게 간파했다. 사진은
상해 홍구공원 내 노신 무덤 앞에 조성되어 있는 노신의 상이다.

상을 고사로 재창출해내는 절묘한 수법이다. 디테일한 대목이나 사건, 즉 고사에 주목하고, 이런 고사들을 엮어서 중심사상을 집중적으로 드러내는 후대의 소설과 유사한 기법을 선보이고 있다. 또 구어체와 개성적인 언어 또는 가요나 속담 따위를 다듬어서 인물의 성격을 새기는 한편 인품과 덕성까지 나타내고, 나아가 이를 잉태한 사회적 풍습 등 그 배경까지 개괄함으로써 역대로 수많은 사람이 입에서 입으로 전하게 했다.

위대한 문학은 개인의 생활을 묘사하는 동시에 광활한 생활 배경을 펼쳐 보이기 마련이다. 마찬가지로 위대한 역사저작도 서술하고자 하는 사실에 더욱 선명한 인상을 주기 위해 허용되는 범위 안에서 역사인물을 생동감 넘치고 구체적인 모습으로 그려낸다고 해서 안

될 것은 없을 것이다. 사마천은 인물 위주의 기전체라는 역사 서술체제를 창조했기 때문에 매 편의 전기마다 영향력 있는 역사인물을 각인시키는 데 힘을 쏟았다. 그 결과 『사기』는 기전체 사학 저작으로서 사학의 전당에 오르는 동시에 전기문학으로서 최초로 문학의 보좌에 오르는 기염을 토했다.

사마천은 인물의 전기를 쓸 때 애증과 포폄(襃貶)을 분명히 했다. 또 불평을 드러내는 데 주저하지 않았고, 역사가로서 바른길을 가기 위해 무던 애를 썼다. 이는 역사의 객관적 기록일 뿐만 아니라 그 자체로 한 편의 시이자 예술작품이다. 노신이 말한 '가락 없는 「이소」'가 바로 이것이다. 사마천의 붓끝에는 늘 감정이라는 먹이 묻어 있고, 열전 곳곳에서 다양한 형식과 방법으로 그 감정을 유감없이 드러낸다. 애증이 있고 불평이 있다. 「이장군열전」「유협열전」「화식열전」은 그 대표적인 사례 중 일부다.

신랄한 풍자정신 또한 『사기』의 예술성을 돋보이게 한다. 노신은 "풍자의 생명은 진실이다"라고 했다. 『사기』를 읽으면 노신의 이 말이 더욱더 강렬하게 와 닿는다. 『사기』는 대부분 사실을 바탕으로 한다. 그러나 사마천의 암시와 핵심과 진상을 찌르는 간결한 언어를 거치면서 절묘한 풍자로 거듭난다. 『사기』에 시공을 초월하여 현실의 세태와 인심을 절묘하게 꼬집고 비판하고 조롱할 힘이 있게 된 것은 이와 같은 요소들 때문이다.

『사기』에는 또한 그 나름의 낭만주의 색채와 정서가 있다. 위대한 현실주의 작품이지만 낭만주의 색채와 정서 또한 다분하다. 현실주의와 낭만주의가 뚜렷하게 다르긴 하지만 상호배척하는 것은 결코 아니다. 이 둘이 긴밀하게 결합함으로써 『사기』는 문학과 사학의 틀을 뛰어넘어 고전의 반열에 올랐던 것이다. 이런 요소들은 또 『사기』가 사학과 문학의 경계를 허물고 다양한 예술적 장르에 영향과 영감을 주는 동력으로 작용하기도 했다.

사마천은 늘 풍부한 상상력을 발휘하여 영웅적이고 전기적 색채가 농후한 캐릭터들을 빚어냈다. 이 상상력에는 과장법을 비롯하여 다양한 문학적 기법이 동원되었다. 그러나 사실이란 테두리를 허용할 수 없을 정도로 결코 벗어나지 않았다.

사마천이 억울하게 당한 궁형(宮刑)과 『사기』의 문학성도 무시할 수 없는 관계다. 궁형의 울분을 발산하는 '발분'(發憤)은 그 자체로 문학성을 내포한다 할 수 있다. '발분'하되 더욱 효과적이고 극적인 방법을 강구했다. 이 점에서 '발분'의 문학성이 더욱 뚜렷해진다. 문학가들치고 '발분'하지 않는 문학가들이 있던가? 극한의 고통이 더욱 절박하고 절실하게 문학적 표현과 상상을 자극하고 촉발한다. 사마천은 이를 다듬고 정제하고 걸러서 가장 문학적이고 가장 효과적으로 자신의 심경을 표출했다.

『사기』 서사의 다양한 방법

당나라 때의 역사가이자 역사평론가 유지기(劉知幾)는 역사가가 갖추어야 할 자질로서 '사재'(史才)·'사학'(史學)·'사식'(史識)을 꼽았다. '사재'란 사료를 수집·감별·조직하고 이를 이용하여 역사적 사실을 서술하며 문장을 편찬하는 능력을 말한다. '사학'이란 풍부한 사료, 역사적 지식, 역사와 관련된 각종 지식을 장악하는 것을 말한다. '사식'이란 견해와 관점을 포함하여 어떤 압박에도 굽히지 않는 직필(直筆)의 자세와 사실에 충실하되 진실을 추구하는 역사가의 고상한 품격과 용감한 정신을 가리킨다.

'사재'와 '사학'은 각고의 노력과 공부로 가능한 경계이자 경지이지만 '사식'은 깊이 있는 사상적 경지와 풍부한 인생 역정 및 세상과 인간에 대한 심각한 인식이 동반되어야 하는 자질이다. 따라서 '사식'이 갖추어져 있지 않으면 역사학자는 역사학의 기능인(생산자)이 될 수밖에 없다. 역사학(역사가)의 경계(경지)는 '사식'이 결정한다.

그리고 역사가의 경계(경지)가 곧 역사학의 경계(경지)다.

사마천은 '사식'의 기본이라 할 수 있는 회의와 비판 정신으로 무장하고 이를 효과적으로 전달하기 위해 서술이란 면에서 다양한 방법을 동원·구사했다. 비교(상호 비교, 다자 비교, 전방위 비교)를 위주로 한 호견법(互見法), 비유(은유, 직유), 상징, 암시, 인용(속담, 격언, 시, 노래 등), 풍자 등과 같은 소설적 기법은 물론 심지어 플래시백이나 카메라 워킹과 같은 영화적 기법까지 구사한다.

무엇보다 이 모든 요소를 더욱더 돋보이게 하는 생동감 넘치는 언어를 들지 않을 수 없다. 단순한 문학적 표현의 언어뿐만 아니라 한신의 과하지욕(袴下之辱)이나 번쾌(樊噲)와 주발(周勃)에 대한 묘사처럼 동작과 표정 언어까지 동원한다. 이렇게 해서 『사기』의 서정성은 한껏 고조되고, 『사기』의 문학성과 문학적 성취는 감동의 차원으로까지 승화된다.

사마천이 단순히 직필이 아닌 곡필(曲筆)이란 새로운 역사기술의 차원(경지)을 개척한 점도 주목할 필요가 있다. 이른바 곡필이란 사관이 모종의 원인으로 사건과 사실을 직서하지 못하고 고의로 그 진상을 가리는 필법을 말한다. 그러나 사마천이 보여주는 곡필은 진상을 가리는 것이 아니라 문장 속에 자신의 의도를 감추되 은근하게 드러날 수 있게 안배하는 수법이자 장치다. 의도를 더욱 깊게 전달하고자 하는 함축적 표현인 것이다. 즉 『사기』의 곡필은 실록이라는 기초위에서 심화한 것이라 할 수 있는데, 간결한 함축과 이채로운 표현법을 특징으로 한다. 이러한 곡필은 사마천 이전 사가의 역사서술상의 우량한 전통을 계승하고 발전시킨 것이다. 『사기』는 사물을 비추는 밝은 거울처럼 선악을 반드시 드러내는 것은 물론이고 공기를 통해 소리가 전달되듯이 숨김없고 진실되게 역사를 반영했다. 잘잘못을 가리거나 피해가지 않았다. 곡필은 말하자면 실록의 변형된 형식으로 포폄을 곁들이는 것이다. 사마천이 곡필을 채용한 것은 실록을 더 효과적으로 드러내기 위해서였다. 이에 그는 『사기』에 한 겹의 보호색을 입혔다.

『사기』의 문장을 분석해보면 사마천이 채용한 다양하고 변화무쌍한 곡필방식을 끌어낼 수 있다. 그 주요한 방식을 개괄하면 이렇다.

1) 주객의 전도
2) 인물의 대화, 독백, 풍자
3) 포폄의 전도
4) 미세한 사건이나 대비를 통해 포폄을 깃들임
5) 논찬을 통한 칭찬과 비판

사마천의 곡필은 주로 다음 세 방면에 표출되어 있다.

1) 한 왕조의 황제들, 특히 한 무제에 대한 비판을 위한 방식으로 채용되었다.
2) 한신의 모반사건은 한나라 때 가장 억울한 사건으로 남아 있다. 이에 사마천은 역사의 진실을 드러내기 위해 다양한 곡필법으로 한신 모반사건을 흥미진진하게 기술하고 있다.
3) 사마천 스스로 치욕을 견디고 역사서를 저술하기 위한 동기에서 곡필법을 활용했다. 그는 자기 마음의 소리를 고대 성현 명인들에 의탁하여, 즉 다른 사람의 술잔을 빌려 가슴속에 맺힌 응어리를 따라 부었다고 할 수 있다.

다음으로 사마천이 곡필을 사용한 주된 원인은 다음과 같다.

첫째, 궁형 전에 그는 황제에게 직언함으로써 궁형의 빌미를 제공한 바 있다. 이는 또 그의 역사서 저술과도 관련이 있다. 『사기』를 완성하지 못한 상태에서 궁형을 당한 그에게는 더는 호랑이 수염을 건드려서는 안 된다는 절박한 현실적 이유가 있었다.

둘째, 사마천이 『사기』를 기술하면서 의존한 자료들은 대부분 황가 도서관에 소장되어 있는 것들이었다. 따라서 이들 자료는 황가의 생각을 반영하는 것들이 대부분이었다. 사마천은 이런 자료들을 뒤엎을 충분한 자료가 없었고, 이를 해결할 수 있는 유일한 방법은 곡필뿐이었다.

요컨대 사마천이 곡필을 선택한 것은 『사기』를 '실록'에 도달시키려는 목표 때문이었고, 당시 역사적 상황에서 부득이하게 취한 우회적이고 완곡한 방법이었다. 진정한 의도를 감추기 위한 고육책이라고도 할 것이다.

역사적 사실에서 역사적 진실로

굴원의 죽음을 복원하다

앞서 살펴보았듯이 사마천은 한 인물의 전기를 기술할 때 형상과 감정을 서로 결합하고, 그 지점에서 서로 감응함으로써 문장을 시의 경지로 나아가게 했다. 이런 점에서 전국시대 초나라 시인 굴원을 대표하는 「이소」와 그 이름을 나란히 하는 자격을 획득할 수 있었다. 굴원과 사마천, 이 두 사람은 시인과 역사가라는 외재적 표현이 다를 뿐이지 그 정신적 실질로 말하자면 모두 비극적 시인이라 할 수 있다. 그들의 정신은 서로 통한다.

사마천은 고상한 인품을 갖춘 인간의 인격미를 숭상했다. 따라서 『사기』 곳곳에서 고상한 품격을 갖춘 역사인물에 대한 사마천의 찬사는 끊이질 않는다. 『사기』는 인격미의 찬가라 할 수 있다. 굴원은 사마천이 숭상한 고상한 인격미의 대명사라 할 수 있다. 이런 점에서 역사 속의 굴원과 현실 속의 사마천은 혼연일체를 이루어 강렬한 주관적 정감을 형성한다. 『사기』의 객관적 서술과정에 이 같은 복잡한 인생체험이 깊게 잠겨 있기 때문에 우리는 『사기』를 '가락 없는 「이소」'라 할 수 있는 것이다.

「굴월가생열전」에 묘사된 굴원의 죽음 장면을 감상하노라면 사마천의 문학적 상상력과 역사적 진실 사이의 관계를 고뇌하게 된다. 그는 비방과 모함 그리고 어리석은 군주 때문에 배척당한 굴원의 처지와 비극적 죽음에 애잔한 동정을 보내고 있다. 그래서 이경성(李景星) 같은 학자는 사마천이 자신의 처지를 이에 투영시키고 있어 3인합전으로도 읽을 수 있다고 말할 정도다.

사마천은 굴원의 자결 장면을 이렇게 묘사하고 있다.

> "그리하여 마침내 돌을 품고 멱라수에 스스로 가라앉아 죽었다"
> 〔于是遂懷石自沈汨羅以死〕.

지금까지 굴원의 자결에 대해 많은 오해가 있었다. 대부분의 번역서나 문장에 굴원이 그저 그냥 멱라수에 빠져 죽었다고 되어 있기 때문이다. 마치 높은 절벽 같은 곳에서 풍덩 뛰어든 것처럼 쓰고 있다. 아주 큰 오해이자 착각이다. 또 다른 오해는 이 대목 자체에 대한 비판이다. 사마천의 이 대목을 보노라면 마치 사마천이 굴원의 자결을 직접 목격한 듯한 착각을 불러일으킨다. 그래서 비판자들은 사마천에게 자기 눈으로 직접 보지도 않았는데 어떻게 그렇게 묘사할 수 있느냐고 비판했던 것이다.

굴원의 사적과 죽음에 관한 자료는 절대적으로 부족하다. 사마천은 단편적인 기록들을 기초자료로 삼고, 굴원이 남긴 작품들을 깊게 감상했다. 여기에 굴원의 마지막 장소, 즉 멱라수와 굴원의 사당 및 무덤까지 직접 찾아갔다. 물론 주변을 탐문하여 굴원에 관한 현지자료도 입수했을 것이다. 특히, 굴원의 작품세계야말로 굴원의 정신세계를 진실되게 반영하고 있기 때문에 사마천은 굴원의 작품에 더욱 주목했던 것으로 보인다. 그 결과 사마천은 굴원의 자결을 위와 같이 묘사했다. 굴원의 죽음에 관해 이보다 더 굴원의 인품에 어울리는 묘사가 있을까? 이는 사실의 문제가 아니라 진실의 문제다.

이 장면은 굴원이 품었던 돌에 굴원의 회한이 응축되어 있음을 형상적으로 보여주는 명장면이라 할 수 있을 뿐만 아니라, 굴원의 자결과 초나라의 운명을 오버랩시키는 절묘한 장치로도 읽힌다. 이 장면에 이어지는 「굴원가생열전」의 대목은 이렇다.

> "그 후 초나라는 갈수록 쇠약해지더니 수십 년 뒤 끝내 진나라에게 멸망당했다."

사마천은 굴원의 죽음을 초나라의 멸망과 연계함으로써 인재의 생사존망이 국가의 운명과 연계될 수 있다는 사실을 부각하는 극적 효과를 의도했던 것이다. 이것이 사실의 이면, 즉 진실을 읽어내는 힘이다. 사마천은 이 편 외에도 곳곳에서 인재가 나라의 흥망을 결정할 수 있음을 강조하고 있는데, 굴원의 죽음은 그중에서도 특히 두드러진 경우라 할 수 있다.

사마천은 굴원과 관련된 단편적인 자료, 굴원의 작품, 현장을 결합하고 여기에 자신의 역사적·문학적 상상력을 동원하여 굴원의 죽음을 위와 같이 극적으로 그려냈다. 그럼으로써 굴원에게 자신의 감정을 이입함과 동시에 그의 죽음이 초나라의 멸망으로 이어지는 도화선과 같았다는 점을 부각시켰다. 이 모든 것을 한결 더 돋보이게 한 것은 말할 것도 없이 사마천의 필법이자 필력이었다. 우리는 어쩌면 사마천이 읽어냈던 진실이란 단서를 따라 역으로 역사적 사실을 유추해가는 색다른 경험의 기회까지 선사받았는지도 모른다. 어쨌거나 역사적 상상력과 문학적 상상력이 진실에 접근하는 유력한 방법이 될 수 있음을 잘 보여주는 대목이라 할 것이다.

굴원의 사당

사마천은 역사적·문학적 상상력을 고도로 발휘하여 굴원의 죽음을
복원함으로써 진실에 바짝 다가갈 수 있었다. 굴원의 사당은 그가
스스로 가라앉아 죽은 멱라수 가에 조성되어 있다.

한신의 모반과 그 내막

사마천은 과거 사학과 제자백가의 우량한 전통을 계승함과 동시에
형식과 서술방법 및 역사가로서의 정신을 새롭게 다듬는 창신(創新)
을 이루어냈다. 사마천은 우선 사가의 정신을 계승하면서도 심미적
주체를 창신했다. 고대 사학의 정신은 객관적으로 사건과 말을 기록
하는 경향이 주류였고, 자아의 주체의식은 대단히 부족했다. 따라서
감정을 표출하거나 역사기술에 적극적으로 간여하지 못했다. 사마
천은 그 한계를 돌파했다.

다음으로 『사기』는 사서의 체재를 계승하면서도 스토리텔링 구조
를 창신했다. 이는 사마천의 심미적 주체의식의 체현으로, 역사인물
과 사건이 그것을 표현하는 소재였다. 고사, 즉 스토리(story)[1]는 그

자체로는 간단한 사실의 기록에 불과하지만 그것을 전달하는 방식, 즉 스토리텔링(storytelling)[2]에는 감정과 심미관이 따르게 된다. 사마천의 『사기』는 스토리와 스토리텔링을 구별해서 전하고 있다. 이것이야말로 창신이 아닐 수 없다. 체재 안에서 새로운 창조를 일구어 낸 것이다.

다음으로 사마천은 사건을 서술하는 서사를 계승하면서도 사건에서 감정을 느끼고 감정을 실어 전달하는 창신을 이루어냈다. 고대의 사관은 모두 '좌사(左史)는 사건을 기록하고, 우사(右史)는 말을 기록한다'는 틀에서 벗어나지 못했다. 사건과 말만 기록해서는 단순한 기술과 사건 서사에만 머무르게 된다. 그것도 중대한 역사적 사건과 인물에만 한정될 수밖에 없다는 치명적 문제를 가진 채. 그러나 사건과 인물에 느낌을 갖게 되면 자신의 생활경험, 생활 속에서의 감수성 등을 더욱 중시하게 되고 이로부터 사회와 인생을 파악하게 된다.

『사기』 130권 중 절대다수는 중심사건과 인물에 서로 다른 시간과 공간에서 발생한 사건들을 연계하고 있다. 이는 겉으로 보면 여전히 역사기술이지만 사마천의 붓끝은 사건과 인물 사이의 내적 발전논리에 더 많은 관심을 기울이면서 역사상 많은 사건과 인물을 사회생활이라는 큰 화면 속에서 조합한다. 이렇게 역사에도 철학적 이치가 있을 수 있다는 심각한 주제를 끌어냄으로써 역사의 사건서술에 선명성을 더욱 집중시키고 동시에 읽는 사람에게 감동을 선사한다. 사건서술에 자신의 감정을 곁들이는 이런 창작이야말로 『사기』의 큰 장점이자 역사서술의 일대 혁신이다. 요컨대 이러한 사학 전통의 계승과 창신은 반대급부로 문학창작의 풍부함과 발전을 촉진했고, 나아가 문학창작의 제재와 내용, 형식과 기교, 사상과 주제 등에서 새로운 영역을 개척함으로써 사서의 내용과 형식을 모두 일신시키는 계기로 작용했다.

지금까지 살펴본 사마천의 역사 서술방식의 '창신'을 가장 잘 보여주는 편이 초한쟁패의 명장 한신의 일대기를 기술한「회음후열전」(淮陰侯列傳)이다. 사마천은 진나라 말기 천하가 혼란에 빠진 상황에서 패권의 향배를 결정짓는 데 가장 큰 역할을 했던 명장 한신의 일생을 스토리텔링 기법으로 재구성하는 놀라운 시도를 하고 있다. 여기에는 한신이 모반을 꾸몄다고 몰려 억울하게 처형당한 한나라 초기 최대의 사건이 잠복해 있다.

사마천은 황가 도서관에 보관되어 있는 한신 모반사건의 기록에 강한 의문을 품었다. 그래서 그와 관련한 모든 자료, 특히 관련 인물들의 자료를 입체적으로 재구성하고 여기에 한신이 고향에서 수행한 탐방과 탐문을 통해 입수한 자료들을 종합하여 한신 모반사건의 진실을 절묘하게 폭로하고 있다.

사마천은 우선 역사적 사실에 의문을 품었다. 그 의문을 확인하기 위해 한신과 관련된 인물들의 역사적 사실을 꼼꼼하게 재구성했다. 여기서 그는 자신이 품은 의문의 정당성을 확인했다. 즉 한신의 모반과 죽음에 최고 권력자와 그의 심기를 거스를 수 없었던 공신들이 깊숙이 개입되어 있음을 확인한 것이다. 사마천은 한신의 모반과 죽음이란 역사적 팩트 그 이면에 감추어진 진실을 들추어내기로 결심하고, 그 방법으로서 한신의 일대기 전체를 절묘한 고사와 고사성어들로 재구성해내는 전무후무한 방법을 창안했다. 먼저 한신 일대기와 관련한 주요한 고사성어들을 제시해둔다.

> 과하지욕(胯下之辱): '가랑이 밑을 기는 치욕'. 이 장면에서 사마천은
> 한신이 건달의 가랑이 밑을 기기 전에 건달 얼굴을 한참 동안 빤히 쳐
> 다보았다는 대목을 삽입하여 한신의 오만한 성격의 일단을 드러냄.
> 신취요식(晨炊褥食): 한신이 매일 같이 친구 집을 찾아와 밥을 얻어
> 먹자 친구의 아내는 '새벽에 밥을 지어 이불을 뒤집어쓰고 (자식들
> 과 함께) 밥을 먹었다.' 이에 한신은 친구에게 욕을 하며 절교했으나

훗날 친구를 찾아 돈으로 보상했다. 이 역시 한신의 오만한 성격의 일단임.

표모반신(漂母飯信), 일반천금(一飯千金): 한신은 '빨래하는 아주머니에게 밥을 얻어먹고', 훗날 '천금으로 은혜를 갚았다.' 한신의 처지와 미래 그리고 한신의 오만한 성격의 일단을 보여주는 고사.

소하추한신(蕭何追韓信): '소하가 한신을 뒤쫓아 가다.' 한신의 능력을 알아본 소하.

설단배장(設壇拜將): '단을 설치하여 장군에 임명하다.' 군사 전문가로서 한신의 탁월한 식견을 선보이는 계기.

명수잔도(明修棧道), 암도진창(暗渡陳倉): '겉으로는 잔도를 수리하는 척하면서 몰래 진창을 건너다.' 초한쟁패의 전체 국면을 장악해가는 명장 한신.

배수지진(背水之陣): '물을 등지고 진을 치다.' 실제 전투에서 명장으로서의 능력을 유감없이 보여줌.

섭한왕족(躡漢王足), 부이어왈(附耳語曰): '한왕(유방)의 발을 밟고, 귓속말을 하다.' 한신의 말로를 암시.

천하삼분(天下三分): '천하를 삼분'하라는 책사 괴통의 충고를 물리치는 장면. 한신의 말로를 암시.

다다익선(多多益善): '많으면 많을수록 좋다.' 한신의 오만한 성격과 말로를 암시.

궤기영송(跪起迎送): '무릎을 꿇었다 일어나 보내고 맞이하다.' 한신의 위상과 오만함을 암시.

수여쾌오(羞與噲伍): '번쾌와 어울리는 것을 부끄러워 하다.' 위와 같음.

토사구팽(兎死狗烹): '토끼가 잡히면 사냥개는 삶긴다.' 한신의 최후.

불벌기공(不伐其功), 불긍기능(不肯其能): '그 공을 떠벌리지 않고, 그 능력을 자랑하지 않다.' 사마천의 안타까움.

'과하지욕' 현장의 현재 모습

과하지욕 고사는 '가랑이 밑을 기는 치욕'이라는 뜻이다. 이는
한신의 오만한 성격을 잘 드러내며 그의 비극적 죽음의 원인을
짐작케 하는 절묘한 장치다.

사마천은 다양한 고사를 스토리텔링 기법으로 재구성하여 한신의
죽음에 얽힌 중요한 진실의 두 자락을 들추어내는 데 성공했다. 첫
째, 한신의 죽음은 그 자신이 자초한 면이 적지 않다. 즉 한신의 오만
한 성격이 권력자의 의심과 공신들의 시기심을 부추겼다는 것이다.
둘째, '주인을 떨게 할 정도로 큰 공'〔功高震主〕을 세운 한신이란 존
재를 부담스러워한 최고 권력자와 그 측근들의 모함이 작용했다는 점
이다. 사마천은 한나라 최고의 개국공신이 어째서 삼족을 멸하는 끔찍
한 최후를 맞이했는지를 이렇게 절묘한 서술방식으로 재구성함으로
써 역사적 팩트를 넘어 진실에 바짝 다가가는 탁월한 성과를 이룩했
다. 그뿐만 아니라 그 진실에 다가가는 과정에서 복잡다단한 인간의
심리까지 읽어내게 하는 훌륭한 문학적 성취도 일구어내고 있다.

『사기』의 비판정신과 예지력

"역사가는 자기 자신을 죽이고 과거에 있었던 사실을 그대로 밝혀야 한다"고 말한 랑케는 실증주의 사학으로 위장한 제국주의 역사관의 대변자라 할 수 있다. 1920년대 일본 역사학계는 이러한 랑케의 주장을 조선을 지배하기 위한 논리에 적용함으로써 이른바 식민사관을 형성하기에 이르렀다. 식민사관은 "주관적인 판단 없이 역사적 사실을 원래 있는 그대로 기술한다"는 가치중립적인 문헌고증 사학의 방법론을 수용하여 "사료에 대한 주관적 해석을 배격한다는 명분 아래 역사연구에서 사관과 이론을 배체하고, 합리적·사료적 비판과 해석만을 강조"했다. 이로써 비판은 실종되고 기록으로만 남은 지배계층 위주의 역사적 팩트만을 강요하는 역사 연구현상이 만연해졌다. 그러니 천편일률적인 사료더미들을 쌓아놓고 서로 비교·비판하는 지극히 낭비적이고 소모적인 희한한 연구경향이 주류를 이룰 수밖에 없었다. 해방 이후에도 친일파 청산과 식민사관 청산이 거듭 좌절됨으로써 여전히 그 폐단과 해악이 학계 곳곳에 남아 기승을 부리고 있다.

이런 현실을 비추어볼 때 비판정신, 진보정신을 표현(표출)하기 위한 방법과 수단으로서 문학적 상상력을 발휘하고 이를 효과적으로 전달하기 위해 문학적 서술방식을 활용한 사마천의 방식은 오늘날 우리 사학계가 진지하게 수용을 고민해야 할 자세이자 방법이 아닐까 한다. 특히 자신이 살고 있는 당대사나 통치자라 해도 거리낌 없이 그 폭정과 폭군의 면모를 폭로하고 비판하는 정신의 가치를 인정한다면 사실을 근거로 하여 진실에 다가서는 방법과 수법에 주목할 수밖에 없을 것이다.

객관적 기록이란 무엇인지에 대해 이미 2,000년 전에 진지한 의문부호를 던진 사마천은 지금 우리에게 나약하고 비겁한 객관 뒤로 숨지 말라고, 낮지만 침통하게 속삭인다. '객관적 사실이란 것'의 뒤에 숨어 있거나 이면에 가라앉아 있는 진실의 자락을 끌어내기 위한 힘으로서 문학적 기법과 상상력을 유감없이 그리고 거리낌 없이 동원한 사마천. 그리고 나아가 이를 다시 객관적으로 뒷받침하기 위해 또 다른 방법이자 장치로서 현장정신을 견지한 사마천의 자세와 방법 또한 새삼 주목하지 않을 수 없다.

사마천은 여기서 한 걸음 더 나아가 현실과 역사의 관계 속에서 과거와 현재 사회의 '성공과 실패, 흥성과 쇠망의 이치'를 탐구하여 역사적 경험이 통치계급에게 역사적 처방이 될 수 있음을 보여주었다. 즉 '술왕사 사래자'(述往事 思來者)라는 역사의 미래예견적 역할과 작용을 보여준 것이다. 『사기』에 체현되어 나타나는 이 같은 비판정신과 미래에 대한 예지력이야말로 『사기』의 영혼이자 사마천의 위대한 점이라 할 것이다.

일찍이 헤겔은 중국의 역사가와 역사서에 대해 이렇게 말한 바 있다.

"중국의 역사가들은 계속 끊임없이 출현했다. 이는 실로 다른 민족과 비교가 안 되는 것이다. 다른 아시아 민족들도 오랜 전설을 갖고 있지만 진정한 역사는 없다. ……더욱 사람을 놀라게 하는 것은 그들 역사서의 정교함과 정확함이다."

헤겔은 중국 역사가와 역사서의 우수한 전통을 한껏 칭찬하고 있다. 그리고 다름 아닌 사마천이 이 전통의 문을 처음 열었다. 지금 세계가 사마천과 『사기』에 다시 눈길을 돌리고 있는 이유다.

참고문헌

김영수, 『역사의 등불 사마천, 피로 쓴 사기』, 창해, 2006.

김영수, 『사마천과 사기에 대한 모든 것 1(사마천)』, 창해, 2016.

張新科·俞樟華, 『史記硏究史略』, 三秦出版社, 1990.

可永雪, 『史記文學成就論稿』, 內蒙古教育出版社, 1993.

韓兆琦, 『史記通論』, 廣西師範大學出版社, 1996.

楊燕起, 『史記的學術成就』, 北京師範大學出版社, 1996.

張大可, 『史記文獻硏究』, 民族出版社, 1999.

韓兆琦 編著, 『史記題評』, 陝西人民教育出版社, 2000.

張大可, 『史記硏究』, 華文出版社, 2002.

張大可 主編, 『史記硏究集成(全14卷)』, 華文出版社, 2005.

풀뿌리 중국:
사회변화의 '현장'

박민희

『한겨레』 기자

중국은 어디로 가고 있는가

베이징 변두리, 중국과 세계를 잇는 관문인 서우두(首都) 공항 근처 허름하고 낡은 집들 사이로 초라한 가구공장들이 비집고 선 마을 피춘(皮村)에서 노동운동가이자 가수인 쑨헝(孫恒)과 그의 농민공(農民工) 동료들은 '노동자의 집'을 키워냈다. 노동NGO이자 공동체인 이곳은 사회보장시스템에서 소외된 농민공과 그 아이들을 위한 학교와 노동자극장, 노동자박물관을 만들고, 농민공들이 정당한 권리와 삶을 누릴 수 있도록 노력하는 공간이다. 쑨헝과 동료들의 분투는 중국 당국과 아슬아슬한 긴장 관계에 있지만, 중국 노동자들 사이에서 자라나고 있는 아직 미약하지만 끈덕진 희망의 싹이다.

2016년 3월 중국 북부의 헤이룽장 성(黑龍江省)에서 석탄 국유기업 룽메이(龍煤) 그룹 노동자들과 그 가족들이 대규모 시위를 벌였다. 25만여 명의 노동자를 고용하고 있는 룽메이 그룹은 석탄가격의 급락으로 2015년 말 10만 명 감원과 구조조정 계획을 발표했다. 그 이전부터도 임금체불이 계속돼왔는데, 루하오(陸昊) 헤이룽장 성 성장이 2016년 전국인민대표회의(전인대) 기간 동안 "룽메이 그룹 노동자들은 지금까지 한 푼의 월급도 적게 받은 적이 없다"고 발언하자 분노한 노동자들이 3월 10일 '루하오가 눈 뜨고 거짓말한다'(陸昊睜眼說瞎話)라고 적힌 플래카드를 들고 거리로 나선 것이다. 중국경제의 침체와 구조조정의 물결 속에서 노동자들의 고통과 분노를 상징하는 이런 풍경은 곳곳에서 등장하고 있다.

중국은 어디로 가고 있는가? 2009년부터 2013년 초까지 특파원으로서 중국을 취재하고 관찰하는 동안 개혁개방 30여 년의 휘황한 발전 뒤로 수많은 문제를 떠안고 고뇌하는 중국이 이 거대하고 복잡한 문제를 어떻게 풀어가고 있는지 언제나 궁금했다. 하지만 쉽게 보이지 않았다. 당과 지도자들의 화려하고 자신만만한 이야기뿐만 아니라 사회 밑바닥에서 들끓는 보통 사람들의 삶을 함께 봐야만 답을 찾을 수 있을 것 같았다. 2012년 『중국을 인터뷰하다』라는 책을 쓰면서 만난 첸리췬(錢理群) 전 베이징대학교 교수는 내게 '두 개의 중국'이 있다고 했다. 마오쩌둥, 덩샤오핑 등 중국공산당 지도하의 중국만 보지 말고, '지하의 중국'이라고 부를 수 있는 민간사회의 열망과 변화를 향한 움직임을 놓치지 말 것을 권했다. 다면적인 중국, 극과 극이 교차하면서 만들어지는 중국의 현실을 보려면, '두 개의 중국'을 두루 보려는 노력을 게을리하지 않아야 한다는 것을 절감했다.

시진핑(習近平) 주석이 중국의 꿈, 중화민족의 위대한 부흥을 강조하며 위로부터의 개혁을 추진하고 세계 양대 강국이라는 위상에 기댄 자신만만한 외교를 통해 '일대일로'(一帶一路)의 원대한 청사진을 펼쳐 보이는 데 세계의 관심이 쏠리고 있다. 하지만 오히려 사회 내부의 변화동력은 억압되고, 경제침체 속에서 노동자들의 동요와 저항은 끓어오르며, 민주적으로 정치적·사회적 문제를 풀어가는 모델은 보이지 않는다. '지하의 중국' '풀뿌리 중국'은 어디로 가고 있을까.

농민과 토지

모든 것은 땅과 얽혀 있다

2011년 9월 중국 남동쪽 바닷가 마을 우칸 촌(烏坎村) 사람들은 당 간부들이 주민들의 집단소유 토지를 수십 년 동안 몰래 매각해 거액을 챙긴 사실을 알아내고 시위에 나섰다. 토지반환을 요구하는 마을 주민들의 항의시위가 계속되는 가운데 촌민대표 중 한 명인 쉐진보(薛錦波)가 당국에 잡혀가 의문의 죽임을 당하자 촌민들은 12월 중순부터 관리들을 내쫓고 마을 주변에 바리케이드를 친 뒤 마을을 해방구로 만들었다.

위태로운 대치상황 속에서 당시 광둥 성 당서기였던 왕양(汪洋, 2016년 현재 부총리)은 광둥 성 부서기 주밍궈(朱明國)를 우칸 촌으로 파견해 이 문제를 직접 해결하도록 했다. 주밍궈 부서기가 직접 마을을 방문해 주민대표 린쭈롼(林祖巒)과 협상한 뒤, 민주적 선거를 통한 대표 선출, 쉐진보의 사인 재조사, 토지문제 해결 등을 약속했다. 2012년에는 마을주민들이 민주적 선거로 촌민대표를 새로 선출했다.

우칸 촌의 소식은 중국사회의 새로운 변화의 상징으로서 국내외의 큰 주목을 받았다. 30년 넘는 휘황한 고속성장 기간 동안 중국 지방정부의 주요 수입원은 토지수입이었다. 중국 대부분의 농촌에서 농민들의 집단소유로 돼 있는 토지가 팔려나가 공장이나 도로, 별장이나 호화주택으로 개발됐다. 강제철거로 쫓겨난 농민들은 분노하고 항의하고 자살했다.

2009년 11월 쓰촨 성 청두 시(成都市) 외곽에서 47세의 여성 농민 탕푸전(唐福珍)은 가족이 운영하는 작업장을 부수려는 철거반원들과 대치하다 분신했다. 사건 뒤 청두 시 지방정부는 관련 보도를 통제하고 탕의 친지와 가족 일곱 명을 공무집행방해 혐의로 구속하기까지 했다. 하지만 당시 탕푸전의 분신현장을 휴대전화로 찍은 동영상이 인터넷을 통해 확산되고 분노하는 여론이 들끓는 등 파장이 커지자 중앙정부가 나서 지방정부의 강제철거를 단속하겠다고 밝혔다.

탕푸전이 목숨을 걸고 지키려 했던 건물은 1996년 그와 남편이 지었던 의류창고인데, 지방정부는 탕의 가족에게 재산증명서를 발급해주지 않았다. 탕의 가족은 이 건물을 짓는 데 700만 위안(약 11억 5,000만 원) 이상을 썼지만, 지방정부는 오수처리공장 건설을 위해 건물을 철거하겠다고 통보하면서 117만 위안(약 2억 원)의 보상금만 제시했다.

지방정부가 부동산 개발회사들과 손잡고 개발을 명목으로 농민들의 집과 토지를 헐값에 빼앗아 강제철거를 밀어붙이는 일은 중국사회 불안정의 가장 큰 원인 중 하나다. 2010년 농촌지역에서 총 18만 건의 분규가 발생했는데 이 가운데 대다수가 토지문제와 관련된 것으로 추정된다. 상당수의 지방정부가 농민들의 토지를 강제로 수용해 최고 20~30배의 높은 가격으로 부동산 개발업자들에게 매각하기도 해 농민들의 분노를 샀다.

이런 상황에서 터져 나온 우칸 촌 사건은 중국농민들이 각성하고 단결해, 인터넷 등으로 외부세계에 현실을 적극적으로 알림으로써 정부에게 양보를 이끌어내고 민주적 선거까지 치러냈다는 점에서 중국농민들의 변화를 보여주는 분수령으로 인식되었다. 당시 누리꾼들은 '우칸이 중국에 민주의 시범을 보이고 있다' '우칸은 민주의 작은 불씨' 같은 글을 올리며 환호했다.

적어도 당시 왕양 광둥 성 당서기나 후진타오(胡錦濤) 주석, 원자바오(溫家寶) 총리 등은 중국공산당의 통치가 위협받지 않는 한 사회적 압력이 어느 정도 해소될 수 있도록 사회세력들의 활동공간을 용인하는 정책을 취했다. 하지만 정부가 시위 주민들에게 일정 정도 양보하고 요구를 수용한 '우칸 모델'이 다른 지역으로 확산되는 것은 원치 않았으며, 타협은 있었으나 근본적인 변화나 해법은 없었다.

결국 이 정도로는 농민들이 원하는 문제해결이 불가능했다. 몰래 팔려나간 마을토지 1만 2,000무(畝, 약 8제곱킬로미터) 가운데 2016년까지 주민들이 돌려받은 것은 4,000무(약 2.7제곱킬로미터) 정도뿐이다. 기대를 품고 시위에 나섰던 주민들의 실망은 크다.

시위 당시 마을의 젊은 '대변인'으로 활약했던 장젠싱(張建星)은 우칸 시위와 선거 후 1년쯤 지난 뒤 나와 만나 "우칸 사람들은 용감했지만 사회 전반의 상황이 함께 나아지지 않으면 문제해결이 쉽지 않다는 것을 깨닫고 있다. 그래도 포기하지 않고 계속 노력하겠다"고 했다.

시위 후 5년이 지난 2016년 6월 우칸을 관할하는 광둥 성 루펑 시(陸豐市) 검찰은 우칸 주민들의 지도자이자 토지 불법매각 반대시위를 이끌었던 린쭈롼을 체포했다. 며칠 뒤에는 린쭈롼이 학교운동장 트랙 공사와 관련해 불법뇌물을 받았음을 인정했다며 린의 '자백' 장면을 CCTV에 공개했다. 하지만 주민들은 린의 뇌물수수 혐의는 조작된 것이라며, 그의 석방을 요구하는 시위를 일주일 넘게 벌였다. 린쭈롼을 비롯해 2012년 민주적 선거로 선출됐던 주민대표 여러 명이 사임하거나 부패, 뇌물수수 혐의로 투옥됐다. 토지문제는 해결되지 않았다. 주민들은 결국 다시 거리로 나왔고, 다시 좌절하고 있다.[1]

2015년 현재 토지몰수에 항의하는 농민들의 시위나 분신 사건은 이전보다 잦아들었다. 중국정부가 경제성장 동력의 변화를 추진 중이고 부동산 경기침체로 지방정부가 농민들의 토지를 헐값에 강제 수용해 부동산 개발회사나 기업 등에 넘기는 사례가 줄어들었기 때문이다. 하지만 도시와 농촌을 1등 국민과 2등 국민으로 나누는 후커우(戶口) 제도 개혁과 농민의 토지매매 권리 허용을 둘러싼 치열한 논쟁은 여전히 근본적인 과제로 남아 있다.

중국 당국은 우선 후커우 제도를 일부 개혁 중이다. 중국에서 도시에 거주하는 상주인구 비율은 53.7퍼센트에 달하지만 도시 후커우를 가진 인구는 36퍼센트에 불과하다. 실제 도시에서 살고 일하지만 도시 후커우가 없어 각종 공공혜택을 받지 못하는 농민공이 3억 명 정도다. 2014년 중국 중앙정부는 후커우 제도 개혁에 대한 가이드라인을 발표해 원칙적으로 도시와 농촌 간 후커우 차별을 없애겠다는 방침을 밝혔다. 지금까지 허베이(河北), 후난, 충칭, 산둥(山東), 쓰촨 등 10여 개 성과 직할시가 농업 후커우와 비농업 후커우의 구분을 없애고 거민 후커우(居民戶口)로 통일한다는 정책을 발표했다. 하지만 가장 혜택이 큰 베이징, 상하이 등 대도시의 후커우는 농민공들에게 여전히 하늘의 별 따기다.

도시별로 노동력 수급계획에 따라 점수지표를 만들고, 농민공의 능력을 점수화해서 일정 수준에 달한 농민공에게 도시거주증 신청 자격을 부여하는 개혁이 실시되었다. 예를 들면 광둥 성 광저우 시(廣州市)는 박사학위 소지자에게 100점(석사 90점, 학사 80점, 전문대 졸 60점, 고졸 20점, 중졸 5점), 기술 수준에 따라서 최대 60점, 주택 보유자에게 20점, 명문대학 졸업자에게 10점, 개인소득세에 따라서 최대 20점을 각각 부여한다. 당연히 농민공들이 도시거주증을 받는 것은 매우 힘들다. 아울러 농민들의 토지에 대한 권리, 즉 토지 자유매매를 허용한다면 그 부작용을 어떻게 해소할 것인지 등은 여전히 논쟁 중이며, 해법은 나오지 않고 있다.[2]

100년의 급진과 농민

1949년 중국 공산혁명이 농민혁명이었음을 기억한다면, 오랫동안 침묵하던 농민과 농민공이 변화의 목소리를 높이기 시작한 것은 의미심장하다. 중국 고도성장 마법의 두 축, 즉 전 세계 최저수준의 임금을 받는 농민공의 노동력을 이용한 수출산업과 농민들의 목숨과 다름없는 땅을 헐값에 또는 공짜로 빼앗아 공장과 고급별장 등으로 개발해온 부동산산업의 발전모델은 한계에 이르렀다.

원톄쥔(溫鐵軍) 중국 런민대학교 농업 및 농촌발전대학 학장은 지난 중국의 역사를 1949년 혁명이나 1978년 '개혁개방' 등을 기준으로 분류하지 않는다. 대신 현대중국 100여 년의 역사가 국가자본 중심의 공업화를 이루기 위해 자본축적과 따라잡기 근대화를 추진한 국가자본주의적 '100년의 급진' 시기였다고 분석한다.[3] 그에 따르면, 서구처럼 해외식민지를 점령해 부를 약탈하고 본국의 내부모순을 전가하는 것이 불가능한 상황에서 중국은 내향형 원시적 축적에 의존할 수밖에 없었으며, 이 과정에서 발생하는 비용은 특히 인구의 대부분인 농민의 희생으로 치렀다. 뿌리 깊은 중국의 향촌사회는 공업화와 자본축적 과정에서 일어난 여러 차례의 경제적 파국을 고스란히 떠안아 준중국사회의 완충지대 역할을 하기도 했다.

하지만 이제 중국은 자본의 결핍에서 자본의 과잉이라는 새로운 역사적 단계로 접어들었으므로 100년의 급진에 제동을 걸고 공업화가 야기한 환경파괴, 농촌의 희생을 극복할 생태문명으로 전환해야 한다는 것이 원톄쥔의 주장이다. 특히 서구 신자유주의 모델이나 토지 사유화의 주장에 현혹되지 말고, 급속한 도시화로 농촌을 파괴하지 말아야 한다는 게 그의 경고이자 충고다.

딩쉐량(丁學良) 홍콩 과학기술대학교 교수는 2012년 2월 『한겨레』에 실린 나와 한 인터뷰에서 중국사회의 변화를 다음과 같이 분석했다.

"개혁개방 이후 중국사회에 불만은 계속 존재했습니다. 하지만 과거와 달리 현재 중국에선 농민, 농민공, 지식인 모두가 매우 분명하게 문제를 인식하고 공평과 공정, 변화를 요구하고 있는 것으로 보입니다. 1989년 톈안먼(天安門) 시위 당시 농민들이 거의 동조하지 않던 것과 비교하면, 현재 중국 각 지역, 각 계층에서 변화의 목소리가 높아졌습니다.

중국의 도시화 과정에서 농민의 토지를 빼앗는 일이 점점 늘어났고, 이미 전국적인 문제가 됐습니다. 농민에게 토지는 생명입니다. 토지를 빼앗겨도 농민들은 도시민의 대우를 받을 수 없습니다. 따라서 농민에게 토지는 생사존망이 걸린 문제죠. 최근 몇 년 동안 규모가 큰 집단시위가 모두 농촌에서 일어난 것은 이 때문입니다. 두 번째로 인터넷의 발달을 꼽을 수 있습니다. 과거 중국에선 많은 사건이 모두 고립돼 있었습니다. 중국이 광대한 데다, 중국 관영매체에선 그런 사건들을 보도하지 않기 때문입니다. 하지만 이제 인터넷이 발달하면서 이곳저곳에서 벌어지는 일들이 쉽게 전파돼 서로를 자극하고 있습니다. 지방관리들도 이를 완전히 통제할 수는 없는 상황입니다. 매우 중요한 세 번째 원인은 중국정부도 1989년 6·4 톈안먼 시위를 진압한 방식으로는 현재 도시와 농촌에서 일어나고 있는 대규모 항의를 진압할 수 없다는 현실을 잘 알고 있다는 점입니다. 톈안먼 사태 때와는 상황이 달라졌습니다. 중국정부도 이제는 감히 군대를 동원해 백성을 대하지 못합니다. ……이런 여러 원인이 합해져 최근 시위가 점점 늘고 규모도 커지고 있습니다.”

도시의 농민, 농민공[4]

2010년 말 광둥 성의 '세계의 공장' 지대에서 만난 농촌 출신 노동자들은 전태일과 한국 노동운동에 대한 질문을 던지며, 미래에 대한 희망을 이야기했다. 농촌활동에 뛰어드는 많은 대학생이 있고, 특권층에 대한 감시망을 강화하고 있는 6억의 누리꾼이 있다.

“처음 선전(深圳)의 문구공장에 와서 일을 시작했을 땐 월급도 고향보다 많고 숙소와 밥도 주는 게 큰 은혜라고 생각해 기절할 것처럼 힘들었지만 열심히 일만 했죠.”

중국 남부 광둥 성 선전 외곽의 공단지대, '노동자 구함'이라는 공고가 곳곳에 붙어 있는 낡은 공장들을 지나면서 덩핑(가명, 당시 22세)은 자신의 이야기를 꺼냈다. 중국 서북지역 가난한 농촌 출신인 덩핑은 오빠와 동생의 학비를 벌려고 중학교도 다 마치지 못하고 농민공이 됐다. 2004년 선전에 온 16세 소녀는 밤 10~11시까지 잔업을 했다. 회사는 잔업수당을 주지 않으려고 밤에는 출근카드를 기계에 입력하지 못하게 했다. 노동자들이 세수할 때 물을 많이 쓰는지 감시하고 있다가 벌금도 물렸다. 당시 한 달에 하루를 쉬고 700위안(약 12만 원)을 받았다. 고향에서 받던 200위안(약 3만 3,000원)보다는 훨씬 큰 돈이었다.

공부에 목말랐던 소녀는 공장 주변의 노동자 지원단체를 통해 노동법을 공부하면서 현실을 다시 보게 됐다. 덩핑은 이제 노동자 지원단체 활동가로 산재피해 노동자들을 돕고 있다. "이 일을 시작한 뒤 비로소 나를 위해 노동한다는 느낌이 든다"고 그는 말했다.

덩핑과 같은 신세대 농민공들이 중국에 변화의 바람을 몰고 왔다. 개혁개방 이후 동부 연해지역과 대규모, 중소규모 공업도시의 공장 등으로 농민들이 밀려들어 와 노동자가 되면서, 2014년 현재 농민공은 약 2억 7,395만 명에 달한다. 80허우(80後: 1980년대 이후 출생한 세대)와 90허우 세대의 신세대 농민공들은 부모세대 노동자들보다 많은 교육을 받았고 인터넷 등을 통해 불만을 적극적으로 표현한다. 노동조건이 마음에 안 들면 곧바로 새 일자리를 찾아 나선다. 이들 세대는 이미 중국 전체 농민공의 60퍼센트를 넘어섰다.

노동인구 감소 현상은 이들에게 새로운 힘을 부여하고 있다. 1979년부터 실시된 '계획생육'(한자녀정책)의 결과로 젊은 노동력이 줄면서 주장삼각주(선전을 비롯한 광둥 성 일대의 수출산업지대) 지역의 노동력 부족이 가속화하고 있다.

선전, 광저우, 포산(佛山), 둥관(東莞) 등 중국의 경제기적이 시작된 주장삼각주 일대에 끝없이 늘어선 공장들은 1978년 개혁개방 이후 전 세계 소비자들에게 온갖 값싼 제품을 공급하며 세계시장을 석권했다. 하지만 후커우 제도에 묶인 농민들은 도시에 와서 일해도 영원히 '농민공'으로 불리며, 도시 주민의 복지혜택에서 소외되고 가장 낮은 임금을 받았다. 1세대 농민공들은 돈을 벌어 고향에 돌아가는 게 희망이었기 때문에 열악한 노동조건이나 불평등에 도전하지 않았다.

특파원으로 일한 지 얼마 안 돼 개혁개방 초기에 광둥 성 연해지역에서 일하다 산재로 진폐증에 걸린 노동자들을 인터뷰했었다. 1990년대 홍콩기업이 운영한 광둥 성의 공장에서 환기시설이나 보호장구 없이 일하다가 진폐증에 걸린 한 노동자는 "파란 보석을 가공한 날은 기침하면 파란 가래가 나오고, 빨간 보석을 가공한 날은 기침하면 빨간 가래가 나왔다"고 했다. 이들의 자녀뻘인 신세대 농민공들은 더 이상 이런 부당한 대우를 참지 않는다.

대부분 14~17세에 고향을 떠나 도시에 뿌리를 내리려 몸부림쳐온 젊은 노동자들의 기대와 현실은 거리가 멀다. 2010년 말 선전에서 만난 신세대 노동자들은 불만과 분노, 정부에 대한 불신을 거침없이 털어놨다. 하지만 출구는 찾지 못하고 있었다. "공회(工會: 관변노조)는 소용이 없다. 공회대표들은 사장과 친한 관리직이고, 노동자들과 아무런 관련도 없다." "정부는 항상 기업가들 편만 든다. 내륙으로 옮겨가는 유명 기업들은 토지할인, 세금면제 등 엄청난 혜택을 받고 있다." 고압적인 작업통제나 임금체불에 항의해 고의적으로 작업속도를 늦추는 태업이나, 잡혀갈 위험을 무릅쓰고 도로를 점거하는 파업에 동참해봤다는 노동자도 많았다.

2010년 혼다자동차 노동자들의 파업과 폭스콘 노동자들의 연쇄자살 사태로 농민공들의 열악한 현실이 사회문제로 떠올랐다. 중국정부가 12·5계획, 즉 2011~2015년 동안 최저임금을 두 배로 인상하겠다는 계획까지 내놓았지만, 노동자들에겐 큰 변화를 가져다주지 못했다. 기업들은 잔업을 줄이거나 공장을 임금이 저렴한 지역으로 옮기거나 기계를 도입하는 등 최대한 노동비용을 낮추려 한다. 2015년 8월 현재 여전히 많은 농민공은 월급으로 3,000~3,500위안(약 49~57만 원) 정도를 받는다. 숙련공이나 규모 큰 기업에서 일하더라도 4,000위안(약 65만 원) 정도다.

그러나 현재 중국의 노동운동이 1980년대 한국의 노동운동 같은 상황으로 나아갈 가능성은 높지 않다. 광둥 성 폭스콘 공장 등에서는 노동비용을 줄이기 위해 작업장에 로봇을 도입하는 사례가 늘고 있고, 이에 대해 어떻게 대처할 것인지가 노동운동의 뜨거운 주제다. 또 농민공들이 공장을 계속 옮기거나 고향으로 돌아가거나 식당종업원이나 가게점원 등으로 전환하는 경우가 많아, 노동자로서의 정체성을 확립시키거나 노동운동의 저변을 넓히기가 쉽지 않다.

공장지대에서 중국정부가 힘을 쏟고 있는 사회사업들은 다양한 노동운동과 사회운동의 싹을 당기구의 우산 안으로 포섭하고, 그렇지 않은 움직임을 사전에 차단하려는 의도가 분명해 보인다. 조문영 연세대학교 문화인류학과 교수의 2015년 현지조사 결과에 따르면,[5] 현재 가장 두드러진 특징은 당의 우산 속으로 노동자와 노동운동을 포섭하려는 중국정부의 전략이다. 정부가 추진하는 다양한 사회사업 프로젝트가 등록된 비정부기구, 사회복지사 등이 신청하는 노동자 복지 관련 사업을 지원한다. 예를 들면 노동자들의 미팅, 등산모임, 꽃꽂이모임, 요리모임 등을 정부가 지원한다. 시진핑체제가 들어서면서 국가에 이견을 보이는 운동은 싹부터 탄압하고 대부분의 노동운동을 정부의 우산 안으로 포섭하려는 경향이 더 강하게 나타나고 있다.

하지만 정부가 이렇게 통제하려 노력하는데도, 신세대 농민공들이 일으키는 변화는 도도한 물길처럼 멈추지 않는다. 2015년 나온 칭화

대학교 사회학과의 보고서[6]를 보면, 신세대 농민공들은 이미 명확하게 단체협상권과 담판권을 요구하고 있으며, 그들의 행동은 중국 정부가 통제하는 관변노조인 공회와 NGO마저도 변화시키고 있다. 노동문제를 둘러싸고 계층을 뛰어넘는 네트워크도 점차 형성되고 있다.

이 보고서는 농민공들이 '세계의 공장'의 저가 노동력으로서만 존재할 뿐 도시와 기업에서 안정적이고 장기적인 발전을 추구할 수 없는 상태라고 지적한다. 농민공들은 '외래공' '유동인구' '다꿍저'(打工仔), '다꿍자이'(打工崽), '다꿍메이'(打工妹) 등으로 불리며 기업들 사이, 도시와 농촌 사이를 계속 오가며 이동하는 상황이다.

기업들도 임시숙소 설치, 파견노동자 고용확대 등 각종 제도와 조처를 통해, 노동자들의 고유한 사회관계를 분리시킴으로써 일부러 노동자들의 노동과 생활을 불안정한 환경에 놓이게 했다. 노동자 간의 교류와 단결을 제한해 노동자의 원자화 상태를 만든 것이다.

그런데 기업의 이런 분리정책은 오히려 노동자들이 출신지역 등을 중심으로 더욱 단결하는 상황을 만들었다. 칭화대학교 사회학과가 광저우, 상하이, 베이징에서 실시한 현지조사에서 49.8퍼센트의 신세대 농민공들은 친구나 지인의 소개로 현재 일을 하게 됐고, 10.4퍼센트는 기업 내에 동향별 조직이 있으며, 58.1퍼센트가 거기에 가입해 있다고 답했다. 동시에 신세대 농민공들은 1세대 농민공들과 달리 점점 더 전통적인 혈연, 지연 관계의 네트워크를 넘어서는 모습도 보이고 있다. 같은 조사에서 중요한 문제에 부딪혔을 때 가족, 친지, 동향인의 의견이 제일 중요하다고 답한 신세대 농민공은 1세대 농민공보다 적었고, 40.7퍼센트는 우선 친구와 대화한다고 답했다. 위 3대 도시에서 실시된 조사에서는 53.7퍼센트의 신세대 농민공이 중고등교육을 받았으며 학연이 중요한 역할을 하는 것으로 나타났다.

또한 노동자들은 집단적인 권리보호 운동 과정에서 점점 더 적극적·주동적으로 노동NGO의 도움을 요청하고 있다. 노동자대표, 노동NGO, 변호사, 학자, 대학생 등 사회 각계의 역량이 노동자들의 집단적 권익보호 활동에 개입하면서, 계급을 뛰어넘는 네트워크가 형성되고 있다. 관변노조 공회도 최근 들어 농민공들의 요구를 받아들여 일부 지역과 기업의 공회가 어느 정도 민주화 전환의 신호를 보내고 있다.

2016년 5월 월마트 노동자들의 조직화와 공회의 변화는 그런 변화[7)]를 보여주는 사례다. 월마트가 중국 전역의 400여 개 매장에서 새로운 '포괄적 노동시간 시스템'을 도입하려 하자, 중국 각지에 흩어져 있는 월마트 노동자들이 온라인을 통해 회사의 방침에 반대하는 운동을 조직했다. 이들은 새로운 노동시간 시스템 도입이 추가근무 수당과 휴일 수당을 줄이려는 것이자, 지점을 폐쇄할 때 노동자들을 쉽게 해고하려는 것으로 판단했다.

2014년 만들어진 이 온라인 조직에는 100~200명 정도의 회원만 있었는데 5월 초 반대 운동을 시작한 지 몇 주 만에 1만 명 이상의 노동자가 이 조직에 참여했다. 이러한 자발적 조직화는 국가조직인 중화총공회가 어쩔 수 없이 노동자들의 움직임을 지원할 수밖에 없도록 하는 압력으로 작용했다. 규모와 응집력 면에서 월마트 노동자들의 이번 조직화는 전례 없는 현상이라고 전문가들은 평가한다. 전국적인 범위에서 노동자들이 스스로 조직화하는 것은 새로운 현상이다.

노동자들이 중화총공회에 공개서한을 보내는 등 지원을 요청하자 5월 31일 지역 노동당국과 월마트 경영진, 노동자대표의 면담이 성사되었다. 그 결과 새로운 노동시간 시스템은 노동자들이 원하는 경우에 한해 자발적으로 시행하고, 기존 계약을 원하는 노동자는 기존 노동조건을 유지할 수 있도록 합의가 이뤄졌다.

이처럼 공회가 진정한 노조로 개혁되어야 한다는 요구가 커지고 있고 일부 지역에서는 공회 간부들의 태도 변화도 나타나고 있지만,

전국 차원에서는 중화총공회 내부개혁에 대한 간부들의 저항이 여전히 크다.

국가와 민간, 국가와 시장[8]

시진핑 중국 국가주석 겸 공산당 총서기의 취임 직전, 중국의 개혁 방향과 관련해 몇 가지 모델이 주목을 받았다. 예를 들면 '충칭 모델' '광둥 모델' '신민주주의론' 등이다.

중국의 경제적·사회적 환경이 복잡해지면서, 경제와 정치체제의 불균형, 빈부격차, 부패 등 각종 문제를 해결할 해법을 둘러싸고 매우 다양하고 대립하는 관점들이 등장했다. 중국 내 개혁에 대한 태도에 대해『런민일보』기자 출신의 저술가 마리청(馬立誠)은 이를 여덟 가지로 세분했다. 첫째는 공산당의 공식 노선인 '덩샤오핑 이론' 또는 '중국 특색의 사회주의 사상', 둘째는 마오쩌둥 말년의 사상을 옹호하는 구좌파, 셋째는 서구 네오마르크스주의의 영향을 받은 신좌파, 넷째는 유럽 사회민주주의의 영향을 받은 민주사회주의, 다섯째는 서구 자유주의의 도입을 주장하는 자유주다. 여섯째는 중화민족의 중흥을 주장하는 민족주의이고, 일곱째는 인민주의, 마지막은 신유가다.[9]

이처럼 복잡한 사상적 지형에서 등장한 시진핑 주석 1인에게 권력이 급속하게 집중되면서 '마오쩌둥 이후 가장 강력한 지도자' '제2의 마오쩌둥' 성격을 띠고 있는 것 아니냐는 논쟁이 벌어지고 있다.

시진핑의 개혁은 정치적으로는 좌파, 경제적으로는 우파 또는 정치적으로는 마오쩌둥의 이미지, 경제적으로는 덩샤오핑의 이미지를 활용하는 것으로 비치고 있다. 중국사회의 불평등과 부패가 심해질수록 중국인 사이에 마오쩌둥 시대에 대한 향수가 확산되고 있으며, 시진핑은 정치적으로 이런 정서를 고려하는 것으로 보인다. 후난 성사오산(韶山)의 마오쩌둥 생가나 베이징의 마오주석기념관에는 1년 내내 긴 참배행렬이 들어서 있고, 문화대혁명 시절을 평등하고 노동자들이 권력을 가졌던 시절로 기억하는 이도 많다.

시진핑은 중국공산당이 처한 역사적 위기를 강조하면서, 경제부터 인터넷까지 여러 개의 영도소조(領導小組)를 직접 장악해 권력을 집중시켰고, 군부도 2년여 만에 완벽하게 장악한 모습을 보여줬다. 총리가 맡아온 경제분야까지 직접 지휘하고 있다. 권력을 중앙집중시키는 동시에, 독립적 시민운동과 운동가들의 활동공간을 줄이기 위한 방법도 모색해왔다. 2015년 7월에만 250명이 넘는 인권변호사와 인권운동가가 체포되었다. 지난해 하반기부터는 NGO들의 활동공간이 더 위축되었다. 중국정부가 중국NGO들이 해외에서 자금을 지원받는 것을 엄격하게 제안하는 새로운 규정을 실시했기 때문이다.

시진핑체제에서 나타나고 있는 사회통제 강화와 1인 권력집중을 어떻게 볼 것인가? 덩샤오핑 이후 중국정치 리더십의 특징으로 자리 잡은 집단지도체제가 붕괴하고 1인 지도체제로 회귀하는 것인가? 이에 대해서는 2018년 등장할 권력승계의 청사진인 차기 정치국상무위원 구성 등을 좀더 살펴봐야 분명한 답을 내릴 수 있을 것이다.

다만 지금까지의 과정을 볼 때 시진핑의 권력집중은 공산당 지도층이 느끼는 위기감에서 비롯됐다는 해석이 많다. 개혁개방 이후 경제적 개혁과 발전은 급속하게 진행됐지만, 정치적 통제는 크게 변하지 않았다. 이처럼 권력에 대한 견제와 감시가 미약한 상황에서, 불평등 심화, 기득권의 영향력 강화, 정치와 경제의 특권계층 결탁, 부정부패, 각종 사고와 환경파괴에 대한 불만이 확산돼왔다. 시진핑은 취임 뒤 여러 차례 소련의 붕괴를 언급하면서, 중국공산당이 이를 타산지석으로 삼지 않을 경우 부닥칠 위기에 대해 경고해왔다.

시진핑은 이런 위기상황에 돌파구를 만들 유일한 길은 기존 기득권층의 이익을 제어하고 부패로 인한 민심이반을 차단하며 당의 지도력을 한층 강화하는 것으로 생각하는 듯하다. 시진핑이 정치적 색채를 띤 반부패 숙청을 계속하고, 권력을 집중시키며, 자신의 포퓰리스트 이미지를 선전하고, 민족주의와 중화민족 정체성을 강조하는 것은 이런 맥락에서 이해할 수 있다. 하지만 시진핑의 지나친 권력집중과 계속되는 숙청이 당국가체제의 안정을 받쳐주던 당내 제도화와 엘리트들의 합의를 뒤흔들어 위기를 불러올 수 있다는 경고도 계속되고 있다.

미국 포드햄대학교의 민즈너(Carl Minzner) 중국 법·정치 담당 교수는 "NGO들의 공간을 어느 정도 허용한 전임 정부에 비해 현재 정부의 '중국공산당을 구할 역사적 책임에 대한 야심'과 그것을 위해 추진해야 하는 개혁에 대한 불안이 훨씬 크다고 볼 수 있다"고 지적한다.

시진핑 이전까지 중국정치는 후계구도 안정화, 파벌 간 숙청 감소, 중산층 경제 엘리트 성장, 국내외 다양한 사회적 세력과 외부의 혁신 요구에 열린 자세, 아래에서 위로의 개혁요구 확산 등의 방향으로 움직여왔다. 지방 촌민들의 조직화와 선거참여, 공공변호사들의 활동, 인터넷을 통한 여론확산 등의 현상이 나타났다. 이런 흐름을 거꾸로 되돌리고 통제를 강화하려는 현재 상황은 중국사회의 변화가 온건하고 점진적인 대안으로 발전해갈 공간을 차단할 위험을 안고 있다.

홍콩과 대만에서도 중국에 대한 반감과 경계감이 커지고 있다. '우산혁명' '어묵혁명' 등 중국에 대한 반감이 계속 표출되고 있는 홍콩에서 중국 지도부에 대한 여러 뒷얘기를 담은 책을 팔아온 서점주인 다섯 명이 2015년 10월부터 실종됐다. 이후 돌아온 서점주인 람윙키(林榮基)가 본토로 끌려가 8개월간 강제로 구금된 상태에서 심리적 고문을 당했다고 2016년 6월 폭로하면서 파문이 일었다. 중국 당국이 일국양제 원칙을 깨고 부당하게 홍콩 내부에 개입하고 있다고 항의하는 시위가 벌어졌다. 대만에서도 중국과 밀월관계를 형성했던 국민당 정권이 선거에 패배하고 차이잉원(蔡英文) 총통의 민진당 정권이 들어서면서 중국과의 갈등이 고조되고 있다.

물론 상황이 이렇더라도 시진핑이 개혁개방 정책을 뒤집고 마오쩌 둥과 같은 폐쇄적 체제를 만들려 하거나, 문화대혁명식으로 민중의 힘을 이용해 국가기구 자체를 뒤흔드는 일은 일어나지 않을 것이다. 그러나 1인 권력집중, 서구 보편성에 대한 비난과 중국의 독자적 발 전모델에 대한 강조, 이로 인한 배외적인 성향은 두드러진다.

또 다른 관점의 해석도 있다. 현재 중국의 상황은 시진핑 개인의 권력 강화라기보다는 중국공산당 최고 지도부가 권력을 강화해 지 방정부와 관료기구에 대한 통제를 강화해가는 상황이라는 해석이 다. 예를 들면 부패와의 전쟁은 어떤 점에서는 개혁개방 이후 지방정 부에 대한 중앙정부의 영향력이 제한되고 지방정부 관리들의 부패 여지가 커졌던 상황을 관리하려는 의도라는 것이다(장타이수張太蘇, 듀크대학교 교수).

이런 관점은 1990년대 후반 국유기업 개혁 이후 대형 국유기업과 정부와 꽌시가 깊은 대형 민영기업들이 막강한 영향력을 행사한 국 가자본주의(또는 정실자본주의, 권귀(權貴)자본주의, 경제와 국가가 결탁한 자본주의)적 경향이 중국의 개혁과 발전을 막아왔다는 판단 을 기초로 한다. 이런 맥락에서 최근 반부패 캠페인을 통한 시진핑의 권력집중과 포퓰리즘적 이미지 강화는 새로운 시장중심 경제개혁을 위한 정치적 기초 다지기로 볼 수 있다는 주장도 나온다.

시진핑 지도부는 경제적인 면에서는 개혁의 기치를 내걸고 시장과 민영기업의 역할을 강조하면서 국유기업 개혁을 추진한다. '기존 중 국 모델의 한계가 뚜렷해 더 이상 이대로는 갈 수 없다'는 인식과 위 기감으로 국유기업의 시장독점과 기득권층의 특권에 메스를 들이대 며, 민영기업 활성화와 성장모델 전환을 통한 경제구조 개혁을 이루 고자 한다.

30년 동안 연평균 10퍼센트씩(2007년 14.2퍼센트 성장으로 정점) 성장하던 중국경제는 성장률 둔화로 중고속 성장을 의미하는 '신창타이'(新常態) 시대를 맞았다. 2008년 미국발 세계금융위기의 영향, 국내외 환경변화와 그로 인해 발생한 여러 가지 문제에 직면하면서, 투자와 수출에 의존한 과거와 같은 고속성장을 지속하기가 불가능해졌다. 하비(David Harvey)의 분석을 보면, 중국은 2011~2013년 66억 5,100만 톤의 시멘트를 소비했다. 이는 미국이 1900년부터 100년 동안 소비한 시멘트 44억 500만 톤보다도 훨씬 많은 양이다. 지속되기 힘든 과잉투자다. 2008년 이후 중국 GDP의 최소 4분의 1은 부동산 건설에서 나왔고, 여기에 전체적인 인프라 건설을 더하면 중국 GDP의 절반을 차지한다. 이런 막대한 투자는 빚으로 실현됐다. 중국공산당은 국유은행들이 투자위험을 따지지 않고 대출해주도록 했고, 부동산 투자 대출조건을 완화했으며, 각급 지방정부들은 대규모 개발투자에 나섰다.

중국 당국도 경제성장 동력 전환을 핵심과제로 제시하고 있다. 기존의 투자, 소비, 수출 중심의 수요촉진 정책만으로는 더 이상 경제성장을 이끌 수 없다고 판단했기 때문이다. 아울러 과잉생산 구조를 해결하기 위해 시장중심 경제개혁과 산업경쟁력 강화를 주축으로 한 강력한 구조조정이 필요하다고 강조해왔다. 이는 기업혁신과 구조조정에 따른 대규모 해고를 불러옴으로써 사회불안 요소로 작용할 것이다. 과잉건설을 외부로 돌려 과잉자본과 노동력을 해소하기 위한 일대일로 대외전략도 추진하고 있다.

중국은 신해혁명으로 2000년 넘게 계속된 황제체제를 무너뜨렸고, 사회주의 혁명으로 평등한 사회를 꿈꿨다. 그 결과 황제는 사라지고 통치집단은 바뀌었으나 절대권력을 장악한 국가 그리고 권리와 자유를 확보하지 못한 인민이라는 구조는 여전히 굳게 남아 있다. 1919년 5·4운동을 시작으로 1957년 이른바 '우파'로 몰렸던 이들의 현실비판을 거쳐 1989년 톈안먼 시위에 이르기까지 인민의 권리와 자유를 갈구하는 이들은 계속 일어섰지만 그때마다 국가권력에 부딪혀 좌절했다.

첸리췬 교수는 중국의 당국가체제와 독자적인 사회조직에 대해 이렇게 얘기했다.

> "중국에는 1957년 만들어진 '1957년체제'가 있었고, 1989년 6월 4일 톈안먼 사건 이후에는 6·4체제가 형성됐습니다. 1957년체제는 '당이 모든 것을 지도한다'라는 원리를 요체로 합니다. 당과 정부는 일체이며 당이 정부를 지도한다는 것 그리고 군중조직은 독자적으로 허용되지 않으며 반드시 당의 지도를 받아야 한다는 겁니다. …… 톈안먼 사건의 중요한 의미는 1949년 이후 처음으로 분명하게 각 계층이 스스로의 조직을 만들려 했다는 데 있습니다. ……1989년 당시 덩샤오핑이 가장 두려워했던 것은 중국에 폴란드의 자유노조 같은 조직이 나타나는 것이었죠."[10]

중국은 경제적으로 지금까지 매우 성공적이었던 지난 30년 동안의 길과 결별하고 새로운 개혁과 발전모델을 만들어내야만 하는 큰 도전과 불안요소 앞에 서 있다. 아울러 빈부격차 등에 대한 분노가 커지고 사회적 요구도 훨씬 다원화된 상황에서, 경제와 정치체제의 불균형 문제를 어떻게 해결할지 오랫동안 미뤄둔 과제도 풀어내야만 한다. 이런 복잡한 상황에서 중국정부가 계속 시민사회 조직과 운동가들을 탄압하고 당과 정부의 권력을 감시하고 이견을 낼 수 있는 조직들이 자라나는 것을 원천적으로 차단하려 한다면, 진정한 개혁의 전망은 어두워질 것이다. 이미 사회 각 방면에서 변화의 싹을 틔웠던 변화의 목소리에 대해서도 억압과 통제로만 일관한다면 중국사회 발전과 개혁의 동력은 약해지고, 장기적으로는 사회불안의 요소가 늘어갈 위험이 크다.

참고문헌

원톄쥔, 김진곤 옮김, 『백년의 급진』, 돌베개, 2013.

원톄쥔, 김진곤 옮김, 『여덟 번의 기적』, 돌베개, 2016.

이창휘 · 박민희, 『중국을 인터뷰하다』, 창비, 2013.

조영남, 『중국의 꿈-시진핑 리더십과 중국의 꿈』, 민음사, 2013.

「도시로 읽는 1949년 이후의 중국」 특집, 『역사비평』, 제115, 116호.

「중국의 길」 2011년 특별기획 시리즈, 『한겨레』.

清华大学社会学系课题组: 农民工的新中国? 汪建华 等 文化纵横, 『二十一世纪』, 2016. 8.

Is China's reform era over and if so, what's next?, *ChinaFile*, 2015. 7. 15.

Walmart workers in Shenzhen finally get the official trade union on their side, *China labour bullutine*, 2016. 5. 27.

7세기
격동의 동북아시아

임기환

서울교육대학교 사회과교육과 교수

급변하는 7세기 동아시아

7세기는 5세기 이래 안정적으로 유지되던 동아시아 국제질서가 급격하게 재편되면서 각 국가의 생존을 둘러싼 대규모 전쟁의 파고가 끊임없이 밀려오는 시기였다. 그 격랑의 발화점은 중국의 통일제국인 수(隋, 581~618), 당(唐, 618~907)의 등장과 팽창이었다. 그 격동의 재편 과정에서 660년에는 한반도의 백제가, 668년에는 한반도와 만주에 걸쳐 있던 고구려가 각각 멸망했고, 대신 신라가 한반도의 통일 국가로 성장했으며, 그 뒤 만주에서 다시 발해가 건국했으니(698년), 1세기 동안 지속된 그 변동의 진폭이 얼마나 큰 것이었는지를 짐작케 한다.

한 국가가 위기에 처하고 때로는 그런 위기를 극복하지 못해 멸망에 이르게 되는 과정을 탐구하는 것은 역사에서 중요한 교훈을 얻기 위함이다. 그런 점에서 7세기 대변동의 역사상은 오늘 우리가 주목해야 할 대상임이 분명하다.

한 나라가 처하게 되는 존망의 위기에는 다양한 면이 있지만, 더욱 규정력이 큰 요인들을 살펴보자. 먼저 국제환경에서 비롯되는 대외적 요인을 들 수 있다. 한 나라의 힘으로 어찌할 수 없는 외부에서 주어지는 강력한 힘은 내부의 모순과 무관하게 언제든지 한 국가를 패망시킬 수도 있다. 그렇다고 이런 외부의 힘에 굴복하여 다들 멸망에 이르지는 않는다. 대외적 위기를 외교와 전쟁이라는 적절한 대응책으로 극복해가는 많은 사례를 역사에서 찾아볼 수 있다. 그런 점에서 이런 대외적 위기에 대처하는 국가 운영의 지도력, 즉 리더십의 성격역시 위기의 주된 요인으로 꼽을 수 있겠다. 또 이런 리더십을 이해할 때 고려해야 할 점의 하나는 곧 과거의 경험과 기억을 어떻게 수용하는지 하는 문제다. 이 문제가 새로운 국제환경 변화에 대처하는 사고방식이나 정책에 커다란 영향을 미치기 때문이다. 이 글에서는 이런 요인들을 주요 관점으로 하여 7세기 동북아시아에서 벌어진 대전쟁 및 긴박한 생존과 멸망의 과정을 짚어보고자 한다.

6세기 말 이후 동아시아 국제정세의 변동

변동 이전, 즉 5세기 동아시아의 국제질서는 중국의 남북조(南北朝)와 북아시아 초원지대의 유연(柔然) 및 서역의 토욕혼(吐谷渾), 동방의 고구려가 이들 여러 국가 간 역관계의 연동성으로 세력균형을 이루고 있었다. 이러한 국제질서에서 동북아시아의 고구려·백제·신라 및 말갈(靺鞨)·거란(契丹) 등 여러 국가와 종족세력은 적어도 북방 유목세력이나 중국 대륙세력의 영향과 침투에서 벗어나 고구려 중심의 세력권을 형성하고 있었다.

그런데 6세기 중반 이후에는 5세기 이래 국제질서를 운영한 이 주인공들이 퇴진하는 변동이 나타났다. 가장 강력한 세력을 갖고 국제질서의 중심적 역할을 하던 북위(北魏)가 분열되고(534), 이어서 북제(北齊, 550)·북주(北周, 557)로 나뉘어 성립했다. 남조에서는 양(梁)에서 진(陳, 556)으로의 왕조 교체가 일어났다. 초원 유목세계에서는 유연이 쇠퇴되고 그 아래에 복속되어 있던 돌궐(突厥)이 신흥세력으로 등장하여 초원지대를 차지하는 세력 교체가 있었다(552). 한편 고구려의 세력권 내에서도 삼국 간 역관계의 변화가 일어났다. 한반도 내에서 고구려가 한강 유역을 상실하고(551), 뒤이어 신라가 백제를 격파하고 한강 유역을 독차지하면서 정세 운영의 주도권을 장악해갔다.

특히 뒤이은 중국에서의 정세 변화, 즉 북주의 북중국 통일(575), 북주에서 수로 정권 교체(581), 수의 남조 진 병합과 중국 통일(588), 수의 멸망과 당의 등장(618)으로 이어지는 일련의 변동은 새로운 국제질서의 재편을 예고했다. 5세기 이래 안정적인 동아시아의 국제질서는 가장 강력한 세력이라 할 수 있는 중국이 남북으로 분열되어 서로 상쟁함으로써 유지될 수 있었다. 그런데 중국세력이 통일되어 그 강력한 힘이 외부로 뻗어나간다면, 이제까지의 다원적인 국제질서는 급속히 변동할 수밖에 없었다. 그 과정을 좀더 구체적으로 살펴보자.

588년 수의 진 병합은 당시의 국제질서에 커다란 파장을 불러일으켰다. 서역의 토욕혼은 진의 멸망 소식을 접하자, 먼 지역으로 중심지를 옮기고 수와 우호적인 관계를 유지하기 위해 노력하였으나, 609년 수양제가 친정(親征)하여 토욕혼을 복속했다. 또 중국의 최대 적대세력인 북아시아 초원지대의 돌궐도 수의 위협을 받게 되었다. 돌궐은 북주와 북제의 대결이라는 북중국의 분열을 틈타 세력을 키웠다. 북중국을 통일한 수는 건국 직후부터 강경책을 구사했다. 돌궐이 583년 동돌궐과 서돌궐로 분열되자, 수는 동돌궐을 공격하여 굴복시켰다. 수가 중국을 통일한 뒤에는 공세를 더욱 강화하고 이간책을 시행하여, 599년에는 서돌궐에 쫓긴 동돌궐의 계민가한(啓民可汗)이 수에 내항(內降)했고, 뒤이어 대규모 정벌을 통해 동돌궐 잔여 세력을 복속시켰다.

이렇게 수는 건국 이후 서역(토욕혼)과 북방(돌궐)에 대한 적절한 대응책으로 그리 대외적인 어려움을 겪지는 않았다. 599년 동돌궐을 복속시킨 이후에는 대외적인 두통거리가 거의 사라진 셈이다.

한편 동북아시아의 여러 세력도 통일제국 수의 등장에 대응해갔다. 수의 중국 통일로 이제까지 남북조의 분열 구조 위에서 전개해온 외교 전략이 깨진 고구려 역시 대응책에 부심하며 강온양면책을 구사했다. 백제는 그동안 교류가 활발하였던 남조 진이 멸망한 뒤 수와의 교섭에 적극적으로 나섰으며, 신라는 611년 걸사표(乞師表)를 보내는 등 고구려를 견제하기 위해 수와의 외교에 힘을 기울였다.

이와 같이 수가 중국과 북방 세력을 통합하고, 한반도의 백제와 신라도 수 제국의 구심력을 쫓아 수와 연결됨으로써 삼국 간의 상쟁에 중국세력이 침투할 가능성이 커졌다. 물론 수대에는 이러한 현상이 표면화되지는 않았다. 그 이유는 수가 백제와 신라의 존재에 그다지 관심이 없었다는 데 있다. 무엇보다 두 나라가 수와 국경을 접하고 있지 않아 현실적인 위협이 되지 않은 점이 주된 이유겠지만, 북조의 전통을 계승한 수로서는 과거 북조와 교섭이 적었던 백제나 신라에 대한 역사적 경험과 인식이 거의 없었기 때문이다.

이제 수의 남은 목표는 동북아 최대 세력인 고구려였다. 수는 네 차례에 걸쳐 고구려를 침공하였으나 모두 실패했다. 특히 수양제는 612년 100만이 넘는 대규모 정벌군을 구성했고, 614년까지 매년 고구려 정벌에 나설 만큼 집착하였지만 모두 실패했다. 오히려 무리한 고구려 정벌이 수의 멸망을 재촉하게 되었다.

618년 수의 멸망 이후 중국대륙은 분열과 혼란에 휩싸였고, 북방의 돌궐 등이 다시 세력을 회복했다. 당시 화북의 많은 지방세력은 돌궐과 연결되어 칭신(稱臣)하고 돌궐의 봉호를 받들고 있었다. 당고

조 이연(李淵)도 예외는 아니었다. 당태종의 즉위 초인 626년에는 힐리가한(詰利可汗)이 10만 대군을 이끌고 장안 부근의 위수까지 진입하여 당에게 심각한 위협을 가하기도 했다.

628년 당이 중국을 재통일하면서, 동아시아 국제질서는 새로운 국면으로 접어들었다. 돌궐은 당의 이이제이 정책으로 내분에 휩싸였고, 철륵(鐵勒)·설연타(薛延陀)·회흘(回紇) 등이 모두 돌궐에 반기를 들었다. 기회를 잡은 당은 629년 설연타와 동맹하여 동돌궐에 대한 대규모 정벌에 나섰다. 동돌궐은 제대로 힘 한 번 쓰지 못하고 대패해 이듬해가 되자 거의 와해되는 지경에 이르렀다. 이때 돌궐을 비롯한 제번의 군장들은 당태종에게 돌궐의 최고 군주인 '천가한'(天可汗)의 칭호를 올림으로써 당에 순종할 것을 맹세했다. 그러자 당태종은 스스로 '황제천가한'(皇帝天可汗)이라 칭하며 명실공히 중원과 막북의 최고 군주임을 자처했다. 당은 남북몽고 일대의 북방 민족들을 도독부와 자사부로 편입시켜 이른바 '기미체제'(羈縻體制)를 건설했다.

이어 당군의 발길은 서역을 향했다. 634년 토욕혼을 멸하고, 640년 고창국(高昌國)을 정복하여 서역에 대한 지배력을 완전하게 확보했다. 또 641년 서북방의 위협으로 떠오른 설연타마저 정벌하여 서방과 북방을 안정시켰다. 당도 수와 마찬가지로 동방의 고구려를 마지막 정벌 대상으로 삼았으며, 645년 당태종의 침공으로 이를 본격적으로 시도했다.

앞서 간략하게 살펴본 바와 같이 중국의 통일세력으로서 수와 당은 대외 팽창에서 동일한 궤적을 보여준다. 먼저 군사적으로 가장 위협적인 존재인 북방 유목세력인 돌궐에 대한 공세를 취했다. 특히 이이제이 정책으로 돌궐을 분열시킨 뒤 공격하는 전략을 구사했다. 돌궐을 제압한 뒤에는 서역 정벌에 나섰다. 서역은 이른바 실크로드의 경유지로서 경제적 가치가 높은 지역이다. 여러 서역 국가와의 교역을 감독하기 위하여 파견되었던 수의 배구(裵矩)가 『서역도기』(西域

圖記)를 저술하여 수양제로 하여금 서역에 대한 관심을 환기시켜 고창이나 토욕혼 등을 복속시킨 것이 좋은 사례다.

돌궐의 경우 내부 분열과 수의 공벌로 일찍이 그 세력이 약화되어 유연 등 과거 북방 유목세력만큼의 위협성을 중국세력에게 보여주지 못했다. 중국의 최대 적대세력인 북방세력이 너무 쉽게 수나 당에게 굴복함으로써, 중국세력이 용이하게 서역이나 동방으로 진출할 수 있게 되었던 것이다. 그런 점에서 수양제 때 고구려가 돌궐과 동맹을 맺으려는 외교 전략을 구사한 점이나, 당태종의 침공 무렵인 645년 설연타 등 북방세력과 관계를 맺으려는 시도는 비록 성공을 거두지는 못했지만 당시의 정세에서 유효한 외교 전략이라고 할 수 있겠다.

그런데 5세기 이래 동북아시아와 중국세력 사이의 관계를 염두에 두면 수, 당의 고구려 침공은 북방이나 서방의 정벌과는 다른 관점에서 바라볼 필요가 있다. 5세기 전반 중국 북조 국가인 북위와 고구려가 화평관계에 들어간 후 양자 사이에는 충돌이 거의 없었다. 북주와 요해지역에서 긴장관계가 높아지기는 했지만 본격적인 전면전으로 이어지지는 않았다. 250여 년간 지속된 양 세력의 화평 관계가 곧 중국 남북조시기 동아시아 국제질서의 결과였던 것이다. 이러한 역사적 배경을 고려하면 당시 고구려와 수가 충돌할 가능성이 커졌다고 해도, 꼭 대규모 전쟁으로 이어져야 할 주된 동기는 잘 보이지 않는다. 그런 점에서 수의 고구려 침공은 현실적인 요인보다는 다른 요인이 작동했을 가능성이 크다. 이는 뒤에서 언급하겠다.

한편 고구려-수 전쟁, 고구려-당 전쟁은 동북아시아 국제정세를 전반적으로 뒤바꾸어놓았다. 고구려-수 전쟁 때는 전쟁 당사자가 고구려와 수에 한정되었고, 더 이상 다른 국가나 종족집단으로 확산되지 않았다. 당시 계민가한의 동돌궐이 수에 신속(臣屬)하고 있었지만, 이 전쟁에 군사적인 지원을 하지는 않았다. 서돌궐의 처라(處羅)

가 원정에 동참했지만, 이는 상징적인 의미에 불과했다. 백제는 수에 사신을 보내어 고구려 정벌을 요청하기는 했지만, 막상 전쟁에는 관여하지 않았다. 고구려-수 전쟁은 적대적인 두 중심축의 대결 양상에 그쳤으며, 동아시아 전체가 전쟁의 소용돌이로 휘말려 들어가지는 않았다. 이런 점은 이후 벌어진 고구려-당 전쟁의 성격과 비교된다. 물론 고구려-수 전쟁은 당시 국제정세 변동의 중심인 수의 패망으로 이어지면서 그 후과(後果)는 어떤 전쟁보다 컸다. 동아시아가 다시금 세력 재편기로 들어섰던 것이다.

수가 힘을 외부로 팽창하면서 주변 강국인 돌궐과 토욕혼을 복속시키고 고구려를 지속적으로 공벌한 결과, 5세기 이래 독자적 세력권을 구축하고 있었던 고구려나 토욕혼은 이제 그 영향력이 약화되어, 이들의 주변세력이 성장하게 되는 계기가 마련되었다. 그만큼 동아시아의 국제질서 변동 요인도 다기화(多岐化)되었다. 한반도에서는 고구려의 주도권이 약화되고 신라의 성장이 더욱 두드러지면서 삼국 간의 항쟁이 격렬해지고, 나아가 이러한 삼국의 항쟁에 중원세력이 개입할 개연성이 높아지게 된 것이다. 즉 중국세력이 적대세력과 동맹세력을 구분하고, 이를 통한 국제질서 재편을 전개할 가능성이 커졌으며, 이는 당대(唐代)에 현실화되었다.

고구려와 수가 충돌하게 된 단서는 요해(遼海)지역에 대한 주도권 다툼이었는데, 그것 자체가 요해 일대의 여러 민족이 성장한 결과였다. 따라서 향후 요해 일대에서 전개되는 고구려와 중국의 세력권 전쟁의 결과가 다른 여러 종족세력의 향배에 영향을 미칠 가능성이 커졌다. 예컨대 요해지역의 거란과 말갈은 이후 고구려와 당의 전쟁과정에서 각각 양국의 중요 군사력으로 활동하게 되었다.

즉 고구려와 당의 전쟁에서는 전쟁 당사자나 참여자가 대거 늘어났다는 점이 두드러진다. 본래 이 전쟁의 기본 축은 당과 고구려이지만 당은 돌궐, 거란은 물론 한반도의 신라까지 동원하였다. 이는 당이 수의 패배와 패망에서 적지 않은 역사적 경험을 얻었기 때문일 것이다. 이처럼 동북아시아의 다수 세력집단이 전쟁에 직접 참여함은 왕조 이래 요해지역의 정세 변동이 동북아시아 전역으로 확산되고 있음을 뜻한다. 그 뒤 668년 고구려 국가의 해체가 거란과 말갈의 성장을 촉진함으로써 이들 여러 종족의 역사적 활동은 향후 크게 달라지게 되었다.

660년 백제 정벌전부터는 신라가 동북아시아 대전쟁의 또 다른 중심축을 맡음으로써 전쟁 수행의 주체가 확대되었음은 물론, 전쟁의 기본축 자체가 달라져버렸다. 더욱이 백제 멸망 후 이 전쟁과 거리를 둘 수밖에 없었던 일본마저도 663년 대규모 군대를 보내어 백촌강 전투에 참여했다는 점은, 이 전쟁의 진폭이 얼마만큼 확대되었는지를 잘 보여준다.

이러한 전쟁 참여세력의 변화 양상은 앞서 언급한 바와 같이 신라, 백제, 왜 등 주변 국가는 물론 거란, 말갈 등이 성장하여 이들의 국제적 위상이 달라지고 있기 때문이며, 그만큼 국가 간 국제적인 연관성이 깊어지고 있음을 의미한다. 7세기 대전쟁의 결과 동북아시아라는 국제적 범주가 더욱 뚜렷한 모습으로 형성되는 배경을 여기서 찾아볼 수 있다.

고구려와 수, 당 전쟁: 천하관과 세력권의 충돌

고구려와 수 전쟁은 고구려와 중국 통일세력 간에 벌어진 본격적인 첫 충돌이었다. 다시 말해서 중국대륙에 통일국가가 성립되어 국제질서의 재편을 추구하면서 나타난 결과였다. 그런데 과거 위진·남북조 시기에도 중원세력이 서역이나 북방 유목세력과 맺고 있던 접촉의 경험과 동북아시아의 여러 국가와 맺고 있던 교섭의 경험이 달랐던 만큼, 중국 통일세력으로서 등장한 수 왕조도 일단 일차적인 관심은 의당 북방과 서역에 기울었다.

그런데 북방과 서역이 중원세력의 통제 아래에 들었을 때, 동방지역에 대한 중국세력의 동향이 어떠할 것인지는 아직 피차 경험해보지 못한 것이었다. 따라서 고구려와 수의 관계가 어떠한 모습으로 변동되어갈지는 예측키 어려운 것이었으며, 그런 점에서 양국의 갈등 및 군사적 충돌은 비현실적 요인으로 좌우될 가능성이 컸다. 예컨대 중국 중심의 천하관(天下觀)이나 황제의 권위를 실현하려는 대의명분론 등이 그것이다. 수양제가 무리하게 고구려 정벌을 시도한 점도 이런 관점으로 이해할 수 있다.

수의 통일 이후 고구려는 군사적 대비를 갖추는 한편 전통적인 외교 방식인 조공(朝貢)·책봉(冊封)제를 통한 교섭도 재개하였다. 그러나 590년 고구려에 보낸 수문제(隋文帝)의 국서를 보면 조공-책봉 관계에 대한 양국의 인식에 커다란 차이가 있음을 알 수 있다.

> "왕은 해마다 사신을 보내와 조공을 바치며 번부(藩附)라고 일컫기는 하지만 성절(誠節)을 다하지 않고 있소. ……번신(藩臣)의 예절을 지키고 조정의 정전(正典)을 받들어 스스로 그대 나라를 교화시키고 남의 나라를 거스르지 않는다면, 길이 부귀를 누릴 것이며, 진실로 짐의 마음에 드는 일이오."
> • 『수서』(隋書), 고려전

수문제는 고구려가 말로만 신하를 칭할 뿐 실제로는 다르다고 노골적인 불만을 표시하면서 앞으로도 이를 지키지 않으면 정벌할 것을 경고하고 있다. 이처럼 문제 때만 해도 고구려에게 칭신을 요구하는 데 그쳤다. 그런데 돌궐을 굴복시키고, 서역을 복속시킨 양제 때에는 천하관이 더욱 현실성을 띠고 확대된다. 고구려 정벌을 떠나면서 수양제는 "돌아보건대 중국의 땅이 잘리어 오랑캐의 부류가 되었다. 세월이 오래되어 악이 쌓여 가득 차니 하늘의 도가 음란한 자에게 재앙을 내리고 망할 징조가 나타났으며, 떳떳한 도를 어지럽히고 덕을 무너뜨림이 헤아릴 수 없다"라고 하며 고구려의 실정(失政)을 꾸짖고 백성들의 위무를 천명했다.

더욱 침공의 명분으로 "고구려의 경역이 본래는 중국의 군현"이라는 배구의 논리를 내세웠다는 점에 유의할 필요가 있다. 즉 고구려의 독자적 세력권을 인정하지 않고, 고구려지역에까지 중국 황제 지배체제의 확대를 추구한 것이다. 세 차례의 고구려 정벌이 수양제의 친정이라는 점은 이러한 관점에서 주목할 만하다.

사실 그 이전에 중국 남북조와 고구려, 백제가 맺고 있던 책봉·조공 관계는 외교 형식의 원리이지 실제의 군신(君臣) 관계를 의미하지는 않았다. 그것은 책봉국과 피책봉국 각각의 서로 다른 전략과 인식으로 규정된 결과로서, 피책봉국인 고구려, 백제의 자립성과 독자성에 대한 중국 남북조 왕조의 인정이었다. 고구려는 북위에 대해 당시 유례를 찾기 어려울 정도로 지속적인 조공 관계를 유지하지만, 조공을 국가 간 신속 관계로 인정하지는 않았다. 북위에서도 이러한 고구려의 태도를 받아들이지 않을 수 없었다. 특히 동북방에서는 고구려에게만 책봉호를 주었는데, 여기에는 곧 고구려 세력권을 보장하는 의미가 있다. 고구려 역시 독자적인 천하관이 있었기 때문에 이념상으로 중국의 천하질서에 편입된 국가가 될 수는 없었다.

그러나 수는 중원의 통일 세력으로서 지금까지와는 다른 국제질서를 요구했다. 바로 중국 중심의 일원적 국제질서의 수립이다. 수가 책봉·조공이라는 형식을 통해 관철하려는 세계 질서는 고구려나 백제의 기존 책봉·조공관과는 현저히 달라진 셈이다. 이념적으로 고구려와 수의 정면충돌이 일어날 가능성이 커진 것이다. 이와는 달리 남북조 시기의 책봉·조공 질서에 본격적으로 참여하지 못했던 신라는 고구려, 백제와 달리 조공·책봉 관계에 대한 인식 자체가 없었기 때문에, 수나 당이 요구하는 중국 중심의 일원적 책봉·조공관이나 국제질서를 손쉽게 받아들일 수 있었다.

고구려는 네 차례에 걸친 수의 침입을 격퇴하고 전쟁을 승리로 이끌었지만, 심각한 타격을 입었다. 결과적으로 본다면 수에 대한 강경한 태도가 고구려로서도 유일한 선택은 아니었을 것이다. 그런데도 수에 대해 강경책을 선택하게 된 배경에는 고구려가 5세기 이래 독자적인 세력권을 유지했던 경험과 천하관이 있다고 여겨진다. 즉 당시 고구려는 수와의 충돌에 대비하여 과거의 세력권을 회복하려는 의지가 있었다. 이 시기 고구려가 자기 세력권을 재건하려는 움직임은 온달(溫達) 설화에도 잘 나타나 있다. 온달이 평원왕대에 요동으로 뻗쳐온 북주군을 격파하는 데 큰 공을 세웠으며, 이어서 영양왕대에는 신라에게 뺏긴 한강 유역을 되찾기 위하여 출전한 후 전사했다는 설화인데, 온달의 이러한 행적은 당시 고구려 정권이 취한 대외정책의 동향을 상징적으로 보여준다. 그것은 중국세력에 대비하면서 신라를 압박하여 옛 세력권을 회복한다는 대외전략이다. 이러한 전략은 수와의 갈등 과정에도 적용되었다.

남북조시대에 책봉·조공관계를 통해 중국 왕조에게 독자적인 세력권을 인정받았고, 또한 실제로 독자적인 세력권을 운영한 경험이 있던 고구려로서는 수가 요구하는 중화(中華)질서를 순순히 수용하기가 어려웠을 것이다. 오히려 세력권의 강화를 통해 수와 맞서려는 태도를 견지해갔다. 고구려의 요서지역 선제공격도 이러한 태도에서 시작됐다.

수 왕조대에 나타난 중화 중심의 천하질서를 확대하려는 노력은 수의 뒤를 이어 중국의 통일제국으로 등장한 당대에 더욱 현실화되었다. 물론 건국 초기 돌궐과의 대결이 급박했던 당으로서는 고구려와의 관계를 악화시키지 않기 위해 고구려의 독자적 세력권을 인정하는 제스처를 보여주기도 했다. 당고조(唐高祖)의 다음과 같은 말에서 이러한 태도가 잘 드러난다.

> "명분과 실제 사이에는 모름지기 이치가 서로 부응하여야 하는 법
> 이다. 고구려가 수에 칭신하였으나 결국 양제에게 거역하였으니 그
> 것이 무슨 신하이겠는가. 내가 만물의 공경을 받고 있으나 교만하
> 지는 않겠다. 다만 모든 사람이 편안히 살 수 있도록 힘쓸 뿐이지,
> 어찌 칭신하도록 하여 스스로 존대함을 자처하겠는가?"
> • 『구당서』(舊唐書), 고려전

하지만 당태종이 북방과 서방을 안정시킨 뒤에는 고구려 정벌의
명분을 찾는 일만 남았다. 이때 연개소문의 정변이 좋은 구실이 되었
다. 당태종은 이미 중원과 막북의 유일한 지배자인 '황제천가한'으
로서 자처하고 있었다. 천하의 최고 군주로서 만백성 위에 중화적 법
과 질서를 구현하는 자신의 치세에, 왕을 죽이고 권력을 독단하는 연
개소문과 같은 대역죄인이 있다는 것은 결코 용납할 수 없다고 생각
했다. 이는 644년 10월에 내린 태종의 조칙을 보면 잘 알 수 있다.

> "고려의 막리지 연개소문은 그 임금을 시해하고 그 신하를 혹독하
> 게 해치고 변방에서 벌과 전갈처럼 방자하게 구니, 짐은 군신의 의
> 리로서 감정상 어찌 참을 수 있겠는가? 만약 먼 곳의 거친 잡초를
> 죽이고 베지 않으면 어찌 중화를 깨끗이 할 수 있단 말인가?"

따지고 보면 645년 당태종의 고구려 친정길은 그의 야심을 명분
아래 숨긴 행보였다. 중원과 막북의 유일한 지배자인 '황제천가한'
이란 위상은 역대 중국의 어떤 황제도 갖지 못한 위세였다. 수양제가
돌궐을 굴복시켰지만, 당태종처럼 완전히 기미체제에 신속시킨 것
은 아니었다. 서역을 차지한 뒤에는 이제 동방만 남았다. 동방의 고

구려마저 정복하면 어느 누구도 도달하지 못한 모든 천하의 진정한 천자가 될 수 있다는 야심이 그의 가슴속을 채웠던 듯하다. 이런 야심은 당태종만이 아니라 수양제도 마찬가지였을 것이다. 113만이라는 초유의 대군을 동원할 때에는 고구려 정복 자체는 문제도 아니며, 오로지 고구려 평양성에서 천하를 차지한 자신의 위업을 자랑하려는 포부만을 생각하고 있었을 것이다.

하지만 고구려는 중국 천하의 확대를 그대로 받아들일 수 없었다. 631년 당이 고구려가 수와의 전쟁에서 승리한 것을 기념하기 위하여 수 군사들의 유골을 모아 세운 경관(京觀)을 헐어버리자, 고구려도 이에 즉각 대응하여 부여성에서 요하를 따라 발해만까지 이어지는 천리장성을 16년간에 걸쳐 축조했다. 그만큼 자신의 세력권을 유지하려는 태도를 분명하게 보여주었다.

이런 점에서 고구려와 수, 고구려와 당의 전쟁은 곧 세력권의 충돌이며, 천하관과 국제질서에 대한 인식의 차이에서 비롯된 충돌이라는 성격이 두드러지고 있음을 알 수 있다.

다만 여기서 고구려의 자기 세력권에 대한 역사적 경험과 인식이 현실 대응력을 제약했을 가능성도 짚어볼 필요가 있다. 수와 당의 제국적 팽창에 대해서는 여러 차례 중국세력과 격전을 치렀던 고구려가 가장 분명하게 인식하고 있었을 것이다. 그런데도 고구려는 수, 당을 견제하고 대항하기 위한 적극적인 국가 동맹 전략을 구사하지 않았다. 물론 고구려는 북방 유목국가나 내륙아시아 국가와 동맹을 시도한 바가 없지는 않다. 그러나 정작 한반도 내에서의 동맹 관계에 대해서는 소극적이었다.

이러한 고구려의 동향에는 과거 고구려 세력권에 대한 복고적 집착도 일조했다고 짐작된다. 6세기 이후 고구려의 대외전략은 중국세력에 대비하고 신라를 압박하면서 옛 세력권을 재건한다는 것이었다. 국제정세가 변화했는데도 이 전략에 유연성을 발휘하지 못한 것이다. 물론 고구려와 백제의 동맹 관계도 지적되곤 하지만, 그 추이를 보면 결코 적극적인 동맹으로 볼 수 없다. 고구려가 신라나 백제를 동맹 관계로 만들지 못한 데에는 4세기 이래 지속된 삼국 간의 갈등 관계라는 역사적 경험이 큰 영향을 미쳤을 가능성이 크다.

위기의 대응: 연개소문과 김춘추의 다른 리더십

고구려가 수의 대규모 침공이라는 국가적 위기를 맞았을 때, 영양왕을 비롯한 당시 집권층은 총력전을 수행할 수 있는 리더십을 갖추고 이를 효율적으로 발휘했다. 치중대를 포함하여 300만이 넘는 수의 대군은 거의 고구려 전 주민 수에 이를 정도로 압도적인 군세였다. 특히 수의 별동대를 평양성까지 깊숙이 끌어들이는 전략이나, 건무(建武)가 평양성을 비우고 수 군대를 평양성까지 진입시켜 궤멸시키는 전략은 사실상 이런 전략으로 인해 피해가 컸을 귀족층의 적극적인 지원을 전제로 하는 것이다.

이러한 전략이 구사되었다는 것은 당시 고구려 국가 운영층의 리더십이 나름대로 잘 작동하고 발휘되었음을 뜻한다. 여기에는 고구려 세력권을 재건하고 이를 지킨다는 명분이 유효하게 작동했을 것이다. 이처럼 수와의 전쟁을 최종적으로 승리로 이끈 요인의 하나는 고구려 국내 리더십의 정상적 운영이다. 그런데 고구려와 당의 전쟁 과정에서는 이와 다른 상황이 연출되었다.

642년 10월, 고구려에 급변이 일어났다. 연개소문이 정변을 일으켜 영류왕과 대신 100여 명을 살해하고, 영류왕의 동생 대양왕의 아들인 보장을 왕위에 세운 후, 스스로 막리지가 되어 정권을 장악했다. 이 정변은 귀족세력 간의 대결 과정에서 점차 고립되어가던 연개소문이 자신의 지속적인 권력장악을 위해 결행했던 것이다. 혹자는 연개소문 집권기 동안 당의 침략에 당당히 맞서 싸웠다는 점에서 이 정변이 고구려의 자주성을 지키기 위한 부득이한 정변이었다고 평가하기도 한다. 그러나 연개소문의 반대세력이었던 영류왕과 다른 귀족들도 대외관계에서 자주성을 견지했다는 점에서 이러한 평가는 설득력이 약하다.

연개소문의 최대 업적을 자주적인 대당(對唐) 정책에서 찾는 시각이 적지 않지만, 사실 정변을 일으켜 권력을 장악한 연개소문이 당에 대해 처음부터 강경한 자세를 취한 것은 아니었다. 당에 도교의 유포를 요청하는 등 화평책을 써서 가능한 한 당과의 전쟁을 피해보려는 노력을 기울이고 있었다. 그러나 중국 중심의 국제질서를 추구한 당은 이러한 유화책에 응하지 않았다.

오히려 당태종이 고구려 정벌 명분으로 연개소문의 패륜성을 거론하고 있는 이상, 연개소문 역시 대당 강경책으로 선회하지 않을 수 없었다. 그는 자신의 정치 생명을 걸고 끝까지 당에 항전하지 않으면 안 되었다. 연개소문의 정변이라는 대내적 상황이 당의 침공이라는 대외적 위기를 초래한 셈이다. 이제 당과의 전쟁을 피할 수 없게 되었다.

그런데 연개소문이 정권 기반의 강화를 위해 이러한 대외적 위기를 역으로 이용한 점도 간과할 수 없다. 그가 기습적인 정변을 통해 정권을 장악했다고 하더라도, 그것은 어디까지나 중앙정계에서의 상황이었고, 각 지방에서 독자적인 무력기반을 갖추고 있던 귀족들의 저항에 부딪혀야 했다. 초기 연개소문의 권력은 불안한 상황이었다.

그런데 당의 침공이 시작되면서 일단 내부의 권력투쟁을 중단할 수밖에 없었고, 연개소문은 전쟁 전체를 중앙에서 지휘하면서 자신의 권력을 강화할 수 있는 절호의 기회를 얻게 되었다. 또 전쟁 과정에서 지방의 군사력이 소실되면서 연개소문은 그의 정적들을 굴복시킬 수 있었을 것이다. 즉 대외적인 강경 노선이 그의 대내적인 정치적 입지를 강화할 수 있다는 판단도 작용했으리라 짐작된다.

이처럼 연개소문의 대외정책은 자신의 권력기반을 강화하는 방향과 맞물려 전개되었음을 볼 수 있다. 642년 정변 직후 평양을 방문한 신라 김춘추와의 협상에서도 그러한 면을 찾아볼 수 있다. 연개소문이 한강 유역의 반환을 협상조건으로 내건 데는 집권 초 불안한 권력기반을 다지기 위한 의도였을 것으로 짐작된다. 궁지에 몰려 평양성까지 찾아온 김춘추를 다그쳐 협상의 대가로 손쉽게 한강 유역을 되돌려 받을 수 있다면, 자신의 정치적 지위가 상당히 안정되리란 판단을 했을지도 모를 일이다. 결과적으로 신라와의 협상을 거부한 그의 판단은 고구려의 국운에 치명적인 타격을 가한 오판이었다.

645년 당과의 전쟁에서 거둔 승리는 고구려 내에서 연개소문의 권력 기반을 강화하는 결과를 낳았다. 이후 정권을 장악한 연개소문은 새바람을 일으키는 개혁보다는 자신의 권력기반과 정치적 지위를 유지하는 데만 급급했다. 태대대로(太大對盧)라고 하는 초법적인 관직을 새로 만들어 취임하고, 자신의 어린 아들들에게도 높은 관직을 주어 권력을 자신의 가문에 집중시켰다. 연개소문 가문의 독점적인 권력행사는 이미 정상적인 정치 운영체계를 파탄시키고 있었다.

연개소문은 자신의 집권기에 강렬한 카리스마를 발휘하며 고구려를 이끌고 당에 대항했다. 그러나 그만큼 그의 죽음은 곧바로 권력의 공백을 초래했고, 아들들은 권력을 두고 다투게 되었다. 연개소문이 정상적인 국가 운영체계를 파탄시키고 자신의 가문에만 권력을 집중시킨 필연적 결과였다. 따라서 연개소문 개인의 카리스마로 유지되던 정권이 그의 죽음과 더불어 수습불능의 지경으로 빠져들어 간 것은 어쩌면 당연하다고 하겠다. 가뜩이나 연개소문가의 권력 독점에 불만을 품고 있던 귀족들과 지방세력들은 그의 아들들 사이에 권력 다툼이 벌어지자, 하나둘씩 항쟁의 전선에서 이탈했고 결국 고구려는 급격하게 멸망의 길로 들어섰다.

그러면 고구려가 멸망한 것과는 달리 삼국을 통합한 신라는 당시 어떠한 과정을 겪고 있었는가? 642년 신라 역시 심각한 대외적 위기에 처했다. 신라를 지속적으로 공격하던 백제 의자왕이 대공세를 취하자 신라는 서변 40여 성을 함락당하고 요충지인 대야성마저 잃어버렸기 때문이다. 대야성은 백제의 공격에 대비해 신라의 서쪽을 방어하는 요충지라는 점에서 신라가 받은 충격이 매우 컸다. 그해 겨울, 신라의 김춘추는 고구려를 방문하여 그해에 정권을 장악한 연개소문과 마주했다. 고구려와 평화 협상을 맺고 백제와의 전쟁에 전념하기 위해서였다.

김춘추가 직접 고구려를 방문한 데는 무엇보다 대야성에서 딸을 잃은 개인적인 복수심도 작용했을 것이다. 대야성이 함락될 때 사위 김품석과 딸 고타소가 비참한 죽임을 당했다는 소식을 들은 김춘추는 "슬프다, 대장부가 어찌 백제를 멸하지 못하랴"라고 했다 한다. 하지만 당시 백제의 공세에 고구려마저 가세하면 신라는 더할 나위 없는 곤경에 처할 것이기 때문에, 고구려와의 협상은 김춘추만이 아니라 신라 조정 전체의 문제라고 볼 수 있다. 다만 김춘추는 신라가 처한 위기상황을 자신의 힘으로 돌파하여 신라 정계에 입지를 다지려는 의도가 있었을 것이다.

그러나 협상은 실패했다. 연개소문은 신라가 빼앗아간 한강 유역을 되돌려주지 않으면 협상할 수 없다고 김춘추의 제의를 거부했다. 김춘추는 옥에 갇히는 등 곤욕을 치르다가 겨우 돌아올 수 있었다. 사실 김춘추는 고구려에 사신으로 갈 만한 위치가 아니었다. 신라 왕실 최고의 혈통이었기 때문이다. 그런데도 자신의 정치적 입지를 다지기 위해 스스로 사지로 들어가기를 자처할 수밖에 없던 현실을 누구보다 잘 알고 있었다. 그 경위를 살펴보자.

632년 정월, 진평왕이 아들이 없이 죽자 그의 딸 덕만이 왕위에 올랐다. 선덕여왕이다. 덕만이 왕위에 오른 그 자체가 커다란 정치적 사건이라고 할 수 있다. 왜냐하면 여성이 왕위를 계승한 일이 그때까지 한 번도 없었기 때문이다. 그래서 선덕여왕의 즉위에는 '남자 성골이 없어서'라는 명분이 내세워졌다. 그러면 성골 선덕여왕과 진덕여왕의 뒤를 이어 왕위에 오른 진골 김춘추는 진평왕이 죽었을 당시에는 과연 왕위계승 자격이 없었던 것일까?

이 점을 좀더 따져보면 선덕여왕의 즉위가 어느 정도 정치적 사건인지를 가늠하기 쉬울 것이다. 김춘추의 가계를 살펴보면, 김춘추의 할아버지는 진흥왕의 둘째 아들인 진지왕이었다. 그런데 진지왕은 정사가 문란하다는 이유로 폐위되고, 그 뒤를 이어 동륜의 아들이 왕위에 올랐다. 그가 진평왕이다. 진평왕은 귀족세력을 견제하고 왕실의 기반을 다지기 위해서 폐위된 진지왕의 아들인 용춘을 적극적으로 등용하고, 둘째 딸 천명과 용춘을 결혼시켰다. 용춘과 천명의 아들이 바로 김춘추였다. 즉 김춘추는 할아버지가 진지왕이었고, 외할아버지가 진평왕이었으니 그야말로 최고의 혈통이었다. 가계 혈통만 본다면 김춘추는 진평왕이 죽은 후 첫 번째 남성 왕위계승권자가 되기에 모자람이 없다.

여기서 선덕여왕의 '지기삼사'(知幾三事)라는 고사가 떠오르게 된다. 바로 여왕이 얼마나 지혜로운 인물인지를 보여주는 세 가지 이야기다. 사실 이런 이야기는 선덕여왕이 비록 여자이지만, 이렇게나 현명하니 왕으로서 충분한 자격이 있음을 특별히 강조하려는 의도로 읽힌다. 뒤집어보면 여성인 덕만이 왕위에 오르는 것 자체가 당시로서도 비정상적이었다는 말이 된다.

따라서 여왕의 즉위를 이해하기 위해서는 당시의 현실 정치판도로 다시 눈을 돌려야 한다. 그 정치판도의 핵심은 역시 김춘추였을 것이다. 앞서 언급한 바와 같이 김춘추는 그 혈통이나 왕실 내의 위치로 볼 때 유일하고 가장 유력한 남성 왕위계승권자였다. 그런데도 선덕여왕이 왕위에 올랐다는 것은, 김춘추가 왕위에 오르는 것에 반대하는 세력이 만만치 않았기 때문일 것이다. 그들이 곧 김춘추의 할아버지인 진지왕을 폐위시킨 세력과 연결된다는 것은 쉬이 짐작된다. 선덕여왕은 당시 정치판도에서 김춘추의 왕위계승을 저지하기 위한 차선책이라고 할 수 있겠다.

선덕여왕은 재위기간 내내 여왕으로서 정치적 한계가 여전했다. 그렇기에 반대 세력들 역시 선덕 이후의 왕위를 노리고 있었다. 그런데 선덕여왕이 김춘추 등을 적극적으로 후원함으로써 세력 균형이 깨지고 있었다. 불안해진 반대 세력이 역전을 기도하였으니 상대등 비담(毗曇)의 반란이다. 여왕이 다스리기 때문에 나라가 혼란스럽다는 것이 명분이었다. 반란의 와중에 선덕여왕이 죽었다. 김춘추는 김유신의 도움으로 반란을 진압했으며, 다시 '성골'이라는 명분으로 진덕여왕이 즉위하였다. 그러나 정치 실권은 이미 김춘추에게 넘어가 있었다.

김춘추는 왕위에 오르기 전에 현실제도 시스템을 개혁해 왕권을 강화하는 방안을 준비하고 있었다. 즉 새롭게 유교 정치이념을 내세워 지금까지와는 다른 정치운용을 시도한 것이다. 그의 이런 면모는 아들들에게 법민(法敏), 인문(仁問), 문왕(文王)이라는 유교적인 이름을 붙인 데에서도 짐작할 수 있다. 그는 새로운 체제를 향한 개혁의 길이 곧 자신이 왕위에 오를 수 있는 가장 빠른 지름길임을 간파하고 있었다. 권력은 힘으로만 얻어지는 것이 아니다. 현실 모순을 바로잡을 올바른 지향을 제시할 때 비로소 정당성이 뒷받침되는 것이다.

게다가 김춘추는 현실 국제정세를 읽고 이를 이용하는 안목도 갖추고 있었다. 642년 고구려 평양성 방문이나 647년 왜 방문이 결과적으로는 실패하였지만, 당시 국제정세의 흐름을 읽어내는 안목을 키웠을 것이다. 645년 당태종의 고구려 정벌 시에 신라가 군사 3만을 파견하여 고구려 남변을 공격하는 등 적극적으로 당을 지원하는 행동을 취한 것도 김춘추의 뜻이 반영되었을 가능성이 크다. 이때 당은 신라를 고구려를 견제하기 위한 신뢰성 있는 파트너로 선택하게 된다. 그런데 645년 침공이 실패로 돌아간 후 당태종은 고구려 정벌이 용이치 않음을 깨닫게 되었다. 이에 김춘추는 고구려의 배후에 있는 신라를 당이 필요로 하리라고 예상하였고, 648년 신라의 전략적 가치가 높아진 시점에 당태종을 찾아 마침내 나당군사동맹을 실현하였다.

이때 당태종은 김춘추의 늠름하고 잘생긴 풍모를 보고 감탄하였다고 한다. 당태종은 몇 년 전 구원을 청하는 신라 사신에게 여왕이 다스리니 이웃 나라가 얕보는 거라고 빈정거린 적이 있다. 그런 당태종이 김춘추를 보고 어떤 생각을 했을까? 김춘추는 그런 당태종에게 자신이 신라의 차기 왕이 될 인물임을 은연중에 과시하려는 뜻도 있었을 것으로 짐작된다.

이때 김춘추의 대당 외교는 청병 외교의 측면 외에 율령체제(律令體制)의 수용이란 측면도 있었음을 고려해야 할 것이다. 귀국한 김춘추는 곧바로 중화정책을 시도했다. 관복을 당의 의관제(衣冠制)로 바꾸고, 당의 연호를 사용했다. 기타 여러 당의 제도를 받아들여 유교에 기반을 둔 정치체제 운영의 발판을 마련했다. 이러한 내정 개혁은 당의 신뢰를 얻는 데에도 기여했겠지만, 무엇보다 신라사회의 기존 체제를 근본적으로 재편하는 데 유용했다. 그것은 새로운 정치질서로서 국왕권의 강화와 중앙집권적 관료체제를 지향해갔다. 통일 후의 체제정비 과정으로 미루어볼 때, 이는 단순히 외교적 제스처에 그치는 것이 결코 아니었다고 생각한다.

김춘추는 진덕여왕이 죽자 왕위에 올랐다. 그것도 덥석 왕위를 받은 것이 아니었다. 『삼국사기』는 이렇게 전한다. "여러 신하가 김춘추를 받들어 왕으로 삼으려 하니, 춘추는 세 번 사양하다가 마지못하여 왕위에 올랐다." 김춘추는 유교적 방식으로 새로운 왕자(王者)로서의 풍모를 과시하며 왕이 되기까지의 지난한 과정을 마무리하였다. 바로 그 과정이 곧 신라 사회를 개혁하는 첫걸음이었던 셈이다. 그 결과 우리 역사 최초로 천하관과 안민(安民)의식, 관료제 등이 정비되고 유교 통치 이념이 구현된 신라 중대(中代)시대가 열렸다.

연개소문과 김춘추. 이들의 정치적 선택과 리더십은 자기 나라의 운명을 갈랐다. 668년 역사에서 사라졌지만, 당시 고구려는 멸망을 맞을 정도로 모순이 심각한 사회는 아니었다. 오히려 연개소문의 명분 없는 집권욕과 국가보다 자신의 가문을 우선시한 사리사욕, 거기서 비롯된 그릇된 국가 정책이 모순을 심화시켜 고구려를 멸망의 길로 몰아넣었다고 보는 게 옳겠다. 백제의 의자왕도 연개소문과 마찬가지로 집권 후 위기에 직면한 체제를 개혁하기보다는 기존 체제 유지를 전제로 한 무단적인 권력의 유지에 급급했다.

이 점에서 볼 때 신라 김춘추 정권은 다른 면모를 보인다. 김춘추가 왕위에 오를 무렵까지 신라에서도 왕위계승을 둘러싼 정쟁이 이어지고 있었다. 김춘추도 집권욕을 감추지 않았지만, 그는 왕위에 오르기까지 그에 걸맞은 개혁정책을 추진하면서 합리적 명분을 쌓았다. 어쩌면 이 둘의 운명은 정치사회적 명분과 공공성의 유무에서 갈라졌는지도 모른다. 그리고 그 두 사람의 선택은 국가의 존망을 갈리게 하는 중요한 요소였다.

참고문헌

김영하, 「新羅 百濟統合戰爭과 體制變化」, 『韓國古代史硏究』16, 韓國古代史學會, 1999.

김창석, 「고구려, 수 전쟁의 배경과 전개」, 『동북아역사논총』15, 동북아역사재단, 2007.

노태돈, 「5~6세기 동아세아의 국제정세와 고구려의 대외관계」, 『東方學志』44, 국학연구원, 1984.

노태돈, 「對唐戰爭期 新羅의 對外關係와 軍事活動」, 『軍史』34號, 國防軍史硏究所, 1997.

서영교, 「羅唐戰爭의 開始와 그 背景」, 『歷史學報』173, 2002.

여호규, 「6세기 말~7세기 초 동아시아 국제질서와 고구려 대외정책의 변화」, 『역사와 현실』46, 한국역사연구회, 2002.

임기환, 「6, 7세기 고구려 정치세력의 동향」, 『韓國古代史硏究』5, 1992.

임기환, 「7세기 동북아시아 국제질서의 변동과 전쟁」, 『전쟁과 동북아의 국제질서』, 역사학회, 2006.

임기환, 「고구려와 수·당의 전쟁」, 『한국사』4, 한길사, 1994.

임기환, 「南北朝期 韓中 冊封-朝貢 관계의 성격」, 『한국고대사연구』32집, 2003.

4

교육

지식의 연금술로 인재를 키우다

"우리 교육에는 지금 여기를 넘어서는
상상력과 통찰력, 기존에 없던 지식을 부단히 창조해내는
지식의 연금술이 필요하다.
이러한 인문학적 사유를 기반으로 한 미래 지향적 능력을 키워야 한다."

교육의 미래:
과학과 인문학의 결합

진 블록
UCLA 총장

UCLA 학습법의 정수

세계는 믿기 어려울 정도로 빠르게 스스로를 재정립·재조정하고 있습니다. 교육자로서 다음 세대가 그들 앞에 펼쳐질 삶을 준비하는 데 적합한 도구를 갖추도록 해주는 것이 우리의 책임입니다.

저는 과학에서 인문학에 이르는 모든 학문 분야를 아우르는 폭넓고 균형 잡힌 교육이 우리에게 미래의 지도자를 양성할 최선의 기회를 제공한다고 굳게 믿습니다.

미국의 학교들이 학부 교육을 재구상하기 시작한 것은, 미국에 유학 온 한국 학생들에게도 확실히 긍정적인 영향을 미칠 것입니다. 캘리포니아 주는 그들이 가장 많이 있는 곳으로 UCLA는 한국 학생들이 최종 목적지로 가장 많이 선택하는 대학 가운데 하나입니다. 동시에 한국에 유학을 온 학생 중 미국 학생은 여섯 번째로 많습니다. 명백히 미국 학계, 특히 캘리포니아 주의 대학들에서 일어나고 있는 일들은 한국에 중요하고 이곳에서 일어나는 일들도 미국에 중요합니다.

저는 여러분에게 UCLA 캠퍼스에 있는 유명한 경기장인 폴리 파빌리온(Pauley Pavilion)을 소개하고 싶습니다. 이곳은 우리 대학에서 가장 중요한 순간들이 펼쳐지는 곳입니다. 그 순간 가운데 하나는 해마다 6월에 열리는 졸업식입니다. 저는 영광스럽게도 인생의 다음 단계로 진입할 준비를 하는 새로운 졸업반 학생들에게 축하 연설을 합니다. 우리는 이것을 '시작'이라고 부릅니다. 사실상 졸업이 바로 시작이기 때문이죠. 이 순간은 총장으로서 제가 가장 소중하게 생각하는 순간이기도 합니다.

지난해에만 약 8,000명의 졸업생이 학사 학위를 받았으며 우리 졸업생 모두 그 기념비적 순간에 각기 다른 길을 선택했습니다. 엄청나게 다른 길들입니다. 학생들은 천문학과 역사, 생물학과 철학 그리고 심리학 등 다양한 분야에서 학위를 받았습니다. 분명 각자 다양한 미래를 만들어나갈 것입니다. 그들에게는 적어도 한 가지 공통점이 있습니다. 모두 놀라운 잠재력을 품은 채 위대한 꿈을 향해 달려나가고 있다는 것입니다.

그들은 UCLA에서 학습법의 정수인 읽고, 쓰고, 새로운 사상을 받아들이고, 분석하는 인문학적 기술을 익혔습니다. 이런 인문학 교육을 UCLA에서 공부하는 내내 받았습니다. UCLA의 학생들을 모두 역동성 넘치는 인문대학에 다녔습니다. 인문대학은 그들이 꿈을 좇는 데 필요할 기량뿐만 아니라 졸업한 후에도 역동적인 세계에 적응해나갈 수 있도록 필요한 도구들을 알려줍니다. 세계는 더 다양한 지식과 더 많은 기술에 목말라하고 있습니다. 점점 더 빠르게 더 높은 수준의 지식과 기술을 원합니다. 오늘 유행하는 것이 내일이 되면 바로 사라집니다. 오늘의 성공이 내일의 실패가 되기도 합니다.

UCLA 졸업생들은 비록 졸업 후의 길이 구불구불하고 울퉁불퉁하며 또 여러 분야로 갈라지더라도, 모두 동일한 장소, 바로 폴리 파빌리온으로 향합니다. 동기들과 함께 같은 예복을 입고 같은 장소에서 자신들의 졸업을 축하합니다.

가장 최근인 올해 6월 열렸던 졸업식에 참여한 학생 가운데는 로스앤젤레스에서 가장 소득수준이 낮은 지역 출신의 젊은 여학생이 있었습니다. 그녀는 UCLA에 입학하기 몇 년 전인 15세 때 역대 최연소의 나이로 4인용 비행기를 몰고 미국을 횡단해 언론에 대서특필된 적이 있습니다. 대학생이 되자 그녀는 자원봉사팀에 합류해 멕시코 티후아나에 사는 최빈민들을 상대로 의료 봉사활동을 벌였습니다. 그리고 지금은 심혈관 외과전문의가 되기 위해 노력하고 있습니다.

심각한 오토바이 사고를 겪은 지 오래지 않아 UCLA에 입학한 입양아도 앉아 있었습니다. 그녀의 학습을 지원하기 위해 제공한 자원들과 본인의 투지 덕분에 그녀는 중요한 프로그램에 동참해 자신이 받은 도움을 지역사회에 되돌려줬습니다. 졸업 후 그녀는 불우한 사람들을 돕기 위해 로스쿨에 입학할 계획입니다. 그녀가 앉은 자리에서 몇 줄 떨어진 곳에 한 젊은 남성이 앉아 있었습니다. 그는 2년 동안 여름마다 아프리카 토고에서 시간을 보내며 현지 학교의 기업식 농업(영농) 개발을 도왔습니다. 그 학교는 이를 통해 아스퍼거 증후군, 자폐증, 뇌성마비, 뇌손상 등 건강 문제가 있는 젊은이들의 의료비를 지원할 수 있었습니다.

저는 이들을 비롯해 2016년 졸업생 모두가 졸업 후 그들이 마주할 변화무쌍한 물결에 맞설 준비를 하고 UCLA를 떠난다고 확신합니다. 그들은 남은 생애 동안 세계를 이해할 수 있는 능력을 선물로 받았습니다. 인생의 이 새로운 시작점까지 오는 여정에서 학생들은 풍성하고 다양한 UCLA의 125가지 학문 가운데서 특정한 분야, 즉 그들의 전공을 갈고 닦았습니다. 그러나 즉시 전공을 선택한 것은 아니었습니다. 우리는 학생들에게 하나의 핵심학문을 결정하기 전에 먼저 여러 분야를 놓고 고민해볼 것을 권합니다.

아일랜드의 유명한 시인 조이스(James Joyce)가 말한 것처럼 "실패는 발견으로 향하는 관문입니다." 우리는 그것이 사실임을 잘 압니다. 저는 실패하고 발견하며 배우기에 대학보다 좋은 장소는 없다고 믿고 있습니다. 그래서 우리 학생들은 학부 시절 대부분을 바다와 하늘 그리고 그 사이에 있는 모든 것을 탐험하고 발견하며 보냅니다. 이것이 바로 우리가 말하는 학부 교육이고, 저는 바로 이 교육을 통해 우리가 더 나은 세상을 만들 수 있다고 믿고 있습니다. 바로 기업가와 혁신가의 세계이자, 지도자와 사상가의 세계이고, 선생님과 의사, 공무원과 산업거물의 세계입니다.

과학과 인문학

오늘날 우리는 중요한 기로에 서 있습니다. 전례 없이 기술이 발달하고 있는 덕분에 과거의 수수께끼들을 밝힐 수 있게 되었고 각종 데이터 덕분에 인류가 오랫동안 싸워온 질병을 치료할 수 있게 되었습니다. 그리고 가상현실 덕분에 정신질환 치료에 한 발짝 더 나아갈 수 있게 되었습니다. 이 놀라운 신세계에서 저는 과학과 인문학이 서로 단순히 '공존'만 해서는 안 된다고 생각합니다. 오히려 저는 과학과 인문학이 서로 어떻게 상호작용하며 정보를 공유하는지에 따라 21세기 대학 교과과정의 탁월함이 측정될 것이라고 확신합니다.

그래서 UCLA는 전통과 현대의 결합을 시도하고 있습니다. 우선 3차원 모델링 기법을 활용해 오래전에 잃어버린 문명을 재건하고 있습니다. 윤리 및 고전수업을 강화해 연민의 마음을 품은 차세대 의사들도 양성하고 있습니다. 그리고 고대철학자들에 대한 연구를 통해 인류가 어떻게 자연과 조화롭게 공존할 수 있는지도 배우고 있습니다.

학문적 역량을 최대한 활용해 다양한 교육 배경을 가진 학생들을 교육하는 일에도 신경 써야 합니다. 우리는 단순히 학생들의 유익을 위해서 뿐만 아니라 우리 지역사회를 풍요롭게 하기 위해서 이 일을 해야 합니다. 궁극적으로는 인류 지성이 탄생한 이래 우리를 사로잡아온 수수께끼에 대해 더 나은 해답을 제시할 수 있을 것입니다. 우리는 누구이며 어디서 왔고 어디를 향해 나아가고 있는지 말입니다. 이것이 우리가 추구하는 목표이며 우리가 매일 마주하는 도전입니다. 저는 이것이 교육의 미래라고 확신합니다.

하지만 반대로 예술과 문학, 종교와 언어에 투자해서는 안 된다고 열렬히 주장하는 사람들이 있습니다. 일본 정부는 50여 개 대학의 인문학 및 사회과학 학과를 없애거나 축소하려 하고 있습니다. 2014년에는 영국의 교육부 장관이 예술과 인문학 과목에만 집중하는 학생들에게 향후 진로에 제한을 가할 수도 있다고 경고했습니다.

미국의 상황도 좋지 않습니다. 미국예술과학아카데미에 따르면 4년제 대학들에서 교양과목 수업이 차츰 줄어들고 있습니다. 보도에 따르면 미국 주요 대학은 예술사와 음악 그리고 심지어 프랑스어와 독일어를 비롯한 현대언어들을 교과과정에서 빼고 있습니다. 일부 학교는 사실상 영어와 철학 그리고 역사학과를 통합시켰습니다. 미국 학생들은 '실용적인' 전공들에 집중해야 한다는 압박감에 짓눌려 인문학을 기피하고 있습니다. 미국예술과학아카데미에 따르면 오늘날 미국 학생의 8퍼센트만이 인문학을 전공합니다. UCLA에서는 학부학생의 9퍼센트가 인문학 전공자입니다. 한국도 상황이 비슷하다고 들었습니다. 몇몇 일류 대학은 문학과 철학 그리고 역사 등 인문학과를 어떤 직업과도 확실한 연결고리가 없다는 이유로 통합했고 심지어 없애기도 했습니다.

우리가 얼마나 서로 연결돼 있고, 우리가 서로에게 얼마나 중요한 존재인지를 고려한다면, 여러분은 곧 전 세계적인 차원에서 이런 대화를 하는 것이 얼마나 중요한지 그리고 교육의 미래가 우리에게 얼마나 중요한 문제인지를 알게 될 것입니다. 미국에 학생을 가장 많이 보내는 세 국가가 모두 아시아에 있습니다. 중국과 인도 그리고 바로 한국입니다. 미국 학생들은 그 어느 때보다도 한국어를 배우는 데 관심이 많습니다. 지난해 현대언어협회는 한국어 프로그램에 등록한 사람 수가 2009년과 비교해 2013년에 45퍼센트나 증가했다고 보고했습니다. 같은 시기 전반적인 언어교육 등록률이 6.7퍼센트 정도 감소했다는 점을 고려하면 그 수치는 특히 큰 의미가 있습니다. 사실 스페인어와 프랑스어 그리고 독일어 등 인기가 많던 언어에 대한 관심은 오히려 줄어들었습니다.

UCLA는 한국어센터를 통해 졸업생과 학부생들에게 연구비와 방문학자 프로그램 그리고 교환 프로그램을 제공하며 아이디어와 해법을 더 잘 공유할 수 있도록 돕고 있습니다. 지난달에만 여섯 명의 UCLA 학생이 지식인으로서 미래가 전도유망한 젊은 학자들에게 주는 권위 있는 상인 풀브라이트 장학금을 받았습니다. 그중 한 명은 아시아 언어 및 문화학과의 박사과정 학생으로서 내년에 한국에서 인종정치학과 1945년 이후의 한미 관계를 공부할 계획입니다.

이것이 바로 우리가 얼마나 서로 연결돼 있고 인류학이 어떻게 우리의 문화와 경제 그리고 지적 결속을 강화시키는지 보여주는 가장 최근 사례입니다.

또한 우리가 미국 학교에 입학한 유학생들에게, 그들이 어떤 전공을 선택하든 상관없이, 각인시키려 하는 점입니다. 우리는 우리 학생이 모두 반드시 이 새로운 세기에 성공할 수 있도록, 그 과정에서 더 나은 세계를 만들어나가는 데 일조할 수 있도록 준비시킬 생각입니다.

미국에서 공부하는 외국 학생들의 데이터를 관리하는 국토안보부에 따르면, 한국 학생들 대부분은 비즈니스와 경영 그리고 마케팅을 공부하고 있습니다. 실제로 UCLA에 다니고 있는 750여 명의 한국 학생들만 봐도 그렇습니다. 그들은 항공우주 공학과 세계의 예술과 문화 등 다양한 과목을 공부하고 있는데도, 공통적으로 특별히 관심

을 두는 과목이 있습니다. 경제학과 경제학 기초과목, 비즈니스 경제
학 기초과목이 이들에게 가장 인기 있는 세 가지 전공입니다.

거대한 도전들

노벨화학상을 받은 스몰리(Richard Smalley)는 텍사스의 라이스대
학교 교수였습니다. 10여 년 전 그는 향후 50년 동안 우리 세계가 직
면하게 될 가장 큰 도전 열 가지에 관한 목록을 만들었습니다. 이 '거
대한 도전들'에는 더 많은 에너지에 대한 지속 불가능한 갈증, 식량
안보, 환경보호, 테러리즘과 전쟁, 민주주의에 대한 위협 그리고 인
구급증 등이 있었습니다. 지금까지도 이 목록은 비교적 거의 바뀌지
않았습니다. 의심할 여지 없이 엄청난 규모의 난민을 만들어내고 있
는 테러리즘과 전쟁을 그 목록의 거의 맨 꼭대기에 올려야 합니다.

스몰리 교수는 우리가 이 문제들을 해결하려면 더 많은 과학자와
공학자를 교육시켜야 한다고 주장했고, 그 주장은 정확했습니다. 그
런데 저는 기술에만 치중하기보다는 오히려 인류의 가치와 행동에
대해 먼저 이해해야 한다고 덧붙여 말하고 싶습니다. 저는 오늘날 세
계가 직면한 모든 중대한 문제를 해결하기 위해서는, 그게 기술적인
문제이든 아니든, 인문학 지식에 기반을 둔 상황별 의사결정이 중요
하다고 믿고 있습니다. 그래서 우리는 모두 다 함께 힘을 합쳐 근시
안적 교육으로 치닫는 경향에 맞서 싸워야 합니다. UCLA은 학부교
육을 융통성 없고 불완전하기보다 더욱 광범위하고 통합적인 교육
이 되도록 재구성하는 데 전념하고 있습니다. 바로 그런 교육이 미국
에서뿐만 아니라 전 세계에서 사회의 역량을 더욱 끌어올릴 수 있는
독창성과 혁신을 만들어나갈 것입니다.

이 일을 시작하기에 인문학보다 더 좋은 것은 없습니다. 우리는 우
리가 인문학에서 배우는 가치를 상상 가능한 모든 분야에 적용할 수

있습니다. 인문학의 잠재력은 의료 및 환경 분야, 심지어 도시를 건설하고 과거를 연구하는 방식에까지 확장할 수 있습니다. UCLA는 우리 세대의 거대한 도전들을 해결하기 위해 네 가지 주요 영역을 설정했습니다. 이른바 '새로운 인문학'을 구축한 것입니다. 이를 차례대로 소개하면 이렇습니다.

첫째, 새로운 디지털 및 정보기술을 창조하고 적용하며 해석하는 법을 배울 수 있도록 디지털 인문학부를 구축했습니다. 이를 통해 학생들은 비즈니스와 기술 및 미디어 관련 분야에서 경쟁력을 확보하게 되었습니다. 디지털 인문학은 홀로코스트 생존자들의 궤적을 지도로 만드는 일에서부터 트위터를 활용해 2011년 이집트 혁명의 진행과정을 학습하는 데까지 다양한 분야에서 활용되고 있습니다.

둘째, 보건이나 사회사업에서 경력을 쌓고 싶어 하는 학생들을 위해 인간 조건에 관한 깊이 있는 통찰력을 제공하는 의료 인문학을 구축했습니다. 이 교과과정은 인도적 보살핌을 위한 핵심자질인 분석력과 관찰력, 공감 능력과 자기성찰 능력 등을 키워줍니다. 학생들은 의예과나 과학 교과과정에 영어, 장애학, 종교, 역사, 철학, 사회학 그리고 심리학 교과과정을 덧붙입니다.

셋째, 인류 문명이 환경에 미치는 영향을 연구하고 그것이 우리의 현재와 미래에 미치는 부정적인 영향을 완화하는 데 관심이 있는 학생들을 끌어모으기 위해 환경 인문학을 구축했습니다. 이 분야의 졸업생들은 차세대 정책입안자와 비즈니스 및 지역사회 지도자 그리고 환경 전문가가 되기에 가장 적합합니다.

넷째, 도시 인문학을 구축했습니다. 이 분야는 활기찬 도심지가 넘쳐 나고 주택, 운송, 에너지, 고용, 교육 그리고 보건에 대한 수요가 급속도로 증가하고 있는 아시아에 특히 적절한 학문입니다. 우리는 도시 인문학을 통해 사회가 직면한 도전과제들에 대한 해법을 제시할 수 있는 차세대 사상가들을 교육하려 하고 있습니다. 인문학적 관점에서 도시를 재검토함으로써 학생들에게 지역사회에 해박한 학자이자 사회 참여적인 시민이 되라고 강조합니다. 학생들은 그들이 각자 맡은 몫을 제대로 감당해 거주민을 위한 더 많은 수용공간이 생기도록 도시를 설계합니다. 대다수가 건축, 디자인, 도시계획, 교육과 공공정책 분야에서 향후 진로를 모색합니다.

이러한 인문학을 공부하는 학생들은 미래의 대학 졸업생이자 자신을 둘러싼 세계를 진정으로 이해하는 글로벌 시민입니다. 자기 환자의 문화적 필요를 인식하는 의사이자 지역의 유산과 역사를 제대로 이해하는 도시계획 입안자이기도 합니다. 세계가 너무 글로벌화되고 너무 통합되고 그리고 너무 다양해지고 있어 학자들은 글로벌한 관점이 없으면 문제들에 접근하거나 해법을 제시할 수 없게 되었습니다. 기술 중심적인 세계를 앞장서서 이끌어온 사람들조차도 자신들의 성공요인으로 인문학을 꼽습니다.

균형 잡힌 교육을 위해

잡스는 애플 창립을 돕기 전에 대학에서 캘리그라피를 공부했습니다. 2005년 그는 스탠퍼드대학교의 졸업축사에서 졸업생들에게 그 수업의 중요성에 대해 이야기했습니다. 그는 다음과 같이 말했습니다.

"저는 캘리그라피 수업을 듣기로 결정했습니다. ……캘리그라피는 과학이 포착하지 못하는 아름다움과 역사성 그리고 예술성을 지니고 있었습니다. 저는 그것에 매혹되었습니다. 그 가운데 어떤 것도 제 인생에서 실용적으로 사용할 수 있으리라고 전혀 기대하지 않았습니다. 그러나 10년 후 우리가 최초의 매킨토시 컴퓨터를 설계하고 있었을 때, 그 모든 게 다시 생각났습니다. 우리는 그 모든 것을 활용해 맥을 설계했습니다."

우리 각자는 예술을 비롯한 인문학 교육이 어떻게 우리 학생 대부분을 정부와 법조계 그리고 다른 시민 및 사회단체에 도움을 주는 성실한 일꾼이 되도록 이끄는지 지켜봤습니다. 그들은 우리 사회의 기반을 형성하고 공공의 이익을 도모하는 기관의 지도자가 됩니다. 고전 연구를 통해 학생들은 비판적 사고와 아이디어 및 개념을 정확하게 전달하는 능력 그리고 다른 문화와 관습에 대한 이해와 인식을 키울 수 있습니다. 이러한 자질을 갖춘 학생은 커뮤니케이션과 비판적 분석에 크게 의존하는 글로벌 경제에서 확실히 유리한 위치를 선점할 수 있습니다. 이런 배경을 가진 졸업생은 금세기의 사회적·환경적·기술적 도전과제들을 가장 잘 해결할 수 있을 것입니다. 이것이 바로 미래 교육이 나아가야 하는 올바른 방향이자 바로 다음 세대가 갖춰야 하는 자질입니다.

균형 잡힌 교육이란 역사, 문화, 예술 그리고 언어 분야의 탄탄한 기반, 이른바 준거틀을 제공함과 동시에 비판적으로 사고하고 문제를 분석하는 능력을 키워주는 교육입니다. 이런 종류의 가르침과 학습은 공익에 일조할 뿐만 아니라 학생들이 현대세계에서 맞닥뜨리게 되는 변화의 물결을 잘 탈 수 있도록 해줄 것입니다.

그래서 저는 UCLA를 졸업한 학생들이, 그들이 대학원에 들어가든 회사에 들어가든, 분명 박식한 사회의 일원이 되리라는 점을 잘 알고 있습니다. 또한 자신의 목표가 참된 소명이 아니라는 사실을 발견한다거나 경제 상황에 변화가 생긴다거나 하는 이유로 졸업생이 자신이 선택한 분야에서 의미 있는 일을 찾기 어렵게 된다 해도, 저는 그들이 스스로를 혁신해 성공을 쟁취할 것이라고 확신합니다.

이것이 바로 우리가 그들에게 가르친 UCLA 교육의 가치입니다.

컴퓨터로 수학을 배울 때
달라지는 것들

김서준

KnowRe 부대표

왜 수포자가 이렇게 많을까?

2007년 여름, 나는 강남역 근처 한 카페에서 열린 모임에 참석했다. 수학교육에 대한 몇 가지 중요한 질문과 그 해결방안에 대한 다양한 아이디어가 오가는 자리였다. 모임의 발제가 된 질문은 바로 '왜 이렇게 수포자(수학공부를 포기한 학생)가 많을까?'였다.

'사교육걱정없는세상'의 조사에 따르면, 전체 학생 중 수포자 비율이 초등학교 6학년은 36.5퍼센트, 중학교 3학년은 46.2퍼센트, 고등학교 3학년은 59.7퍼센트에 달한다고 한다. 가장 중요한 기초과목 중 하나이자, 점점 그 중요성이 커지고 있는 수학을 포기하는 학생이 이렇게나 많다는 것은 비단 교육분야뿐만 아니라 국가경쟁력 차원에서도 큰 위기가 아닐 수 없다.

수능시험 원점수 분포도를 보면 다른 과목과 비교해도 유독 수포자만 많은 현상을 한눈에 확인할 수 있다. 국어와 영어 등 다른 주요

2014학년도 대학수학능력시험 점수 분포

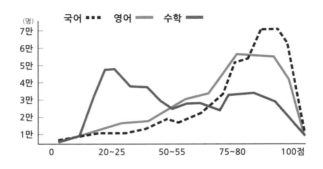

2014학년도 수능시험 점수 분포도

분포도를 보면 유독 수포자만 많은 현상을 한눈에 확인할 수 있다.
왜 학생들은 유독 수학을 이렇게 어려워하는 것일까?

과목은 고득점 구간에 학생들이 몰려 있는 것과 다르게 수학은 학생 대부분이 50점 미만에 머물러 있다. 왜 학생들은 유독 수학을 이렇게 어려워하는 것일까?

도미노 쌓기와 같은 수학학습의 본질

근대철학의 아버지이자 해석기하학의 창시자로 불리는 데카르트의 말을 통해 수학학습의 가장 큰 특징을 이해할 수 있다. "내가 푼 각각의 문제는 다음 문제들을 푸는 규칙이 되었다."[1]

이 문장은 추리소설 속 명탐정이 단서를 찾으며 범인을 추적하듯 수학도 흥미진진하게 공부할 수 있을 것처럼 표현한 문장이기도 하지만, 반대로 해석하면 매우 끔찍하고 무서운 명제일 수도 있다. 즉 어떤 문제를 풀지 못한다면, 앞으로는 그 문제와 연관된 어떤 문제도

풀 수 없다는 것이다.

　나는 개인과외를 하던 대학생 시절부터 학생들에게 수학공부의 특징을 도미노 쌓기에 빗대어 설명하곤 했다. 매 순간 집중하여 도미노 조각들을 하나하나 공들여 쌓는 이유는 결국 연쇄적으로 멋지게 넘어뜨릴 순간을 위해서다. 도미노 조각들을 하나씩 쌓는 과정은 초등학생 때부터 수학 지식을 하나씩 습득하는 과정에 비유할 수 있으며, 도미노를 넘어뜨리는 순간은 학생들이 여러 개의 수학문제가 얽혀 있는 중요한 시험(중간고사, 기말고사 또는 수능시험)이라고 생각할 수 있다. 단 하나의 도미노 조각이라도 소홀히 배치하거나 빼먹으면, 바로 그 지점에서 도미노의 흐름은 끊어진다. 또한 그 문제의 조각 이후 쌓은 모든 도미노 조각에 들인 노력과 시간이 허탈해질 것이다.

　그래서 수학을 공부할 때는 단 하나의 지식이나 문제도 대충 흘려버리지 말고 내 지식으로 완전히 만드는 학습 습관이 무엇보다도 중요하다. 수포자가 되지 않는 최소한의 전제는 명확하다. 수학공부를 하다가 모르는 것이 생기면 수단과 방법을 가리지 말고 해결해야만 한다는 것이다. 학생 개인 차원에서는 수업시간이 끝난 뒤에도 선생님을 찾아가 질문하고, 공부 잘하는 친구에게 물어보는 등의 집요한 노력이 필요하다. 그렇다면 시스템적인 차원에서 우리의 교육체계는 수학의 특징을 잘 반영하고 있을까?

획일화된 강의와 교재로 수학을 배우는 것이 최선일까?

　나는 먼저 강의식 학습의 문제점에 주목했다. 학생 대부분은 학교와 학원에서 강의식 수업으로 수학을 배운다. 같은 교실에 있는 학생들이라도 알고 모르는 지식상태가 모두 다르다. 예를 들어, 이차방정식에 대해 어떤 학생은 판별식을 어렵게 느낄 수도 있고, 다른 학생은 근과 계수와의 관계를 이해하지 못할 수도 있다. 하지만 선생님이 학생들의 이러한 개별적인 수준까지 맞춰 개인화된 수업을 할 수 없다. 매번 계획된 진도를 나가야만 하기에, 교실에서 교실로 이동하며 같은 내용의 칠판강의를 반복할 뿐이다. 마치 동영상강의를 반복재생하듯 말이다. 이 과정에서 점점 많은 학생의 도미노 쌓기에 구멍이 생기게 된다.

또 다른 문제는 종이책의 한계다. 문제집에는 수많은 문제가 있는데, 이처럼 너무 많은 문제를 담고 있는 것 자체가 큰 문제다. 학생마다 보충학습이 필요한 지점은 제각각인데, 전국의 모든 학생을 대상으로 편집한 종이책은 수준이 제각각인 학생들에게 동일한 유형의 문제풀이 학습을 강요할 뿐이다. 학생에 따라 더는 연습할 필요가 없는 문제를 풀어야 하며, 때로는 현재의 지식수준으로는 접근조차 할 수 없는 어려운 문제를 풀어야 한다. 많은 학생이 수학공부에 지치는 이유다.

나는 강의식 학습과 종이책을 통한 획일화된 수학교육이 마치 '종합비타민'을 과다복용시키는 행위와 유사하다고 생각한다. 부족한 지식의 영양소가 학생마다 다른 현실을 무시한 채, 적당히 표준화된 종합비타민을 쏟아부으면서 '이것만 다 먹으면 부족한 지식이 적당히 충족될 거야'라고 강요하는 것이 바로 100여 년간 이어져 온 수학교육 시스템의 구조적인 한계다.

학습 컨설팅과 수학학원 운영을 통한 첫 번째 도전

나는 이 문제를 해결하기 위한 도전을 결심했고, 2008년 봄 공동창업자 세 명과 함께 교육회사 에듀아이즈(Edueyes)를 설립했다. 에듀아이즈의 첫 제품은 TOMPS(Test of Mathematics Problem Solving)라는 수학학습 컨설팅 서비스였다. TOMPS는 마치 의사가 체계적으로 환자의 병을 진단하듯, 수학시험과 설문조사를 통해 '왜 학생이 수학을 어려워하고 있는지'를 과학적인 방식으로 진단하고 상담하는 프로그램이었다. 이 서비스에 대한 학부모와 학생의 만족도는 매우 높았다. 상담이 끝난 뒤 고객 대부분이 '상담으로 끝내지 말고 끝까지 교육해줬으면 좋겠다'고 요구할 정도였다. 의사가 진단을 끝내고 맞춤형 처방약을 지어주는 것처럼, 적절한 학습 콘텐츠를 제공할 수 있어야 교육 서비스도 완성될 수 있다는 것을 깨달았다.

고민 끝에 우리는 과감하게 수학학원을 설립했다. 학생들에게 제공할 개념과 문제 등 방대한 수학 콘텐츠를 만들기 위해 팀을 키웠고, 이를 활용하고 또 계속 운영할 수 있는 수익을 내기 위해 교재를 만들었다. 직접 학생들을 가르치면 이 교재가 정말 효과가 있는지 피드백 받을 수 있을 것이란 기대감도 있었다. 우리가 설립한 '수학의 눈'이라는 학원은 학급 운영과 교재 등 모든 부분에서 최대한 개인화된 수업을 지향한다는 것을 장점으로 내세웠다. 각 단원에 진입하기 전에 부족한 선행지식을 복습하도록 보충교재를 제공했으며, 수준별로 분반한 문제풀이 클래스를 별도로 운영했다. 결국 두 달여 만에 100명 이상의 학생을 모집하는 등 성공적으로 대치동 학원가에 자리 잡을 수 있었다.

'수학의 눈'은 반포에 분점을 내는 등 꾸준히 성장했지만, 애초에 걱정했던 강의식 수업과 종이책의 근본적인 한계를 완전히 뛰어넘을 수는 없었다. 낙오되는 학생이 일정 비율로 꾸준히 발생했다. 이들에게 우리의 시스템은 충분한 도움을 주지 못했다. 이런저런 보완책을 만들 때마다 역설적으로 사람이 하는 교육의 한계만을 느낄 뿐이었다.

우리는 이 문제를 전혀 다른 방식으로 풀어낼 아이디어를 떠올리고 발전시켜나갔다. 공동창업자가 모두 공대생이기 때문이었을까? 우리의 아이디어는 디지털 콘텐츠를 활용해 개인화된 수학교육 서비스를 만드는 것이었다. 우리는 학생 한 명 한 명에게 완전히 개인화된 수학교육을 제공하기 위해서는 디지털 콘텐츠와 기술을 결합한 서비스가 최선이라고 확신했고, 이 재미있는 아이디어가 미래의 교육이 될 수 있을 거로 믿었다. 결국 이 아이디어를 구현하는 일에 100퍼센트 집중하기 위해 2012년 초 '수학의 눈'을 다른 선생님들에게 매각하고, 새로운 교육기술 스타트업을 만들었다. 노리(KnowRe)는 그렇게 시작되었다.

디지털 수학교육 솔루션을 미국시장에 팔 수 있을까?

우선 본격적으로 개발팀을 충원하기 위해 엔젤투자 유치를 알아보기 시작했다. 국내 스타트업 커뮤니티에서 명망 있는 다수의 엔젤투자자들을 만났지만, 반응은 하나같이 차가웠다. '수학은 펜과 종이로 공부하는 것이지, 컴퓨터나 태블릿으로 하는 게 말이 되느냐'는 편견 때문이었다. 종이책을 통한 학습은 데이터가 쌓이지 않기 때문에 그 어떤 개인화된 학습으로도 활용하기가 쉽지 않음을 강조했지만 설득이 쉽지 않았다.

또 다른 걸림돌은 '국내시장을 놔두고 해외시장부터 진출하는 건 불가능에 가깝다'는 선입견이었다. 2012년 당시 국내에는 공교육과 사교육을 통틀어 컴퓨터를 활용한 개인화된 수학학습 시장이 전혀 형성되어 있지 않았다. 따라서 우리는 이미 디지털 교육이 널리 보급된 미국의 공교육시장부터 진출한다는 야심 찬 사업계획을 그리고 있었다. 돌이켜 생각해봐도 한없이 무모하게 보일 수 있는 계획이었다.

많은 투자자에게 거절당한 뒤, 우리의 확고한 비전을 믿고 동참해준 고마운 개인 투자자 몇몇과 소프트뱅크 벤처스를 만날 수 있었고, 그들의 응원에 힘입어 제품을 개발해나갔다. 첫 번째 성과는 전미수학교사협회(NCTM) 콘퍼런스에서 올렸는데, 부스에서 데모 제품을 사용해본 미국 선생님 가운데 80퍼센트 이상이 우리 제품을 학교에서 사용하고 싶다는 긍정적인 피드백을 준 것이다. 현지에서 획득한 의미 있는 반응이었기 때문에 우리의 믿음이 옳다는 자신감을 더욱 강하게 품기 시작했다.

2012년 말에는 구글코리아와 방송통신위원회가 공동으로 주최한 글로벌K스타트업 프로그램에서 대상을 받았고, 2013년에는 뉴욕 시 교육청에서 주최한 교육용 앱 대회(NYC Schools Gap App Challenge)에서 1등 상을 받았다. 2014년에는 미국의 비즈니스 매거진『패스트 컴퍼니』가 선정한 세계에서 가장 혁신적인 교육회사 Top10에 선정되는 등 국내외 모두에서 혁신적인 교육 솔루션으로 인정받게 되었다. 덕분에 노리를 수학수업에 도입하는 미국의 중고등학교들도 빠르게 늘기 시작했다.

전통적인 수업 방식을 활용하던 사교육시장에도 노리의 디지털 수학교육 솔루션을 학생들에게 제공하는 혁신적인 파트너십이 생기기 시작했다. 한국에서 제일 큰 교육회사 대교가 전국 800여 개 러닝센터에서 사용하는 교과수학 제품으로 노리를 도입했으며, EBS는 자사의 인터넷 강의 플랫폼에 노리의 문제풀이 및 처방 기술을 접목한 상품을 런칭했다. 북미 최대의 오프라인 학습센터를 운영하는 실반 러닝(Sylvan Learning)도 노리 솔루션을 학생들에게 제공하기 시작했다.

노리의 어떠한 특징들이 글로벌 교육시장에서 이러한 성과를 이끌어낼 수 있었을까?

왜 틀렸는지 분석하고 처방할 수 있다

기존 수학학습에서의 문제풀이와 채점은 단순히 '어떤' 문제를 틀렸는지 확인하는 데만 초점을 맞추고 있다. 모든 수학문제를 유형화시켜놓은 문제집이나 문제은행식 솔루션은 틀린 문제와 동일한 유형의 문제를 제공할 뿐이다. 이 같은 처방은 그 문제를 틀렸던 학생에게 근본적인 해결책이 될 수 없다. 숫자만 바꿨을 뿐 사실 똑같은 문제를 아무리 많이 제공한다 한들 학생 대부분은 똑같은 이유로 또 틀리기 마련이다.

우리는 이런 문제를 극복하기 위해 과외선생님이 수학문제를 단계별로 가이드하는 방식을 모델링했다. 노리의 솔루션은 학생이 문제를 풀다가 틀리거나 '단계별로 풀기' 버튼을 클릭하면, 문제를 단계별로 쪼개준다. 마치 과외선생님이 복잡한 문제를 한 단계씩 설명하고 학생 스스로 풀어나갈 수 있도록 도와주는 방법과 같다. 그래도 어려움을 겪는다면 단계마다 제공하는 개념 영상을 참고할 수도 있고, 특정 단계에서 오답이 발생하면 그 하위 단계로 문제가 더 쪼개지기도 한다.

이를 위해 '단위지식'(knowledge-unit)이라는 개념을 도입했다. 단위지식은 더 이상 쪼갤 수 없는 수준의 수학적 지식을 의미하는데, 알고리즘으로 짜인 프로그램의 코드로 구현된다. 우리는 초중고 수학교과서에 등장하는 1만여 개의 단위지식을 개발한 뒤, 이를 문제의 논리적 흐름에 맞게 조립하여 우리가 익히 알고 있는 형식의 수학문제들을 만들었다. 이렇게 수학문제를 구조화했기 때문에 학생은 일대일 교육 수준의 상호작용이 가능한 학습을 할 수 있다.

문제의 단위가 아닌 지식의 수준에서 콘텐츠를 제공할 때 얻을 수 있는 또 하나의 장점은 개인화된 처방이다. 틀린 문제 내에서도 오답이 발생한 부분을 정확히 알 수 있고, 어떤 단위지식에서 오랜 시간이 걸렸는지, 과거 몇 번이나 그 부분을 틀렸는지 등을 실시간으로 분석하며, 이를 통해 학생마다 다른 과제 콘텐츠를 자동으로 생성한다. 기존의 종이책 학습으로는 상상도 할 수 없던 경험이다.

강사에서 코치로 진화하는 선생님

데이터의 잠재력은 그저 학생의 학습과정을 효율화하는 데 그치지

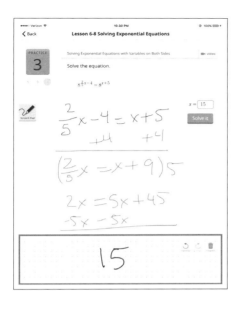

노리 프로그램의 실행 화면
노리는 '단위지식'이라는 개념을 도입했다. 단위지식은 더 이상 쪼갤 수 없는 수준의 수학적 지식을 의미하는데, 이를 문제의 논리적 흐름에 맞게 조립하여 우리가 익히 알고 있는 형식의 수학 문제를 만들었다.

않는다. 노리는 교사를 위한 실시간 대시보드(dashboard)를 제공하는데, 선생님은 이를 통해 학생들의 문제풀이 현황이나 성취도를 단위지식 수준까지 한눈에 살펴볼 수 있다.

이제 선생님은 여러 교실을 옮겨 다니며 똑같은 칠판강의를 반복하던 강사에서 벗어나, 학생 한 명 한 명을 상세하게 관리할 수 있는 코치 역할을 수행할 수 있다. 단순하게 지식을 전달하는 일 자체는 구조화된 디지털 콘텐츠 시스템이 사람보다 더 체계적으로 잘할 수 있다. 선생님은 인간 교육자만이 할 수 있는 동기부여, 따뜻한 관심과 응원, 적절한 질책으로 학생들의 수학교육 전 과정을 이끌어 나가야 한다.

우리는 각자 다른 성취도의 학생들에게 동일한 숙제를 내주는 일도 혁신할 수 있다고 생각했다. 노리의 솔루션에서는 교사용 대시보드를 통해 몇 번의 클릭만으로 학생마다 다른 과제와 문제를 낼 수 있다. 또한 자동으로 채점하고 점수를 관리하기 때문에, 선생님은 채점과 성적보고서 작성 등 많은 시간을 빼앗던 잡무에서도 해방될 수 있다. 미국에서 노리를 활용하여 수학수업을 진행하고 있는 코스테비치(Danielle Kostevich) 선생님은 "노리가 교사들의 삶을 바꿔줄 겁니다"라고 자신 있게 말해주었다.

우리가 생각하는 디지털 교육의 비전은 선생님의 권위를 누르거나 일자리를 빼앗는 것이 아니다. 교사는 교실 안에서 디지털 콘텐츠와 기술을 적절히 활용할 때 더욱 선생님다운 선생님이 될 수 있다.

종이책으로는 경험하지 못했던 즐거운 경험과 몰입

학생들과 상호작용할 수 있다는 디지털 교육의 태생적인 장점은 많은 가능성을 꿈꾸게 한다. 왜 아이들은 아무리 말려도 밤새워 게임은 하면서 공부는 그렇게 싫어할까? 게임에 중독된 모든 플레이어는 몬스터를 잡으면 그 보상으로 경험치가 오르거나 아이템을 얻게 된다는 것을 정확히 알고 있다. 반면 종이책에 인쇄된 수학문제는 아무리 풀어도 눈에 보이는 보상의 강도가 턱없이 낮다.

우리는 즉각적이면서도 세밀화된 보상 피드백이 사용자의 지속적인 몰입을 유도할 수 있다는 점에 주목했다. 하나의 문제를 푸는 과정 안에서도 잘게 쪼갠 보상체계를 경험할 수 있는 것이 노리의 특징이다. 학생은 하나의 문제마다 최대 코인 세 개를 얻을 수 있는데, 만약 문제가 어려워서 단계별로 풀게 되더라도 끝까지 집중해서 스텝을 잘 따라가면 코인 한두 개를 얻을 수 있도록 했다. 이 시스템은 또 다른 장점을 이끌어내기도 했다. 학생들이 코인 세 개를 얻기 위해 코인을 못 얻었거나 한두 개밖에 얻지 못한 문제에 다시 도전하며 자발적으로 복습하기 시작한 것이다.

독특한 경쟁 시스템도 노리의 장점이다. 우리는 전국 모의고사 성

마치 게임 같은 노리 프로그램

게임 같은 디자인의 맵을 탐험하며 진도를 나가는 방식과 아기
자기한 디자인의 캐릭터들이 수학문제 푸는 재미를 극대화한다.

적표에 찍힌 수십만 명 단위의 등수는 학생에게 어떠한 구체적인 목
표도 줄 수 없는 숫자라고 생각했다. 스타크래프트2 배틀넷 시스템
이 좋은 영감을 주었는데, 우리는 이를 벤치마킹하여 학생들을 성취
도 구간에 따라 총 다섯 개의 리그 중 하나에 배치했다. 각 리그에는
여러 개의 조가 있는데 한 조는 최대 50명의 학생으로 이뤄졌다. 한
주가 지나면 성취도의 변화에 따라 해당 학생을 새로운 리그나 조에

재배치했다. 이 같은 시스템은 학생들에게 '눈에 보이는 등수변화'라는 강력한 동기부여를 제공했다. 50명 정원의 한 반에서 매일 등수가 조정되는 경험을 하는 것이기 때문이다. 현실 세계에서 학생들의 학습 동기가 먼 미래의 진로희망보다는 같은 반 친구들과의 등수경쟁에 더욱 직접적으로 유발된다는 것과 같은 논리다.

게임 같은 디자인의 맵(map)을 탐험하며 진도를 나가는 방식과 아기자기한 디자인의 캐릭터들이 이러한 재미를 극대화한다. 대교 러닝센터에서 초기 시범수업을 경험했던 한 중학생은 "졸렸는데 잠이 확 깼다"는 후기를 남기기도 했다. 여러분은 수학을 공부하다가 단 한 번이라도 잠이 확 깼던 경험이 있는가?

경제적 수준과 지역적 고립에 따른 교육격차 해소

학교와 학원 그리고 종이책만으로는 수학공부가 충분하지 않기 때문에 수많은 학생이 과외를 받고 있다. 그리고 비싼 값을 지불해야 성적을 잘 올려주는 과외선생님을 구할 수 있는 사교육 생태계는 자녀교육을 통한 부의 대물림이라는 악질적인 사회문제를 낳고 있다. 이는 좋은 선생님들이 많아진다고 해서 교육문제가 해결될 수 없는 근본적인 이유이기도 하다.

노리를 통해 학생들은 개인과외보다 훨씬 저렴한 비용으로 최고의 과외선생님에게 수업받는 듯한 경험을 하게 된다. 체계적으로 쌓여 있는 데이터는 누구에게나 공정하며 선입견도 없다. 그래서 노리는 그 어떤 과외선생님보다도 객관적으로 데이터를 분석해 정교하게 학생의 성취도를 파악하고 양질의 코칭을 수행한다.

학원 등 사교육 현장에서는 노리를 활용해 교사당 학생 수를 질적 저하 없이 효과적으로 늘릴 수 있다. 이는 학생과 학부모에게 저렴한 수강료라는 중요한 혜택으로 되돌아온다. 실반 러닝은 매월 약

600~700달러의 수업료를 받는 값비싼 사교육 사업자다. 실반 러닝의 수업방식은 교사 한 명이 학생 세 명을 관리하는 모델인데, 인건비가 높은 미국시장의 특성상 높은 가격구조가 형성될 수밖에 없다. 노리는 실반 러닝과의 파트너십을 통해 교사 한 명이 최대 학생 12명을 관리할 수 있는 새로운 디지털 수학교육 상품을 런칭했는데, 실반 러닝은 획기적으로 낮아진 가격 덕분에 새로운 고객층을 추가적으로 확보할 수 있게 되었다.

지역적 고립 때문에 차별받는 학생들을 도울 수 있다는 점도 노리의 장점이다. 지방 소도시나 시골에는 좋은 선생님이 절대적으로 부족하다. 심지어 경제력이 있는 학부모들조차 역량 있는 선생님을 구하지 못해 방학이 되면 집에 오는 서울의 명문대학교 학생들에게 고액과외를 예약하는 행태가 성행하고 있다. 이러한 환경에서 노리와 같은 수학교육 솔루션은 사실상 유일한 해답이 될 수 있다.

디지털 교육은 사람만이 하는 교육보다 따뜻하다

교실은 그 단어의 정의처럼 학생들에게 필요한 지식을 충분히 전달할 수 있는 공간이어야 한다. 하지만 우리는 현실의 한계를 잘 알고 있다. 70점을 받은 학생에게 필요한 것은 왜 30점이 부족했는지 알려주고, 취약한 지식을 보충할 기회를 주는 것이다. 하지만 우리의 교실은 '너는 70점짜리 학생이야'라고 성적표에 낙인을 찍은 후 추가적인 어떠한 도움도 주지 않는다. 많은 학생이 학교에 가기 두려워하고, 교실을 싫어하는 이유다.

나는 이러한 냉혹한 교실의 문제를 디지털 기술이 가장 따뜻한 방법으로 해결할 수 있다고 믿는다. 컴퓨터로 수학을 공부하는 환경에서, 학생은 자기가 부족한 부분을 언제든지 배울 수 있고, 자신의 속도에 맞춰 학습할 수 있다. 특정 개념을 늦게 이해했다고 부진아 소리를 듣지 않아도 됨은 물론이다. 선생님도 학생 한 명 한 명이 어떤 것을 알고 어떤 것을 모르는지 정확하게 파악하게 됨으로써 비로소 학생들을 의미 있게 지도할 수 있다.

인류 역사상 최고의 수학자 중 한 명으로 꼽히는 뉴턴(Isaac Newton)은 "내가 멀리 볼 수 있었던 것은, 오직 거인의 어깨 위에 있었기 때문이다"[2]라는 말을 남겼다. 뉴턴이 말한 거인은 무엇이었을까.

지금 모든 학생 앞에 수학이라는 거대한 그리고 너무도 중요한 지식의 거인이 서 있다. 거인의 무릎까지만 오를 수 있더라도 수학 점수 때문에 마음고생 할 일은 없을 것이다. 원하는 직업을 능동적으로 선택할 기회도 더 많이 찾아올 것이다. 그리고 만약, 거인의 어깨까지 올라갈 수 있다면, 인류의 지식 문명 위에 의미 있는 조약돌을 또 하나 쌓는 가슴 뛰는 경험을 하게 될지도 모른다.

어디까지 오를지는 학생 자신의 선택에 달려 있다. 그 선택을 가장 효과적인 방법으로 도와주기 위해 그리고 누구에게나 따뜻한 교육 기회를 제공하기 위해 노리는 컴퓨터로 수학을 배우는 세상을 만들고 있다.

참고문헌

「늘어난 '수포자' ······ 성적 양극화 뚜렷」, 『세계일보』, 2014년 4월 7일 자 기사.
「초등학생 '열 중 넷' 이미 수학 포기」, 『한겨레』, 2015년 7월 22일 자 기사.
"Chancellor Walcott Announces Winners of the Gap App Challenge," NYC Department of Education 2013년 5월 28일 자 보도자료.
"The World's Top 10 Most Innovative Companies In Education," *FASTCOMPANY*, 2014년 2월 13일 자 기사.

경험지식의 힘!:
알고 실행하라

배양숙

(사)서울인문포럼 이사장

갤럭시를 리셋하다

재무설계사인 나는 지난 20년 동안 기업가들을 가까이에서 볼 수 있었다. 아무리 성공한 기업가라도 나름의 애환이 있다는 것을 알게 된 나는 그들을 위해 내가 무엇을 할 수 있을지 고민했다. 그러면서도 내가 잘하고 좋아하는 것을 찾던 중 인문학 공부모임을 생각하게 되었고 2012년 '수요포럼인문의숲'을 열었다. 1년 과정의 이 포럼이 고뇌로 점철된 기업가들의 삶에 조금이라도 긍정적인 영향을 미쳤으면 하는 마음이 컸다. 그들의 '결정'은 바로 '고용'의 유지와 확대에 영향을 주기 때문이다. 실제로 1년 과정을 마친 멤버들과 대화해보니 애초에 내가 기대했던 것보다 더 큰 도움을 주었단 걸 알게 되어 큰 보람을 느끼기도 했다.

하지만 예상치 못했던 점들도 있었다. 40여 명의 사람이 모여 1년간 공부를 함께하다 보니 여러 가지 이상한 현상—나에겐 그렇게 보였다—이 드러나기 시작한 것이다. 좋은 프로그램을 짜고 좋은 사람을 모았으니 그저 순항하리라 생각했던 내가 순진했던 걸까. 멤버들이 수요포럼인문의숲에서 열심히 공부해 경영에 쓸 만한 좋은 영감을 받고 또 다른 이들과 좋은 인연을 맺기를 기대했던 나는 더러 실망을 느껴야 했다.

반복되는 편리요청을 들어주지 않으니 다른 멤버들과 함께 탈퇴하겠다고 하는 이도 있었고, 공부보다는 다른 이해를 기대하고 들어왔으나 그것을 별로 충족하지 못했는지 뒤에서 여러 말을 지어내는 이도 있었으며, 수업엔 관심이 없고 연사들과 친분을 과시하는 듯한 사진을 찍어 SNS에서 자랑하기 바빴던 이도 있었다. 더 많은 사람에게 좋은 영향을 미쳐주십사 하는 마음으로 나와 오랜 인연의 사회지도층 인연들을 소개해주고 최고의 예우와 존중으로 대했는데 이용당한 느낌만 들게 한 이도 있었다. 이럴 땐 회의와 허무를 넘어 급기야 분노까지 밀려와 아주 오랫동안 상처로 남았다.

포럼을 연 첫해는 시간과 에너지를 집중하다 보니 재무설계사로서의 본업에 지장을 초래하기도 했다. 상반기 과정이 끝날 즈음에는 급기야 포럼을 계속 진행해야 하는지에 대한 깊은 의문이 들었다. 나는 결정을 내려야겠다고 생각했고 마음도 차분히 가라앉힐 겸 알래스카의 매킨리 산에 올랐다. 6,194미터 정상에 발을 딛고 서서 태초의 기운처럼 맑은 공기를 천천히 들이마시며 스스로에게 질문했다. '계속해야만 하는가?' 30여 분의 시간이 지나 스스로에게 대답했다. '하자! 처음의 뜻이 옳다면 한 명이 와서 수업을 듣더라도 해야 한다.' 그렇게 마음을 다잡고 멤버를 다시 정비해 하반기 수업을 재개했다.

12월 첫 번째 수요일! 수료식을 마치며 나는 참으로 복잡한 심정이었다. 동시에 잘 견디고 지혜롭게 마쳤다는 안도가 밀려왔다. 특히 어느 한 멤버의 얘기를 들으며 포럼을 끝까지 이끌어오길 잘했다고 생각했다. 그분은 1년 내내 수업에 성실히 참여해준 참 고마운 분이었는데 몇 명의 멤버와 저녁을 먹으며 그간의 사정을 듣게 되었다. 그분이 경영하는 회사는 2008년의 리먼브러더스 쇼크 때문에 포럼이 시작된 2012년까지 최악의 상태였는데 급기야 나쁜 생각까지 품을 때쯤 나에게 전화를 받았다고 했다. 그때 내가 "요즘 회사가 어렵다는 얘기를 들었는데 어려울 때 오셔서 공부하시라. 그리고 다시 경기가 좋아지면 더 활발하게 경영에 임하시라"고 했었단다. 그 전화를 받으며 '세상에 나를 찾아주는 이가 아직 있구나' 하는 뭉클한 마음에 무슨 내용인지 들어나 보자고 첫 수업에 참석했다는 것이다. 그런데 첫 수업 주제가 '당신은 질문하는 인간인가? 대답하는 인간인가?'였다고 한다. 그 주제에 빠져 1년간 수업을 듣게 되었고 그 1년 동안 10년 전 무일푼으로 기업을 시작했을 때의 자신을 돌아보게 되었다고 했다.

우연한 기회로 참석하게 된 포럼 덕분에 이제는 나쁜 생각을 고쳐먹었다며 나에게 정말 고맙다고 말하는 그분을 보며 그만 소리 내어 울어버리고 말았다. 재무설계사로 일하며 힘들게 모은 돈을 좋은 일에 쓰자고 시작한 포럼, 기업가들과 사회 각 분야의 리더들이 인문학적 소양을 갖추면 '좋은 결정'을 내려 사회에 보탬이 되리라는 확신으로 버텨온 시간이었지만 참으로 마음고생이 심해 또 해야 하는지 고민하고 망설이던 나에게 너무도 큰 위로가 되었기 때문이다. 그렇게 한참 운 나는 그분께 왜 내가 이 일을 계속해야 하는지에 대한 이유를 알려주어 오히려 감사하다고 말했다.

두 번째 포럼을 준비하며 나는 마음을 다잡기 위해 어디론가 떠나야 했다. 내 머리와 마음은 맹렬한 추위도 식히지 못할 열병을 앓고 있었다. 첫 번째 포럼을 진행하며 큰 보람을 느꼈지만 몇몇 이에게서 큰 상처도 받았기 때문이다. 실타래가 엉킨 느낌이었다. 엉켰으면 다시 풀어야 한다. '처음'부터 풀어야 한다. 그래서 찾은 곳이 바로 바이칼 호수다. '한민족의 시원! 바이칼!' '시원'이라는 두 글자가 나를 그곳으로 이끌었다. 영하 50도의 혹한이 남한 면적 3분의 1 규모의 바다 같은 호수를 85센티미터 두께의 빙판으로 얼려버린 곳. 2013년 2월 나는 그곳에 서 있었다.

블라디보스토크에서 시베리아횡단열차에 올라 좁디좁은 침대칸에 몸을 싣고 시속 80킬로미터의 속도로 3박 4일을 이동했다. 끝없이 이어지던 자작나무숲의 새벽, 아침, 낮, 저녁 그리고 칠흑같이 어두운 밤……. 자작나무는 빛에 따라 다른 모습으로 내게 다가왔다가 사라졌다. 같은 대상이 뿜어내는 다양한 모습에 홀연히 빠져들 때쯤 열차가 경유지인 이르쿠츠크에 도착했다. 그곳에서부터는 버스를 타고 이동했다. 역시 자작나무숲을 지나 드디어 바이칼 호수에 도착했다. 호수의 빙판 위를 달려 호수의 가장 큰 섬인 알혼 섬에 '상륙'했다. 첫날밤에는 전통스파인 '반야'에서 언 몸을 녹일 수 있었는데 하늘에선 별들이 무더기로 쏟아져 내렸다. 그렇게 추위도 잊고 한참을 별빛으로 샤워했다. 상처받아 허우적거리던 나는 어디에도 없었다. 별빛이 나를 치유했다.

그다음 날에는 알혼 섬의 가장 북쪽에 있는 우주뤼로 향했다. 바이칼 호수 유일의 몽돌호변인 그곳도 꽁꽁 얼어 있었다. 우리 일행은 빙판 위에 장작을 피우고 점심을 먹었다. 식사를 준비하는 동안 누구랄 것도 없이 아이처럼 빙판 위를 내달리다가 미끄러지고 또 미끄러졌다. 그 모습을 보며 웃고 있는 나를 동행한 고고학자께서 미끄러트렸다. 순간 마주친 빙판 아래의 심연. 그 깊은 호수 아래로 햇빛이 크리스털처럼 영롱하게 반사되고 있었다. 두꺼운 빙판의 얼음결 하나하나가 마치 예술작품처럼 연결되고 끊어지길 반복했다.

우연이었을까? 그날 나는 내 '갤럭시'를 잃어버렸다. 현지인을 고용해 우주뤼 지역을 샅샅이 뒤졌지만 끝내 찾지 못했다. 지금쯤 바이칼 호수 가장 깊은 곳에 수장되어 있으리라. 나의 은하수 속에 들어 있던 모든 정보, 인연, 번뇌를 리셋하라는 뜻이었을까?

그 후 1년간 불편을 겪으며 다시 한 사람, 한 사람을 채워나갔다. 성급하지 않고 아주 차분하게 사람들을 채워가며 인간관계란 결국 타인이 아니라 내가 중심이 되어 설정하는 것임을 깨달았다. 타인들의 다양한 면은 시베리아횡단열차에서 본 자작나무의 다양한 모습과 같으리라. 같은 대상도 어떤 시간에 어떤 지점에서 보느냐에 따라 다른 모습을 보여준다. 따라서 한 모습만을 기대한 내 단편적인 생각이 나 자신에게 상처를 준 것이다. 생각이 여기까지 미치자 사람 사이에서 받은 상처는 훌훌 털어버릴 수 있게 되었다. 광막한 우주의 한 점에 불과한 나는 아주 사소한 존재고 그런 내가 받은 상처는 아주 사소할 뿐이다.

내 생각과 마음은 내가 잘 안다. 좋은 뜻에서 어떤 일을 시작하기로 했다면, 그 과정과 결과에 대해 관대해져도 된다는 것, 사람들의 다양한 반응엔 객관적 거리를 둘 수 있어야 한다는 것을 바이칼 호수의 차갑고 영롱한 기운이 내게 말해주었다. 그렇게 또다시 수요포럼인문의숲 1년 과정이 시작되었다. 그 시작이 '서울인문포럼'으로의 연결점이었음을 어찌 알 수나 있었을까.

'변수'로 만드는 새로운 '기회'

2013년 2월 바이칼 호수를 다녀온 후 수요포럼인문의숲 1년의 장정이 다시 시작되었다. 커리큘럼 중에 해외학술탐방이 있었는데 장소를 '오래된 미래' 라다크에서 여름 바이칼로 변경했다. 주제는 '한민족의 시원을 찾아서!'였다. 우선 내가 그곳에서 포럼을 지속할 힘과 깨달음을 얻었기 때문이고 또 왜 일부 학자가 그곳을 한민족의 시원이라고 했는지에 대해 얕게나마 공부했기 때문이다. 이를 포럼 멤버들과 공유하고 싶었다.

40여 명의 멤버와 떠난 여름 바이칼은 겨울 바이칼과는 가는 길부터 달랐다. 여름엔 블라디보스토크에서 시베리아횡단열차를 타고 이르쿠츠크로 이동하는 것이 쉽지 않았기 때문이다. 시베리아횡단열차를 타면 최소한의 물로 간단하게 세수만 할 수 있는데 겨울이면 몰라도 한여름에는 불가능한 일이었다. 그래서 비행기를 타고 이르쿠츠크까지 간 후 거기서 배를 타고 알혼 섬으로 이동하기로 했다.

학술탐방이었지만 나는 머릿속에서 이미 다른 기획을 짜고 있었다. 국내외학자들과 함께 알혼 섬에서 '세계인문포럼'을 연다면 큰 의미가 있을 것 같았다. 그래서 알혼 섬뿐만 아니라 우리민족의 시원이라 할 수 있는 몇몇 지점들을 돌아보며 장소를 물색했다. 그 와중에도 '청중은 항공편으로 이동해야 하니 100여 명으로 제한해야겠지' '방송과 언론은 어떻게 섭외해야 할까' '이르쿠츠크 시와의 사전 조율을 통해 방송장비를 준비하고 지역방송과도 연계하는 게 좋겠다' '안전문제를 특별히 신경 써야겠다' 등 수많은 아이디어가 머릿속에서 소용돌이쳤다.

한동안 머릿속에만 머물던 이 기획이 서서히 말로 나오기 시작했다. 해야 하는지, 어떤 의미가 있는지 등의 생각이 내 안에서 충분히 숙성되면 말이 되어 나온다. 말이 된다는 것은 이미 행동하기 시작했다는 것이기도 하다. 내 속을 읽을 수 없는 몇몇 사람은 말이 나오면 그냥 툭 던진 것이라고 여기기도 한다.

세계인문포럼을 열기 위해선 우선 해외학자들의 일정을 확인하고 참여 여부를 확정하는 게 중요했다. 이메일로 초청하고 답을 받아도 될 일이지만 나는 꼭 직접 뵙고 초대하는 고집이 있다. 여러 가지 이유가 있다. 포럼에서 강연하는 분의 메시지는 대중의 삶에 방향등이 된다. 따라서 학문적 깊이도 중요하지만 인품이나 선한 기운도 중요하다. 그래서 직접 찾아뵙고 차라도 한잔하는 게 중요하다. 그래야 글로 얘기할 때보다 그 사람이 어떤 사람인지 더 확실히 알 수 있다. 물론 의미 있는 여행을 재미있어하는 내 기질도 이런 고집에 한몫한다. 가칭 '바이칼세계인문포럼'은 2014년 8월 개최를 목표로 이렇게 시작되었다.

2013년 10월 나는 회사에서 진행한 '챔피언스글로벌워크숍' 참가를 위해 8일간 뉴욕에 머물렀다. 워크숍이 끝난 후에는 본격적으로 연사초빙을 위해 예일 대학교와 하버드 대학교를 방문할 예정이었다. 실리콘밸리를 가기로 한 수요포럼인문의숲 양준철 대표와 합류했다. 그런데 변수가 발생했다. 예일 대학교에서 통역할 학생을 주선해주기로 한 교수님과 연락이 닿지 않았다. 워크숍이 끝날 즈음 메일로 학생의 인적사항을 주기로 했는데 메일도 안 왔고 전화도 안 되는 상황이었다.

잠시 당황했지만 현지의 한인학생회 등을 찾아 해결하기로 하고 예일 대학교로 향했다. 그런데 한인학생회명부를 보고 연락을 취한 몇 명도 모두 답이 없었다. 이상하게 캠퍼스에 학생들도 거의 보이지 않았다. 사람이 모여 있을 거로 생각해 캠퍼스 내 카페를 찾았지만 중국학생만 몇 명 보일 뿐이었다.

더 이상 지체할 수 없어 일단 교수행정실을 찾아가『DEATH 죽음이란 무엇인가』라는 책으로 유명한 케이건(Shelly Kagan) 교수님과 미팅 약속을 잡았다. 교수님을 기다리며 잠시 창밖의 풍경에 빠졌다. 통역 없이 미팅해야 하는 긴장을 풀어준 철학동 캠퍼스의 고목과 하늘은 오래도록 기억에 남았다.

그 사이 양 대표가 기지를 발휘해 한국에서 그가 한 강연을 들었던 미국인을 SNS으로 찾아 휴대전화의 스피커폰을 이용해 케이건 교수님과 우리 사이에서 통역해 달라고 부탁했다. 그 미국인이 흔쾌히 응해준 덕분에 케이건 교수님과의 미팅을 무사히 마무리할 수 있었다. 케이건 교수님께선 양 대표의 기지를 칭찬하셨고 그 상황을 재미있어하셨다.

원래 양 대표의 동행은 계획된 것이 아니었다. 사실 해외학자 섭외

과정을 동행취재 형식의 다큐멘터리로 찍으려던 대표가 있었다. 그런데 그 대표의 긴급한 사정으로 불참하게 돼 비행기표를 양 대표에게 양도한 것이다. 이에 양 대표가 보답하고 싶다고 실리콘밸리로 가기 전에 잠시 시간을 내주었던 것인데 결과적으로 큰 도움이 되었다. 참으로 고마웠다.

　뉴욕에서의 일정을 마무리하고 하버드 대학교의 샌델(Michael Sandel) 교수님을 만나기 위해 보스턴으로 향했다. 사전에 한국의 지인을 통해 섭외한 하버드 대학교 로스쿨 백진규 학생과 경영학부 정종훈 학생과 함께 샌델 교수님의 사무실을 찾았다. 그런데 여기서 또 한 번의 변수가 발생했다. 샌델 교수님께서 급한 일정이 생겨 자리를 비운다는 내용의 메시지가 연구실 문 앞에 붙어 있었던 것이다. 샌델 교수님께 우리 일행이 도착했음을 메일로 알리고 하염없이 기다렸지만 답은 없었다. 그러던 중 백진규 학생이 무작정 기다리기보다 연락이 오실 때까지 로스쿨을 견학하자고 제안했다.

　하버드 대학교 로스쿨의 수업풍경은 우리와 사뭇 달랐는데 교실마다 활발한 토론이 이뤄지고 있었다. 신선한 자극이었다. 당시 우리나라는 붐이 일 정도로 '강연'이 많았지만 보통 강사가 일방적으로 말하고 청중은 듣기만 하는 식이었다. 강사와 청중의 상호작용이라야 강연 말미에 청중이 몇 가지 질문을 던지는 정도가 전부였다. 이러한 경향은 아직까지 크게 달라지지 않았는데 그날의 견학을 통해 나는 우리나라에도 본격적인 '토론' 문화가 필요하다고 생각하게 되었다. 실제로 나는 귀국 후 곧바로 토론 중심 세미나를 기획했고 2014년 1년 동안 2세 경영인 12명과 벤처기업가 12명, 총 24명을 대상으로 프로그램을 진행했다. 이 프로그램에서는 총 10개의 주제를 다루는데 '멘토'로 선정된 연사가 한 시간 정도 강연을 한 뒤 해당 주제에 대해 24명의 '멘티'가 네 시간 동안 토론하는 방식이었다.

　첫 수업의 주제는 '사람 보는 눈'이었다. 30년간 판사생활을 하신

윤재윤 전 법원장를 멘토로 초청해 한 시간 동안 강연을 들었다. 이후 24명의 멘티, 리더 멘토, 나, 강연 멘토가 토론을 시작했다. 참으로 진지하고 깊이 있는 토론이었다. 원래 계획한 시간을 넘겨 장소를 이동해 토론을 이어갈 정도였다. 멘티 24명의 기지와 멘토 세 명의 지혜가 녹아든 이런 열띤 토론이 1년 내내 이어졌다. 이들은 지금까지 그 인연을 이어가고 있는데 때론 친구로 때론 선의의 경쟁자로 좋은 자극을 주고받으며 경영 일선에서 열심히 일하고 있다. 얼마나 기쁜 일인가?

비록 샌델 교수님과의 미팅은 수포로 돌아갔지만 더 좋은 일로 이어진 것이다. 로스쿨 견학을 제안했던 백진규 학생과도 계속 인연이 이어졌는데, 그는 이후 2015년 4월 촘스키(Noam Chomsky) 교수님을 방문했을 때도 통역을 맡아주었다. 샌델 교수님과는 이후 우연한 기회에 다시 연이 닿았다. 2013년 초 숭실대학교 학생들에게 도서장학금을 수여했는데 1년 뒤 숭실대학교 총장님께서 샌델 교수님 특강 VIP초대장을 보내주셨다. 재미있는 일이었다. 하버드 대학교까지 가서도 만나 뵙지 못하고 왔는데 이렇게 쉽게 초대장을 받다니 말이다. 당연히 초대에 응했고 숭실대학교 김선욱 교수님의 배려로 공식통역을 제공받아 샌델 교수님과 마음껏 대화를 나눌 수 있었다. 교수님께 2013년 10월 방문했던 일을 말씀드리니 아주 미안해하시며 너무 다급한 일이었다고 자리를 비운 이유를 설명해주셨다. 2015년 1월 서울인문포럼 연사로 와주십사 했는데 그때는 일정이 여의치 않으니 그다음 기회에 꼭 오시겠다고 약속해주시기도 하셨다.

2015년 4월 그 약속을 기억하며 2016서울인문포럼 연사섭외를 위해 다시 샌델 교수님을 찾아뵀다. 이번에는 교수님께서 아주 환대해주셨다. 그리고 자신의 강연료가 꽤 비싼 편이지만 의미 있는 비영리 행사를 위한 무료강연은 언제나 환영이라며 서울인문포럼의 가치를 높게 평가해주셨다. 참으로 기뻤다.

그러니 살아가면서 맞이하는 여러 '변수' 때문에 좌절하지 말자.

어떤 변수는 더 큰 기회가 되기 위한 과정일 수 있다. 실망해서 멈추지 않기를 바란다. 하고자 하는 일이 의미 있고 자신과 주변에 이로운 것이라면 어떤 난관도 긍정적으로 받아들이고 차분히 극복하자. 그러면 지금 당장은 이루어지지 않더라도 그다음엔 꼭 이루어질 것이다. 나는 이를 직접 체험했다. 2015년 4월 밀러(Ian Miller) 교수님, 촘스키 교수님, 샌델 교수님 등 여러 교수님과 무사히 미팅하게 된 것도 2013년 10월의 변수들이 만들어준 인연 덕분이지 않은가?

2015년 10월에도 연사섭외를 위해 독일과 오스트리아로 향했는데 2013년의 일들을 교훈 삼아 네 명의 현지통역을 미리 섭외하는 등 계획을 매우 철저하게 짰다. 그 덕분에 베를린, 바이마르, 빈, 뮌헨 등 여러 도시를 도는 일정을 별 탈 없이 아주 매끄럽게 소화할 수 있었다. 변수는 기회가 된다. 이 모든 지난한 일이 모여 2016서울인문포럼이 된 것만 봐도 알 수 있지 않은가.

H20는 물인가

2016서울인문포럼의 연사 중 한 분이신 과학철학자 장하석 교수님과의 특별한 인연도 작은 '변수'에서 시작되었다. 2011년 가을경 영국 케임브리지 대학교에서 'H20는 물인가?'라는 주제로 장 교수님의 포럼이 열린다는 소식을 접했다. 그 주제를 접하고는 H20는 당연히 물인데 '왜 물인가?'라고 묻는지 그 이유가 몹시 궁금해졌다. 이는 'H2O는 당연히 물'인 '상식적인' 세상을 살던 나에게 갑자기 등장한 변수였다. 나는 호기심이 생기면 직접 현장에 가보는 편이다. 이번에도 나는 어느새 항공편을 예약하고 있었다. 출발하기 전에 장 교수님께 메일을 보내 편안한 오찬 미팅을 정중하게 요청하고 비행기에 올랐다.

12월 초 겨울의 케임브리지 대학교 캠퍼스는 세월의 깊이만큼이나 품격이 느껴졌다. 방대한 고고학 자료와 예술품을 소장하고 있는 피츠윌리엄 박물관 앞 벤치에서 상념에 빠져들었다. 2012년에는 경기가 더 어려워질 것이라는 언론보도를 접한 뒤부터 지금 리더들에게 필요한 것은 무엇인지, 내가 도울 수 있는 일은 없는지에 대해 계속해서 고민 중이었다. 출국 전에 리더들의 '결정'에 도움을 줄 수 있는 인문학강좌를 준비하자는 아이디어가 나왔다. '구체적인 내용을 무엇으로 채울 것인지'를 결정해야 했다.

그런 고민을 품은 채 장 교수님의 강연장에 들어섰다. 강연을 들으며 모두가 당연한 진실로 받아들이는 과학연구의 결과라도 언제든 다시 정의될 수 있다는 사실을 알게 되었다. 무척이나 경이로운 얘기였는데, 기존의 질서에 순응하지 않고 의문을 제기하며 해답을 찾는 열정이 역사를 바꾼다는 것이다. 놀라운 점은 또 있었다. 수업 내내 청중들이 보여준 반응과 기운이 심상치 않았다. 어떻게 과학을 이야기하는 데 이처럼 즐거운 분위기가 만들어질 수 있는지 의아할 정도였다. 내가 아는 '과학'은 재미없지만 대학을 가기 위해 공부해야만 하는 과목이었다. 아마 한국의 학생 대다수도 그렇게 생각할 것이다. 그러나 케임브리지 대학교에만큼은 모두가 재미있게 과학에 빠져들고 있었다. 연신 미소를 머금고 열심히 강의하시는 장 교수님을 보니 정말 즐기면서 수업하신다는 생각이 들었다.

수업을 듣는 청중도 다양했다. 젊은 과학자들부터 연세가 지긋하신 다른 분야의 노교수님들과 다양한 전공의 대학생들 그리고 근처에 사는 주민들까지 정말 많은 청중이 강의장을 가득 채웠다. 그런 모습이 생경하기까지 했다. 너무도 부러웠다.

다음 날 오찬에서 나는 장 교수님께 부탁을 드렸다. 전날 받은 소감을 그대로 전하며 한국의 젊은이들과 어린 학생들을 위해 어제의 수업을 그대로 해주십사 하고 말이다. 교수님께선 처음엔 그럴만한 강의가 아니라고 겸손하게 말씀하셨지만 한국의 학생들이 평소 과학을 어떻게 여기고 있는지 말씀드리며 그러한 생각을 바꿔주시길 간곡히 부탁드렸다.

결국 1년이 지나 교수님께서 한국에 오셨다. 처음엔 청중 1만 명을 대상으로 대학교 노천광장에서 진행하는 대규모 오프라인 강연으로 진행하려 했으나 방송으로 내보내면 더 많은 사람이 보게 될 것으로 생각해 계획을 바꿨다. 수요포럼인문의숲에 참가하셨던 EBS의 윤문상 부사장님께 연락을 드렸다. 다행히 EBS 측에서도 장 교수님의 강연 방송에 긍정적인 반응을 보였다. 교수님께서 어렵게 한국에 오신 만큼 10강 정도로 깊이 있게 풀어가는 게 어떻겠냐고 제안할 정도였다. 그러자 장 교수님께서 10강을 준비하려면 1년 정도 차분히 준비해야 한다고 정중히 답해주셨다. 중학생 시절부터 영어로 말하고 읽고 쓰고 강연했으니 강의안을 영어로 준비하고 다시 정성 들여 한국어로 번역해야 한다는 이유에서였다. 교수님의 대답에서 석학의 품격을 느낄 수 있었다. 『온도계의 철학』으로 과학철학계의 노벨상인 '러커토시 상'을 수상하신 교수님의 '겸손'과 '책임'이 절절하게 전해졌다.

다시 1년을 기다려야 했지만 나는 이미 큰 가르침을 받았다. 대중강연일지라도 철저히 준비하고 또 준비해야 한다는 학자로서의 책임감 그리고 정성이 그것이다. 그렇게 1년이 흘렀다. 2013년 겨울 드디어 EBS 특강 「장하석의 과학, 철학을 만나다」가 12강으로 편성되어 녹화에 들어갔다. 첫 녹화 날, 가장 앞자리에 앉았다. 만감이 교차했다.

'H20는 물인가?'라는 주제에 대한 호기심이 케임브리지 대학교를 찾게 했고 교수님의 강연을 들으면서 과학의 경이로움을 다시 발견하게 되었다. 그리고 바로 그때의 그 열정으로 강연하시는 모습을 한국에서 다시 보게 된 것이다. 난 평소 내가 좋은 건 반드시 주변 사람들과 함께하려는 성격인데 그래서인지 너무도 흐뭇했다. 영어로 처음 접했던 교수님의 강연을 한국어로 듣게 되니 더 좋았다. 세세한 부분까지 전달되니 케임브리지 대학교에서 들었던 강연보다 200퍼센트 더 잘 이해됐다. 얼마나 기쁘던지!

녹화 내내 옆자리에 있던 청년도 나처럼 열광적인 반응을 보였다. 아마도 케임브리지 대학교에서 내가 저런 모습이었으리라. 쉬는 시간에 그 학생에게 어디에서 왔는지, 녹화 소식을 어떻게 알았는지 등을 물어보았다. 자신은 한양대학교 공과대학 박사과정 학생이고 장하석 교수님의 강연이 녹화된다는 소식을 듣고는 바로 달려왔노라고 했다. 그의 소감은 2011년 12월 장 교수님의 강연을 처음 들었을 때의 내 소감과 일치했다. 그 학생은 과학의 신세계를 보았다며 장하석 교수님 같은 훌륭한 과학도가 되겠노라고 말했다. 그 순간 나는 깊은 감동에 빠지고 말았다. 나라는 한 개인의 호기심, 좋은 것을 주변과 나누겠다는 열정이 어느 청년의 꿈에까지 선한 영향을 주었다는 것에.

방송 후 반응도 가히 뜨거웠다. 그때부터 과학자들의 대중강연이 늘어났다. 오프라인과 온라인을 가리지 않고 다양한 매체를 통해 과학자들이 대중에게 다가왔다. 다시 1년이 흘렀다. 방송내용이 책으로 엮어졌다. 당연히 책을 구입했다. 책표지를 보면서 신기하기도 하고 깊은 상념에 빠지기도 했다. 첫 장을 펼치고 읽어 내려갔다. 마지막 「감사의 글」을 읽다가 순간 시선이 멈추었다. 부모님과 사모님 그리고 내 이름이 있었던 것이다. "'수요포럼인문의숲' 배양숙 이사장님의 주선이 없었다면 그런 기회는 절대 주어지지 않았을 것입니다."

아! 장 교수님께서 다시 나를 감동시켰다. 너무도 감사했다. 교수님의 책에 내 이름이 오르다니, 영광이었고 또 신기하기도 했다. 교수님은 가르치는 학생들에게도 감사의 메시지를 남기셨는데, "끝으로, 제가 지난 20년간 가르쳤던 모든 제자들에게 감사의 말을 전하고 싶습니다. 그들은 가르치는 과정에서 배운 것은 제가 더 많았다는 것을 잘 모르고들 있을 것입니다"라고 적으셨다. 이 부분이 내게 더 큰 감동을 주어 EBS라디오 「명사가 읽어주는 한 권의 책」에 출연해 이 대목을 낭송했다. 장 교수님의 지인이라는 게 내게 크나큰 선물이다.

방송이 끝나고 교수님께도 강연요청이 많이 들어왔다. 물론 나를 통해서도 여러 번 요청이 있었고 그 내용들을 교수님께 메일로 전달해드렸다. 교수님께서는 이렇게 답장을 보내주셨다. "저는 학생들을 가르치고 연구하는 것이 더 중요합니다. 그러나 꼭 강연해야 한다면 그 처음은 배양숙 이사장님께서 하시는 포럼에서일 것입니다." 2014년 봄에 해주신 말씀이다. 그리고 2016서울인문포럼에서 기조연설을 하신다. 약속을 지키셨다. 배움은 참으로 다양한 경로를 통해 얻을 수 있다. 장 교수님의 삶을 통해 또 강연을 통해 몇 년간 받은 가르침은 그 너비와 깊이가 바다다. 그의 연구와 인품이 더 많은 사람에게 선한 영향으로 퍼져나가길 진심으로 바란다.

사람이 살 만한 곳으로 위치이동!

이처럼 다양한 일을 겪으며 그리고 다양한 사람을 만나며 2016서울인문포럼을 준비했다. 이제 포럼의 어젠다를 정하는 일만 남았다. 매년 그렇지만 올해에도 상당히 많은 사회적 이슈가 있었다. 인공지능 알파고가 이세돌 9단과 대국을 펼쳤다. 사람들은 이를 제4차 산업혁명의 전조로 보았다. 방송에선 하루가 멀다고 끔찍한 사건·사고를 내보내고 있었다. 많은 청년이 방향을 상실하고 희망을 잃었다. 말 그대로 우리는 '위험사회'의 도래를 목도했으며 위험수준의 '도덕붕괴'를 경험했다. 숨이 막혔다.

과학기술의 발전, 경제 성장 따위만으로는 결코 삶의 질과 행복을 증진시켜 주지 못함이 여실해졌다. 중요한 건 그것들이 세상에서 어떤 모습으로 발현되는지다. 지식은 지혜가 되어 세상을 품고, 돈은 멋지게 돌고, 기술은 편리만을 좇지 않고 사람과 자연 모두에 이롭게 발전해야 한다.

장 교수님과 이런 얘기를 나누며 2016서울인문포럼의 어젠다를 의논했다. 교수님은 '인본주의와 과학'을 주제로 강연하시겠다고 했다. 그렇다. 사람답게 사는 것에 대한 고민이 필요한 시점이다. 그런 생각을 바탕으로 철학(과학철학, 동양철학, 서양철학), 역사, 교육이라는 세 기둥을 중심으로 포럼을 구성하기로 했다. 철학과 역사, 교육의 관점에서 인간에 대해 깊게 논의하는 장을 열겠다고 결심했다. 포럼의 기본골격을 정했으니 세션별 연사들을 따로 만나 세부주제를 논의할 차례였다. 오랜 논의 끝에 인공지능, 제4차 산업혁명, 위험사회, 도덕붕괴 등을 다루기로 했다.

지금 우리가 꼭 논의해야 할 유의미한 주제들이라고 생각한다. 따라서 이번 포럼은 한층 더 알찬 논의의 장이 될 것이다. 국내외연사 28분이 1,000명의 청중과 함께 호흡하며 진정 '사람답게 사는 길'을 찾는 시간이 되길 바란다. '행복'과 '자아실현'을 위해 '희망'과 '꿈'을 가꾸는 시간이 되길 바란다. 연사들의 연구와 경험이 좋은 '지도'가 될 것이다. 서울인문포럼은 인간성 상실의 시대를 넘어 함께 이롭고 더불어 행복해지는 사회를 열 마중물이 되고자 한다. 그 지혜의 열쇠를 건네주실 연사 28분께 다시 한 번 감사를 표한다.

포럼을 마치고 12월이 되면 나는 부탄에서 아주 천천히 걷고 또 걸을 것이다. 우리나라 경제규모의 10분의 1밖에 되지 않는 나라. 하지만 행복지수가 가장 높기로 유명한 나라. 과연 이 작은 나라가 누리는 행복의 근원은 무엇일까? 첫눈이 오면 국민이 행복해하기를 바라는 마음에 임시공휴일을 실시하는 5대 국왕 지그메 케사르 남기엘 왕추크(Jigme Khesar Namgyel Wangchuck)는 스스로 절대군주제를 버리고 입헌군주제를 선택했다. 부탄 국민이 진심으로 사랑과 존경을 표하는 왕추크 국왕을 만나 진정한 행복의 철학을 들어보고 싶다.

나 스스로도 이미 '편리'한 고층빌딩숲에서 하늘, 산, 나무가 잘 보이는 '불편'한 곳으로 조금씩 '위치이동'하고 있다. 지금 나에게 그리고 우리에게 필요한 건 '차분히 걷기' '천천히 호흡하기' '먼 시선으로 응시하기' '최소한의 공간과 물건으로 여백 찾기' '잉여를 더 필요한 이들과 나누기'가 아닐까?

문득 두 분의 학자가 떠오른다. 2014년 8월 열릴 가칭 '바이칼세계인문포럼' 준비에 여념이 없을 때 만난 분들이다. 그때 나는 중대한 결정을 내려야만 했었다. 항공권 예약을 비롯해 이미 상당히 수준까지 포럼을 준비했을 즈음 '세월호'가 침몰했다. 그 충격으로 온 나라가 패닉에 빠졌으며 포럼 준비도 중단해야 한다는 의견이 대부분이었다. 고민되는 마음에 며칠 밤을 뜬눈으로 지새웠다. 사회의 어른들께 조언을 구하고 회원들의 의견을 수렴해 참으로 어렵게 계획을 완전히 뒤집었다. 결국 '바이칼세계인문포럼'은 '서울인문포럼'으로 수정되었고 날짜도 2015년 1월 14일로 미뤄졌다.

그즈음 촘스키 교수님께서 세월호 희생학생인 유민이의 아버지에게 위로의 메시지를 보냈다는 소식을 접했다. 이 시대의 지성인 촘스키 교수님께서 작다면 작은 나라인 한국의 사건에 관심을 보이고 희생자 가족에게 직접 메시지를 보낸 것이―정치적 호불호를 떠나―정말이지 고마워 바로 감사 메일을 보냈다.

희생자 가족을 위로해주셔서 감사하다는 것과 2015년 1월 14일로 연기된 '서울인문포럼'에 연사로 초대한다는 내용이었다. 바로 답장이 왔다. '의미 있는 포럼에 초대해주어서 고맙다. 한국은 꼭 한번 가보고 싶지만 지금은 개인적인 사정이 있어 다음 기회에 가겠다'는 내용이었다. 그때는 당연히 비서가 대신 보낸 정중한 거절 메일이라고만 생각했다. 하지만 그렇지 않다는 것을 2015년 4월 MIT를 방문해 직접 뵙고 나서야 알게 되었다. 그 메일은 촘스키 교수님께서 직접 쓰신 것이고 당시 사모님께서 편찮으셔서 한국을 방문할 수 없었다는 것을 나이 지긋한 여비서를 통해 듣게 된 것이다. 노교수의 진심 어린 배려에 감동할 수밖에 없었다.

직접 뵌 자리에서 포럼의 취지를 차분히 잘 설명해드리며 2016서울인문포럼에 연사로 초대했다. 의미 있고 가치 있는 포럼이라 생각한다며 꼭 참석하고 싶으니 행사 10개월 전에 반드시 다시 연락을 달라고 하셨다. 그러나 원래 9월 21일이었던 서울인문포럼 일정이 추석연휴 직후를 피하느라 9월 28일로 변경되면서 일정상 아쉽게도 이번 포럼에는 참석하실 수 없게 되었지만 다음 포럼에는 꼭 모실 생각이다. '행동하는 지성'으로서 촘스키 교수님이 사회적 약자에게 보여준 측은지심(惻隱之心)을 강연으로 다시 한 번 느끼고 싶다.

다음은 길희성 교수님이다. 2016서울인문포럼 동양철학 세션의 연사이신 길 교수님은 한국학중앙연구원의 한형 조교수님께서 추천해주신 분이시다. 종교학을 전공하셨지만 종교뿐만 아니라 철학과 역사까지 아우르는 학문적 깊이와 넓이를 지니신 분이시라 했다. 때마침 서양철학 세션 토론주제 선정을 위해 회의하던 중이라 다른 선생님들께 길 교수님에 대해 여쭈었다. 한결같이 길 교수님께서 포럼에 합류하시면 격이 올라갈 테지만 교수님께서 수락하시지 않으실 것이라고도 했다.

그 정도로 훌륭한 분이라면 당연히 사람들에게 알려야 한다고 생각해 전화를 드렸다. 역시나 대중강연에는 나오실 생각이 없으시고 찾아오는 사람들과 조용히 공부하며 지낼 것이라고 점잖게 거절하셨다. 그래도 포기하지 않고 서울인문포럼의 탄생배경과 취지를 진심으로 설명해드렸더니 프로그램이 다 완성되면 보내보라고 말씀하셨다.

몇 달 후 프로그램이 완성돼 교수님이 계신 강화도 '심도학사'(尋道学舍)를 직접 찾아갔다. 학사에 도착하니 공부하러 오신 분들이나 직접 뵌 교수님이나 참으로 공부하는 사람들 특유의 기운을 뿜고 있었다. 두 시간가량 다시 한 번 서울인문포럼을 설명해드렸는데 교수님께서 자신의 학문적 가치관을 쉬운 말로 설명해주셨다. 참으로 '행복한 순간'이었다.

진심이 전달되었는지 교수님께서 수락해주셨다. 나는 수락의 기쁨을 안고 교수님의 강연을 직접 들어보기로 했다. 포럼 준비로 경황이 없는 가운데서도 시간을 쪼개 1박 2일간 수업에 참여했다. 심도학사! 도를 찾는 집이라는 말 그대로였다. 교수님께선 평생 모은 재산을 심도학사를 꾸리는 데 내어놓으셨다. 사모님께서도 교수님과 뜻을 같이해 빨래와 청소, 식사준비를 직접 하시며 심도학사를 운영하시고 계셨다.

교수님은 자신이 연구하고 공부하고 깨우친 것들도 아낌없이 학생들과 나누고 계셨다. 강연에서 드러나는 교수님의 지적 세계관은 방대하고 깊었다. 아침식사 전 소년 같은 맑은 눈빛으로 학생들을 위해 피아노를 연주해주시는 교수님의 모습을 보니 '존경'이라는 말 외에는 달리 떠오르는 단어가 없었다. 이렇게 훌륭한 교수님께서 서울인문포럼에서 연사로 참석해주신다니 감개가 무량하다.

아무리 똑똑하고 아무리 돈이 많아도 그것이 곧 행복과 비례하진 않는다. 지식은 사람과 자연을 위해 쓰이는 지혜가 되어야 한다. 돈은 사람과 사람 사이를 선하게 돌고 돌아야 한다. 우리 사회에 길 교수님처럼 품격 있는 학자가 더 많이 계시리라고 생각한다. 진정한 스승으로서 그분들이 우리 사회를 사람 살 만한 곳으로 '위치이동' 해주시길 기원해본다.

참고문헌

구범준 외, 『땡큐 도가』, 에이치투, 2013.
배양숙, 『걷는 자 닿고, 행하는 자 이룬다』, 강같은평화, 2011.
장하석, 『장하석의 과학, 철학을 만나다』, 지식플러스, 2015.

생각지도 못한 미래 교육의 체인지^{體仁智, Change}： 체인지^{體仁智}의 지혜로 교육을 체인지^{Change}하라!

유영만

한양대학교 교육공학과 교수

제4차 산업혁명 시대, 교육의 본질에 대한 문제제기

인간의 지능을 능가하는 새로운 로봇이 개발되고 있는 시점에서 기계가 대체할 수 없는 인간 고유의 능력이란 무엇인가? 실천적 행위와 체험적 상상력〔體〕, 감수성과 공감능력〔仁〕 그리고 실천적 지혜와 통찰력〔智〕으로 구성되는 생각지도 못한 지혜, '체인지'(體仁智)는 인간의 존재이유를 드러내는 독특한 지혜다. '생각지도 못한 체인지'를 개발하는 일이야말로 기계로 대체할 수 없는 인간다움을 가꾸어가는 길이며 제4차 산업혁명을 주도하는 제4차 교육혁명이다.

『인간의 조건』[1]이라는 책을 쓴 아렌트는 인간이 살아가면서 추구하는 활동(what we are doing)을 세 가지 다른 욕구에서 파생하는 노동(labor), 작업(work), 행위(action)로 구분하고 있다. 생물학적 욕구 충족이나 해소를 위한 노동은 "인간 신체의 생물학적 과정에 상응하는 활동"[2]이다. 생물학적 욕구의 충족, 즉 먹고 살기 위해 어쩔 수 없이 고된 일을 필연적으로 해야 하는 활동이 바로 '노동'이다. 먹고 살기 위해서 어쩔 수 없이 고된 노동을 반복하는 인간, 즉 일하는 동물을 아니말라보란스(Animal Laborans)라고 한다. 이에 반해서 뭔가 유용한 것을 창조하려는 욕구를 위한 '작업'은 "인공적 세계의 사물들을 제공"[3] 하는 활동이다. 인간을 호모파베르(Homo Faber), 제작하는 인간이라고 정의할 때, 인간의 본질을 드러내는 것으로 정의되는 활동이 바로 작업이다. 마지막으로 타인에게 자신의 탁월성을 인정받으려는 욕구에 응답하기 위한 '행위'는 "인간 사이에 직접 수행되는 유일한 활동"[4]으로, 이런 행위를 통해 자신의 존재이유와 가치를 드러낸다. 인간은 태어나서 지금까지 작업을 통해서 특정한 목적을 달성하고 남에게 인정받기 위해서 부단히 도구를 만들어 사용해왔다. 인간이 직면한 문제나 달성해야 할 목적에 적합한 도구나 기계를 발명해서 사용하는 호모파베르는 도구를 사용하여 작업의 효율성 상승은 물론 의미와 가치를 혁명적으로 변화시킴으로써 인간 본래의 존재방식과 삶의 방식도 상상을 초월할 정도로 발전시켰다.

　호모파베르는 인간이 직면한 문제를 해결하거나 작업의 효율성을 높이고 편안한 삶을 추구하는 데 적합한 다양한 도구를 만들고 기술을 개발해왔다. 그러나 어느 시점부터 인간이 만든 도구나 기술은 적응하기 어려울 뿐만 아니라 생각지도 못한 방향으로 다양한 변화를 일으켜 인간을 위협하고 있다. 1750년대 석탄이나 수력 증기기관을 활용하여 일어난 기계적 혁명인 제1차 산업혁명을 기점으로 2016년 1월 스위스의 다보스에서 열린 제46차 세계경제포럼(WEF) 연차총회에서 거론된 제4차 산업혁명에 이르기까지 인간은 상상을 초월하는 기술개발로 새로운 문명을 창조해왔다. 1870년대 전기 에너지를 이용한 대량생산체제 구축혁명인 제2차 산업혁명, 이어서 전기기술과 정보기술을 이용해 자동화된 생산체계를 만들어냈던 제3차 산업혁명은 1960년대부터 최근까지 진행된 정보통신기술혁명을 가리킨다.

제3차 산업혁명이 계속되고 있는 가운데 이전 산업혁명과는 질적으로 다른 제4차 산업혁명이 부각되기 시작했다. 제4차 산업혁명은 모든 것이 자동화되고 세상의 모든 사람과 사물이 연결되는, 상상을 초월하는 혁명적 변화라고 볼 수 있다. 인간이 그동안 수행했던 단순반복적인 기능과 정신노동을 인공지능이 대체함으로써 아렌트가 『인간의 조건』에서 언급한 작업과 노동 대부분이 필요 없어질 정도로 제조업·서비스의 자동화가 이뤄진다. 사람만 아니라 사물과 초고속 인터넷이 연결되면서 사람·스마트폰·자동차·도구·장치 등 세상 모든 것이 전산망으로 엮이는 초연결시대가 도래하는 것이다.

이처럼 제4차 산업혁명의 핵심은 자동화와 융합화 그리고 연결화다. 인공지능이 발달하면서 자동화는 가속화되고 있고 개별적으로 발달한 다양한 정보기술이 융합되면서 생각지도 못한 혁신적 변화가 일상화되는 일들이 바로 제4차 산업혁명이 몰고 오는 변화의 조짐들이다. 그리고 세상의 모든 것이 연결되면서 그 어느 때보다 신속하고 정확한 제조와 서비스가 가능해지면서 경제분야의 새로운 부가가치가 창출되고 있다. 모든 것이 초연결됨으로써 세상에 흘러다니는 방대한 빅데이터를 순식간에 자동으로 분석할 수 있는 기술이 발전하고, 그 분석결과를 토대로 일정한 패턴과 법칙을 추출해 미래의 시장과 사회변화를 예측하는 기술도 함께 발전하고 있다. 한마디로 제4차 산업혁명은 버튼만 누르면 스마트폰 안에서 거의 모든 것이 이루어지는 초연결사회를 불러오고 있는 것이다. 제4차 산업혁명은 유비쿼터스 모바일 인터넷, 더 저렴하면서 작고 강력해진 센서, 인공지능과 기계학습을 기반으로 모든 기술이 융합하고 상호교류하면서 혁명적인 변화를 촉진하는 추동력이 되고 있다.[5]

교육분야도 예외는 아니다. 제4차 산업혁명으로 첨단 정보통신기술을 활용하여 필요한 지식을 배울 수 있는 새로운 교육적 대안이 등장하고 있다. 이른바 개방형 온라인 강의인 무크(Massive Open

Online Course, MOOC)가 활성화되면서 온라인 교육 프로그램을 운영하는 다양하고 혁명적인 교육전략이 등장하고 있다. 예를 들어 세계에서 가장 큰 온라인 교육기관으로 인정받고 있는 '칸 아카데미' (Khan Academy)가 대표적인 무크 프로그램이다. 칸 아카데미는 MIT에서 수학·컴퓨터공학 등으로 학위 세 개와 하버드 경영대학원에서 MBA를 취득한 보스턴의 헤지펀드 분석가였던 칸(Salman Khan)이 2006년 인도에 사는 사촌동생에게 수학을 가르치기 위해 유튜브에 동영상을 만들어 올리면서 시작되었다. 이 동영상들은 폭발적인 관심을 얻었고 곧 투자자들의 지원을 받아 무료교육기관을 만든 것이다. 2015년 기준 칸 아카데미 가입자는 약 2,900만 명, 교사 사용자는 100만 명을 넘었으며, 전체 직원은 80여 명이다. 운영비는 구글을 비롯해 30여 개가 넘는 기업과 빌앤멜린다게이츠 재단, 자선사업가 도어(Ann Dore), 넷플릭스 최고 경영자 헤이스팅스(Reed Hastings) 등의 지원으로 충당한다. 광고를 하지 않고 무료로 수업을 운영할 정도다. 칸 아카데미 사용자 중 미국 사용자가 70퍼센트를 이루고 있지만 최근에는 전 세계로 서비스를 확대하고 있고, 특히 인도, 브라질, 남아프리카에서 사용자들이 늘어나고 있다. 이런 추세에 맞춰 칸 아카데미는 콘텐츠를 36개 언어로 번역해 제공 중이다. 칸 이외에도 세계 유수의 대학과 제휴를 맺고 대학 강좌를 제공하는 프로그램이 있다. 2012년 설립된 코세라(Coursera)와 2011년 스탠퍼드대학교의 스룬(Sebastian Thrun) 교수가 설립한 유다시티(Udacity) 등이다.

교육은 효율성만으로 질적 수준과 성과를 판가름할 수 없는 전문 영역이다. 각종 온라인 교육 프로그램을 통해서 무료로 지식을 쉽게 습득할 수 있는 기반이 마련되었다고 해서 필요한 지식을 효율적으로 습득할 수 있다고 가정하는 것은 지나친 논리적 비약이다. 배우고 익히는 과정에 기술이 관여된다고 인간 학습자가 배우고 익히는 과정을 기술이 대신해줄 수는 없다. 학습방법의 효율성이 곧 학습의 효과성을 보장해주지는 못한다. 특히 학습은 학습 주체의 집요한 노력과 끈질긴 정성이 일정 시간 지속되어야 하는 힘들고 어려운 과정이다. 힘들고 어려운, 때로는 불편한 학습과정을 기술이 쉽고 빠르게 해주더라도 여전히 외부의 정보를 나의 지식으로 만드는 주체는 학습자다.

더욱이 온라인 교육으로 대체할 수 없는, 가르치는 사람과 배우는 사람의 역동적인 상호작용, 정답을 찾을 수 없는 난제에 대한 난상토론과 상호교감, 현실적 이슈에 대해 머리를 맞대고 해결대안을 찾아나서는 여정에서 느끼는 함께 공부하는 즐거움은 비효율적이지만 가장 효과적인 교육적 대안이다. 이는 기술이 절대로 대체할 수 없다. 아무리 디지털 기술과 인터넷이 발달해도 인간을 대신해서 배우고 익힐 수는 없다. 기술이나 기계는 인간적 학습을 지원해주는 효율적인 수단일 뿐, 효과적인 학습주체는 아니다. 기술이 스마트해진다고 인간의 두뇌도 저절로 스마트해지지는 않는다.

인간이 배우고 익히는 수고스럽고 불편한 과정을 기술이 더 효율적이고 편안하게 할수록 인간의 두뇌 사용능력이 퇴화되고 있다는 연구결과가 발표되기도 했다.[6] 사람은 이전과 다른 낯선 상황이나 우연한 사건과 마주칠 때 이전과 다른 방법으로 생각하기 시작한다.[7] 하이데거도 『존재와 시간』[8]에서 생각지도 못한 사건과 조우하거나 마주칠 때, 즉 낯선 마주침의 순간에 비로소 생각이 깨어나 활동하기 시작한다고 했다. 비슷한 맥락에서 프랑스 철학자 들뢰즈(Gilles Deleuze)도 『프루스트와 기호들』[9]에서 전혀 기대하지 않았던 예외적 사건의 발생과 그 사건과의 우연한 마주침 그리고 그 사건의 '기호'에 대한 해석의 과정이 곧 낯선 생각이 싹트는 순간이라고 했다.

문제는 기술과 인공지능 그리고 사물인터넷의 발달로 상상을 초월하는 제4차 산업혁명이 산업은 물론 경제와 사회 그리고 교육을 혁명적으로 바꾼다고 해도 인간의 생각을 혁명적으로 전환하는 사고의 혁명이 저절로 일어나지 않는다는 데 있다. 전술한 바와 같이 인간의 사고기능은 편리함 속에서 발달하지 않는다. 이전과 다른 불편한 상황에 우연히 직면하거나 이제까지 경험해보지 못한 색다른 상황과 마주칠 때 이전과 다른 사고기능이 작동하기 시작한다. 따라서 제4차 산업혁명이 제4차 교육혁명을 불러온다고 해도 여전히 변하지 않는 교육의 본질은 기계가 대체할 수 없는 인간 고유의 능력을 밝혀내고 이를 길러내는 교육이 과연 어떤 교육인지를 밝혀내는 데 있다. 기술이 발전해서 초고속으로 정보를 공유한다고 해도 여전히 디지털 기술이나 컴퓨터로 가르칠 수 없는 인간 고유의 능력은 존재한다. 기존 교육이 지식을 전달하는 전통적인 교육내용과 방식에서 벗어나 첨단정보기술을 활용하는 최첨단 교육전략을 선택한다고 해도 교육의 본질은 변하지 않을 것이다. 포르쉐(Porsche)의 디자인 철학인 "바꿔라. 그러나 바꾸지 마라"[10]를 여기서 음미해볼 필요가 있다. 교육을 바꿔라. 그러나 교육에서 바꾸지 말아야 할 것이 무엇인지를 생각해볼 필요가 있다.

이 글에서는 인간처럼 느끼고 생각하는 인공지능 개발이 가속화되는 시점에서 컴퓨터나 기계가 대체할 수 없는 인간만의 고유한 능력은 무엇인지를 밝혀내고, 이를 교육적으로 개발하고 육성하는 길이야말로 제4차 산업혁명을 주도하는 진정한 제4차 교육혁명임을 제시하려고 한다. 이를 위해서 생각지도 못한 미래 교육의 체인지(Change), 즉 변화는 체인지(體仁智)라는 지혜에 있음을 논의할 것이다. 체인지(體仁智)의 지혜로 미래 교육을 체인지(Change)하는 교육전략을 모색하는 길이 바로 제4차 산업혁명을 주도할 제4차 교육혁명을 성공적으로 일으키는 비결임을 밝혀보고자 한다.

생각지도 못한 체인지(體仁智, Change), 제4차 산업혁명을 주도할 제4차 교육혁명의 지혜

기계가 대체할 수 없는 인간적 지혜의 본질은 체인지에 있다. 이는 체험적 깨달음〔體〕으로 타인의 아픔에 공감〔仁〕할 때 태어나는 지식이 누적되어 생긴 지혜〔智〕다. 인간의 지능을 위협하는 인공지능 기술이 발전하면서 기계가 스스로 학습하고 논리적 사유와 상황판단력을 기반으로 주어진 현실 상황에 대응하는 능력을 갖추게 되었다. 이런 시대에서도 기계가 대체할 수 없는 인간의 고유한 능력은 다양한 지식을 기반으로 예측불허의 상황에서도 선견력과 통찰력을 발휘해 판단하고 해석하며, 어떤 자세와 행동을 취할 것인지를 결정하는 지혜다.

체험〔體〕하면서 온몸으로 깨달은〔認〕 지식〔知〕, 즉 체인지(體認知)에서 체험적〔體〕 공감〔仁〕으로 느끼는 지식〔知〕인 체인지(體仁知)로 변화하는 사연과 배경과 그 의미를 알아본다. 체인지(體認知)와 체인지(體仁知)의 차이는 개인적인 노력을 통해 머리로 아는 앎〔認〕과 관계 속의 공감을 통해 가슴으로 느끼는 앎〔仁〕의 차이다. 인간의 지능을 능가하는 인공지능이 빅데이터와 방대한 경우의 수를 논리적으로 분석해 딥러닝(Deep Learning)을 한다면 머리로 아는 논리적 앎은 인간을 능가하게 될 것이다. 따라서 논리적 앎보다 타인의 아픔에 공감하는 측은지심을 기반으로 한, 가슴으로 생각하는 앎의 연대와 공유야말로 기계가 쉽게 모방할 수 없는 인간 고유의 앎이 될 수 있다. 이 점에서 체인지(體認知)에서 체인지(體仁知)로의 변화를 지향하는 것이다.

마지막으로 체인지(體仁知)에서 다시 체인지(體仁智)로 바뀔 수밖에 없는 이유를 설명하고 제4차 산업혁명을 주도한 인재들이 갖추어야 할 핵심역량으로 체인지(體仁智)를 강조하는 배경을 논의한다. 체인지(體仁知)의 지식에서 체인지(體仁智)의 지혜로 발전하는 길이야말로 제4차 교육혁명을 통해 지향해야 할 미래 교육의 방향이 아닐 수 없다.

체인지(體認知)의 문제의식과 체인지(體仁知)로의 변화 필요성

체인지(體認知)는 본래 「유영만의 체인지(體認知)」라는 제목으로 2012년 1월 9일부터 2014년 1월 6일까지 『전자신문』에 500회 게재했던 칼럼의 주제어였다. 체인지 철학에 따르면 진정한 의미의 변화가 일어나기 위해서는 우선 몸〔體〕이 관여되는 '고통' 체험이 필요하다. '고통'을 체험하는 가운데 지적 '고뇌'가 발생하고, 이 작용으로 새로운 깨달음이 인식(認識)으로 다가오도록 마지막 순간에 자연스럽게 머릿속에서 정리된 결과가 바로 지식(知識)이라는 사실을 강조하고자 고안해낸 변화 메타포다.[11] 세상을 바꾸는 지식은 다른 사람의 생각이나 아이디어가 아니라 내가 직접 체험하면서 온몸으로 깨달은 지식이다. 다양한 정보를 실제 문제상황에 적용하면서 온몸으로 깨달은 통찰력이나 직관적 판단력이 생기면 정보가 비로소 지식으로 전환된다. 결국 아무리 뛰어난 생각이나 아이디어라고 해도 내가 직접 해보지 않고서는 그저 남의 지식에 불과하다. 나의 체험적 깨달음이나 상상력이 밑바탕이 되는 지식이라야 세상을 체인지(change)하는 체인지(體認知)가 될 수 있다.

체험이 실종된 관념적 지식은 현실 변화에 무력하다. 지덕체(知德體)의 조화를 말하면서도 몸을 움직여 땀을 흘리는 체(體)보다 책상에 앉아서 머리를 쓰는 지(知)를 강조하다 보니 지덕체의 조화와 균형이 깨지고 급기야 체험 없는 지식교육을 상대적으로 지나치게 강조하게 되었다. 그렇다 보니 체험적 깨달음을 동반하지 않는 공허한 관념적 지식이 양산되면서 지식의 의미와 가치에까지 의문을 던지기 시작한 것이다. 체인지(體認知)는 지덕체(知德體)를 뒤집어 체덕지(體德智)로 바꾼 발상과 맞닿아 있다.[12] 체험적 깨달음이 동반되지 않는 관념적 지식의 습득은 나의 지식으로 체화되지도 않을 뿐만 아니라 나의 신념이 가미된 개념을 창조해낼 수 없다.

체인지(體認知)를 거꾸로 읽으면 지인체(知認體)가 된다. 지식〔知〕

으로 깨닫는 앎[認]만으로는 몸[體]의 변화를 이끌어낼 수 없다. 지덕체의 조화를 강조하면서도 정작 체험적 깨달음을 무시한 결과 머리로 판단하는 뇌력은 향상되었지만 이를 뒷받침하는 체력이 저하되는 결과가 초래된 것이다. 몸은 맘이 거주하는 우주다. 몸속에 맘이 거주한다. 몸이 망가지면 마음도 없어진다. 뇌력도 체력을 기반으로 발휘된다. 신체성은 이성적 판단과 감성적 느낌을 매개하는 주체다. 몸이 동반되지 않는 이성적 앎과 몸으로 느끼지 못하는 감성적 앎은 공허한 관념이자 기반 없는 흐느낌이다. 체험적 깨달음과 느낌이 동반되지 않는 지식은 지루하거나 무미건조하며, 논리적 지식으로 무장되지 않은 체험은 위험에 빠질 수 있기 때문이다. 즉 체험 없는 개념적 지식은 관념이며, 개념 없는 체험은 위험하다. 지인체는 마치 자신이 지인인 것처럼 생각하고 행동하는 사람이 사실은 관념적 파편을 야적한 껍데기 지식인에 불과하다는 의미를 담고 있다. 체인지는 결국 우리 시대 지식인이 지향해야 할 학습관이자 지식관이다. 이는 체험적 깨달음이 동반되지 않는 인지적 앎은 현실변화에 무력할 수 있음을 체험적 깨달음으로 정리해낸 결과다. 아무리 위대한 생각과 아이디어, 뛰어난 사상이라고 할지라도 내 몸을 동반한 체험적 실천이 실종된 지식은 현실변화에 무력하다는 사실을 체험적으로 깨달을 필요가 있다.

체험적 상상력과 논리적 판단력으로 깨달은 체인지(體認知)도 물론 갖춰야 하지만, 앞으로 인간이 갖추어야 할 지식은 체험적 상상력과 공감력으로 창조되는 체인지(體仁知)다. 왜 체인지(體認知)를 넘어 체인지(體仁知)를 체득해야 하는가? 이 문제를 이해하기 위해서는 체인지(體認知)의 '인'(認)과 체인지(體仁知)의 '인'(仁) 사이의 차이점을 구분하고, '인'(認)이 왜 '인'(仁)으로 변화되어야 하는지를 밝혀내야 한다.[13] 우선 체인지(體認知)의 '인'(認)은 개인 차원의 고통체험을 통해서 얻은 깨달음이다. 반면에 체인지(體仁知)의 '인'

(仁)은 다른 사람의 아픔을 나의 아픔처럼 느끼는 공감능력이다. 머리로 생각하는 개인적인 앎[認]에서, 더불어 생각하는 관계론적 앎[仁]으로의 전환은 객관적이고 논리적인 앎에서 주관적이고 감성적인 앎으로의 전환을 의미한다. 체인지(體認知)의 인(認)은 체험적 단련을 통해 육화(肉化)된 '개인적인 지식'이지만, 체인지(體仁知)의 인(仁)은 딜레마 상황에서도 시류에 흔들리지 않는 '윤리적 실천'이며 불의에 항거하는 '도덕적 판단력'이자 '용기 있는 지식'이다. 체인지(體認知)의 인(認)이 어둠을 밝히는 진리의 '등불'이라면 체인지(體仁知)의 인(仁)은 소외된 곳을 따뜻하게 비추는 애정 어린 '손길'이자 사회적 공동선을 위해 몸을 아끼지 않는 '윤리적 판단력'이다. 또한 체인지(體認知)의 인(認)은 수직적 깊이를 추구하는 앎이지만 체인지(體仁知)의 인(仁)은 수평적 관계의 확산을 추구하면서 동시에 타인의 아픔을 나의 아픔처럼 사랑하는 느낌이다.

체인지(體認知)가 지루하면서도 외로운 실천과 고통체험을 통해 수직적 깊이를 추구하는 개인차원의 깨달음에 해당한다면, 체인지(體仁知)는 수직적 깊이의 추구와 더불어 나와 직간접적 관계를 맺은 사람들과의 공감영역을 확산해나가는 과정에서 얻은 측은지심으로 깨달은 지식이다. 이런 점에서 체인지(體仁知)는 몸을 움직여 직접 체험하면서 얻은 깨달음[體]으로 자기보다 딱한 처지에 놓여 있는 사람을 불쌍히 여기면서[仁] 식견과 안목을 부단히 심화·확장시켜나가며 온몸으로 느끼는 지식[知]이다. 개인차원의 깨달음을 의미하는 인(認)의 지식에서 다양한 인간관계 속에서 서로의 아픔을 어루만져주고 긍휼히 여기는 아름다운 마음, 즉 인(仁)의 경지로 승화·발전해야 하는 이유다.

체인지(體仁知) '지식'에서 다시 체인지(體仁智) '지혜'로 변화

지식과 지혜의 차이가 바로 체인지(體仁知)와 체인지(體仁智)의 차이다. 학교공부를 통해서 습득할 수 있는 지식은 구조화 또는 조직화된 정보를 적용해서 패턴이나 법칙을 아는 것이다. 이에 반해서 지혜는 기존 지식을 활용해 딜레마 상황에서 신속하게 판단하고 의사결정을 내려서 모종의 조치를 취하는 능력이나 보이지 않는 이면의 원리를 간파하는 능력이다. 지식은 일정 기간 동안 공부하면서 대상이나 사물에 대해 알게 된 결과나 실천을 통해 깨달은 명확한 인식이나 또는 이해로 머릿속에 보유한 결과물이다. 이에 반해서 지혜는 기존 지식을 주어진 문제상황이나 위기상황을 돌파하거나 어떤 목적을 달성하기 위해 시의적절하게 판단하고 적용할 수 있는 통찰력이다.

지식을 많이 안다고 저절로 지혜로워지지는 않는다. 예를 들면 경제학 박사가 된 영재가 경제현상을 설명할 수 있는 풍부한 지식을 갖고 있다고 해서 전대미문의 경제위기를 해결할 수 있는 혜안이나 안목을 동시에 갖추고 있다고 말할 수는 없다. 경제위기는 기존 지식으로 설명할 수 없는 미증유의 현상인 경우가 많다. 이런 전대미문의 위기를 극복할 해법은 단순히 경제학적 지식이 풍부하다고 나오는 것이 아니라 풍부한 지식과 실전경험을 토대로 축적된 선견력이나 통찰력에서 나온다. 인간의 지능을 닮아가는 인공지능과 다양한 디지털 기술이 인류가 쌓아온 방대한 지식체계를 순식간에 습득하고 공유할 수는 있어도 이제까지 경험해보지 못한 색다른 상황에서 시의적절하게 판단하고 의사결정을 내리며 모종의 조치를 취할 수 있는 지혜를 모방하기에는 아직 역부족이다.

체인지(體仁知)보다 체인지(體仁智)를 강조하는 이유도 지식보다 기계가 모방할 수 없는 인간 고유의 능력인 지혜를 강조하고 있기 때문이다. 인공지능으로 무장한 로봇이나 컴퓨터를 비롯한 기계가 머신러닝이나 딥러닝을 통해 인간의 지능을 따라잡고 인간보다 더 빠르게 지식을 습득할 가능성은 얼마든지 열려 있다. 하지만 다양한 지식을 실제 체험에 적용하거나 책이나 매뉴얼에서 예시를 찾을 수 없는 딜레마 상황에서 적절하게 판단하고 대응할 수 있는 지혜는 오로지 인간에게만 있다. 특히 진정한 의미의 역지사지를 실천하고 상대의 처지를 몸소 체험함으로써 그 사람이 그럴 수밖에 없었던 구체적이고 특이한 이유와 사연, 배경을 이해하는 것은 인간의 능력이다. 또 보이지 않는 상황적 특수성을 읽어내는 능력, 살신성인의 정신으로 자신의 몸을 희생하여 타인의 아픔을 치유하는 윤리적 판단을 내리는 도리는 기계가 흉내 낼 수 없는 인간 고유의 지혜영역이다. 특히 도덕적 딜레마 상황, 예를 들면 법적으로는 분명히 법을 위반한 위법상황이지만 정상을 참작해보면 그럴 수밖에 없는 상황이 얼마든지 존재한다. 지혜는 단순히 사실관계나 법률, 규칙이나 원칙, 직무기술을 아는 것만으로는 부족하다. 서로 갈등하는 몇 가지 선의의 목표를 조율하거나 어느 하나를 골라야 하는 실천적이고 도덕적인 기술이 필요하다. 상황적 특수성을 고려하지 않고 절차와 규율만 고수하는 전문가가 많을수록 어처구니없는 일들이 벌어지는 경우도 많아진다.

슈워츠(Barry Schwartz)와 샤프(Kenneth Sharpe)가 쓴 『어떻게 일에서 만족을 얻는가』[14]에는 일의 목적에 비추어 올바른 상황판단을 내리고 즉시 행동에 옮긴 실천적 지혜의 사례가 한 가지 들어 있다. 바로 레모네이드를 사준 어느 아버지를 두고 과거의 판례를 따라 기계적으로 판결을 내린 사건이다. 한 아버지와 그의 7세 아들이 미국 메이저리그 야구팀 중 하나인 디트로이트 타이거즈의 홈구장을 찾았다. 한창 야구를 관람하던 중 아들이 레모네이드를 사달라고 해서 매점에 갔다. 마침 레모네이드가 다 팔리고 남은 거라곤 알코올 도수가 5도인 마이크스 하드 레모네이드(Mike's Hard Lemonade)밖에 없었다. 아버지는 이를 구입해서 아들에게 건네주었다. 아버지는 당연히 이 레모네이드에 알코올이 포함되었다는 사실을 모르고 구입한 것이다. 때마침 마이크스 하드 레모네이드를 홀짝이는 아들을 발견한 경비원이 경찰에 신고하여 구급차로 아이를 즉각 병원에 후송하였다. 의사는 진단 결과 아이에게 별다른 이상이 없으니 퇴원해도 괜찮다고 했다. 하지만 경찰은 그 지역의 규율에 따라 아이를 아버지와 분리시켜 웨인 카운티 아동보호소에 최소한 사흘간 위탁조치해야 한다고 말했다. 그 후 판사는 아이를 집에 보내라고 판결을 내렸지만 전제조건이 있었다. 3주간 아버지는 집을 떠나 호텔에 투숙해야 한다는 조건이었다. 이 모든 의사결정은 법률과 규율 그리고 이제까지 관행적으로 답습해온 절차를 따른 조치였다. 아버지는 마이크스 하드 레모네이드에 알코올이 포함된 사실을 모르고 사주었을 뿐만 아니라 비슷한 판례로 처벌을 받은 다른 아버지들과 다르게 상습적으로 아들에게 알코올이 포함된 음료나 주류를 먹이지도 않았다. 그런데도 경찰과 판사는 다른 아버지들과 마찬가지 맥락에서 기존의 관행과 절차, 법률과 규율을 획일적으로 적용했다. 이들은 상황과 사람, 시간에 따라 달라지는 딜레마 상황에 대해 올바른 방법으로 의사결정을 내릴 수 있는 도덕적 판단능력이 없는, 그저 똑똑한 사람에 불과했다.

위 사례는 상황에 따른 도덕적 판단력과 지혜를 발휘하지 않고 그냥 관례대로 규율과 절차에 따라 법집행을 감행한 판사의 고지식함이 불러온 어처구니없는 사례다. 아리스토텔레스는 이런 상황에서 필요한 지혜를 특히 실천적 지혜라고 했다.[15] 실천적 지혜를 발휘하기 위해선 단순히 사실관계나 법률, 규칙이나 원칙, 직무기술을 아는 것만으로는 부족하다. 원칙은 소중하지만 도덕적 판단이 실종된 원칙은 예기치 못한 역기능이나 폐해를 일으킬 수 있다. 위 사례는 맥락에 대한 이해 없이 규율이 적용되어서는 안 된다는 점을 보여주고 있다. 원칙은 또 다른 원칙과 갈등하지만 조율되어야 한다. 엄격한 규율과 교조적인 원칙이 상황판단과 조율에 필요한 실천적 지혜를 몰아낸다면, 훌륭한 판단은 기대하기 어려울 것이다. 많은 지식을 안다고 곧 훌륭한 판단을 내릴 수 없다. 지혜로운 판단을 내리기 위해서는 객관적인 관점에서 상황을 냉철하게 읽고 판단할 수 있는 능력과 주어진 상황이 지니고 있는 특수한 사정에 공감할 수 있는 능력을 겸비하고 있어야 한다.

생각지도 못한 체인지,
기계가 대체할 수 없는 다섯 가지 능력

생각지도 못한 체인지(體仁智)는 기계가 대체할 수 없는 인간 고유의 지혜다. 이를 갖추기 위해 구체적으로 어떤 능력을 길러야 하는지를 다섯 가지로 구분해서 구체적으로 논의해보자. 그 다섯 가지 능력에는 호기심에 기반을 둔 질문능력, 감수성을 근간으로 발휘되는 공감능력, 체험적 상상력에 기반을 둔 통찰력, 정보 편집력과 지식의 연금술 그리고 마지막으로 최고 경지의 미덕인 아레테(arete)를 지향하는 실천적 지혜가 포함된다. 이 다섯 가지 능력은 제4차 산업혁명이 몰고 오는 변화를 다룬 자료나 로봇과 인공지능의 발달과 인간능력의 고유한 특성을 다룬 책을 참고해[16] 선정했다. 또한 인문학적 관심과 관련이 있는 능력이다. 첨단기술의 효율성과 속도 그리고 그것이 이뤄내는 성과에는 미치지 못하지만, 왜 지금 여기서 이런 방식으로 일하는지, 지금보다 더 나은 방법은 없는지를 끊임없이 물어보고 내가 가진 전문성으로 타인의 아픔을 치유하려는 자리이타(自利利他)적 공감능력이야말로 인문학적 사유가 지향하는 가장 소중한 기반능력이다. 철저한 체험적 도전과 실험을 통해 지금 여기를 넘어서는 생각 너머의 생각을 하되 특히 더 나은 세상을 만들어보려는 의지로 무장된 통찰력. 그리고 도처에 산재한 정보를 편집하고 이종(異種) 분야를 융합하는 지식의 연금술을 발휘해서 기존에 없던 새로운 지식을 부단히 창조해내는 능력이 곧 인문학적 사유를 기반으로 길러내야 하는 미래지향적 능력이다. 기계가 대체할 수 없는 마지막 능력은 최고 경지의 진선미를 갖춘 아레테에 도달하기 위해 딜레마 상황에서도 앞의 네 가지 능력을 기반으로 슬기롭게 의사결정을 내려 모종의 조치를 취하는 실천적 지혜다.

인간 고유의 능력 1: 생각지도 못한 체인지는
호기심에 기반을 둔 질문능력에서 비롯된다

> "기계는 답을 위해 존재하고 인간은 질문을 위해 존재한다."
> • 켈리(Kevin Kelly)

『삶을 변화시키는 질문의 기술』[17])의 저자 애덤스(Marilee Adams)에 따르면 "아직 묻지 않은 질문은 열리지 않은 문과 같다."[18]) 세상에는 인간의 질문이 닿지 않아서 아직 미지로 남아 있는 세계가 많다. 또는 익숙한 세상에 길들어 살다 보니 당연하다고 생각하거나, '원래' 그렇기 때문에 '물론' 그렇다고 생각한 나머지 호기심 어린 질문을 던지지 않아서 익숙한 일상 속에서 잠자고 있는 사람도 많다. "이 우주가 우리에게 준 두 가지 선물은 사랑하는 힘과 질문하는 능력이다." 미국 여류시인 올리버(Mary Oliver)의 산문집 『휘파람 부는 사람』[19])에 나오는 말이다. 그런데 사랑하는 힘과 질문하는 능력은 따로 떨어져 존재하는 다른 활동이 아니다. 사랑하는 힘은 질문에서 비롯된다. 거꾸로 질문은 사랑하는 힘에서 나온다. 자신이 사랑하지 않으면 질문하지 않고 질문하지 않으면 사랑하지 않는 것이다. 그래서 사랑은 질문에서 비롯되고 질문은 사랑에서 시작된다. 질문을 왜 하는가? 호기심과 관심이 있기 때문이다. 당연하다고 생각되었던 현상에 이상 조짐이 감지되거나 정상적인 상황과는 색다른 마주침에 직면할 때 질문이 시작된다. 호기심과 궁금증이 질문을 통해 서서히 해소되면서 미지의 세계나 사람에 대해 이전과 다른 깊은 관심과 애정이 싹트고 그것이 이전과는 질적으로 다른 질문을 품게 한다.

다른 동물이나 인공지능과 구분하는 인간의 고유한 특징은 호기심을 기반으로 질문한다는 점이다. 물론 인공지능도 질문할 수 있다. 다만 인공지능이 던지는 질문은 사전에 인간이 논리적 알고리즘에 따라 설계한 프로세스상의 반응이다. 즉 기계의 호기심을 발동해서 궁금한 점을 충족하기 위해 스스로 제기한 질문이 아니라 프로그래밍으로 만들어진 각본상의 질문이다. 따라서 기계가 던지는 질문은 의문문 형태를 띤 정보수집행위에 불과하고, 기계는 객관적 사고를 통해 항상 동일하고 예측 가능한 답변을 내놓도록 설계된다.[20] 만약 기계가 예측 불허의 질문을 던지면서 전대미문의 답을 찾아 나선다면 이미 기계가 아니다. 사람의 질문이 주체할 수 없는 호기심에서 비롯된다면 기계의 질문은 사람이 사전에 설계한 알고리즘을 따른다. 기계의 질문은 사람이 설계한 정보요구기능을 따를 것이고 사람의 질문은 본능적 차원의 호기심에 뿌리를 두고 있을 것이다. 이런 점에서 같은 질문이라도 확연한 차이를 보여준다.[21]

인간이 던지는 가장 강력한 한마디가 바로 "왜"라는 질문이다. 바로 저 질문에 담긴 인간의 지적 욕망이 미지의 세계로 향하는 탐구심을 자극해왔다. 그 결과 인류는 생각지도 못할 정도로 엄청난 문명을 창조해왔다. 생각지도 못한 체인지도 결국 물음표가 불러온 경이로운 느낌표다.

체인지는 당연히 그렇다고 생각하는 습관적인 상식에 몰상식한 질문을 던져 깨부수는 창조적인 파괴과정에서 탄생한다. 체인지는 오랫동안 정상적인 생활을 하면서 자기도 모르게 익숙해진 관성에 물음표를 던져 낯선 자극을 부여하는 비정상적인 과정에서 비롯된다. 물음표는 공부가 시작되는 출발신호다. 질문은 정상적인 상태를 비정상적인 상태로 뒤흔드는 촉발제다. 질문을 던지지 않으면 뇌는 편안한 상태로 잠을 자거나 틀에 박힌 방식대로 움직인다. 내가 질문을 던지는 성격과 방향 그리고 정도에 따라 창조되는 체인지의 강도와 정도도 달라진다.

> "가장 중요한 것은 질문을 멈추지 않는 것이다. 호기심은 그 자체만으로도 존재이유가 있다. 영원성, 생명, 현실의 놀라운 구조를 숙고하는 사람은 경외감을 느끼게 된다. 매일 이러한 비밀의 실타래를 한 가닥씩 푸는 것으로 족하다. 신성한 호기심을 절대 잃지 말라."

아인슈타인(Albert Einstein)의 말이다. 살아가면서 무심코 던지는 질문이 불현듯 삶을 되돌아보게 하고 이전과 다른 각오와 다짐으로 지금까지의 삶과는 다른 삶을 살아갈 수 있도록 반성하게 해준다. 문득(問得) 떠오르는 한마디 질문(質問)이 내 삶을 송두리째 바꿀 혁명적인 전환점이 될 수 있다. 문득이라는 말을 해석하면 질문으로 득도(得道)의 경지에 이른 경우를 말한다. 결국 공부는 어제와 다른 질문으로 득도의 경지에 이르기 위해 안간힘을 쓰는 과정이다.

질문은 평온했던 뇌에 지적 충격을 가하는 자극제이자 이전과 다른 방법으로 생각할 수 있도록 유도하는 각성제이기도 하다. 공부는 내 사고체계에 파란을 일으키는 낯선 질문을 통해 나를 주기적으로 흔드는 과정이다. 내가 먼저 나를 흔들지 않으면 다른 사람이 나를 흔들고, 한 번 흔들리기 시작하면 중심을 잡고 나를 찾아가기가 쉽지 않게 된다. 요동(搖動)이 만드는 혼돈상태가 결국 질서를 낳는 원동력임을 연구한 사람이 있다. 바로 '열역학의 시인'으로 일컬어지는 노벨화학상 수상자이자 사상가인 프리고진(Ilya Prigogine)이다. 그는 자신의 저서 『혼돈으로부터의 질서』에서 기존질서 전체를 뒤흔드는 요동이야말로, 타성에 젖은 평형상태인 기존 체계에 극심한 혼란과 교란을 일으키는 주범이라고 밝혔다. 하지만 무질서와 혼돈을 낳은 요동은 결국 기존질서에 생명력을 불어넣는 새로운 질서의 원동력으로 작용한다. 마찬가지로 타성에 젖어 습관적으로 생각을 반복하려는 기존 사고방식에 이전과 다른 질문을 던져 평온했던 뇌리를 뒤흔들어야 내 사고가 흔들리지 않는다. 공부는 인지적으로 불협화음을 일으켜 뇌가 평형상태에서 벗어나 불균형상태로 진입할 때 비로소 시작되는 안간힘의 과정이다. 배가 부르면 음식을 먹으려는 식욕이 생기지 않듯이 뇌도 평형상태를 유지하면 외부에서 정보나 지식을 습득하려는 결핍욕구가 생기지 않는다. 불균형상태나 비평형상태처럼 뭔가 정상적인 상태에서 벗어나 이상한 상황이 발생하면 우리 몸은 평형상태를 회복하려는 노력을 시작한다. 공부는 불안정한 결핍상태를 안정상태로 되돌리려는 사투라고 볼 수 있다.

체인지의 정도는 미지의 세계에 대한 호기심의 강도와 정도에 따라 결정된다. 호기심이 클수록 색다른 공부가 시작된다. 호기심이 사라지면 늙기 시작하고 삶에 대한 열정도 싸늘하게 식을 수 있다. 호기심의 정도는 어떤 질문을 마음속에 품고 있느냐에 따라 결정된다.

호기심 하면 떠오르는 상이 있다. 노벨상을 패러디한 상 중에 '이그노벨상'(Ignobel Prize)이 있다. 수상자는 보통 노벨상 발표 한 달 전, 하버드 대학교 유머과학잡지인 『기발한 연구 연감』(*Annals of Improbable Research*)에서 발표한다. 불명예스러운(Ignoble) 노벨상(Nobel)이란 뜻인데, 실제로 논문으로 발표된 과학적인 업적 가운데 재밌거나 엉뚱한 논문을 선정하고 그해 노벨상 수상자가 알려질 무렵인 매년 10월 초순 하버드 대학교의 샌더스 극장에서 시상식이 열린다. 초기에는 수상기준을 "이루어질 수도 없고 이루어져서도 안될" 연구로 제시했지만 근년에는 "처음에는 사람들을 웃게 하고, 이어서 생각하게 하는" 연구로 바뀌었다.

수상자들은 엉뚱한 호기심 때문에 생긴 궁금함을 해소하기 위해 꼬리에 꼬리를 무는 질문을 던져 자신이 관심을 두고 있는 특정한 현상을 탐구하기 시작했다. 궁리에 궁리를 거듭하다 마침내 단서를 포착하고 사물이나 현상이 움직이는 근본원리를 파고들어 간다. 혁신적인 제품과 서비스는 당연함에 시비를 걸면서 끈질기게 물음표를 던진 덕분에 탄생할 수 있었다. 예를 들어 딱따구리는 부리로 나무를 그렇게 쪼아대도 왜 두통에 걸리지 않을까? 도대체 사진을 몇 장이나 찍어야 한 사람도 눈을 감지 않고 찍을 수 있을까? 곰에게 물리지 않고도 곰을 가까이서 볼 방법은 없을까? 이렇게 일상에서 일어나는 흔한 일에 남다른 호기심을 발휘해 물음표를 던지고 궁리에 궁리를 거듭하다 마침내 실마리를 잡아내는 과정이 바로 이그노벨상이 추구하는 진정한 상상력이고 공부가 아닐까.

인간 고유의 능력 2: 생각지도 못한 체인지는
감수성에 기반한 공감능력에서 비롯된다

인간의 지능과 유사한 로봇이 개발되면서 더욱 궁금해진 점은 과연 로봇이 인간의 감정을 어느 정도로 인식하고 대응하며 반응하는지다. 이런 궁금함이 단순한 지적 호기심의 발로로만 머무는 것은 아니다. 실제로 일본에서는 2015년 6월 세계 최초의 감정인식 로봇인 페퍼가 개발되어 절찬리에 판매되고 있다. 그리고 로봇의 감정인식과 공감능력은 할리우드 영화 「그녀」와 「엑스 마키나」가 보여준 것처럼 인간과 로봇이 대화를 나누면서 감정을 표현할 수 있는 수준으로 발전하고 있다.

로봇이 감정표현을 다양하게 한다고 해도 여전히 인간처럼 감정표현을 하는 건 아니다. 인간의 감정표현을 분석해서 마치 사람이 감정을 표현하듯 연기하도록 설계된 것이다.[22] 사람처럼 예측할 수 없는 외부적 자극에 대해 상황에 알맞은 감정을 표현하는 능력을 지닌 로봇은 아직도 설계할 수 없다. 로봇이 표현하는 감정은 인간이 설계한 감정 알고리즘에 따라 기계적으로 반응하는 감정연기다. 결국 로봇과 인간이 정서적으로 교감하고 감정적으로 공감하는 관계는 로봇에 대한 인간의 믿음에서 비롯된다. 나의 정서와 감정을 읽고 나의 심리상태 변화에 적절하게 반응하는 듯 연기하는 로봇을 보고 나의 이야기에 공감하는 것으로 생각하는 것이다.

체인지(體仁智)의 인(仁)은 따뜻한 가슴으로 세상의 아픔을 어루만져주는 감수성이다. 심금을 울리는 지식은 우선 타인의 아픔에 공감하는 정서적 능력, 즉 감수성에 기반을 두고 탄생한다. 감수성은 기존의 것에 대한 거룩한 불만족이자 참을 수 없는 불편함이고 끊이지 않는 불안감을 포착하는 정서적 마음이다. 가령 한글을 모르는 국민을 긍휼히 여긴 세종대왕의 마음이다. 만약 세종대왕이 한글을 모르는 국민의 아픔에 대해 공감하는 마음이 없었다면 한글은 창제되지 않았을 것이다.

감수성은 타인이 겪고 있는 불편함, 불만족스러움, 불안감에 공감하고 배려하며 격려해주는 마음이다. 타인의 아픔과 슬픔, 고민과 고뇌를 사랑하는 마음이다. 혁신적인 제품이나 서비스도 고객의 불편함, 불만족, 불안감을 치유하는 과정에서 탄생한다. 감수성은 이런 점에서 모든 변화와 혁신, 상상과 창조의 출발점이다. 타인의 아픔을 나의 아픔처럼 가슴으로 생각하는 감수성은 측은지심에서 비롯된다. 타인의 아픔을 역지사지의 태도로 나의 아픔처럼 생각할 때, 비로소 그 아픔을 치유할 수 있는 상상력이 자란다. 아파본 사람이 아픈 사람의 마음을 알 수 있듯이 아파본 사람이 아픈 사람의 마음을 어루만져 줄 수 있는 지식을 창조할 수 있다.

인간이 인간다울 수 있는 길은 자신의 안위와 편안함만을 위한 이기적 삶에 있지 않고 타인의 아픔에 공감하고 그 아픔을 치유하기 위해 내가 할 수 있는 일이 무엇인지를 진지하게 고민하며 대안을 모색하는 데 있다. 그래서 인간은 현재의 지식에 만족하지 않고 새로운 지식을 창조함으로써 함께 살아가는 데 필요한 공동선의 기반을 마련하려고 노력한다.

감수성으로 포착하는 공감능력은 타인의 아픔을 마치 나의 아픔처럼 가슴으로 느끼며 내가 어떤 일을 하면 아픔을 치유할 수 있는지를 적극적으로 모색하는 능력이다. 공감능력은 기본적으로 측은지심에서 비롯된다. 측은지심이 발동하려면 단순히 상대방의 처지에서 생각해보는 역지사지를 넘어 그 사람과 한 몸이 되어 직접 생각해보고 행동해보는 물아일체(物我一體)의 상태가 되어봐야 한다. 인간은 감정적으로 즐거운 기분만을 추구하지 않는다. 상대의 처지에서 내가 만약 상대라고 생각하고 행동했을 때 느낄 불편한 감정을 온전히 받아들이고 함께 아파할 줄 아는 능력은 인간만이 지니고 있는 특권적 감정이다. 공감한다는 것은 처지의 동일함을 인정하고 나의 시간과 노력을 기꺼이 상대방을 위해 사용하겠다는 다짐과 결의를 포함한다. 나에게 편안한 감정만 추구하고 나에게 유리한 생각만 한다면 공감능력은 절대적으로 비효율적인 삶의 방식이다. 하지만 인간이기 때문에 힘들고 어렵지만 기꺼이 내 몸을 던져 상대방을 위하는 마음 씀씀이가 생기는 것이다.

만약 인간이 자기의 안위와 편안함 그리고 실리만을 추구해왔다면 오늘날의 인간사회는 존재하지 않을 수도 있다. 불편하더라도 타인을 위해 기꺼이 나의 시간과 노력을 사용하면서 더불어 살아가는 공동체를 만들 수 있었던 원동력은 희로애락을 공유하며 살아가려는 인간적 매력 덕분이다. 로봇은 사전에 설계된 논리와 프로그램을 따라 이성적이고 논리적으로 작동하기 때문에 인간처럼 시시각각 변화하는 감정적 존재가 될 수 없다. 인간은 객관적 판단과 합리적 의사결정을 토대로 이성적으로 행동하는 존재이기 이전에 감정에 입각해 판단하는 의지적 존재다.[23]

살아가는 즐거움을 통해 행복감을 맛보는 능력, 고독 속에서 우울함을 느끼다가도 바로 그 고독에서 다시 존재 자체의 신비로움과 경이로움을 느끼고 감탄하는 능력, 참을 수 없는 안타까움 때문에 안절부절못하는 행동, 견딜 수 없는 분노가 치밀어 올라 아무 일도 손에 잡히지 않는 극도의 감정적 격분상태를 시시각각 체험하는 게 인간의 일상사다. 때로는 사소한 일에 격분하지만 동시에 일상의 작은 즐거움에도 무한한 행복감을 느끼는 존재가 인간이다. 두려움에 굴하지 않고 과감한 도전을 감행하지만 하찮은 일에 넘어져 슬퍼하기도 한다. 연이어 실패하고 좌절하더라도 다시 시작하려는 불굴의 의지의 소유자가 인간이기도 하다.

그러나 인간은 살아가면서 느끼는 수많은 감정상태를 인위적으로 조절하거나 의도적으로 통제할 수 없다. 불편한 감정상태를 제거하고 편안함만을 추구한다면 과연 인간의 감정은 순기능을 담당할 수 있을까. 눈앞에 보이는 실리와 내 한 몸 편한 일만 찾는다면 인간이 감정적으로 건강한 상태를 유지할 수 있을까. 인간을 인간으로 돋보이게 하는 것은 우리가 불안정해서 언제 어떤 감정상태를 동반할 수 있을지 통제할 수 없는 예측 불가능한 존재라는 점이다. 언제 어떤 상황에서 어떤 감정적 반응을 보여줄지 모른다는 불확실성이 인간을 인간답게 만들어가는 고유한 능력이라고 생각한다. 만약 기계를 인간처럼 언제 어떤 상황에서 어떤 반응을 보여줄지 모르게 설계한다면 그 기계는 더 이상 기계가 아니며 종국에는 인간사회에 커다란 재앙으로 다가올 것이다.

스마트폰을 오래 사용할수록 인간의 공감능력이 떨어진다는 연구결과가 발표되었다. 2010년 미시간 대학교에서 진행한 연구결과에 따르면 20~30년 전의 대학생들과 비교해볼 때 요즘 대학생들의 공감능력이 40퍼센트나 떨어졌다고 한다. 이러한 공감능력의 저하는 주로 2000년 이후에 발생했다고 한다.[24] 『타인의 고통』[25]을 쓴 손태그(Susan Sontag)에 따르면 이미지나 사진에 익숙해질수록 타인의 고통에 공감하지 못한다고 지적한다.

『타인의 고통』에서 손태그는 전쟁과 테러, 지진과 폭우 같은 자연재해로 죽어가는 수많은 사람의 참혹한 실상을 담은 이미지나 사진을 본 현대인들은 역지사지의 태도로 깊게 공감하기보다 연민의 정을 느낄 뿐이라고 한다. 객관적 수치가 나열된 통계를 대하듯, 지구촌 곳곳에서 시시각각 고통당하는 수많은 타인을 '그들'로만 인식하고 무덤덤하게 받아들인다는 것이다. 이런 '그들'과 '우리' 사이에 공감의 정보다 연민의 정이 흐르면서 개인의 구체적 아픔은 대중적인 이미지로 희석되고 타인의 아픔에 대해 그 본질과 실상을 왜곡해서 이해하는 현상이 발생한다는 것이다. 결국 '그들'의 고통을 지켜보는 '우리'는 언제나 단순한 방관자나 관람객 수준으로 전락한다.

공감은 타인의 처지에서 타인의 귀로 들어보고 타인의 시각으로 세상을 바라보면서 가슴으로 느끼는 역지사지의 감정이다. 기계는 아무리 고도의 알고리즘으로 프로그램화되어도 사전에 설계된 논리대로 감정적 반응만을 보여줄 뿐이다. 인간 고유의 감정을 디지털 기술과 인공지능이 모방하고 표현한다고 해도 그것은 어디까지나 의도된 논리일 뿐이다. 인간의 감정은 상황에 따라 불확실한 반응을 보여주는 예측 불허의 정서적 대응이다. 하지만 그 어떤 것으로도 흉내낼 수 없는 인간의 공감능력은 감정주체의 의지에 따라 통제되거나 조정될 수 있을 뿐만 아니라 자신에게 불리한 상황에서도 기꺼이 몸을 던져 타인의 고통을 나눠 가지는 살신성인의 정신이다.

인간 고유의 능력 3: 생각지도 못한 체인지는 체험적 상상력에 기반을 둔 통찰력에서 비롯된다

생각지도 못한 체인지는 감수성으로 포착한 현실적 문제의식과 타인의 아픔, 불편, 불만, 불안을 치유하기 위해 아이디어를 구상하는 상상력에서 비롯된다. 어떤 아이디어를 냈을 때 타인의 아픔을 치유할 수 있을지를 고민하면서 끊임없이 의문을 제기하고 질문을 던지다 보면 결정적인 단서나 또 다른 문제를 발견하게 된다. 의심의 눈초리도 필요하지만 의문을 품고 질문을 던지는, 미지의 세계에 대한 감출 수 없는 끌림이 더 중요하다. 문제를 대하는 태도는 야심적이어야 한다. 그래야 그 문제를 해결하려는 불굴의 의지와 지적 호기심이 강하게 발동된다. 남다른 문제의식으로 '당연'과 '물론' 그리고 '원래'의 세계에 시비를 걸고 색다른 문제를 끊임없이 제기하다 보면 이전과는 전혀 다른 단서를 발견할 수 있다.

세상을 움직이는 사람은 누군가가 던진 문제에 대해서 답을 찾은 사람이라기보다 아무도 던지지 않은 새로운 질문을 던지고 문제를 일으키는 사람이다. 당장은 세상에서 외면당하지만 언젠가는 자신의 신념이 옳았음을 세상도 인정할 거라고 굳게 믿는 사람이다. 많은 사람이 사과가 땅에 떨어지는 것이 당연하다고 했다. 오로지 뉴턴만 당연하지 않다고 생각했다. 그래서 뉴턴은 '왜?'라고 물으면서 '물론'과 '당연' 그리고 '원래' 그렇다고 생각하는 세계에 시비를 걸기 시작했다. 그 결과 그는 상식으로 가려진 이면에서 새로운 지식을 만들어냈다. 이처럼 '당연하다'고 생각하는 것에 물음표를 던지고 시비를 거는 마음, '원래 그렇다'고 생각하는 고정관념에 통렬한 의문을 던져 통찰하는 역발상, '물론 그렇다'고 생각하는 습관적인 타성에 '물론 그렇지 않을 수 있다'고 시비를 걸며 끊임없이 의문을 품은 채 질문을 던지는 집요한 문제의식만이 익숙한 세계를 벗어나 낯선 상상력의 세계로 들어갈 수 있게 한다.

상상력은 감수성을 기반으로 공감하는 과정에서 발휘되어야만 공상(空想)이나 환상(幻想), 망상(妄想)이나 몽상(夢想)으로 전락하지 않는다. 상상력은 감수성으로 포착한 타인의 아픔을 치유하기 위해 여러 가지 아이디어를 구상하며 궁리에 궁리를 거듭하는 과정에서 잉태된다. 아이디어를 구상하기 위해서 기존 지식에 머물러서는 안 된다. 남다른 상상력을 발휘하기 위해서는 새로운 지식을 습득하는 것도 중요하지만 기존 지식을 버리려는 태도가 관건이다. 상상은 기존 지식에 머물러 있지 않는다. 기존 지식이 상상력 발휘에 도움되기도 하지만 다른 가능성을 상상하는 과정에서 장애요인으로 작용하는 걸림돌이 되기도 한다. 지식은 경험적으로 탄생되기 때문에 경험과 결부된 지식은 다른 경험을 과감하게 시도할 가능성을 원천적으로 봉쇄하기도 한다. 아인슈타인은 그래서 '지식보다 상상력'이 중요하다고 했다. 기존 지식을 버리는 학습, 즉 창조적 파괴를 통한 폐기학습(unlearning)이 새로운 지식을 습득하는 학습보다 더 중요한 이유는 버리지 않으면 채울 수 없기 때문이다. 특히 낯선 도전을 시작하기도 전에 고정관념과 자신의 경험적 지식이라는 타성의 틀에 갇혀 안 된다고 단정해버리는 일이 발생한다. 상상력은 고정관념의 틀에서 벗어나 역발상을 시도하고 세상을 남다르게 바라보는 가운데 싹이 자라고 꽃이 피는 '생각 너머의 생각'이다.

상상은 두 가지 이상의 새로운 아이디어를 연결하는 이연연상(二連聯想)을 통해서 이루어진다. 이연연상이 자유롭게 일어나기 위해서는 두 가지 조건이 필요하다. 첫째, 두 가지 이상을 연결할 수 있을 만큼의 풍부한 재료가 필요하다. 재료에는 다양한 경험, 독서, 여행, 영화 보기 등이 해당된다. 두 번째 조건은 연상장벽을 뛰어넘는 일이다. 연상장벽은 기존의 범주에 갇혀 범주 밖의 정보를 기존 범주에 끼워 맞추려는 습관화된 생각이다. 관계있는 것과 관계없는 것을 구분할 때 범주화가 가능하다. 그런데 관계있는 것과 없는 것을 구분하는 기준이나 그 기준으로 만들어진 기존의 범주를 벗어나지 않는 이상 이연연상을 발휘할 수 없다.

연상장벽을 탈피하는 한 가지 방법은 다른 사람의 처지에서 생각해보고 다른 방식으로 세상을 보는 것이다. 역지사지가 쉽지는 않지만, 그렇게 하지 않으면 늘 내가 하던 방식대로 보고 생각하고 그것이 옳다고 믿기 시작한다. 열 십(十)자를 보여주면 수학자는 덧셈, 산

부인과 의사는 배꼽, 간호사는 적십자, 약사는 녹십자, 목사는 십자가, 교통경찰은 사거리, 기능공은 십자드라이버라고 생각한다. 자기 직업의 틀 안에서 자기가 경험한 것만큼만 보고 자기가 보고 싶은 방식대로만 세상을 본다. 다르게 보기 위해서는 다른 직업 종사자의 처지에서 '내가 만약 ~ 이라면' 어떤 생각과 행동을 할 것인지 생각해보는 연습이 필요하다.

영화 「흐르는 강물처럼」을 보면 "물고기와 똑같이 생각하려면 아직도 3년은 더 있어야 해요"라는 말이 나온다. 위대한 낚시꾼이 되려면 물고기의 처지에서 생각하고 행동해야 한다는 말이다. 노벨물리학상 수상자 파인만(Richard Feynman)은 "내가 만약 전자(電子)라면"이라는 생각으로 물리학적 연구에 몰두했고, 양자물리학의 창시자 아인슈타인은 "내가 만약 광자(光子)라면"이라는 생각으로 양자물리학의 새로운 이정표를 마련했다. 상대방의 처지에서 생각해보고 행동하면서 헤아려보면 상대가 왜 그렇게 생각하고 행동했는지 알 수 있다는 의미다.

상대방의 처지가 되어봐야 상대방의 심정을 가슴으로 이해할 수 있다. 이해는 머리로 하는 것이 아니라 가슴으로 하는 것이다. 상대방의 관점과 처지에서 생각한다는 의미는 머리로 생각하고 말로 설명하는 것이 아니라 그 사람의 처지가 되어 직접 행동해보고 가슴으로 느껴봐야 한다는 말이다. 체험하지 않고도 머리로 알 수는 있지만 가슴으로 느낄 수는 없다. 가슴으로 느끼기 위해서는 직접 몸을 움직여 체험해봐야 한다. 내 생각과 느낌이 맞는지 틀리는지를 알 수 있는 유일한 방법은 체험해보는 것이다. 체험해봐야 공감할 수 있다. 전문가일수록 자신이 축적한 전문성의 세계 안에 갇혀 다른 세계를 이해하고 해석할 때에도 자기 시각과 관점으로 보는 데 익숙하다. 나와 다른 사람들의 생각이나 의견을 내 방식으로만 이해하려고 하면 나와 다른 의견을 틀린 의견으로 간주하기 십상이다. 새로운 아이디어를 구상하기 위해 이연연상을 시도해도 자기가 알고 있고 익숙한 세계 안의 경험적 지식과 노하우를 연결할 뿐이다. 관점을 바꾸고 처지를 바꿔서 생각하면 전혀 다른 상상력을 발동할 수 있다. 그래서 인간의 상상력은 밑도 끝도 없이 뜬구름만 잡는 공상이나 망상, 환상이나 허상이 아니라 구체적인 현실에서 상대방의 아픔을 헤아리고 타인이 겪는 불편함, 불만족, 불안감을 해소하기 위해 아이디어를 구상하는 과정이다. 생각지도 못한 체인지는 이처럼 타인의 아픔을 나의 아픔처럼 생각하는 감수성을 기반으로 발휘된 상상력이 낳은 통찰력이다.

차브리스(Christopher Chabris)와 사이먼스(Daniel Simons)가 지은 『보이지 않는 고릴라』[26]라는 책은 '무주의 맹시'(inattentional blindness)라는 현상을 고릴라 실험으로 통해 보여준다. 검은 셔츠 팀과 흰 셔츠 팀으로 나누어서 공을 서로 주고받게 한 다음, 흰 셔츠 팀이 공을 몇 번 패스했는지 묻는 문제를 냈다. 그리고 공을 패스하는 동안 고릴라 의상을 입은 여학생을 약 9초 동안 무대에 머무르게 했다. 공을 몇 번 패스했는지를 물어보았으니 당연히 학생들은 온 신경을 기울여 흰 셔츠 팀이 공을 몇 번 패스했는지 세어보는 데 집중했다. 그런 학생들에게 느닷없이 "고릴라 보셨나요?"라는 질문을 던진다. 놀랍게도 학생 중 약 절반이 고릴라를 의식하지 못했다. 실험에 참가한 학생들은 패스 횟수를 세는 데 너무 집중한 나머지 바로 눈앞의 고릴라도 못 볼 정도로 '눈이 먼' 것이다. 이와 마찬가지로 전문가들도 '무주의 맹시'에서 벗어나기 어렵다. 자기가 관심을 두고 있는 것만 지각하고 보기 때문에 다른 현상은 눈에 들어오지 않는다.

'무주의 맹시'를 극복하기 위해서는 자신의 관심분야에서 의도적으로 벗어나 다른 사람의 눈으로 세상을 바라보려는 노력이 필요하다. 문제를 해결하기 위해서는 내가 갇혀 있는 전공의 틀과 경험의 범위를 벗어나 다른 분야의 시각과 관점으로 들여다보고 파고들어야 한다. 안에서 밖을 내다보는 것도 중요하지만 밖에서 안을 들여다 봐야 내 문제와 한계를 깨달을 상상력과 통찰력이 자란다. 좌정관천 (坐井觀天)의 어리석음에서 벗어나 내가 보는 세계와 다른 세계도 얼 마든지 가능하다는 생각을 하기 위해서는 전공의 틀에서 벗어나 다 른 전공자의 눈으로 내 전공을 들여다봐야 한다. 그래야 나의 한계를 넘어서는 상상력이 자라고 통찰력이 생긴다.

인간 고유의 능력 4: 생각지도 못한 체인지는 정보 편집력과 지식의 연금술에서 비롯된다

세상의 모든 지식은 체험과 편집의 합작품이다.[27] 생각지도 못한 체인지(體仁智)는 도처에 산재한 다양한 정보를 나의 목적에 맞게 재 편집해서 새로운 지식을 창조하거나, 새롭게 직면한 문제나 위기상 황을 탈출하기 위해 기존 지식을 융합하는 지식의 연금술에서 비롯 된다. 인공지능이 아무리 뛰어난 논리적 연산기능을 갖추고 있어도 기존 지식과 다양한 정보를 편집하고 융합해 전대미문의 지식으로 창조하는 능력을 갖출 수는 없다.

『정희진처럼 읽기』[28]의 저자 정희진에 따르면 책을 읽는 방법은 크게 '습득'과 '지도 그리기'(mapping) 둘로 나뉜다고 한다. '습득'은 책 내용을 익히고 이해해서 저자의 주장을 취하는(take) 독서고 '지 도 그리기'는 읽고 있는 내용을 기존의 자기 지식에 배치(trans/form 또는 re/make)하는 독서다. 여기서 말하는 '지도 그리기'가 바로 정보 편집력이다. 같은 맥락에서 『인공지능 시대의 삶』[29]의 저자 한기호 도 편집능력을 갖춘 사람은 인공지능이 발달해도 살아남을 거라고 하면서 지식과 기술을 조합해 모두가 수긍할만한 답을 창출하는 힘 이 바로 편집력이라고 강조한다. 다양한 정보를 자신의 목적에 맞게 재편집하며 새로운 지식을 부단히 창조해내기 위해서는 무엇보다도 전공과 경계를 넘나드는 다양한 독서와 깊은 사색적 읽기가 필요하다. 이를 통해 저자의 핵심적인 문제의식과 메시지를 뽑아내고 이것을 기존 지식과 연계해 새로운 지식으로 재탄생시키는 일을 부단히 연습할 필요가 있다. 세상의 모든 지식은 기존 지식을 근간으로 재창조한 지식이다. 처음부터 오리지널한 지식은 없다. 모두 나의 목적에 맞게(repurpose) 기존 자료를 재배치하고 뒤섞은(remix) 결과다.[30]

정보 편집력을 갖춘 인재를 '브리꼴레르'(bricoleur)라고 한다. 브리꼴레르는 세상에 존재하는 다양한 정보를 자신의 목적에 맞게 재편집할 뿐만 아니라 기존 지식을 색다른 지식과 접목해 제3의 지식을 끊임없이 재창조하는 지식의 연금술사다.[31] 다음은 정보의 바다에서 떠돌아다니는 다양한 정보를 편집해서 새로운 지식을 만드는 예이다. 우선 사과에 대한 관심이 생겨서 역사 속에 존재하는 다양한 사과 이야기에 대한 정보를 수집한다고 해보자. 첫째, 태초의 사과인 이브의 사과 또는 아담과 이브의 일화가 가장 먼저 떠오른다. 이 사과는 따 먹지 말아야 할 사과를 따 먹은 죄, 즉 원죄와 도덕의 사과다. 둘째, 만유인력 법칙을 발견하게 한 뉴턴의 사과가 있다. 사과가 위에서 밑으로 떨어지는 현상을 유심히 관찰한 뉴턴은 그걸 당연한 현상이라고 생각한 수많은 사람과는 다르게 의문을 품었고 결국 만유인력 법칙을 발견할 수 있었다.

셋째, 사과 하나로 세상을 깜짝 놀라게 하겠다고 두문불출, 마침내 사과 정물화를 그려낸 세잔(Paul Cézanne)의 사과가 있다. 사과를 남다른 눈으로 바라보고 만져보고 먹어보면서 똑같은 사과라고 할지라도 보는 사람에 따라 얼마든지 다르게 바라볼 수 있다는 점을 우리에게 가르쳐준 사과다. 넷째, 트로이 전쟁을 일으킨 일명 미(美)의 사과가 있다. 그리스의 여신 테티스와 영웅 펠레우스의 결혼식에 불화의 여신 에리스를 제외한 모든 신이 빠짐없이 초대받았다. 따돌림을 당한 에리스는 혼인잔치가 한창 무르익어가는 중에 나타나 하객들 사이에다 '가장 아름다운 여신께'라는 글이 새겨진 황금 사과 한 알을 던졌다. 그러자 그 자리에 있던 세 여신, 즉 헤라와 아프로디테 그리고 아테나가 서로 그 사과를 자기 것이라고 주장하면서 제우스에게 판결을 내려달라고 했다. 우여곡절 끝에 제우스에게 판결을 떠맡게 된 양치기 청년 '파리스'는 인간 세상에서 가장 아름다운 여자를 얻는 조건으로 아프로디테 여신에게 황금 사과를 주었다. 그러나 아프로디테가 약속한 가장 아름다운 여자는 이미 결혼한 여자, 즉 스파르타의 왕비 헬레네였다. 파리스는 아프로디테의 도움으로 헬레네를 꾀어내어 조국 트로이로 데려갔고 이것이 트로이 전쟁의 발단이 되었다.

다섯 번째 사과는 빌헬름 텔의 사과다. 이 사과는 혁명과 자유의 사과다. 스위스의 폭군 게슬러는 어느 날 광장에 긴 장대를 세워 그 꼭대기에 자신의 모자를 걸어놓고는 마을에 들어오는 사람은 모두 그 앞에서 절하라고 명령한다. 빌헬름 텔은 그 명을 따르지 않았을 뿐만 아니라 모자를 조롱하기까지 하였다. 이에 게슬러는 백성들의 동조와 반란에 대한 두려움으로 빌헬름 텔을 체포해 사형에 처하려 했다. 그러나 마땅한 죄목이 없었다. 고민하던 게슬러는 빌헬름 텔이 활의 명수라는 말을 듣고 만일 빌헬름 텔이 아들의 머리 위에 사과를 올려놓고, 단 한 발의 화살로 사과를 명중시키면 다시는 죄를 묻지 않겠다고 했다. 이에 빌헬름 텔은 화살을 날려 명중시켰다.

여섯 번째 마그리트(René Magritte)의 사과, 즉 역발상의 사과다. 벨기에의 초현실주의 화가 마그리트가 그린 사과는 보통의 사과가 아니다. 일상의 사과에서 벗어나 비상하는 사과이고, 크기도 상상을 초월하는 사과라서 이제까지 한 번도 본 적 없는 낯선 사과다. 사과가 있어야 할 자리에서 벗어나 낯선 공간 속에 자리함으로써 기존의 사과를 부정하고 익숙한 일상에서 벗어난 새로운 사과를 긍정하게 하는 사과다.

일곱 번째는 스피노자(Baruch de Spinoza)의 사과다. 일명 종말의 사과다. "내일 지구의 종말이 온다 할지라도 나는 오늘 한 그루의 사과나무를 심겠다." 너무나 유명한 말이면서 동시에 숱한 오해를 자아내기도 하는 이 말을 과연 스피노자가 직접 했는지는 분명하지 않다. 하지만 지구의 순간적인 변화에 연연하지 않고 갈 길을 끝까지 가겠다는 의미로 많은 시사점을 던져주는 사과다.

여덟 번째 사과는 나폴레옹(Napoleon I)의 희망의 사과다. 나폴레옹은 가난했던 소년사관학교 시절, 사과가게 할머니에게 사과를 얻어먹었다. 이후 30년의 세월이 흐른 뒤에도 그는 여전히 같은 자리에서 사과를 팔고 있는 할머니를 만났다. 장교로 다시 돌아온 나폴레옹이 사과를 얻어먹던 소년이 바로 자신이었음을 밝히자 할머니가 눈물을 흘렸다는 이야기다. 가난했던 소년 나폴레옹에게 희망을 심어준 사과다. 아홉 번째는 백설공주의 미혹의 사과다. 새 왕비가 된 마녀가 백설공주의 미모를 질투해 독사과로 백설공주를 살해하려 하지만 오히려 일곱 난쟁이의 공격을 받아 절벽에서 벼락을 맞고 떨어져 죽게 된다는 이야기다.

열 번째는 잡스(Steve Jobs)의 혁신의 사고다. 애플의 로고는 한 입 물어뜯은 사과다. 이 사과가 IT 업계에 새로운 변화와 혁신의 바람을 몰고 왔다. "남과 다르게 생각하라!"[32] 언제나 남다른 디자인과 혁신을 통해 세상을 감동에 빠지게 했던 잡스의 상징적인 사과다. 열한 번째 사과는 이시카와 다쿠지(石川拓治)의 기적의 사과다. 그는 무수한 실패를 거듭한 끝에 마침내 자연 속에서 자연의 힘으로 농작물을 키워내는 생태학적 농법을 고안했다. 시행착오와 우여곡절을 겪었지만 마침내 세상에서 가장 자연적인 사과 재배에 성공한 것이다.

마지막으로 뭐니 뭐니 해도 최고의 사과는 공개사과다. 공, 개, 사과 이미지를 조합해 공개사과라는 메시지를 탄생시킨 사과다. 상상력은 낯선 이미지의 조합만으로도 얼마든지 가능하다는 마그리트의 데페이즈망(dépaysemant) 화법을 모방한 사과다. 익숙한 이미지인공, 개, 사과를 낯선 방식으로 조합해서 공개사과를 만든 것이다.

　세상의 모든 창조는 아무것도 없는 바닥에서 시작하지 않는다. 기존의 개념, 이미지, 아이디어를 남다른 방식으로 조합하거나 융합하는 가운데 일어난다. 이렇게 사과 하나만으로도 얼마든지 새로운 지식을 창조할 수 있다. 비록 내가 사과를 전문적으로 공부하지 않은 사람이라고 할지라도 사과를 농업적으로 생각할 수 있고 예술적으로 상상할 수 있다. 문학 속의 사과, 역사 속의 사과, 그림 속의 사과, 비즈니스 속의 사과처럼 정보를 편집해 사과에 관한 다양한 관점과 상상력을 제공할 새로운 지식을 창조할 수 있다. 사과를 통해 교훈을 이끌어낼 수도 있고 사과를 다양하게 바라볼 수 있는 새로운 관점을 제시할 수도 있다. 그래서 사과는 과수원에서 자라는 단순한 과일이 아니라 하나의 자연 그 자체이며 역사요 문학이자 예술이다.

　지식의 연금술은 이미 하나의 학문분야로 확립된 각각의 전공분야를 지식융합함으로써 인식의 지평을 확대해나가는 과정에서 발휘되는 능력이다. 브리꼴레르는 우물을 파 내려가다가 수맥을 만나면 바로 그 지점에서 이미 하나의 학문분야로 정립된 다양한 지식과 다른 전문적 지식과의 융합을 시도한다. 어느 정도 파고들어 간 뒤에는 조금만 옆으로 파고들어 가도 다양한 물길에서 솟구치는 물줄기를 만날 수 있다. 지식의 연금술은 또한 고욤나무에 감나무 가지를 접목하는 과정과 유사하다. 고욤나무에 감나무가 열리는 비결은 무엇일까. 고욤나무는 아무리 노력해도 감과 같은 크기의 열매는 맺지 못한다. 그래서 고욤나무에 감나무를 접(接)붙이는 것이다. 접목(接木)이라는 말이 있다. 다른 나무끼리 덧붙여서 하나의 나무로 만든다는 말이다. 고욤나무와 감나무를 접목하면 고욤나무가 감나무로 변신한다. 즉 고욤나무가 감나무가 되기 위해서는 자기 가지를 완전히 잘라내고 거기에 감나무 가지를 덧붙여야 한다. 고욤나무는 주어진 상황에서 최선의 노력을 경주한다 해도 절대 감나무로 변신할 순 없다. 고욤나무가 감을 맺기 위해서는 자신이 가진 것을 모두 버리고 감나무 가지를 자기 몸 안으로 받아들여야 한다.

지식의 연금술도 마찬가지다. 기존 지식으로 넘을 수 없는 한계는 새로운 지식을 받아들여야만 넘어설 수 있다. 넘어서기 위해서는 너머의 세계를 인정하고 수용해야 한다. 높은 학문적 벽을 부수고 기존의 지식에 다른 분야의 지식을 접목할 때 새로운 지식이 잉태된다. 기존 지식보다 더 의미심장한 가치를 지닌 새로운 지식이 탄생하기 위해서는 기존 지식에 새로운 지식을 접목해야 한다. 남다른 지식을 잉태하기 위해서는 자신의 전공분야에서 벗어나 다른 분야의 지식을 끊임없이 흡수해야 한다. 다양한 지식융합을 통해 기존 지식을 새롭게 재탄생시켜야 한다는 것이다. 고욤나무가 감나무로 변신하는 과정은 자신과 완전히 다른 감나무가지를 내면에 심는 고통을 이겨 내는 과정이다. 마치 조개 안으로 들어온 이물질인 모래가 조개의 속살에 상처를 내고 이것이 다시 아무는 과정을 통해 진주조개가 탄생하는 것과 유사하다.

인간 고유의 능력 5: 생각지도 못한 체인지는 아레테를 지향하는 실천적 지혜에서 비롯된다 [33]

기계는 아무리 깊은 학습을 해도 알고리즘에 없는 예외적인 사건이 발생하면 임기응변력을 발휘할 수도, 상황에 대처할 수도 없다. 대처가 가능해도 축적된 경우의 수에 비례하는 프로그램상의 기계적인 대처일 뿐이다. 기계가 설계된 알고리즘이나 프로그램대로 반응하지 않으면 위험천만한 문제를 일으킬 수 있다. 인간이 살아가는 세상은 기대했던 대로 일어나는 일보다 예측할 수 없는 불확실한 일들이 생각지도 못한 방식으로 더 많이 벌어지는 시계 제로의 세상이다. 필연성과 인과법칙을 토대로 미래 현상을 예측하는 능력을 개발하는 일이 중차대한 과제가 아닐 수 없다.

하지만 삶은 우연성의 연속인 경우가 많다. 사건과 우연히 마주치면서 새로운 깨우침이나 뉘우침을 배우는 인간의 능력은 기계가 대체할 수 없는 신비한 능력이 아닐 수 없다. 상황적 특수성과 고유함 때문에 우발적으로 발생하는 사고(事故)에 대응하는, 생각지도 못한 사고(思考)는 컴퓨터 프로그램으로 만들 수 없는 인간 고유의 상황맥락지능이자 임기응변력이다. 이처럼 생각지도 못한 체인지는 생각지도 못한 우연한 만남의 축적에서 비롯된다. "인생 최고의 감독은 우연이다." 영화 「리스본행 야간열차」에 나오는 대사. 생각지도 못한 사건과 사고, 우연한 마주침, 예기치 못한 사태 속에서 깨달음의 지혜를 얻는 가운데 생기는 체인지야말로 기계가 대체할 수 없는 인간 고유의 능력 중에 최고의 능력이다.

일찍이 아리스토텔레스는 『니코마코스 윤리학』이라는 책에서 전문가가 갖추어야 할 최고의 덕목으로 프로네시스(phronesis), 즉 실천적 지혜(practical wisdom)를 꼽았다. 실천적 지혜는 첫째, 원칙과 도덕적 판단, 거리감과 공감의 합작품이고, 둘째, 공동체에 대한 관심과 헌신을 포함하는 간주관적 실천이며, 셋째, 보편성과 구체성이 통합된 종합적 지혜다.[34] 체인지는 궁극적으로 이 세 가지 의미를 지닌 실천적 지혜를 지칭한다. 앞에서 설명한 네 가지 체인지, 즉 호기심에 기반을 둔 질문능력, 정보 편집력과 지식의 연금술, 체험적 상상력과 통찰력 그리고 감수성에 기반을 둔 공감능력은 실천적 지혜를 쌓기 위한 기반 지혜다.

그러면 실천적 지혜의 세 가지 성격을 자세히 살펴보자. 첫째, 실천적 지혜는 원칙과 도덕적 판단, 거리감과 공감의 합작품이다. 아리스토텔레스의 실천적 지혜는 모든 사안을 과거의 전례나 관례대로 판단하지 않고 일의 참된 목적에 비추어 주어진 상황에서 가장 올바르게 행동하기 위해서는 어떻게 해야 하는지에 대해 숙고하고 도덕적으로 판단하는 능력이다. 한마디로 실천적 지혜는 일의 참된 목적에 비추어 내리는 올바른 상황판단력이다.『어떻게 일에서 만족을 얻는가』는 실천적 지혜를 발휘하기 위해 공감과 거리감이 동시에 필요하다고 한다. 다른 사람들이 겪고 있는 아픔을 제대로 이해하지 못하면 올바르게 판단할 수 없고, 다른 이의 관점에 너무 깊이 빠져들어도 주어진 상황을 냉철하게 바라볼 수 없다는 것이다. 사회적 맥락을 읽어내는 통찰력과 흑백의 이분법적 구분이 아닌 특정 상황이 낳는 미묘한 차이, 즉 회색지대를 간파하는 능력이 필요한 것이다. 내면으로는 공감하고 이해하면서 다른 한편으로는 냉정함과 객관성을 유지하는 것, 즉 상반된 감정을 조율하는 능력이야말로 실천적 지혜의 핵심이다.

둘째, 실천적 지혜는 공동체에 대한 관심과 헌신을 포함하는 간주관적 실천이다. 실천적 지혜는 개인차원의 딜레마 상황에서 올바른 판단과 조치를 취하는 현명한 숙고능력이나 체험적 통찰력을 넘어선다. 실천적 지혜는 자신이 소속된 공동체의 성장과 발전에 대한 남다른 애정과 관심을 포함한다. 특히 실천적 지혜는 공동의 선을 위한 대안을 모색하고 공동체 내에서 다른 동료들을 배려하며 그들과 협동하는 방법에 관한 지식이다(홍윤경, 2012). 실천적 지혜는 올바른 실천에 대한 개인차원의 숙고로 시작되긴 하지만, 궁극적인 공동의 선을 위한 올바른 실천을 한 개인의 노력만으로 이루기에는 역부족이다. 실천적 지혜의 관점에서 바라본 전문가는 독창적인 지식과 체험적 노하우를 지니고 있을 뿐만 아니라 자신의 전문성을 함께 나누고 더불어 살아가는 미덕을 강조하는 존재다. 자신의 전문 분야에 대한 열정과 도전의식은 물론 자신의 전문성을 남을 위해 나누는 자리이타적 사랑의 모델이 되기 위해선 다른 사람을 배려하고 인격적으로 존중해주어야 한다. 하지만 오늘날 이러한 개념의 전문가는 찾아보기 어렵다. 전문가의 윤리적 양심과 도덕적 책임을 저버린다면 실천적 지혜를 지닌 진정한 전문가의 수준에 이르지 못할 것이다. 실천적 지혜는 문제적 상황에서 어떻게 올바른 목적을 설정하고 올바르게 실천할 것인지에 대해 공동체 구성원들의 집단적 관심과 성찰의 결과로 얻어지는 유연한 상황판단력이다. 실천적 지혜는 개인차원의 올바른 실천에서 출발하지만, 자신이 소속된 공동체의 선(善)을 지향하기 위한 관심과 헌신, 동료들과의 바람직한 관계와 협동에 관한 지식이기도 하다. 실천적 지혜로 하는 숙고는 공동체가 추구하는 선에 관한 숙고이자 그런 공동체의 선을 달성하기 위한 올바른 방법에 관한 숙고이기도 하다.

셋째, 실천적 지혜는 보편성과 구체성이 통합된 종합적 지혜다. 실천적 지혜는 이론적 지식처럼 시공간과 관계없이 탈맥락적으로 언제 어디서나 통용되는 진리가 아니다. 오히려 실천적 지혜는 특수한 상황에서 구체적인 사례나 이슈에 대해 지금 당장 어떤 조치를 취해야 하는지를 따지는 맥락 구속적 지혜다. 실천적 지혜가 일반화할 수 있는 보편적 진리, 즉 에피스테메(episteme)와 근본적으로 다른 점은 언제나 구체적인 상황적 맥락 속에서 드러나는 일리 있는 지식이라는 점이다. 일리(一理)는 진리(眞理)와 다르게 그 적용대상이 특정한 시공간으로 제한된다. 일리가 있다는 말은 특정상황에서 잠정 기간 동안만 진리로 통용된다는 말이다. 따라서 실천적 지혜는 지금 당장 무엇을 어떻게 실천할 것인지에 대한, 즉 절박한 상황에서 던져진 긴박한 요구에 대한 대답이다. 따라서 동일한 이슈와 문제라고 할지라도 문제상황에 관여된 이해관계, 사연과 배경, 해당 이슈에 대한 사회적·정치적인 관점에 따라 최선의 대안은 달라질 수밖에 없다. 이런 점에서 실천적 지혜는 언제나 사회적 이슈에 대한 이해관계자들의 정치적 갈등관계를 내포하고 있다.

나아가 실천적 지혜는 일반적이고 보편적인 지식을 구체적인 상황에서 발생하는 특정한 지식과 연결해 보편성에서 공통점을 발견하고 특수성에서 독특함을 찾아 주어진 사안을 해결하거나 이슈를 논의하는 데 필요한 지혜로 활용하는 능력이다. 실천적 지혜란 주어진 딜레마 상황이나 문제적 상황을 '비판적'으로 생각하는 능력이면서 동시에 지금 당장 이 상황에서 내가 무엇을 어떻게 해야 하는지를 '실천적'으로 결단할 수 있는 능력을 의미한다. 실천적 지혜는 보편적 지식이나 기술적 지식의 체계적 축적이나 적용으로 생기지 않는다. 딜레마 상황에서 올바르게 판단하고 윤리적 실천을 이루는 가운데 체득하는 지혜. 이런 점에서 실천적 지혜는 윤리적 노하우(ethical know-how)[35]나 심사숙고하는 탁월성(deliberate excellence)[36]으로 해석된다. 전문적인 능력이 아무리 탁월하다고 할지라도 전문가의 실천이 올바른 선을 위한 윤리적 실천에 위배될 경우 무의미하다는 점을 실천적 지혜는 가르쳐주고 있다.

생각지도 못한 체인지는 실천적 지혜를 바탕으로 발휘하는 아레테에서 비롯된다. 아리스토텔레스는 전문지식과 기술의 탁월성과 윤리적 자세 그리고 전문성을 활용하는 도덕적인 행위가 이상적으로 조화를 이룬 상태를 아레테라고 했다.[37] 즉 전문지식의 탁월성(excellence)과 덕(virtue)을 겸비한 상태를 의미한다. 따라서 아레테는 미덕을 갖춘 최고 경지의 전문성을 뜻한다. 일찍이 소크라테스도 아레테가 갖추어야 할 최고의 덕목으로 인간적 됨됨이를 강조한 바 있다. 치열한 노력과 열정으로 최고 전문가의 길을 걸어가면서도 공동체 발전을 위해 기꺼이 자신의 전문지식과 기술을 나누는 공동체적 정신을 강조한 것이다.

소크라테스는 도공의 아레테는 도공의 독창적인 지식과 체험적 노하우를 지니고 있을 뿐만 아니라 기술을 통해 함께 나누고 더불어 살아가는 미덕까지 포함한다고 설명했다. 예를 들면 의사로서의 아레테는 전공영역에 대한 해박한 지식으로 그 분야의 질환을 잘 치료할 수 있는 탁월한 전문성뿐만 아니라 환자의 아픔을 나의 아픔처럼 공감하는 따뜻한 가슴까지 겸비한 능력을 말한다. 자신의 전문지식을 다른 사람이나 공동체와 나누는 지식인의 봉사정신이야말로 우리 시대가 추구해야 할 진정한 의미의 전문가상이라고 볼 수 있다. 자신의 이익과 안위(安慰)만을 앞세워 다른 사람의 아픔에 아랑곳하지 않는다면 진정한 의미의 전문가가 될 수 없다.

자기만 생각하는 이기적 인간, 타인을 무시하는 안하무인, 자기 것만 고집하는 외골수는 아레테에 이르는 여정에서 경계해야 할 대상이다. 나눔을 실천하는 사랑의 공동체가 되기 위해선 다른 사람을 배려하고 인격적으로 존중해주어야 한다. 하지만 오늘날 이러한 아레테의 의미는 변질되어 본래의 의미와 거리가 멀어지고 있다. 전문가의 윤리적 양심과 도덕적 책임을 저버린다면 아레테의 수준에 이르지 못할 것이다. 기계가 지능을 갖추고 인공지능이 인간의 지능을 능가하는 시대에서 실천적 지혜에 근거한 아레테야말로 인간이 갖추어야 할 가장 소중한 능력 중의 하나가 아닐 수 없다.

제4차 교육혁명과 교육의 미래

인간은 논리적으로 판단하는 이성적 동물인 동시에 감정적으로 반응하는 공감의 동물이다. 인공지능은 논리의 세계나 감정의 영역을 모두 흉내 낼 수 있다. 하지만 감정은 주어진 상황에 따른 예측 불허의 인간적 반응이자 의지의 문제라서 인공지능이 따라 한다고 해도 현재로서는 분명한 한계가 있다. 기술이 발전하고 인간의 지능을 닮은 인공지능이 발달해도 인간적 의도를 간파하고 판단해서 그 의도가 지향하는 바가 무슨 의미인지를 해석하고 통찰하는 능력은 인간 고유의 능력으로 남을 것이다. 거꾸로 이야기하면 기계는 의도나 의지를 지니고 변화하는 상황의 의미가 무엇인지 판단하고 해석하며 통찰하는 능력은 쉽게 지닐 수 없다는 것이다.

바로 이 점이 인문학적 사유를 기르는 교육에 집중적으로 투자해야 하는 이유다. 특히 인간의 의지나 의미가 담긴 언어는 어떤 상황에서 누가 어떤 의도로 발언했는지에 따라서 다양한 해석이 가능하다. 똑같은 '사랑해'라는 말도 사랑을 처음 시작하는 사람들이 주고받는 말과 사랑에 빠져 한참 달콤한 밀애를 즐기고 있거나 어느 정도 사랑하는 관계가 지속되는 과정에서 주고받는 말 그리고 이별의 순간이 가까이 온 마지막 시점에서 주고받는 말은 전혀 다른 뉘앙스를 지니고 있다. 『마음사전』을 쓴 김소연 시인의 말을 인용해본다.

> "마지막에 던져지는 '사랑해'라는 말은 '미안해'와 '고마워'를 함께 짊어지고 있다. 처음 '사랑해'라는 말은 언제나 수줍고 진지하게 발화되며, 과정 속에서의 '사랑해'라는 말은 때론 유치하게, 때론 장난스럽게, 때론 느끼하게, 때론 청승맞게 발화되지만, 끝에서의 '사랑해'라는 말은 모래바람처럼 건조하고 공허하게 발음된다. 처음의 '사랑해'라는 말이 신음의 형식을, 과정의 '사랑해'라는 말이 감탄 혹은 즐김, 의지 혹은 속박과 테러의 형식을 표면화한다면, 끝의 '사랑해'라는 말은 학살의 형식을 표면화한다."[38]

똑같은 '사랑해'라는 말도 언제 누가 어떤 맥락에서 사용하느냐에 따라 천차만별의 의미를 담고 있다. 인간이 아니고서는 누구도 이러한 의미의 변화무쌍함을 제대로 포착해서 번역하거나 해석할 수 없다. 기계가 아무리 똑똑해도 맥락에 따라서 다른 의미를 지니는 인간의 언어적 용법을 익힐 수 없는 것이다. 인간이 생각하는 사람, 즉 호모사피엔스로서 문명발전의 주역이 될 수 있었던 가장 큰 이유는 인간은 또한 언어를 사용하는 호모로퀜스(Homo loquens)이기도 하다는 사실에 있다. 호모로퀜스는 언어를 매개로 사고하고, 사고하는 과정을 언어로 표현하고, 그 결과를 언어를 사용하여 전달한다. 기계가 기계어를 사용해서 인간의 언어사용능력과 언어를 활용하는 사고능력을 모방한다고 해도 맥락적 언어사용방법과 의미이해능력을 완벽히 갖추지는 못할 것이다. 예를 들면 한국말에는 '시원해'라는 말이 있다. 시원한 물을 마실 때와 뜨겁고 매운 국물을 맛볼 때 똑같이 '시원해'라고 말하지만 사실 맥락에 따라서 전혀 의미를 내포하고 있다. 기계적 번역은 '시원해'를 맥락이나 의도와 상관없이 같은 의미로 번역하겠지만 인간은 똑같은 '시원해'라는 말도 다른 의미로 쓰이고 있음을 언어적 사용 맥락을 보고 판단하고 해석하는 것이다.

열 길 물속은 알아도 한 길 사람 속은 모른다는 말이 있다. 열 길 물속은 기술의 발전으로 알 수 있는 과학적 탐구대상이지만 한 길 사람 속은 과학적 탐구논리로 알 수 없는 인문학적 탐구대상이다. 인공지능이 발전하고 기술이 발달해도 시시각각 변화하는 인간의 감정이나 정서를 100퍼센트 완벽하게 포착해서 판단하고 해석하며 통찰력을 발휘하기는 요원하다. 인간이 인간일 수 있는 이유와 인간이 인간다움을 유지할 수 있는 고유한 능력을 인문학적으로 탐구하는 과정에서 발견할 수 있다면 미래 교육혁명의 방향도 여기에 초점을 두어야 할 것이다.

기술이 발전하면서 새로운 기기에 인간의 뇌기능을 맡길수록 인간의 뇌기능은 활성화되기보다 퇴화한다는 점도 숙지할 필요가 있다. 용불용설에 따라 뇌기능도 쓰면 쓸수록 더욱 강화되지만 쓰지 않을수록 퇴화된다. 편리한 기술이 등장할수록 불편한 삶을 살면서 퇴화되어가는 뇌기능을 복구하고 개발할 필요가 있는 이유도 여기에 있다. 특히 복잡한 계산 기능이나 불편한 일을 기계가 대신해주면서 인간은 그 어느 때보다 편리한 생활을 만끽하고 있다. 불편한 상황에서 직면하는 곤란한 문제를 기계가 점차 대신 해결해줌으로써 인간은 적은 노력을 투입하고도 예전보다 훨씬 효율적인 삶을 살아갈 수 있게 되었다. 제4차 산업혁명이 몰려오면서 세상의 모든 것이 실시간으로 연결되고 초고속으로 데이터가 송수신되며 앉아서도 세상의 거의 모든 것과 연결될 수 있는 시대가 되었다. 그렇다면 손가락 하나만 까딱해서 필요한 지식을 필요한 시기에 필요한 사람에게 제공할 수 있을까.

진정한 교육혁명은 기술이 아니라 기술과 사람이 맺어가는 관계혁명에 있다. 관계혁명의 주체는 기술이 아니라 사람이다. 기술발전이 아무리 혁신적이어도 인간학습과 교육에 필요한 불편함과 수고, 정성 어린 학습자세와 태도, 끈질긴 노력으로 얻어지는 학습의 즐거움 등을 기술은 대체할 수도 없을 뿐만 아니라 대체해서도 안 된다. 결국 답은 편리한 교육이 아니라 불편한 교육이다. 전 세계의 사람과 사물이 인터넷으로 연결되어 실시간으로 자료가 공유된다고 해도 공유되는 양과 속도만큼 배움이 발생하지는 않는다. 기술발전과 경제성장처럼 교육도 효율과 속도논리가 지배한다면 교육을 통해 우리가 육성하고자 하는 철학과 본질이 실종될 수 있다. 수단적 가치가 목적으로 전도되는 역기능이 발생하는 것이다.

제4차 산업혁명이 사회 전반은 물론 교육 분야에도 도미노처럼 영향을 미치고 있지만 이런 변화의 시기일수록 변해서는 안 될 생각지도 못한 체인지가 무엇인지 심사숙고해야 한다. 생각지도 못한 체인지는 질주하는 직선의 조급함과 편리함 속에서 탄생하지 않는다. 그것은 곡선의 물음표와 호기심 그리고 기다리고 인내하는 수고와 정성 속에서 우리에게 천천히 다가오는 불편한 지혜다. 편리한 교육은 결국 인간을 불리하게 만든다. 불편한 교육이라야 편안한 인간적 삶을 보장하는 생각지도 못한 체인지를 창조할 수 있다.

참고문헌

구본권, 『로봇 시대, 인간의 일』, 어크로스, 2015.

김소연, 『마음사전』, 마음산책, 2008.

니콜라스 카, 이진원 옮김, 『유리 감옥』, 한국경제신문, 2014.

니콜라스 카, 최지향 옮김, 『생각하지 않는 사람들』, 청림출판, 2011.

마르틴 하이데거, 전양범 옮김, 『존재와 시간개(정판)』, 동서문화사, 2015.

메리 올리버, 민승남 옮김, 『휘파람 부는 사람』, 마음산책, 2015.

배리 슈워츠·케니스 샤프, 김선영 옮김, 『어떻게 일에서 만족을 얻는가』, 웅진지식하우스, 2012.

수전 손태그, 이재원 옮김, 『타인의 고통』, 이후, 2004.

아리스토텔레스, 김재홍·강상진·이창우 옮김, 『니코마코스 윤리학』, 길, 2011.

오스틴 클레온, 노진희 옮김, 『훔쳐라, 아티스트처럼』, 중앙books, 2013.

유영만(2015c), 「실천적 지혜에 비추어 본 수업설계자의 전문성 재고」, 『기업육연구』 17(2).

유영만, 『브리꼴레르』, 쌤앤파커스, 2013.

유영만, 『생각지도 못한 생각지도』, 위너스북, 2011.

유영만, 『체인지』(體仁知), 위너스북, 2012.

정희진, 『정희진처럼 읽기』, 교양인, 2014.

질 들뢰즈, 서동욱·이충민 옮김, 『프루스트와 기호들』, 민음사, 2004.

크리스토퍼 차브리스·대니얼 사이먼스, 김명철 옮김, 『보이지 않는 고릴라』, 김영사, 2011.

클라우스 슈밥, 송경진 옮김, 『클라우스 슈밥의 제4차 산업혁명』, 새로운현재, 2016.

한기호, 『인공지능 시대의 삶』, 어른의시간, 2016.

Eryaman, M.U., *International Journal of Progressive Education*, 3(1), 2007.

Hannah Arendt, *The Human Condition*, The University of Chicago Press 2nd ed., 1998.

Konrath, S.H., Arbor, A., & O'Brien, E.H., Changes in dispositional empathy in American college students over time: *A meta-analysis. Personal Social Psychology Review*, 15(2), 2011.

Marile Adams, *Change your questions, change your life: 10 Powerful tools forl Life and work*, San Francisco, CA: Berrett-Koehler Publishers, 2009.

R.J. Berstein, *Beyond objectivism and relativism*. Philadelphia, PA: University of Pennsylvania Press, 1983.

T.A. Schwandt, *Evaluation practices revisited*, Stanford, CA: Peter Lang Publishing.

이제는 지식중간도매상이 아니라 멘토의 시대다

조벽

HD 행복연구소 공동소장

혁신(革新)이 아니라 혁신(革身)이다

자랑스러운 한국

우리는 '산업화'와 '민주화' 달성을 자랑스러워합니다. 하나만 달성하기도 어려운데 짧은 기간에 둘을 동시에 이루어내었으니 자랑할 자격이 다분히 있습니다. 가끔 '정보화'를 추가하는 경우도 있습니다. 한국은 세상에서 광케이블 연결이 가장 잘된 나라, 인터넷 속도가 가장 빠른 나라, 스마트폰 보급률이 가장 높은 나라, 전자정부 시스템을 수출하는 나라입니다. 자랑스러워할 정도의 정보화 인프라를 갖춘 셈입니다.

저는 여기에 지금까지 전혀 언급되지 않은 하나를 추가하고 싶습니다. 바로 '창조화'입니다. 우리나라의 특허출원 건수가 세계 4위입니다. 중국, 미국, 일본 다음입니다. 유럽연합보다 앞서 있다는 사실이 놀랍습니다. 인구 대비로 계산하면 압도적인 1위입니다. 특허출원 건수는 GDP와 높은 상관관계가 있기 때문에 이는 우리나라의 경제 성장 잠재력이 높다는 사실을 방증합니다. 즉 우리나라가 '농경화'에서 '산업화'와 '정보화'를 순차적으로 잘 이루어냈으며, 그다음 단계인 창조화의 미래도 밝다는 뜻입니다.

창피스러운 한국

그러나 한국에는 매우 창피스러운 면도 있습니다. 따돌림과 폭력에 시달리다가 자살하는 학생들, 지켜야 할 승객들을 내버린 채 제일 먼저 탈출하는 선원들, 사회에 만연해 있는 온갖 비리와 부정부패, 있는 사람들의 끝없는 탐욕과 횡포, 상대방의 인권을 무시하는 갑질, 끔찍한 패륜 범죄 등 우리 사회의 윤리와 도덕은 무너진 것 같습니다. 특히 법을 지켜야 하는 법조인의 범죄와 아이를 보호해야 하는 어른의 아동학대가 가장 창피하고 걱정됩니다. 법치와 덕치의 근간이 썩고 있다는 뜻이기 때문입니다. 무법천지가 되면 아무리 경제가 성장한들 모두가 불행해집니다. 이미 국민은 상당히 불행합니다. 한국인들의 행복감은 세계 최하위 수준입니다. 학생들의 행복감은 수년간 세계 꼴찌입니다.

그러나 불행감보다 더 무서운 건 절망감입니다. 우리는 일제강점기와 전쟁과 독재를 차례로 경험하면서 몹시 불행했지만 해방, 종전, 민주화의 희망을 잃지 않고 불굴의 정신으로 정진하며 극복해왔습니다. 그러나 요즘에는 많은 사람이 절망하고 포기하고 있습니다. 절망에서 이어지는 패배주의와 피해의식이 두렵습니다. 이 마음의 병은 무서운 전염병이기 때문입니다. 그래서 점점 절망하는 젊은이가 많아지는 한국의 미래가 어둡게 느껴집니다.

위기의 한국과 혁신

이미 위기의 징표가 극명하게 나타나보입니다. 출산율은 세계 최하위 수준이고 이혼율은 세계 최고 수준이며 초혼 연령도 점점 높아지고 있습니다. 자녀 낳기를 포기하고 결혼을 포기하고 가정을 포기하는 이들이 늘고 있다는 뜻입니다. 자살률마저 세계 최고 수준이니 삶을 포기하는 이들 또한 많다는 것이지요. 미국 브루킹스연구소는 만약 이런 추세가 계속된다면 2750년도에는 한국인이 사라질 것이라는 보고서를 발표하기도 했습니다. 2750년은 마지막 한국인이 숨을 거두는 날, 한국인종이 폐기되는 날입니다. 물론 대한민국이라는 국가는 그보다 훨씬 전에 사라질 것입니다.

위기의 지표들은 모두 사람에 대한 통계입니다. 인간이 살기 척박한 환경임을 말해주는 수치들입니다. 그래서 저는 대한민국이 발전하기 위해서 교육 '혁신'(革身)이 가장 시급하다고 말하는 것입니다. 사람을 새롭게 바꾸는 게 혁신이지 그저 부서를 바꾸거나 엠블럼을 바꾸거나 무조건 새롭기 위해서 바꾸는 건 의미가 없음을 강조하기 위해서 몸 신(身) 자를 사용합니다. 이 깨달음은 율곡 이이의 『격몽요결』(擊蒙要訣)에서 얻었습니다. 『격몽요결』은 율곡 이이가 학문을 시작하는 이들을 가르치기 위해 선조 때 편찬한 책으로 입지(立志), 혁구습(革舊習), 지신(持身)으로 시작되는 열 가지 가르침을 담았습니다. 이 중 '나쁜 습관을 바꿔라'는 혁구습과 '몸을 바르게 하라'는 지신을 축약하면 '혁신'이 됩니다.

혁신의 핵심은 단연 교육입니다. 교육이라는 것은 인간의 노력으로 변화와 발전이 가능하다는 믿음에서 시작하는 행위입니다. 그래서 교육은 어렵고 힘들고 위태롭고 불리한 상황에서도 남을 탓하거나 포기하지 않으며 절망하지 않고 자신에 대한 주인의식을 지니고 스스로 자신의 미래를 창조해내는 원동력입니다. 우리가 눈부신 성장과 발전을 이루어낼 수 있었던 것은 교육이 중요하다는 범국민적 합의가 있었고 교육에 많이 투자한 결과입니다. 즉 한국발전의 원동력에 교육열이 크게 한몫했습니다. 이제 또 한 번의 교육혁신이 필요한 시점이 되었습니다. 교육혁신은 희망을 선택하는 의지이며 행동입니다. 우리의 앞날이 훤하기 때문에 희망을 느끼는 게 아니라 희망을 품을 때 앞날이 훤해지는 법입니다.

문제는 교육이고, 해결책도 교육이다

3W · 3S · 3A식 교육

우리는 하늘에서 폭탄이 떨어지는 1950년대 초의 상황에서도 교육을 실시했습니다. 교실이 없으면 천막을 치고 피난하면서도 자녀들을 가르쳤습니다. 이것은 교육할 수 있는 장소와 시간에 올 수 있는 사람을 대상으로 실시하는 3W(Whenever, Wherever, Whoever)식 교육입니다.

전쟁이 끝난 후에는 전국에 엄청나게 많은 학교를 짓고 3S(Same Time, Same Place, Same Age)식 교육을 시작했습니다. 같은 장소에서 같은 시간에 같은 나이 때의 사람을 대상으로 이루어지는 교육입니다. 1960년대만 하더라도 한 반에 학생이 90명씩이나 있던 그야말로 콩나물 교실이었지만 지금은 교사 한 명에 학생 수가 20~30명이 되었습니다. 해방 직후에 단 하나도 없던 4년제 대학이 지금 200개나 됩니다. 우리는 교육 인프라에 엄청나게 투자했던 것입니다.

이러한 교육에 대한 전 국민적 합의와 막대한 투자(사교육비 포함)로 우리는 제조산업화 중심 경제와 사회를 일으켜 세웠습니다. 교육 시스템 자체가 공장과 회사에 투입할 노동력을 양성해내는 대량양산 체제였습니다. 고등교육에도 공장보다 더 기계같이 일사불란하게 움직이는 군 훈련문화가 스며들었습니다. 획일적이며 고효율적인 한국교육은 한때 100퍼센트 초등학교 진학률, 99.8퍼센트 중학교 진학률, 99.6퍼센트 고등학교 진학률 그리고 80퍼센트가 넘는 대학교 진학률을 달성했습니다.

단지 양적인 면만 아니라 질적인 면에서도 독보적입니다. 한국 학생들의 학업 성취도는 세계 최고 수준입니다. 읽기, 수학, 과학이 매년 세계 최상위권인 사실은 모두가 잘 압니다. 그런데 잘 알려지지 않은 결과가 하나 있습니다. 바로 경제협력개발기구(OECD)의 국제성인역량조사(PIAAC)의 결과인데요, 저에게는 가장 희망적인 결과로 보입니다. "기술적 환경에서의 문제해결능력" 부분에서 한국 학생(16~24세)이 단연 세계 최고라는 사실입니다.

아이러니는 이러한 성공의 역사가 현재 우리의 발목을 잡고 있다는 것입니다. 제조산업화에 최적화된 한국의 교육 시스템이 경직되고 고착되어버렸습니다. 우리는 이제 3S식을 탈피하고 3A(Anytime, Anywhere, Anyone)식 교육으로 전환해야 합니다. 즉 시간과 장소에 구애받지 않고 아무나 아무 때나 아무 장소에서나 교육받을 수 있어야 합니다. 정보통신기술의 하드웨어만 3A식으로 구축하는 게 아니라 교육 소프트웨어(제도와 규제와 운영체계)도 3A식으로 운영되어야 합니다. 로봇이 취업시장을 장악하고 융합과 집단지성이 핵심역량 키워드가 되었으니 교육도 명문고와 명문대 입학에만 매달리지 않고 진정으로 새로운 사회가 요구하는 인력을 양성해내야 하겠습니다.

집단지성 시대와 집단실성

교육은 달라진 인재 개념에 부합해야 합니다. 명문고 출신을 치켜세우는 "한 명의 천재가 만 명을 먹여 살린다"는 말이 회자되던 때가 있었습니다. 그러나 최근에는 '천재 경영'이 끝났다는 선언과 '집단지성'이라는 새로운 화두가 나타났습니다. 집단지성은 '그룹 지니어스' '창조적 협업' 등의 이름으로 소개되어왔던 새로운 시대의 성공전략입니다.

패스트 팔로어(fast follower)가 필요했던 구시대에는 이미 설정된 목표를 달성하기 위해 구성원들끼리 일심동체가 되어 인내심, 충성,

끈기, 열정, 추진력을 발휘해야 했습니다. 함께 밥을 먹으면서 동질성과 친밀성을 확보해야 발휘되는 능력입니다. 그러나 이제는 우리 스스로 앞서가야 하는 퍼스트 무버(first mover) 시대가 왔습니다. 변화무쌍하고 예측불허한 새로운 시대에 대처하고 위기를 극복하는 방안은 다양한 생각패턴과 문제해결방식을 갖춘 사람들이 각자의 의견을 맘껏 발언하고 합의해낼 수 있는 집단에서 나옵니다. 다양한 실력과 능력과 재능이 있는 사람들이 함께 집단을 이루어 어울리며 시너지 효과를 내야만, 즉 집단지성을 발휘해야만 문제를 해결할 수 있습니다. 협업과 합의와 융합이 중요한 시대가 왔습니다.

인간관계를 중요시하는 문화가 잘 발달해 있는 한국은 집단을 매우 잘 이루기 때문에 그 짧은 시간에 최빈국에서 세계가 부러워할 만한 나라로 성장했습니다. 그러나 한국의 집단은 '3연'으로 이뤄져 있습니다. 학연, 지연, 혈연입니다. 거기에 각종 마피아 같은 이익집단들이 존재합니다. 즉 끼리끼리 신뢰하고 협력하고 충성하지만 그 이상을 넘어서지 못합니다. 더 큰 공동체는 안중에도 없어서 자기 집단을 위해서라면 오히려 공동체에 해를 끼치는 '집단실성'도 마다치 않습니다.

실제로 우리가 함께 더불어 사는 능력을 배양하는 인성교육에 소극적인 정도가 아니라 아예 '반인성교육'을 하고 있지는 않은지 우려스럽습니다. 우리 사회는 아이들에게 공부벌레가 되라고 요구합니다. 공부벌레로 살아온 아이들은 결국 '버러지 같은 인간'이 되겠지요. "개처럼 공부해야 정승 된다"는 말도 있습니다. 개처럼 공부하면 정승이 아니라 짐승이 됩니다. 성숙한 사람을 길러내는 교육이 필요합니다.

명문고와 알파고 출신
전통적 인재의 두 번째 위기는 알파고의 등장입니다. 로봇이 인간을 대체하는 세상이 도래해서 단지 바둑판만이 아니라 직업세계의 판 자체에 지각변동이 생기게 되었습니다. 육체노동직과 기능직만이 아니라 고도의 전문직마저 잠식할 것으로 예측합니다. 「유엔미래보고서」는 의사와 교사 같은 직업도 사라질 것으로 예측합니다. 한국 대법원장은 "4차 산업혁명이 되면 제일 먼저 사라질 직업이 판사다"라고 말했습니다. 명문고 출신 우등생들의 터전을 알파고 출신 로봇들이 빼앗는다는 소식은 학부모에게 날벼락일 것입니다. "의대 가라""법대 가야지""교직이 최고야" 등 자녀 진로에 대한 학부모의 조언은 늘 확신에 차 있었습니다. 그러나 인공지능을 장착한 로봇이 그간 성공의 보증수표로 여겨졌던 의사, 법조인, 교사의 존재마저 위협한다고 하니 이제부터 아이들의 진로진학 지도는 도대체 어떻게 해야 한단 말입니까.

답답하기는 교육자도 마찬가지입니다. 사라질지도 모르는 직업에 목을 걸고 죽어라고 공부하는 학생들과 취업난에 허덕이는 졸업생들을 보기가 민망하고 미안합니다. 이제는 죽을 때까지 공부해야 하는 평생교육 시대가 왔건만 그리고 분명 새로운 직종들이 마구 쏟아져 나올 텐데 우리는 아직도 입시라는 병목현상에 가로막혀 '국영수사과'에 올인하고 있습니다.

명문고 출신이 알파고 출신에게 패할 수밖에 없는 이유를 제대로 알아야 합니다. 한국의 우등생은 암기력과 연산력의 달인입니다. 이들은 초중고 12년 동안 시험문제의 정답을 찾기 위해 책에 있는 지식을 달달 외우고 그것들을 논리적으로 연결하고 주어진 방식대로 계산하는 연습을 평균 100만 번 한다고 합니다. 달인이 되기 위해 이뤄내야 할 '만 시간의 법칙'을 초등학생일 때, 중학생일 때, 고등학생일 때 각각 달성했으니 이들은 문제풀이의 달인 정도가 아니라 도사라고 해야 하겠습니다.

그러나 신의 경지에 도달한 경쟁자가 나타났습니다. 메모리(암기력)와 CPU(연산력)를 무한정 추가할 수 있는 기계가 바로 문제풀이의 신입니다. 그러니 기존 데이터(지식만이 아니고 경험으로 축적되는 사례를 포함)를 지니고 정해진 알고리즘을 통해 논리적으로 계산하고 처리하는 일이 주업무인 일거리들은 기계가 싹쓸이해버리게 되어 있습니다. 학생들은 졸지에 달인에서 빈털터리 걸인으로 추락하게 됩니다.

입시 위주와 입지 위주 교육

세기의 대결에서 인간이 기계에 확실하게 패했는데도 한국 학생들은 여전히 입시에 매여 문제풀이 기계가 되고 있습니다. 비유하자면, 계단이 설치된 뒷동산을 오르는 연습만 무진장 하는 셈입니다. 이마저 앞에서 안내원(교사)이 지도하고 뒤에서 후견인(학원 강사)이 밀어주며 옆에서 매니저(부모)가 부축해주는 형국입니다. 이 짓을 백날 해봤자 에베레스트 산 정상에 홀로 오르지 못할 것은 뻔합니다.

산업화 시대의 입시 위주 교육으로 우리가 이만큼 잘살게 되었지만 더 이상 유효하지 않습니다. 스스로 목표(비전)를 세우고 다양한 가치관을 지닌 사람들과 더불어 일하며 집단지성을 발휘해야 하는 퍼스트 무버 시대에는 입지 위주 교육을 실시해야 합니다. 입지란 뜻을 세운다는 말이고, 꿈과 비전을 지닌다는 것입니다. 입시 위주 교육으로는 희망을 품을 수 없습니다. 이제는 뜻을 가슴에 품고 세상을 이롭게 하고자 하는 입지 위주 교육이 중요합니다.

사(死)교육이 가장 심각한 문제

학생들은 입시를 준비하는 동안 세계 최고의 스트레스와 불행감에 시달리며 폐인이 되어가고 있습니다. 온종일 학교에서, 학원에서 공부하는 것도 모자라 남은 시간에는 컴퓨터 앞에 앉아 인터넷 강의를 듣습니다. 꿈은 꿀 수 없고 그저 시키는 공부를 시키는 대로 합니다.

"죽은 듯이 꼼짝 말고 앉아서 공부하라"고 강요당합니다. 이게 우리가 진정으로 걱정해야 하는 사(死)교육입니다.

스트레스는 결국 아이들의 문제행동과 학습부진으로 이어집니다. 학업중단 청소년 수가 급증하고, 교사가 된 것을 후회하는 교사의 비율이 OECD 국가 중 최고가 되었습니다. 학생들이 학교를 떠나고 교사들마저 학교를 떠나는 것입니다. 우리는 물질적 빈곤에서 벗어났지만 정신적 빈곤에 시달리게 되었습니다.

즉 알파고 현상을 단지 과학기술적 이슈나 진로와 취업 이슈로만 보지 말아야 합니다. 이보다 훨씬 더 크고 다양한 교육학적 이슈들이 서로 복합적으로 맞물려 있기 때문입니다. 그래서 우리가 여태껏 해오던 것을 더 열심히 하는 게 아니고 무언가 다르게 해야 한다는 것입니다. 시대가 산업화에서 후기산업화로 이동하듯이 교육의 중심도 이동해야 합니다. 교육이동의 필요성이 알파고가 보여준 신의 한 수입니다.

교육이동
천동설에서 지동설로

대량생산 제조산업에 최적화된 한국 교육 시스템은 더 이상 유효하지 않습니다. 방대하고 획일적이고 경직된 교육 시스템을 우회하기 위해 자사고, 특목고, 마이스터고, 영재고와 영재학급을 신설하지만 부작용이 심합니다. 학교부적응 학생을 위해 대안학교와 대안교실을 운영하지만 학업중단 청소년 숫자는 계속 가파르게 증가합니다. 인지능력 위주 교육의 폐해로 국민의 인성문제가 불거지자 인성교육진흥법을 시행했지만 비리와 부정부패와 패륜범죄는 아랑곳하지 않습니다. 자유학기제, 학점은행제를 가동하고 Wee, 스마트교실, BK21, ACE, WCU, PRIME 등 대규모 프로젝트에 수천억 원을 줄줄이 투자해보지만 사회에 필요한 인재는 여전히 배출되지 않습니다.

입시 때문에 공교육이 뒤틀리고, 사교육에 학부모 허리가 휘고, 학생들은 세계 최고로 불행해지고, 입시 때문에 교사 채용과 교직관이 왜곡되고, 다양한 인재가 배출되지 못하고, 새로운 교육방법들이 뿌리를 내리지 못합니다. 입학전형, 수능영역, 등급 평가방식을 바꾸어도 봅니다. 입학사정관제를 도입하고, 야간자율학습을 폐지하고, 선행학습을 금지하고, 학원비를 규제하지만 모두 헛수고입니다. 국영수사과 지식 암기력과 연산력(인지적 영역의 능력)을 평가하는 교육시스템을 계속 교육의 중심에 두고는 창의력, 융합적 집단지성, 인성 등 색다른 능력의 소유자가 양성될 리 없습니다. 그래서 입시정책이 달라지지 않고는 대한민국의 미래가 없다는 사실을 모두 다 잘 알고 있습니다.

물론 해결책으로 거의 매년 새로운 수능시험제도와 입시제도가 도입되긴 합니다. 실은 너무 자주 바뀔뿐더러 규칙과 절차가 너무 많아져서 학부모와 학생들만 혼란스럽고 힘들게 해 입시폐지운동까지 벌어질 지경입니다. 제가 대학에 갔던 시대에는 1차 떨어지면 2차가 끝이었으니 입학전형이 두 가지밖에 안 된 셈입니다. 현재는 2,000개가 넘는다고 하니 갑자기 천동설과 지동설이 떠오릅니다.

프톨레마이오스의 천동설은 모든 천체가 우주의 중심인 지구를 완벽한 원으로 이루어진 궤도로 공전한다는 가설입니다. 그러나 완벽한 원이 아닌 행성의 궤도를 묘사하기 위해서 큰 원에 작은 원들을 계속해서 추가하게 되었고, 결국 80개의 주전구와 이심구가 동원되었습니다. 어처구니없을 정도로 복잡한 구조를 지니게 되었지만 여전히 모든 궤도를 다 소화해낼 수 없었습니다.

그러다가 코페르니쿠스, 갈릴레오와 케플러가 천동설을 지동설로 대체하니 갑자기 모든 게 간단해지고 명료해졌습니다. 궤도의 중심을 지구에서 태양으로 옮기고, 궤도의 틀을 완벽한 원이 아니라 타원으로 바꾸었더니 모든 행성의 움직임이 단 세 개의 원칙으로 깔끔하게 설명되었습니다. 이게 사고방식의 전환이고 혁신인 것입니다.

우리나라의 입시정책도 이와 같은 혁신이 필요합니다. 기존 틀은 유지하면서 부차적인 면들만 끝없이 수정하고 보완하는 게 아니라 아예 교육의 중심을 옮기고 기본 틀을 바꾸어야 하겠습니다. 새로운 교육방법과 내용을 2~3년 준비 기간을 두고 부분적으로 시도하는 게 아니라 유치원생들이 대학에 입학하는 2030년도를 새 교육의 원년으로 삼아서 새로운 평가기준에 맞추어 교육받을 수 있도록 해야 하겠습니다.

인지적 영역에서 정의적 영역으로

바꿔야 하는 게 많지만 최소한 두 가지를 언급하고자 합니다. 첫째, 모든 궤도를 하나의 점이 독점하는 원을 이심률을 허용하는 타원으로 바꾸었듯이 교육시스템도 병목현상을 일으키는 전통적 고등교육 기관의 학위독점체제를 개방해서 다양한 교육 시스템이 존재하고 발전할 수 있도록 해야 합니다. 이에 따라 산학연(産學研)에 분포된 인재들의 수평적 이동과 협업을 활성화해야 합니다. 둘째, 행성 궤도의 중심지를 지구에서 태양으로 옮겼듯이 교육목표와 교육평가의 중심을 인지적 영역에서 정서적 영역으로 옮겨야 합니다. (이 글은 두 번째 이슈에 국한합니다.)

전 세계적으로 교육 대중화가 시작되던 20세기 초에 인지능력 평가지표인 IQ와 사람을 상과 벌로 다스리는 행동주의적 교육철학이 개발되었습니다. 이는 학생을 상과 벌로 움직이는 타율적인 인간으로 만들었습니다. 시키는 것을 시키는 대로만 하는 학생은 더 이상 자기 인생의 주인이 아닙니다. 주인의식을 지닌 자의 열정과 열심은 모두 심정의 발현입니다. 동기는 정서와 감정과 욕정이며 정의적 영역입니다. 내적 동기를 유발하여 진정한 자율인으로 성장시켜야 합니다. 그래서 교육의 밸런스가 인지적 영역에서 정의적 영역으로 많이 이동해야 하겠습니다.

다행스럽게 정서지능 EQ와 내적 동기에 대한 연구 결과물들이 쏟아져 나오고 있습니다. 그래서 지난 100년간 교육계를 IQ와 행동주의적 교육관이 지배해왔다면 앞으로 100년은 정서기반 교육관이 지배할 것으로 보입니다. 교육의 백년지계란 이런 큰 흐름을 생각한다는 뜻으로 이해해야 하지 않을까 싶습니다.

암기력에서 생기력으로

저는 정서기반 교육관을 설명하기 위해서 암기력에 대비한 생기력(生氣力, vital force)이라는 화두를 던집니다. 생기력의 위력은 이미 알파고와 이세돌의 대결에서도 나타났습니다. 비록 알파고가 4승을 했지만 국민은 1승밖에 챙기지 못한 이세돌에 열광했습니다. 3패를 내리 당하고서도 다시 일어서는 회복탄력성, 예측 불허함에 대응하는 유연성, 남들이 다 포기해도 전진하는 도전심, 밤새 동료들과 복기하는 호기심, 결국 선택의 여지를 찾아낸 비전과 창의력. 우리는 이처럼 인간만이 할 수 있는 마음 씀씀이에 탄복하고 감동하고 희망을 느낍니다. 이것이 바로 자애와 인류애, 애국심과 이타심, 양심과 진심 등 인간을 아름답고 영화롭게 살아가게 하는 생기력입니다.

암기력과 연산력 등의 인지적 영역에서는 기계가 인간을 능가합니다. 그러나 정의적 영역에서는 어림도 없습니다. 감성과 지혜는 여전히 인간이 최고로 뛰어난 영역입니다. 그러나 여태껏 우리는 기계에 질 수밖에 없는 머리 쓰는 기술에만 투자해왔습니다. 이제 우리는 마음 쓰는 기술에 투자해야 합니다. 생기력은 인간에게 주어진 최고의 자원인 생각과 감정, 머리와 가슴(마음)을 얼마나 잘 조율하고 조화를 이루게 하는지에 달렸기 때문입니다.

생기력의 또 다른 이름은 인성입니다. 기계성이나 동물성이 아니라 인간성이 우리가 기계나 동물보다 더 위대한 존재로 살아가게 합니다. 인지 위주 교육은 기계와 더불어 일해야 하는 산업화 시대에는 적절했지만 더 이상 유효하지 않습니다. 사람과 더불어 일하면서 집단지성을 발휘해야 하는 시대에는 인성 위주 교육을 실시해야 합니다.

3연에서 3율로

인성교육의 핵심은 '3연'에 의지하는 소인배적 집단 처세술이 아니라 모두를 이롭게 하는 집단지성을 발휘할 수 있도록 가르치는 교육입니다. 저는 세 가지 조율능력(3율)을 제안합니다. 먼저 나와 매우 다른 남과 더불어 일할 수 있도록 해주는 관계조율 능력을 갖추어야 합니다. 그러나 비전 공유, 갈등관리, 소통, 배려, 감사, 존중 등 관계를 조율하기 위해서는 우리는 동물적인 본능인 이기심과 공격성, 성적 충동을 억제할 수 있어야 합니다. 인간은 원초적으로 불안한 존재이기에 그 불안감, 공포감을 스스로 통제할 수 있는 감정 조절력을 발휘해야 합니다. 각종 욕구와 욕정을 잠시나마 미룰 수 있어야 합니다. 즉 자기조율을 할 수 있어야 합니다.

하지만 마음과 행동을 다스리는 자기조율은 어렵습니다. 왜 그리 어려운 일을 해내야 하는지에 대한 이유와 가치가 분명할 때에만 가능합니다. 오로지 자신만을 위하면 결국 모두가 불행해지는 루즈-루즈(lose-lose)가 되고, 남을 위해서 자신을 일방적으로 희생하는 것 역시 윈-루즈(win-lose) 이분법에서 벗어나지 못한 발상입니다. 서로 약간 양보하는 타협은 양보를 얻어낸 부분보다 양보해준 부분이 자꾸 아쉽게 느껴지기에 장기적 해결책이 되지 않습니다.

그래서 공익조율이 필요합니다. 각자 국지적으로, 단기적 안목으로 사익을 추구하기보다는 자신보다 더 큰 공동체의 이익을 고려하고, 공동체의 이익이 결국 자신의 이익이 된다는 사실을 깨닫는, 이른바 '통 큰' 계산을 하는 것입니다. 공익과 사익 사이에서 갈등하는 게 아니라 둘을 하나로 인식하는 능력이 공익조율입니다. 좀더 멀리 그리고 넓게 보는 글로벌한 비전을 갖추는 것이며, 모두 다 함께 잘 살 수 있는 윈-윈(win-win) 결과를 내다보는 긍정적이고 창의적인 비전을 지니는 것입니다.

즉 사람들이 자기조율, 관계조율, 공익조율을 할 수 있어야 세상이 평화롭게 됩니다. 인성교육의 3율은 동양의 최고 지혜 중의 하나인 수신제가치국평천하의 현대판이라고 할 수 있습니다. 결국 인성교육은 지혜를 전수해주는 것입니다.

지식 기반에서 지혜 기반으로

지혜를 사전에서는 '사물의 이치를 깨닫고 통합하는 정신적 능력'이라고 하고, 종교계에서는 '옳고 그름을 가려내고 미혹에서 깨어나게 하는 마음의 작용' 또는 '모든 지식을 통합하고 살아 있는 것으로 만드는 감각'이라고 합니다. 지혜는 사람이 도덕적 삶을 살기 위해서, 진정으로 잘살기 위해서 필요한 요소인 것입니다. 그러니 지식전달과 지식암기 위주 교육은 죽은 사(死)교육이고, 지혜전수 교육이야말로 사람(人)이 살아 있는 생(生)교육이라 할 수 있습니다. 즉 인생(人生) 교육이며, 구체적으로 사람의 마음(心)이 살아 있다는 뜻에서 인성(人性) 교육이라고 할 수 있겠습니다.

인간발달을 여덟 단계로 구분한 에릭슨(Erik Erikson)은 맨 마지막 단계로 지혜를 놓고 이는 죽음에 대한 절망감을 초월함과 자아통합감이라고 하였습니다. 인간욕구 피라미드를 제안한 매슬로(Abraham Maslow)도 말년에 자아실현 다음에 자기초월과 연민심의 단계가 있음을 깨달았습니다.

무엇이 자아통합과 연민심의 핵심일까요. 저는 자아통합이란 인간이 지닌 최고의 두 자원인 생각과 감정을 연결하고 조율해 조화를 이룬 상태라고 생각합니다. 생각과 마음이 분리되어 찢기면 고통스럽습니다. 머리의 이치와 마음의 이치가 합쳐진 상태가 합리적인 삶이며 자기초월과 연민심(compassion)은 자기중심에서 벗어나 타인과 공감하고 연결되어 살아가는 삶을 뜻합니다. 이러한 상태가 인간이 도달할 수 있는 최고의 경지라고 할 수 있겠습니다.

그러나 아쉽게도 우리는 아직도 지식위주 교육을 합니다. 머리 쓰는 방법에서는 세계 최고 수준이지만 마음 쓰는 방법에서는 세계 꼴찌 수준입니다. 우리는 예로부터 동방예의지국이라는 평을 들을 만큼 세계 최고의 인성적 자원을 보유했는데 마냥 썩히고만 있는 꼴입니다. 이래서는 미래가 보이지 않습니다. 절망에서 벗어나기 위해서 지혜전달 교육을 실시해야 하겠습니다.

지식전달자에서 멘토로

이제 교육자는 지혜를 전수해주는 멘토가 되어야 하겠습니다. 그래서 삸을 위한 교육만이 아니라 삶을 위한 인생교육과 인성교육을 적극적으로 실시해야 하겠습니다. 지식은 온라인 교육, 스마트 교육 등 기계를 통해서 전달됩니다. 그러나 지혜는 오로지 사람을 통해서 유통되고 전수됩니다. 그래서 지식중간도매상은 사라지지만 멘토는 각광받게 됩니다.

지식전달자와 멘토 사이에는 큰 차이가 하나 있습니다. 지식전달자는 지식에 초점을 맞추지만 멘토는 사람에게 초점을 맞춥니다. 이제 교육대학과 사범대학의 교과과정에 인간관계 기술에 대한 내용을 대폭 확대해야 할 것입니다. 갈등관리와 상담 기술, 학생지도와 감정코칭 기술 등 멘토가 지녀야 하는 기술을 임용되기 전에 터득해야 하겠습니다. 즉 교사가 아이에게 냉철한 전문가보다는 따스한 스승으로 다가갈 수 있도록 준비시켜야 하겠습니다.

여기서 교육자는 꼭 교사만 뜻하지 않습니다. 모든 부모도 교육자가 되어야 합니다. 또한 모든 어른은 아이에게 교육자가 되어야 합니다. 아이는 어른이 하기 나름이며, 인성은 말로 가르치는 게 아니라 행동으로 보여주는 것입니다. 즉 아이에게는 성숙한 어른이 필요합니다. 교육은 아이를 성숙한 어른으로 만드는 과정이 되어야 합니다.

멘토의 지혜는 'we-sdom'이다

어르신과 어른십

저는 '어르신'에 빗대어 '어른십'이라는 말을 사용합니다. 나이를 먹었다고 그저 대우받고 우대받기를 원하는 사람과 어른스러운 리더십을 발휘하는 사람을 구분하기 위해서입니다. 저는 어린애와 어른을 간단하게 구분합니다. 어린애는 얻을 것, 받을 것, 챙길 것만 생각하지만, 어른은 그런 존재를 돌봐주고 챙겨주는 사람입니다. 즉 어린이는 받는 자(taker)이고 어른은 주는 자(giver)인 것입니다. 어린이와 어른의 차이는 평상시에는 잘 구분되지 않다가도 응급 시에는 확연하게 나타납니다. 남의 안위는 뒷전이고 자기 몸 먼저 사리는 사람, 봉사하러 왔다가 인증샷만 찍고 가는 사람, 팔 걷어붙이고 일하는 대신 이래라저래라 입만 놀리는 사람, 해결책 대신 남 탓만 잔뜩 늘어놓는 사람. 다들 어린애 같은 사람들입니다. 어른십은 하고 싶은 일과 해야 하는 일을 조율해나가기 위해서 필요한 성숙한 사고방식이며 책임감 있는 행동습관입니다. 멘토는 어른십을 발휘하는 사람입니다.

'우리'를 위한 'we-sdom'

윈-윈할 수 있는 능력이 공익조율이고, 공익조율의 능력을 갖춘 사람이 바로 어른십을 발휘하는 사람입니다. 인재라면 집단지성뿐만 아니라 지혜를 발휘할 수 있는 사람이어야 합니다. 지혜(wisdom)에 'i'를 빼고 'we'를 넣어야 합니다. 나를 빼고 우리를 넣어야 합니다. 지혜는 나 혼자 잘 먹고 잘살기 위해서 필요한 덕목이 아닙니다. 모두를 이롭게 하는 지혜야말로 우리에게 필요한 지혜입니다.

멘토는 '우리'라는 공동체를 추구하는 어른입니다. 우리는 다시 '우리'라는 한국 고유의 가치관을 확립하고 사회 전반으로 확산시켜야 합니다. 소외된 사람들이 없게 포용해서 모두를 하나의 '우리' 공동체로 모으는 정책을 펼치는 지혜가 필요합니다.

그래도 희망적이다

한국은 산업화라는 폭발적인 성장으로 농경사회의 대가족이 해체되고 도시로 흩어졌습니다. 이사율 또한 세계 최고이니 이웃 관계마저 단절되어버렸습니다. 그런데도 대한민국이라는 사회가 이 정도로 버티고 있다는 것이 또 하나의 기적입니다. '우리'라는 끈끈한 힘이 조화를 이루어주었기 때문입니다. 하지만 지금은 어떠한가요. 1인 가구가 가장 흔한 가구가 될 정도로 핵가족마저 붕괴하고 있습니다. 최근에 OECD 사회통합지표를 분석한 결과, "만약 당신이 곤경에 처해 도움받기를 원할 때 의존할 가족이나 친구가 있느냐"는 질문에 "그렇다"고 답변한 한국인의 비중이 OECD 회원국 중 가장 낮았다고 합니다. 즉 '우리'라는 공동체가 빠르게 사라지고 있다는 뜻입니다.

우리나라는 1990년대부터 빠르게 가족이 와해되기 시작했지만 미국은 1960년대부터입니다. 우리나라는 가정붕괴 1세대지만 미국은 벌써 3세대에 접어들었습니다. 그 결과, 미국에서는 현재 아이들 네 명 중 세 명이 결손가정에 살고 있습니다. 부모의 이혼, 재혼, 별거, 동거 등으로 낳아준 양친 부모와 만 18세까지 함께 사는 '특혜'를 누리는 아동은 25퍼센트에 불과합니다. 가족의 울타리가 허물어지니 청소년 범죄율, 청소년 임신율, 청소년 마약 치사율이 모두 급증했습니다. 결국 고등학생 네 명 중 한 명이 학업을 중단할 정도로 공교육이 무너졌습니다. 한국 학교에서는 아직도 학교 종이 '땡땡땡'하지만 미국에서는 학교에서 총이 '탕탕탕'합니다.

미국과는 달리 우리는 붕괴 초기라서 회복할 수 있습니다. 우리는 아직도 온전하고 화목한 가족의 밑그림을 지니고 있습니다. 그리고 한국은 미국과는 달리 빠르게 대응하고 있습니다. 인성교육진흥법가 통과됐다는 것은 '우리'라는 공동체를 다시 되살리기 위한 사회적인 공감대가 형성되어 있다는 것입니다.

재세이화를 위하여

우리는 반쪽나라를 꾸려왔지만 우리 아이들은 더 큰 나라의 주인이 되어야 합니다. 우리는 외국 원조를 받고 시작했지만 우리 아이들은 해외원조를 줄 수 있는 홍익인간이 되어야 합니다. 한국이 지난 반세기 동안 산업화, 민주화, 정보화를 세계 어느 나라보다도 훌륭하게 해냈듯이 이제는 창조화와 재세이화(在世理化)를 이루어내야 합니다. 그러니 우리 아이들이 앞으로 해야 할 일이 참 많습니다. 아이들이 해야 할 일을 잘할 수 있게 해주어야 학생도, 교사도, 학부모도 다 행복할 수 있습니다. 다시 한 번 교육을 통해 국가를 재건한다는 전 국민적 합의를 이끌어내고 실천해야 합니다. 실천을 시작하는 날이 오늘이기를 바랍니다.

참고문헌

조벽, 『인성이 실력이다』, 해냄, 2016.
조벽, 『인재혁명』, 해냄, 2010.

행복과 선을 추구하는 이성과 상상력

1) 인식론은 지식론과 연관된 철학의 한 가지다.
2) 또는 '이차적 윤리적 개념'이라 불리기도 한다.
3) 가장 기본적인 의무는 우리 자신과 다른 사람의 인간성을 그 자체로서 목적
   으로 대하는 것이다.

인공지능 그리고 인간의 마음

1) 의식이 심리상태의 독자적 본성이라는 것을 부정하는 철학자들도 있다. 타
   이(Michel Tye)와 드레츠키(Fred Dretske)와 같은 철학자들은 의식은 아래
   서 설명하는 지향성의 부산물이라고 주장한다. Michael Tye, *Ten Problems
   of Consciousness*(Cambridge: MIT Press, 1995); Fred Dretske, *Naturalizing the
   Mind*(Cambridge: MIT Press, 1995)를 참조할 것.
2) 이러한 통일 과학(unified science)에 대한 기대는 논리실증주의에서 전형적으
   로 나타났다.

3) John Searle, "Minds, Brains, and Programs," in John Haugeland ed., *Mind Design*(Cambridge, MA: MIT Press, 1981), pp.282~283.

4) 탄소 소재가 아니라 실리콘 소재로 이루어진 인조인간은 마음을 가질 것이라는 통찰이 위의 주장을 뒷받침하기 위하여 사용될 수 있다.

5) 마음이 복수 실현적(multiply realizable)이라고 해서 아무 소재나 마음을 이룰수 있다는 것은 아니다. 왜냐하면, 아무 소재나 프로그램을 실현할 수 있는것은 아니기 때문이다. 예를 들어, 공기로 프로그램을 실현하는 체계를 만들수 있는지 상상해 보라. 복수 실현성은 프로그램 실현 여부와 관련 없이 소재자체의 특수성이 마음의 성립에 필수적이라는 주장만을 거부한다.

정치가 어떻게 도덕적으로 되는가

1) http://www.nbntv.co.kr/skin/news/basic/view_fb.php?v_idx=31390. 가장 신뢰하는 대상은 가족(95.8퍼센트)과 친구(88.1퍼센트)가 압도적으로 높았으며, 국제기구(38.1퍼센트), 병원(33.3퍼센트), 학교(26.6퍼센트), 법원(20.7퍼센트), 시민단체(19.4퍼센트) 순이었다.

2) 허먼 멜빌, 안경환 옮김, 『바틀비/베니토 세레노/수병, 빌리 버드』, 홍익출판사, 2015. 법학자 안경환 교수는 이 소설 제목을 '수병, 빌리 버드'라고 옮겼다.

3) Hannah Arendt, *On Revolution*, New York: Viking Press, 1963, p.78; 홍원표 옮김, 『혁명론』, 한길사, 2004.

4) 루이스 포이만 등, 박찬구 외 옮김, 『윤리학: 옳고 그름의 발견』, 울력, 2010.

5) Hannah Arendt, *The Human Condition*, Chicago: The University of Chicago Press, 1958, pp.179, 193.

6) 아리스토텔레스, 『정치학』 1253a1. 천병희 옮김, 『정치학』, 도서출판 숲, 2009 참조할 것.

7) Hannah Arendt, *On Revolution*, New York: Viking Press, 1933, pp.22~23; 홍원표 옮김, 『혁명론』, pp.97~98.

8) 한나 아렌트, 이진우 외 옮김, 『전체주의의 기원 I』, 한길사, 2006, p.41.

9) 한나 아렌트, 김선욱 옮김, 『칸트 정치철학 강의』, 푸른숲, 2002, pp.68, 113, 119f.

10) 콘라드 로렌츠, 송준만 옮김, 『공격성에 관하여』, 이화여자대학교 출판부, 1986 참조할 것.

11) 토머스 홉스, 진석용 옮김, 『리바이어던』 제1권, 나남, 2013 참조할 것.

12) 막스 베버, 전성우 옮김, 『직업으로서의 정치』, 나남, 2007, p.117.

13) 한나 아렌트, 김선욱 옮김, 『공화국의 위기』, 한길사, 2011 참조할 것. 이러한 권력 개념은 이 책에 수록된 논문인 「폭력론」과 「시민불복종에 관하여」 그리고 이전 저술인 『혁명론』을 관통하는 중심 개념이다.

인공지능 로봇은 인격체가 될 수 있는가

1) 딥 블루는 IBM이 개발한 슈퍼컴퓨터이며 사상 최초로 인간 체스 챔피언을 이겼다. 왓슨도 IBM이 개발했으며 인간의 언어를 이해하고 판단하는 데 최적화된 인공지능 슈퍼컴퓨터다. 케페우스는 캐나다 앨버타 대학교에서 개발한 포커 알고리즘이다. 유진구스트만은 러시아 프로그래머 베셀로프 등이 개발한 슈퍼컴퓨터로 튜링 테스트를 최초로 통과했다. 알파고는 구글이 개발한 인공지능 바둑 프로그램으로 이세돌 9단과 대국을 펼쳤다. 두낫페이는 미국 스탠퍼드 대학교 학생인 브로우더가 발명한 무료 법률상담 프로그램이다. 실비아는 미국 기업이 개발한 인공지능으로 사람과 대화하고 관계를 맺도록 만들어졌다.

인문학과 가치중립성의 문제

1) 박완서, 『못 가본 길이 더 아름답다: 박완서 산문집』(현대문학, 2010), 24~26쪽.

2) 대표적인 책은 A. J. Ayer, *Language, Truth, and Logic*(1936).

3) "Science as a Vocation," H. H. Gerth and C. Wright Mills, eds., From Max Weber: *Essays in Sociology*(New York: Oxford University Press, 1946).

4) Hans-Georg Gadamer, *Wahrheit und Methode*(1960).

5) '의심의 인문학'은 프랑스 철학자 리쾨르(Paul Ricoeur)가 사용한 표현으로서, 현대 인문학계에 널리 사용되게 되었다.

6) 나는 이미 오래전에 이러한 시각에서 가다머의 철학적 해석학을 동양철학을 연구하는 길로 제시한 바 있다. "東洋哲學 硏究方法論의 一省察-哲學的 解析學의 관점에서," 『哲學』 제21호 봄(1984).

7) 푸코의 철학에 대한 간단한 입문서로는 『담론의 질서』, 이정우 옮김(새길, 1993)을 참고할 것. 푸코가 지식과 권력의 밀접한 관계를 논할 때는 주로 넓은 의미의 '사회과학', 특히 엄밀한 과학성이 의심되는 '의심스러운 과학'—그에게는 정신의학(psychiatry)이 이런 부류에 속한다—에 초점을 맞추는 경향이 있다. 우리 인문학계가 유독 이러한 점을 무시하고 모든 학문과 지식 일반, 따라서 인문학에도 그의 논리를 무분별하게 적용하는 경향이 강하지만 그의 분석은 원칙적으로 인문학이나 순수 이론물리학도 적용될 수 있다. 특히 모든 학문이 자본의 논리를 피할 수 없게 된 오늘의 현실, 자본과 과학기술이 밀접하게 연계되어 있는 오늘날의 상황 때문에 더욱 그렇다.

8) 푸코는 니체에 대해 두 편의 중요한 논문을 썼다: "Nietzsche, Freud, Marx" (1967), "Nietzsche, Genealogy, History"(1971).

9) 푸코의 '구조주의적' 담론분석에 대한 더 상세한 비판적 논의는 Hubert L. Dreyfus and Paul Rabinow eds., Michel Foucault: *Beyond Structuralism and Hermeneutics*(Chicago: The University of Chicago Press, 1982), 제4장(The Methodological Failure of Archaeology) 참고할 것.

10) 강영한, 『타자의 얼굴: 레비나스의 철학』(문학과지성사, 2005), 244쪽. 저명한 인류학자 기어츠(Clifford Geertz)는 푸코를 "역사학자 아닌 역사학자, 반 휴머니즘적 인간 (과)학자"라고 평했다. 위의 책, xviii.

11) 길희성, "Asian naturalism: an old vision for a new world," 『대한민국학술원논문집』(인문사회과학편) 제49집(2010) 참고할 것.

12) 'Thick'과 'thin'은 미국 정치학자 Michael Walzer, *Thick and Thin: Moral argument at home and abroad*(1994)에서 차용한 표현이다.

왜 우리는 함석헌을 이야기하는가

1) 각계 전문가, 지식인, 학자들을 대상으로 실시한 설문조사에서 모든 분야를 통틀어 '현대한국을 움직인 100인'(월간 『중앙』 1995년) 가운데 사상가로서는 첫머리로 꼽힌 사실, 가장 독창적·논쟁적인 사상을 편 인물(『교수신문』)로 꼽힌 사실이 이를 뒷받침한다.

2) 이 견해에 화답하듯 최근 재야 사학자 이덕일이 한 인터넷 매체에 기고한 글 "썩어빠진 한국, 갈아엎을 지도자 필요하다"에서 이렇게 말한다. "이 나라는 어느 한 곳 희망을 찾기 어려울 정도로 여러 분야가 한꺼번에 붕괴하고 있는 총체적 난국을 겪고 있다. 심지어 '국가 해체'라는 이야기까지 심심치 않게 들린다."

3) 정보산업을 창업한 서양의 걸출한 인물 다수가 철학 등 인문학을 전공했다는 통계가 있다.

4) 함석헌은 탈국가주의, 초국가주의를 지향하지만 그렇다고 무정부주의를 대안으로 삼는 것은 아니다.

5) 1998년 아시아 외환위기 등을 정확히 예측한 경제학자 프리드먼(George Friedman)은 그의 저술 『백년 후』에서 "한국이 통일되면 만주지역에서 큰 기회가 열릴 것이다"고 전망했다. 함석헌의 꿈이 비현실적인 것만은 아닌 것이다.

6) 사고 현장에 수많은 사람이 추모하는 글귀를 쓴 메모를 남겼다. 그중 '너의 잘못이 아니야' '너는 나다' 등의 문구가 깊은 울림을 주었다.

7) 함석헌이 중시한 양심은 신의 통로다.

8) 동학을 창도한 교조 최제우가 대각 체험을 통해 들은 '한울님'의 음성도 사실은 내면의 소리로 해석할 수 있다.

9) 최근 한국불교 비판으로 화제가 된 미국인 현각 스님도 자기는 크리스천-불교도라고 규정한다.

10) 어느 유명 목사가 "석가모니는 태어나지 말았어야 할 존재"라고 한 일도 있다.

11) He who knows one knows none.

12) 이것은 틸리히(Paul Tillich) 같은 극히 소수의 신학자, 구약 전문학자나 할 수 있는 해석이다.

13) 미국 부시 대통령과 영국 블레어 총리가 그릇된 종교관과 정보로 이라크 전쟁을 일으켜 허다한 생명과 돈을 낭비한 사실이 밝혀졌다.

14) 평화학의 창시자 갈퉁(Johan Galtung)은 최근 한 강연에서 한반도의 통일과 평화는 남북 정치문화의 공통인수인 유교문화에서 그 열쇠를 찾을 수 있다고 충고했다.

15) 세계에 유례가 없는 사립학교 비율이 그 한 가지 예다.

21세기에 다시 읽는 『논어』

1) 오늘날 중국의 산둥 성 취푸(曲阜) 동남쪽에서 하급 귀족 무사인 아버지 숙량흘(叔梁紇)과 어머니 안(顔) 씨 사이에서 태어났다. 이름은 구(丘)이고 자(字)는 중니(仲尼)이다. 공자는 3세 때 아버지를 여의고 17세 때 어머니를 여의였으며 19세 때 송나라 출신 여인과 혼인했다. 20세 때부터 계(季)씨 가문 창고지기로 일했고 가축 사육일도 맡았지만 주나라 관제와 예법을 꾸준히 공부하면서 예(禮) 전문가로 유명해지기 시작했다. 35세 때 노나라에서 내란이 일어나 소공이 제나라로 망명하자 공자도 제나라로 떠났다가 2년 뒤 귀국했다. 공자가 48세 때 계손 씨의 가신 양호가 정권을 잡자 정치에서 물러나 본격적으로 제자를 가르치기 시작했다. 3년 뒤 양호가 망명하면서 공자는 중도(中都)를 다스리는 책임을 맡았고 다시 사공(司空) 벼슬과 대사구(大司寇) 벼슬을 지냈다. 기원전 500년 노나라 정공과 제나라 경공이 회담할 때 공자가 의례를 맡아 노나라가 빼앗긴 땅을 돌려받음으로써 공자의 명성이 드높아졌

다. 이 시기가 공자의 정치생활에서 최전성기였다. 그러나 공자는 계 씨를 비롯한 삼환 씨 세력을 타도하려다가 실패하고 한 무리의 제자와 함께 고국을 떠났다. 이후 공자는 여러 나라를 돌아다니다가 14년만인 기원전 484년 노나라로 돌아왔다. 이때 공자의 나이 68세였다. 이후 공자는 노나라의 악(樂)을 정비하고 제자를 가르치며 문헌을 정리하는 데 전념했다. 기원전 479년 73세 때 공자는 세상을 떠나 노나라 도성 북쪽 사수(泗水) 언덕에 묻혔다.

2) 고려시대의 문신이다. 원나라 제과에 급제, 벼슬을 받고 돌아왔다. 조일신의 난을 평정했다. 왕에게 신돈을 멀리하도록 간했었다. 흥안부원군에 진봉, 삼사판사를 거쳐 검교(檢校)시중이 되었다.

3) 삼년상을 제도화하고, 김구용, 정몽주 등과 강론, 성리학 발전에 공헌했다. 우왕의 사부였다. 위화도회군 후 창(昌)을 즉위시켜 이성계를 억제하려 했다. 조선 태조가 한산백에 책봉했으나 사양했다.

4) 고려 후기의 문신이자 학자로 불교의 폐해를 제거하고 성리학 보급에 힘썼다. 이런 이유로 그를 우리나라 성리학(性理學)의 조(祖)라고 하고, 조선의 유학자들은 그를 사표(師表)로 삼았다. 이방원이 정몽주를 초대한 자리에서 「하여가」(何如歌)를 지어 그 마음을 떠보려하자 이에 답하여 충절을 변치 않겠다는 뜻으로 「단심가」(丹心歌)를 지었다. 「단심가」는 후세에까지 충절을 대표하는 작품으로 많이 회자되고 있다.

5) 밀직제학으로 정몽주와 함께 실록을 편수했다. 친명 및 친원과 양쪽의 모함을 받아 여러 옥사를 겪었다. 조선 개국 때 정도전의 원한을 사 살해되었다.

6) 여말선초의 성리학자로 1387년 성균학정(成均學正)이 되었다가 1388년 순유박사(諄諭博士)를 거쳐 성균박사(成均博士)를 지냈다. 조선이 건국된 뒤 1400년(정종 2년) 이방원이 태상박사(太常博士)에 임명하였으나 두 임금을 섬기지 않겠다는 뜻을 말하며 거절하였다.

7) 공자의 훈계로 입문하여 곧고 순진하여 헌신적으로 공자를 섬겼다. 공자도 그를 매우 사랑한 듯하며 『논어』에 그 친분이 잘 표현되어 있다. 위나라에서 벼슬하던 중 내란이 일어났을 때 스스로 전사(戰死)를 택했다.

8) 조선 초 이방원을 도와 왕위에 오르게 하였고 왕권강화의 기틀을 다지는 데 공헌하였다. 이첨과 함께 『동국사략』(東國史略)을 편수하였다.

9) 여기서는 성균관 등을 뜻한다.

10) 모든 신하는 북쪽을 향해 서야 하는 예를 뜻한다.

『장자』에게 듣는다

1) 若夫乘道德而浮遊則不然. 無譽無訾, 一龍一蛇, 與時俱化, 而無肯專爲., 一上
一下, 以和爲量, 浮遊乎萬物之祖., 物物而不物於物, 則胡可得而累邪!

2) 大而化之.

3) 小知不及大知, 小年不及大年, 奚以知其然也.

4) 上士聞道, 勤而行之, 中士聞道, 若存若亡, 下士聞道, 大笑之, 不笑不足以爲道.
『도덕경』제41장.

5) 死生, 明也, 其有夜旦之常, 天也.

6) 不以物害己.

7) 常因自然而不益生也.

진시황의 통치가 현대에 던지는 메시지

1) 1,000년에 한 번 나올 만한 황제를 말한다.

2) 天地不仁, 以萬物爲芻狗: 聖人不仁, 以百姓爲芻狗.

3) 고대의 최고 정치 이상. 조금의 사심도 없이 국민의 이익만을 생각하는 것을
말한다.

4) 진 말~ 한 초에 걸쳐 광둥·광시 및 베트남지역에 독립해 있던 나라다.

5) 전국시대에 인공적으로 만든 강이다.

6) 天下興亡, 匹夫有責.

7) 운치가 있고 멋을 아는 사람을 말한다.

8) 秦皇漢武, 略輸文采 ……數風流人物, 還看今朝.

9) 勸君少罵秦始皇, 焚坑事業要商量. 祖龍魂死秦猶在, 孔學名高實秕糠.

10) "공자도 장점이 있지만, 그렇다고 해서 매우 좋은 사람은 아닙니다. 우리는 공정하게 말해야 합니다. 진시황은 공자보다 위대한 사람입니다. 공자는 공상뿐인 말을 했지만, 진시황은 중국을 통일한 첫 번째 인물입니다. 정치적으로 중국을 통일했을 뿐만 아니라 중국의 문자, 도량형 같은 각종 제도를 통일했습니다. 몇몇 제도는 지금도 계속 사용하고 있습니다. 과거의 봉건군주 중 누구도 그를 뛰어넘은 사람이 없는데도 사람들의 비난을 받고 있습니다." "중국 역사상 진정 무엇인가를 이뤄낸 사람은 진시황이며, 공자는 공상을 말했을 뿐입니다. 몇천 년간 형식적으로는 공자를 따랐지만 실제로는 진시황이 이룬 것을 따랐습니다." "중국 봉건사회에서 가장 이름 있는 황제는 진시황이며, 나도 진시황이라고 생각합니다. 임표(林彪)가 나를 보고 진시황 같다고 비난해도 말입니다. 중국은 줄곧 두 개의 세력으로 나뉘어 있었습니다. 한쪽은 진시황이 훌륭하다고 하는 사람들이고 다른 한쪽은 진시황을 비난하는 사람들입니다. 나는 진시황을 찬성하지 공자를 찬성하지 않습니다. 진시황은 처음으로 중국을 통일했고, 문자를 통일했으며, 광대한 도로를 닦았습니다. 집권제를 통해 중앙정부에서 각지로 사람을 보내 몇 년 터울로 순환시켰습니다. 또한 세습제도를 사용하지 않았습니다."

11) 秦王掃六合, 虎視何雄哉! 揮劍決浮雲, 諸侯盡西來. 明斷自天啟, 大略駕群才.

12) 秦王爲人, 蜂准, 長目, 摯鳥膺, 豺聲, 少恩而虎狼心, 居約易出人下, 得志亦輕食人. 我布衣, 然見我常身自下我. 誠使秦王得志於天下, 天下皆爲虜矣.

13) 秦始皇的殘酷無道達到離奇之境界, 如何可以不受譴責? 可是他統一中國的工作, 用這樣長遠的眼光設計, 又用這樣精到的手腕完成, 又何能不加仰慕?

사실을 넘어

1) 일정한 줄거리를 가지고 있는 말이나 글을 말한다.

2) 스토리에 재미와 생생함 및 설득력을 가미한 것으로 여기에는 스토리 (story)+청자(listener)+화자(teller)가 존재한다. 청자가 화자의 이야기에 참여하는 이벤트를 말한다.

뿌리 중국

1) *South China Morning Post* 등의 2016년 6월 자 보도를 참고할 것.
2) 점수제 도시거주증 제도에 대해서는 『역사비평』 제115, 116호의 「도시로 읽는 1949년 이후의 중국」 특집을 참고할 것.
3) 원톄쥔, 김진곤 옮김, 『백년의 급진』 돌베개, 2013.
4) 이 부분은 내가 2010년 진행한 광둥 성 취재와 이를 기초로 2011년 1월 『한겨레』에 보도한 기사 등을 기초로 작성했다.
5) 이 부분은 조문영 교수와의 2015년 8월 대화를 기초로 작성했다.
6) 清华大学社会学系课题组: 农民工的新中国? 汪建华 等 文化纵横 2016. 5. 24, 원문은 『二十一世纪』 2015년 8월호에 실린 글이다.
7) China labour bullutine, Walmart workers in Shenzhen finally get the official trade union on their side, 2016. 5. 27을 참고할 것.
8) Carl Minzner, Taisu Zhang 등, Is China's reform era over and if so, what's next?, ChinaFile 2015. 7. 15을 참고할 것.
9) 조영남, 『중국의 꿈−시진핑 리더십과 중국의 꿈』, 민음사, 2013, 44쪽.
10) 이창휘·박민희, 『중국을 인터뷰하다』, 창비, 2013.

컴퓨터로 수학을 배울 때 달라지는 것들

1) Each problem that I solved became a rule, which served after wards to solve

other problems.

2) If I have seen further it is only by stand on the shoulders of giants.

생각지도 못한 미래 교육의 체인지

1) 한나 아렌트, 이진우·태정호 옮김,『인간의 조건』, 한길사, 1996.

2) Hannah Arendt, *The Human Condition*, The University of Chicago Press; 2nd ed., 1998, p.55.

3) Hannah Arendt, 1998, p.56.

4) Hannah Arendt, 1998, p.56.

5) 클라우스 슈밥, 송경진 옮김,『클라우스 슈밥의 제4차 산업혁명』, 새로운현재, 2016.

6) 니콜라스 카, 최지향 옮김,『생각하지 않는 사람들: 인터넷이 우리의 뇌 구조를 바꾸고 있다』, 청림출판, 2011과 니콜라스 카, 이진원 옮김,『유리 감옥: 생각을 통제하는 거대한 힘』, 한국경제신문, 2014.

7) 유영만,『생각지도 못한 생각지도: 속옷만 갈아입지 말고 생각도 갈아입어라!』, 위너스북, 2011.

8) 마르틴 하이데거, 전양범 옮김,『존재와 시간(개정판)』, 동서문화사, 2015.

9) 질 들뢰즈, 서동욱·이충민 옮김,『프루스트와 기호들』, 민음사, 2004.

10) Change it. But don't change it.

11) 유영만,『체인지體仁知 - '경계'를 넘어 '경지'에 이르는 지식의 보물지도』, 위너스북, 2012.

12) 정운찬,「정운찬 칼럼 - '지덕체'에서 '체덕지'로」,『이투데이』, 2015. 5. 20.

13) 유영만, 같은 책, 2102.

14) 배리 슈워츠·케니스 샤프, 김선영 옮김,『어떻게 일에서 만족을 얻는가: 영혼 있는 직장인의 일 철학 연습』, 웅진지식하우스, 2012.

15) 아리스토텔레스, 김재홍·강상진·이창우 옮김,『니코마코스 윤리학』, 길, 2011.

16) 구본권,『로봇 시대, 인간의 일: 인공지능 시대를 살아가야 할 이들을 위한 안내서』, 어크로스, 2015. 유영만,『브리꼴레르 : 세상을 지배할 '지식인'의 새 이름』, 쌤앤파커스, 2013. 한기호,『인공지능 시대의 삶 – 책으로 세상을 건너는 법』, 어른의시간, 2016. 니콜라스 카, 최지향 옮김, 같은 책. 니콜라스 카, 이진원 옮김, 같은 책.배리 슈워츠·케니스 샤프, 같은 책. 클라우스 슈밥, 송경진 옮김, 같은 책.

17) Marile Adams, *Change your questions, change your life: 10 Powerful tools forl Life and work*, San Francisco, CA: Berrett-Koehler Publishers, 2009.

18) A guestion not asked is a door not opened.

19) 메리 올리버, 민승남 옮김,『휘파람 부는 사람 – 모든 존재를 향한 높고 우아한 너그러움』, 마음산책, 2015.

20) 구본권, 같은 책.

21) 구본권, 같은 책.

22) 구본권, 같은 책.

23) 구본권, 같은 책.

24) Konrath, S.H., Arbor, A., & O'Brien, E.H., Changes in dispositional empathy in American college students over time: A meta-analysis. *Personal Social Psychology Review*, 15(2), 2011, pp.180~198.

25) 수전 손태그, 이재원 옮김,『타인의 고통』, 이후, 2004.

26) 크리스토퍼 차브리스·대니얼 사이먼스, 김명철 옮김,『보이지 않는 고릴라 – 우리의 일상과 인생을 바꾸는 비밀의 실체』, 김영사, 2011.

27) 유영만. 같은 책, 2013.

28) 정희진,『정희진처럼 읽기: 내 몸이 한 권의 책을 통과할 때』, 교양인, 2014.

29) 한기호, 같은 책.

30) 오스틴 클레온, 노진희 옮김,『훔쳐라, 아티스트처럼 – 죽어 있던 생각을 아이디어로 바꾸는 가장 현실적인 10가지 방법』, 중앙books, 2013.

31) 유영만, 같은 책, 2013.

32) Think Different!

33) 이 부분은 다음 논문을 참고로 재작성했음을 밝혀둔다.유영만(2015c),「실

천적 지혜에 비추어 본 수업설계자의 전문성 재고」, 『기업육연구』 17(2), 187~211쪽.

34) 유영만, 같은 글.

35) Bernstein, R.J. (1983). Part Three: From hermeneutics to praxis. In R.J. Berstein, *Beyond objectivism and relativism* (pp.109~169). Philadelphia, PA: University of Pennsylvania Press.

36) Eryaman, M.U. (2007). From reflective practice to practical wisdom: towards a post-foundational teacher Education. *International Journal of Progressive Education*, 3(1), pp.87~107과 Schwandt, T.A. (2015). Evaluation as practical hermeneutics. In T.A. Schwandt (Ed.), *Evaluation practices revisited* (pp.59~74). Stanford, CA: Peter Lang Publishing.

37) 아리스토텔레스, 같은 책.

38) 김소연, 『마음사전』, 마음산책, 2008, 228쪽.

인문의 길
인간의 길

엮은이 2016서울인문포럼
펴낸이 김언호

펴낸곳 (주)도서출판 한길사
등록 1976년 12월 24일 제74호
주소 10881 경기도 파주시 광인사길 37
홈페이지 www.hangilsa.co.kr
전자우편 hangilsa@hangilsa.co.kr
전화 031-955-2000~3 **팩스** 031-955-2005

부사장 박관순 **총괄이사** 김서영 **관리이사** 곽명호
영업이사 이경호 **경영담당이사** 김관영
편집 김광연 백은숙 안민재 노유연 신종우 원보름
마케팅 윤민영 양아람 **관리** 이중환 김선희 문주상 이희문 원선아
디자인 창포 **CTP출력 및 인쇄** 천일문화사 **제본** 대흥제책

제1판 제1쇄 2016년 9월 28일

값 22,000원
ISBN 978-89-356-7018-5 03040

● 잘못 만들어진 책은 구입하신 서점에서 바꿔드립니다.
● 이 도서의 국립중앙도서관 출판시도서목록(CIP)은 서지정보유통지원시스템 홈페이지(seoji.nl.go.kr)와
　국가자료공동목록시스템(www.nl.go.kr/kolisnet)에서 이용하실 수 있습니다.
　(CIP제어번호: CIP2016021477)